P.A.U.L. D.

Persönliches Arbeits- und Lesebuch *Deutsch*

7

Herausgegeben von:
Johannes Diekhans und Michael Fuchs

Erarbeitet von:
Markus Apel, Thomas Bartoldus,
Johannes Diekhans, Michael Fuchs,
Sandra Greiff-Lüchow, Dietrich Herrmann,
Frank Radke, Alexandra Rieso,
Siegfried G. Rojahn, Achim Sigge,
Martin Zurwehme
u. a.

Schöningh

www.schoeningh-schulbuch.de
Schöningh Verlag, Jühenplatz 1–3, 33098 Paderborn

Druck A 6 5 4 / Jahr 2018 17 16
Alle Drucke der Serie A sind im Unterricht parallel verwendbar.
Die letzte Zahl bezeichnet das Jahr dieses Druckes.

Illustrationen, sofern im Bildquellenverzeichnis nicht anders aufgeführt:
Matthias Berghahn, Bielefeld
Umschlaggestaltung: Nora Krull, Bielefeld;
Fotos: Kim Reinick/shutterstock; © PhotoAlto/images.de
Druck und Bindung: westermann druck GmbH, Braunschweig

ISBN 978-3-14-028022-8

Zum Abschluss noch ein wichtiger Tipp: Die meisten von euch haben das Buch nur ausgeliehen und dürfen nicht hineinschreiben. Besorgt euch deshalb eine Schreibfolie und schneidet sie so zurecht, dass sie in das Buch passt und ihr sie auf die Seiten legen könnt. Wenn ihr nun mit wasserlöslichen Folienstiften arbeitet, könnt ihr eure Folie das ganze Jahr über verwenden.

Viel Spaß beim Lernen, Lesen, Arbeiten und Üben!

REGEL

Vor allem wenn es um das richtige Schreiben geht, kommt es darauf an, bestimmte Regeln zu lernen und anzuwenden. Diese Regeln findet ihr in solchen Regelkästen.

Dieses Zeichen zeigt euch, wo ihr etwas nachschlagen könnt, das ihr gerade für das Lernen benötigt.

☐ **Durchstarten!** So könnt ihr weiterarbeiten:

Es ist selbstverständlich, dass nicht immer alle Schülerinnen und Schüler eurer Klasse im gleichen Tempo arbeiten und die gleichen Interessen haben. Deshalb findet ihr innerhalb der Kapitel immer wieder diesen Hinweis. Wer mit einer Aufgabe fertig ist, erhält hier Ideen, wie er allein oder mit einem Partner weiterarbeiten kann.
Oft stehen auch am Ende eines Kapitels Vorschläge, wie ihr allein, zu zweit oder als Gruppe an dem Thema selbstständig weiterarbeiten könnt.

Inhaltsverzeichnis

Rainer M. Schröder
DAS GEHEIMNIS DER WEISSEN MÖNCHE

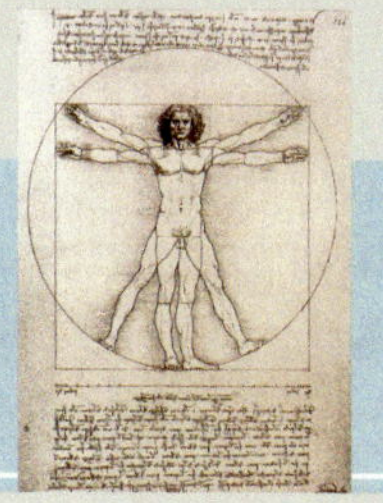

Das Lernen lernen: Umgang mit Sachtexten – Personen und Persönlichkeiten 130

Der Untergang der Nibelungen: Gier – Verrat – Rache 150

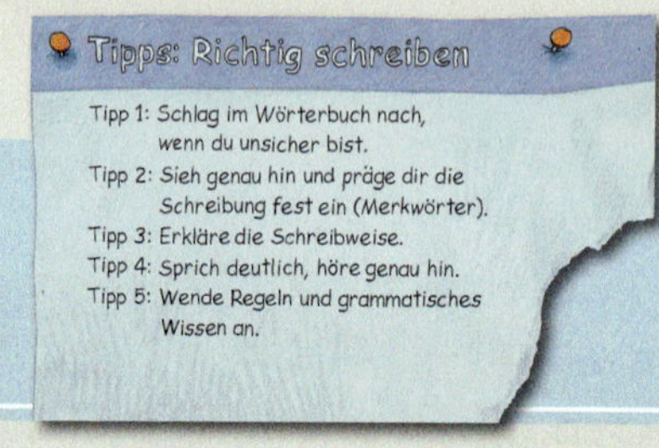

Tipps: Richtig schreiben
Tipp 1: Schlag im Wörterbuch nach, wenn du unsicher bist.
Tipp 2: Sieh genau hin und präge dir die Schreibung fest ein (Merkwörter).
Tipp 3: Erkläre die Schreibweise.
Tipp 4: Sprich deutlich, höre genau hin.
Tipp 5: Wende Regeln und grammatisches Wissen an.

Experimente beschreiben, mal so, mal so – Aktiv und Passiv 258

Darüber möchte ich gern sprechen: Mut machen – beschwichtigen – argumentieren 270

Informiere mich, berichte davon, beschreib es mir ... – Mit Gliedsätzen/Nebensätzen arbeiten 312

Wenn ihr nicht hören könntet ... – Der Spielfilm „Jenseits der Stille" als Fenster zu einer fremden Welt 330

Üben, wiederholen und mehr … 346

Anhang 386

Wenn das Vertraute

fremd wird – Fantastisches

In diesem Kapitel werdet ihr in eine fantastische Welt geführt. Ihr lernt ein Jugendbuch von Otfried Preußler kennen, zwei merkwürdige Geschichten von Edgar Allan Poe und Heinrich von Kleist sowie eine Ballade von Johann Wolfgang von Goethe. Die Texte sind spannend, unheimlich und manchmal auch bedrohlich. Ihr erfahrt, wie man weitere Informationen zu einem Autor und seinem Buch nutzen kann, um dieses Buch noch besser zu verstehen. Und ihr lernt, selbst eine kleine fantastische Erzählung zu verfassen.

1 Schaut euch die Abbildung genauer an. Wie wirkt sie auf euch?

2 Welche Einzelheiten sind zu sehen? Was könnte in der Realität vorkommen, was gehört eher in den Bereich des Unwirklichen?

Otfried Preußler: Krabat

Die Mühle im Koselbruch

Es war in der Zeit zwischen Neujahr und dem Dreikönigstag. Krabat, ein Junge von vierzehn Jahren damals, hatte sich mit zwei anderen wendischen[1] Betteljungen zusammengetan, und obgleich Seine allerdurchlauchtigste Gnaden, der Kurfürst von Sachsen, das Betteln und Vagabundieren in Höchstderoselben Landen bei Strafe verboten hatten (aber die Richter und sonstigen Amtspersonen nahmen es glücklicherweise nicht übermäßig genau damit), zogen sie als Dreikönige in der Gegend von Hoyerswerda von Dorf zu Dorf: Strohkränze um die Mützen waren die Königskronen; und einer von ihnen, der lustige kleine Lobosch aus Maukendorf, machte den Mohrenkönig und schmierte sich jeden Morgen mit Ofenruß voll.

Stolz trug er ihnen den Bethlehemstern voran, den Krabat an einen Stecken genagelt hatte. Wenn sie auf einen Hof kamen, nahmen sie Lobosch in die Mitte und sangen: „Hosianna Davidssohn!“ – das heißt: Krabat bewegte nur stumm die Lippen, weil er gerade im Stimmbruch war. Dafür sangen die anderen Hoheiten umso lauter, da glich sich das wieder aus. Viele Bauern hatten auf Neujahr ein Schwein geschlachtet, sie beschenkten die Herren Könige aus dem Morgenland reichlich mit Wurst und Speck. Anderswo gab es Äpfel, Nüsse und Backpflaumen, Honigbrot manchmal und Schmalzküchlein, Anisplätzchen und Zimtsterne. „Das Jahr fängt gut an!“, meinte Lobosch am Abend des dritten Tages, „so dürfte es bis Silvester weitergehen!“ Da nickten die beiden anderen Majestäten gemessen und seufzten: „Von uns aus – gern!“

Die folgende Nacht verbrachten sie in der Schmiede von Petershain auf dem Heuboden; dort geschah es, dass Krabat zum ersten Mal jenen seltsamen Traum hatte. Elf Raben saßen auf einer Stange und blickten ihn an. Er sah, dass ein Platz auf der Stange frei war, am linken Ende. Dann hörte er eine Stimme. Die Stimme klang heiser, sie schien aus den Lüften zu kommen, von fernher, und rief ihn bei seinem Namen. Er traute sich nicht zu antworten. „Krabat!“, erscholl es zum zweiten Mal – und ein drittes Mal: „Krabat!“ Dann sagte die Stimme:

„Komm nach Schwarzkollm in die Mühle, es wird nicht zu deinem Schaden sein!“ Hierauf erhoben die Raben sich von der Stange und krächzten: „Gehorche der Stimme des Meisters, gehorche ihr!“

Davon erwachte Krabat. „Was man nicht alles zusammenträumt!“, dachte er, wälzte sich auf die andere Seite und schlief wieder ein. Andern-

[1] **Wenden:** slawischer Volksstamm aus der Lausitz

tags zog er mit seinen Gefährten weiter, und wenn ihm die Raben einfielen, lachte er.
Doch der Traum wiederholte sich in der Nacht darauf. Abermals rief ihn die Stimme beim Namen, und abermals krächzten die Raben: „Gehorche ihr!“ Das gab Krabat zu denken. Er fragte am anderen Morgen den Bauern, bei dem sie genächtigt hatten, ob er ein Dorf kenne, das Schwarzkollm heiße oder so ähnlich.
Der Bauer entsann sich, den Namen gehört zu haben. „Schwarzkollm ...“, überlegte er. „Ja doch – im Hoyerswerdaer Forst, an der Straße nach Leippe: Da gibt es ein Dorf, das so heißt.“
Das nächste Mal übernachteten die Dreikönige in Groß-Partwitz. Auch hier träumte Krabat den Traum von den Raben und von der Stimme, die aus den Lüften zu kommen schien; und es spielte sich alles genauso ab wie beim ersten und zweiten Mal. Da beschloss er, der Stimme zu folgen. Im Morgengrauen, als die Gefährten noch schliefen, stahl er sich aus der Scheune. Am Hoftor begegnete er der Magd, die zum Brunnen ging. „Grüß mir die beiden“, trug er ihr auf, „ich hab wegmüssen.“
Von Dorf zu Dorf fragte Krabat sich weiter. Der Wind trieb ihm Schneekörner ins Gesicht, alle paar Schritte musste er stehen bleiben und sich die Augen wischen. Im Hoyerswerdaer Forst verlief er sich, brauchte zwei volle Stunden, bis er die Straße nach Leippe wiederfand. So kam es, dass er erst gegen Abend sein Ziel erreichte.

1 Der Jugendroman „Krabat“ von Otfried Preußler spielt im 17. Jahrhundert. Hauptperson ist ein 14-jähriger Junge aus der Gegend um Hoyerswerda.
Was erfahrt ihr am Beginn des Romans über die Lebensumstände von Krabat?

2 Die Gegend, in der die Handlung spielt, gibt es wirklich. Einige der im Text vorkommenden Orte könnt ihr in Lexika oder in einem Autoatlas wiederfinden. Warum hat Otfried Preußler wohl tatsächlich existierende Orte für seine Erzählung verwendet?

3 Krabat hat dreimal denselben Traum. Was genau träumt er und wie reagiert er jeweils darauf?

Schwarzkollm war ein Dorf wie die anderen Heidedörfer: Häuser und Scheunen in langer Zeile zu beiden Seiten der Straße, tief eingeschneit; Rauchfahnen über den Dächern, dampfende Misthaufen, Rindergebrüll. Auf dem Ententeich liefen mit lautem Gejohle die Kinder Schlittschuh.
Vergebens hielt Krabat Ausschau nach einer Mühle. Ein alter Mann, der ein Bündel Reisig trug, kam die Straße herauf: Den fragte er. „Wir haben im Dorf keine Mühle“, erhielt er zur Antwort.
„Und in der Nachbarschaft?“
„Wenn du *die* meinst ...“ Der Alte deutete mit dem Daumen über die Schulter. „Im Koselbruch hinten, am Schwarzen Wasser, da gibt es eine. Aber ...“ Er unterbrach sich, als habe er schon zu viel gesagt.
Krabat dankte ihm für die Auskunft, er wandte sich in die Richtung, die ihm der Alte gewiesen hatte.
Nach wenigen Schritten zupfte ihn wer am Ärmel; als er sich umblickte, war es der Mann mit dem Reisigbündel.
„Was gibt's?“, fragte Krabat.
Der Alte trat näher, sagte mit ängstlicher Miene: „Ich möchte dich warnen, Junge. Meide den Koselbruch und die Mühle am Schwarzen Wasser, es ist nicht geheuer dort ...“
Einen Augenblick zögerte Krabat, dann ließ er den Alten stehen und ging seines Weges, zum Dorf hinaus. Es wurde rasch finster, er musste Acht geben, dass er den Pfad nicht verlor, ihn fröstelte.
Wenn er den Kopf wandte, sah er dort, von woher er kam, Lichter aufschimmern: hier eines, da eines. Ob es nicht klüger war umzukehren?
„Ach was“, brummte Krabat und klappte den Kragen hoch. „Bin ich ein kleiner Junge? Ansehen kostet nichts.“

1 Krabat macht sich auf die Suche nach der Mühle im Koselbruch. Wodurch bekommt der Leser das Gefühl, dass mit der Mühle etwas nicht stimmt?

2 Wie reagiert Krabat auf den Einwand des Alten? Was hättet ihr gemacht?

Krabat tappte ein Stück durch den Wald wie ein Blinder im Nebel, dann stieß er auf eine Lichtung. Als er sich anschickte, unter den Bäumen hervorzutreten, riss das Gewölk auf, der Mond kam zum Vorschein, alles war plötzlich in kaltes Licht getaucht.

Jetzt sah Krabat die Mühle.

Da lag sie vor ihm, in den Schnee geduckt, dunkel, bedrohlich, ein mächtiges, böses Tier, das auf Beute lauert.

„Niemand zwingt mich dazu, dass ich hingehe", dachte Krabat. Dann schalt er sich einen Hasenfuß, nahm seinen Mut zusammen und trat aus dem Waldesschatten ins Freie. Beherzt schritt er auf die Mühle zu, fand die Haustür verschlossen und klopfte.

Er klopfte einmal, er klopfte zweimal: Nichts rührte sich drinnen. Kein Hund schlug an, keine Treppe knarrte, kein Schlüsselbund rasselte – nichts. Krabat klopfte ein drittes Mal, dass ihn die Knöchel schmerzten.

Aus der Verfilmung „Krabat" von 2008

Wieder blieb alles still in der Mühle. Da drückte er probehalber die Klinke nieder: Die Tür ließ sich öffnen, sie war nicht verriegelt, er trat in den Hausflur ein.

Grabesstille empfing ihn und tiefe Finsternis. Hinten jedoch, am Ende des Ganges, etwas wie schwacher Lichtschein. Der Schimmer von einem Schimmer bloß.

„Wo Licht ist, werden auch Leute sein", sagte sich Krabat.

Die Arme vorgestreckt, tastete er sich weiter. Das Licht drang, er sah es im Näherkommen, durch einen Spalt in der Tür, die den Gang an der Rückseite abschloss. Neugier ergriff ihn, auf Zehenspitzen schlich er sich zu der Ritze und spähte hindurch.

Sein Blick fiel in eine schwarze, vom Schein einer einzigen Kerze erhellte Kammer. Die Kerze war rot. Sie klebte auf einem Totenschädel, der lag auf dem Tisch, der die Mitte des Raumes einnahm. Hinter dem Tisch saß ein massiger, dunkel gekleideter Mann, sehr bleich im Gesicht, wie mit Kalk bestrichen; ein schwarzes Pflaster bedeckte sein linkes Auge. Vor ihm auf dem Tisch lag ein dickes, in Leder eingebundenes Buch, das an einer Kette hing: Darin las er.

Nun hob er den Kopf und starrte herüber, als habe er Krabat hinter dem Türspalt ausgemacht. Der Blick ging dem Jungen durch Mark und Bein. Das Auge begann ihn zu jucken, es tränte, das Bild in der Kammer verwischte sich. Krabat rieb sich das Auge – da merkte er, wie sich ihm eine eiskalte Hand auf die Schulter legte, von hinten, er spürte die Kälte durch Rock und Hemd hindurch. Gleichzeitig hörte er jemand mit heiserer Stimme auf wendisch sagen: „Da bist du ja!"

Krabat zuckte zusammen, die Stimme kannte er. Als er sich umwandte, stand er dem Mann gegenüber – dem Mann mit der Augenklappe. Wie kam der auf einmal hierher? Durch die Tür war er jedenfalls nicht gekommen.

Der Mann hielt ein Kerzenlicht in der Hand. Er

musterte Krabat schweigend, dann schob er das Kinn vor und sagte:
„Ich bin hier der Meister. Du kannst bei mir Lehrjunge werden, ich brauche einen. Du magst doch?“
„Ich mag“, hörte Krabat sich antworten. Seine Stimme klang fremd, als gehörte sie gar nicht ihm.
„Und was soll ich dich lehren? Das Müllern – oder auch alles andere?“, wollte der Meister wissen.
„Das andere auch“, sagte Krabat.
Da hielt ihm der Müller die linke Hand hin.
„Schlag ein!“ In dem Augenblick, da sie den Handschlag vollzogen, erhob sich ein dumpfes Rumoren und Tosen im Haus. Es schien aus der Tiefe der Erde zu kommen. Der Fußboden schwankte, die Wände fingen zu zittern an, Balken und Pfosten erbebten. Krabat schrie auf, wollte weglaufen: weg, bloß weg von hier! – doch der Meister vertrat ihm den Weg.
„Die Mühle!“, rief er, die Hände zum Trichter geformt. „Nun mahlt sie wieder!“

1 Wie wirkt die Mühle auf euch? Schreibt alle Stellen heraus, die die Mühle zu einem geheimnisvollen Ort machen.
Wie fühlt sich Krabat an diesem Ort? Warum kehrt er nicht einfach um?

2 Versucht, die Mühle im Koselbruch zu malen. Schaut euch dazu noch einmal genau an, wie sie im Text beschrieben wird.

3 Beschreibt auch den Meister genau. Welche Wirkung hat er auf Krabat?

4 Untersucht, ob eingetreten ist, was Krabat zuvor geträumt hat. Sucht nach Gemeinsamkeiten zwischen Krabats Traum und seinem Erlebnis in der Mühle.

5 Der Müller fragt Krabat, ob er ihn nur das Müllern lehren solle oder auch „alles andere“. Was könnte damit gemeint sein? Welche Hinweise finden sich im Text?

6 Am Ende mahlt die Mühle wieder. Wodurch ist sie wohl in Gang gesetzt worden?

7 Das Ende des Textauszugs (ab Zeile 180) eignet sich besonders gut für die Umsetzung in eine kurze Hörspielszene. Lasst die erzählenden Passagen weg und stellt die Szene nur mit Stimmen und Hintergrundgeräuschen dar. Überlegt, welche Geräusche vorkommen und mit welchen Hilfsmitteln ihr sie erzeugen könnt. Bestimmt zuvor eine mögliche Geräuschabfolge.

■ Und so geht es mit Krabat weiter: ■

Elf und einer

Der Meister bedeutete Krabat, er möge mitkommen. Wortlos leuchtete er dem Jungen über die steile Holztreppe auf den Dachboden, wo die Mühlknappen ihren Schlafraum hatten. Krabat erkannte im Schein der Kerze zwölf niedrige Pritschen mit Strohsäcken, sechs auf der einen Seite des Mittelganges, sechs auf der anderen; neben jeder ein Spind und ein Hocker aus Fichtenholz. Auf den Strohsäcken lagen zerknüllte Decken, im Gang ein paar umgeworfene Schemel, auch Hemden und Fußlappen da und dort. Dem Anschein nach waren die Mühlknappen überstürzt aus den Betten geholt worden, an die Arbeit. Ein einziger Schlafplatz war unberührt, der Meister deutete auf das Kleiderbündel am Fußende. „Deine Sachen!“ Dann machte er kehrt und entfernte sich mit dem Licht.
Nun stand Krabat allein in der Finsternis. Langsam begann er sich auszuziehen. Als er die Mütze vom Kopf nahm, berührte er mit den Fingerspitzen den Strohkranz: Ach richtig, noch gestern war er ja ein Dreikönig gewesen – wie weit lag das hinter ihm. Auch der Dachboden hallte vom Poltern und Stampfen der Mühle wider. Ein Glück für den Jungen, dass er zum Umfallen müde war. Kaum lag er auf seinem Strohsack, da schlief er schon. Wie ein Klotz schlief er, schlief und schlief – bis ein Lichtstrahl ihn weckte.

Krabat setzte sich auf und erstarrte vor Schreck. Es standen elf weiße Gestalten an seinem Lager, die blickten im Schein einer Stall-Laterne auf ihn herunter: elf weiße Gestalten mit weißen Gesichtern und weißen Händen.

„Wer seid ihr?“, fragte der Junge ängstlich.

„Das, was auch du bald sein wirst“, gab eins der Gespenster zur Antwort.

„Aber wir tun dir nichts“, fügte ein zweites hinzu. „Wir sind hier die Mühlknappen.“

„Elf seid ihr?“

„Du bist der zwölfte. Wie heißt du denn?“ „Krabat. – Und du?“

„Ich bin Tonda, der Altgesell. Dies ist Michal, dies Merten, dies Juro ...“ Tonda nannte der Reihe nach ihre Namen; dann meinte er, dass es genug sei für heute. „Schlaf weiter, Krabat, du wirst deine Kräfte noch brauchen können auf dieser Mühle.“

Die Müllerburschen krochen auf ihre Pritschen, der letzte pustete die Laterne aus – gute Nacht, und schon schnarchten sie.

■ Für Krabat beginnt eine schwere Zeit, denn er muss unter den Augen des unbarmherzigen Meisters harte Arbeit verrichten. Doch mithilfe der anderen Mühlknappen findet sich Krabat allmählich zurecht.

Besonders Tonda, der Altgeselle, steht Krabat in schwierigen Situationen bei. Eines Nachts wird Krabat von einem Traum erschreckt: ■

Der mit der Hahnenfeder

Feuer war in der Mühle ausgebrochen. Die Mühlknappen stoben von ihren Strohsäcken hoch, rannten polternd die Treppe hinunter, er selbst aber, Krabat, lag wie ein Holzklotz auf seiner Pritsche, unfähig, sich vom Fleck zu rühren. Schon knisterten im Gebälk die Flammen, schon sprühten die ersten Funken ihm ins Gesicht – da fuhr er mit einem Aufschrei empor.

Er rieb sich die Augen, er gähnte, er blickte umher. Da – mit einem Mal stutzte er, glaubte nicht recht zu sehen. Wo waren die Müllerburschen? Die Strohsäcke leer und verlassen – in Eile verlassen, dem Anschein nach: hastig zurückgeschlagene Decken, zerknüllte Leintücher. Hier eine Wolljacke auf dem Fußboden, dort eine Mütze, ein Halstuch, ein Gürtel – deutlich zu sehen alles, im Widerschein eines zuckenden roten Lichts vor dem Giebelfenster ...

Brannte es in der Mühle wirklich?

Krabat, hellwach nun mit einem Schlag, riss das Fenster auf. Sich hinausbeugend, sah er, dass auf dem Vorplatz der Mühle ein Fuhrwerk stand, schwer beladen, mit praller, vom Regen geschwärzter Plane, sechs Rösser davorgespannt, rabenschwarz alle sechs. Auf dem Kutschbock saß einer mit hochgeschlagenem Mantelkragen, den Hut in die Stirn gezogen, nachtschwarz auch er. Nur die Hahnenfeder, die er am Hut trug – die Feder war hell und rot. Einer Flamme gleich loderte sie im Wind: bald aufzüngelnd, jäh und grell, bald sich duckend, als ob sie verlöschen wollte. Ihr Schein reichte hin, um den Vorplatz in flackerndes Licht zu tauchen.

Die Mühlknappen hasteten zwischen Haus und Planwagen hin und her, luden Säcke ab, schleppten sie in die Mahlstube, kamen aufs Neue herbeigerannt. Stumm ging das alles vonstatten, in fiebernder Eile. Kein Zuruf, kein Fluch, nur das Keuchen der Müllerburschen – und dann und wann ließ der Fuhrmann die Peitsche knallen, knapp über ihren Köpfen, dass sie den Luftzug zu spüren bekamen: Das spornte zu doppeltem Eifer an.

Eifer bezeugte sogar der Meister. Er, der sonst nie einen Handgriff tat in der Mühle, der nie einen Finger krümmte: Heut Nacht war er mit dabei. Er schuftete mit den anderen um die Wette, als ob er's bezahlt kriegte.

Zwischendurch setzte er einmal kurz mit der Arbeit aus und verschwand in der Dunkelheit – nicht zum Verschnaufen, wie Krabat argwöhnte, sondern er rannte zum Mühlenweiher hinauf, und nachdem er die Stützpfosten weggeräumt hatte, zog er die Schleuse.

Das Wasser schoss in den Mühlgraben ein, kam herangebraust und ergoss sich mit Schwall und Prall ins Gerinne. Ächzend begann sich das Rad zu drehen, es dauerte eine Weile, bis es in Fahrt kam, dann lief es ganz munter weiter. Nun hätten mit dumpfem Gepolter die Mahlgänge[1] einsetzen müssen, aber nur einer lief an – und der eine mit einem Geräusch, das dem Jungen fremd war. Es schien aus dem hintersten Winkel der Mühle zu kommen, ein lärmendes Rattern und Schnarren, von hässlichem Quietschen begleitet, das bald in ein hohles, die Ohren marterndes Jaulen überging. Krabat entsann sich des Toten Ganges[2], er spürte, wie ihm die Gänsehaut über den Rücken lief. Einstweilen war unten die Arbeit weitergegangen. Der Planwagen wurde entladen, dann hatten die Mühlknappen eine Weile Pause – aber nicht lange, da ging es von Neuem los mit der Plackerei, wenn auch diesmal die Säcke vom Haus zum Fuhrwerk zu schleppen waren. Was immer sie vorher enthalten hatten: Nun wurde es in gemahlenem Zustand zurückgebracht.

Krabat wollte die Säcke zählen, aber er nickte darüber ein. Beim ersten Hahnenschrei weckte ihn das Gerumpel von Wagenrädern. Der Fremde, das sah er gerade noch, fuhr mit Peitschengeknall durch die nassen Wiesen davon, auf den Wald zu und seltsam: Der schwer beladene Planwagen hinterließ keine Spur im Gras.

Einen Augenblick später wurde die Schleuse geschlossen, das Mühlrad lief aus. Krabat huschte an seinen Platz zurück und zog sich die Decke über den Kopf. Die Müllerburschen kamen die Treppe heraufgewankt, müde und abgerackert. Wortlos nahmen sie ihre Schlafplätze ein, nur Kito murmelte etwas von dreimal verfluchten Neumondnächten und höllischer Schinderei.

Am Morgen kam Krabat vor Müdigkeit kaum vom Strohsack hoch, ihm brummte der Schädel, er hatte ein flaues Gefühl im Bauch. Beim Frühstück musterte er die Müllerburschen: Sie waren verschlafen und übernächtigt. Mürrisch würgten sie ihre Grütze hinunter. Selbst Andrusch war nicht zum Spaßmachen aufgelegt; finster stierte er in die Schüssel und gab keinen Laut von sich.

Nach dem Essen nahm Tonda den Jungen beiseite. „Du hast eine schlechte Nacht gehabt?"

„Wie man's nimmt", sagte Krabat. „Ich brauchte ja nicht zu schuften, ich hab euch bloß zugeschaut. Aber ihr! – Warum habt ihr mich nicht geweckt, als der Fremde vorfuhr? Ihr wolltet es wohl vor mir geheim halten – wie so vieles, was auf der Mühle vorgeht, von dem ich nichts wissen soll. Bloß: Ich bin ja nicht blind und nicht taub – und vor allem nicht mit der Mütze gepocht, das schon gar nicht!"

„Niemand behauptet das", wandte Tonda ein.

„Aber ihr tut so!", rief Krabat. „Ihr spielt Blindekuh mit mir – warum macht ihr nicht endlich Schluss damit?"

„Alles braucht seine vorgeschriebene Zeit", sagte Tonda ruhig. „Bald wirst du erfahren, welche Bewandtnis es mit dem Meister und dieser Mühle hat. Der Tag und die Stunde sind näher, als du vermutest: Bis dahin gedulde dich."

---

[1] **Mahlgang:** Die wichtigste Zerkleinerungsvorrichtung in der Mühle. Sie besteht aus zwei in einem Holzgehäuse angeordneten Steinen, zwischen denen das Getreide zerrieben wird.

[2] **Toter Gang:** ein in der Mühle nicht benutzter Mahlgang

1 Krabat „spürte, wie ihm die Gänsehaut über den Rücken lief“ (Z. 68 f.). Wodurch wirkt das Ereignis besonders geheimnisvoll, unheimlich, unerklärbar? Belegt eure Aussagen mit Textstellen.

2 Stellt euch vor, Krabat würde am nächsten Tag von Tonda gefragt, was er denn überhaupt in der Nacht gesehen habe. Krabat möchte nicht zugeben, dass er sich gefürchtet hat, und berichtet deswegen besonders sachlich. Verfasst den Dialog zwischen Krabat und Tonda.

3 Vergleicht Krabats Bericht mit der Erzählung. Mit welchen sprachlichen Mitteln gelingt es dem Autor, anschaulich und spannend zu erzählen?

4 Krabat sagt: „Ich bin ja nicht blind und nicht taub …“ (Z. 109 f.). Schreibt heraus, welche Geräusche Krabat in der Nacht wahrnimmt, als das Wasser in den Mühlgraben einschießt (Z. 55–67). Welche Wirkung hat das auf den Leser?

5 Sucht noch andere Textstellen in dem Textabschnitt „Der mit der Hahnenfeder“, in denen auf ähnlich anschauliche Weise erzählt wird.

6 Anschaulich zu erzählen kann man üben. Das geheimnisvolle Bild „Der Geisterkarren“ von Salvador Dalí könnte Anlass für eine kurze fantastische Erzählung sein. Taucht gedanklich in das Bild ein. Was könnt ihr sehen, hören, fühlen …? Verbindet beim Erzählen Dinge, die wirklich passiert sein könnten, mit fantastischen Elementen.
Hier ist ein möglicher Anfang, den ihr fortsetzen könnt:

Die tief stehende Abendsonne tauchte alles in ein warmes Licht. Langsam näherte sich das seltsame Gespann der am Horizont sichtbar werdenden Stadt. Kein Laut war zu hören, keine menschliche Stimme, auch nicht der Ruf eines Tieres. Aber noch eigenartiger war, dass weder das Pferd noch die Wagenräder Spuren im Sand hinterließen. Woher kam der Fremde auf seinem Karren? Und was wollte er in der Stadt …?

Salvador Dalí: Der Geisterkarren

Wenn eure Neugier geweckt ist und ihr wissen möchtet, wie die Geschichte mit Krabat und den Mühlknappen weitergeht, könnt ihr euch das Buch in der Bibliothek ausleihen oder es gemeinsam im Unterricht lesen.

Über die Entstehung seines Werkes hat sich der Autor selbst geäußert:

Martin Nowak-Neumann: Krabat Kuzlar – Krabat Zauberer (Sorbisches Museum, Bautzen)

Otfried Preußler (1923–2013)

Zur Entstehungsgeschichte meines Buches „Krabat"

Erste Bekanntschaft mit dem Stoff machte ich als Junge von elf oder zwölf Jahren. Damals fand ich in meines Vaters Bücherei in Reichenberg den Band „Sagen aus der Lausitz" von A. Kratzer und F. Popelka, worin auch die wendische Volkssage vom Krabat abgedruckt war, und zwar nur ihr Kernstück, das die Lehrjahre auf der Mühle, die Befreiung des Jungen durch seine Mutter, die schwankhaften Episoden vom Ochsen- und Pferdehandel und den für den Meister tödlich ausgehenden magischen Zweikampf umfasst. Die Geschichte hat damals einen starken Eindruck auf mich gemacht, vor allem hat sich der geheimnisvoll klingende Name Krabat meinem Gedächtnis eingeprägt; aber auch das tödliche Verhängnis, das über den Müllerburschen schwebte und Jahr für Jahr über einen von ihnen hereinbrach, hat mich tief bewegt und beschäftigt. Was Wunder, dass es für mich das Wiedersehen mit einem alten Freund war, als Krabat mir nach mehr als zwanzig Jahren wiederbegegnete. Dies geschah im Jahre 1958 in der Internationalen Jugendbibliothek[1] in München. Direktor Walter Scherf hatte eine erste größere Sendung von Kinder- und Jugendbüchern in tschechischer Sprache aus Prag erhalten, darunter den Band „Mistr Krabat" von Martin Nowak-Neumann, eine Übersetzung der ursprünglich in sorbischer Sprache niedergeschriebenen Krabat-Sage. [...]

Von dem hier vorgefundenen Stoff aufs Neue gepackt, beschloss ich, ihn zum Gegenstand einer eigenen Erzählung zu machen. [...]

Ich begann um die Jahreswende 1959/60 mit der Arbeit am „Krabat", kam zunächst auch recht gut voran, musste jedoch, nachdem ich etwa die Hälfte der Geschichte niedergeschrieben hatte, zu meiner Bestürzung feststellen, dass an meinem Konzept offenbar etwas nicht stimmte. Was es war, konnte ich mir zunächst nicht erklären. Ich musste die Arbeit einstellen, hielt den „Krabat" für gescheitert – und schrieb aus lauter Verzweiflung darüber den „Räuber Hotzenplotz". Trotzdem kam ich vom „Krabat" nie mehr ganz los, und vor allem Heinz Pleticha[2] war es, der im Verein mit meiner Frau dafür sorgte, dass ich mich auch im Lauf der folgenden Jahre immer wieder aufs Neue mit dem Stoff beschäftigte. [...] Drei Jahre auf einer alten Mühle wollen naturgemäß mitgelebt und daher anschaulich dargestellt werden. Eingehendes Studium eines Mühlenbuches aus dem 17. Jahrhundert, das viele äußerst wertvolle Materialien zur Technik des Mühlenwesens und, in Gestalt der dort versammelten Mühlenordnungen, auch manchen Aufschluss über das Alltagsleben der zünftigen Müller und ihrer Gesellen und Lehrjungen bot, sowie die Be-

[1] **Internationale Jugendbibliothek:** 1949 gegründetes Zentrum für Kinder- und Jugendliteratur aus aller Welt

[2] **Heinrich Pleticha:** Verfasser und Herausgeber (1924–2010) erfolgreicher Jugendsachbücher

schäftigung mit der Landschafts- und Volkskunde der Lausitzer Wenden waren in diesem Zusammenhang unumgänglich und brachten mir eine Fülle neuer Anregungen. Ein schwer kriegsverletzter Jugendfreund, Michel Jaksch in Erlangen, der letzte deutsche Müller auf der nordböhmischen Hammermühle in Hammer am See, mit dem mich der Zufall gerade um diese Zeit wieder zusammenführte, hat mir durch seine anschaulichen Berichte und Zeichnungen zahlreiche weitere Kenntnisse im Bereich des Mühlenwesens vermittelt. Hingegen konnte ich, was die Praktiken in der Schwarzen Schule betrifft, hauptsächlich auf die volkstümliche Überlieferung meiner engeren Heimat im Iser- und Riesengebirge zurückgreifen und, davon ausgehend, das Ritual[1] und verschiedene Einzelheiten nach Gutdünken zusammenfabulieren.

Im Frühjahr 1970 begann ich dann mit der endgültigen Niederschrift der Erzählung. Im Verlauf dieser Arbeit erwies es sich dann als unumgänglich, in einigen, nicht unwesentlichen Zügen von der gegebenen Vorlage abzuweichen. [...] Was ich mit „Krabat" darzustellen versucht habe, ist die Geschichte eines jungen Menschen, der sich – zunächst aus Neugier und später in der Hoffnung, sich auf diese Weise ein leichtes und schönes Leben sichern zu können – mit bösen Gewalten einlässt und sich darin verstrickt; und wie es ihm schließlich kraft seines Willens, mit dem Beistand eines treuen Freundes und durch die zum letzten Opfer bereite Liebe eines Mädchens gelingt, sich aus dieser Verstrickung wieder zu lösen. Das war mein Grundkonzept: Daran sollte man, so wie ich meine, den „Krabat" messen.

[1] **Ritual:** Gemeint sind die Regeln der Zauberkunst in der Schwarzen Mühle.

1 Versucht aus dem Sachtext die einzelnen „Stationen" der Entstehungsgeschichte des Buches stichwortartig herauszuschreiben.

Auf S. 148 findet ihr Hilfen zum Umgang mit Sachtexten.

Otfried Preußler – Eine Kurzbiografie

Otfried Preußler wurde am 20.10.1923 im nordböhmischen Reichenberg geboren. Hier finden sich auch die Wurzeln zu vielen seiner Geschichten. Schon sein Vater hat ihm die Sagen aus den großen Wäldern zwischen Lausitzer- und Isergebirge nahegebracht und die Bindung an seine Heimat war für ihn immer von großer Bedeutung.

Seine Vorfahren lebten seit dem 15. Jahrhundert in Böhmen und waren als Glasmacher tätig. Preußler wuchs in einem pädagogisch und literarisch geprägten Elternhaus auf. Vater und Mutter waren beide Lehrer, der Vater zudem Schriftleiter in einem Verlag.

Schon mit 12 Jahren begann Preußler kleine Geschichten zu schreiben und mit 15 verdiente er sein erstes Geld mit Illustrationen für eine Zeitung.

Gleich nach dem Abitur wurde Otfried Preußler zum Kriegsdienst eingezogen und geriet 1944 für fünf Jahre in russische Gefangenschaft.

Nach seiner Freilassung 1949 folgte Otfried Preußler seiner Familie, die sich inzwischen in Rosenheim niedergelassen hatte.

Im selben Jahr heiratete er Annelies Kind, die er schon in Reichenberg kennengelernt hatte. Von 1953 bis 1970 war er erst als Lehrer, später als Rektor an einer Schule in Rosenheim tätig. Oft erzählte er seinen unruhigen Schülern Geschichten, die er dann aufschrieb und veröffentlichte.

Sein erstes Buch, Der kleine Wassermann, erschien 1956.

Otfried Preußler hat über 25 Bücher geschrieben, die in 55 Sprachen übersetzt wurden. Die weltweite Gesamtauflage seiner Bücher beträgt rund 50 Millionen Exemplare. Seine Bühnenstücke zählen zu den meistgespielten Werken des zeitgenössischen Kindertheaters.

Krabat (1971) sticht aus Preußlers Gesamtwerk insofern heraus, als es sein einziges Jugendbuch ist und erst nach einem über zehn Jahre dauernden Entstehungsprozess veröffentlicht wurde. Der Stoff, den Preußler darin bearbeitet, geht auf den sorbischen Sagenkreis um Mistr Krabat zurück.

Der Schriftsteller lebte zuletzt in Prien am Chiemsee, wo er am 18.2.2013 im Kreis seiner Familie starb.

2 Lest den Lexikonartikel über Otfried Preußler aufmerksam durch und notiert stichwortartig wichtige Fakten. Formuliert anschließend 10 Fragen, auf die der Text eine Antwort gibt. Stellt euch in der Klasse zur Kontrolle die Fragen gegenseitig und beantwortet sie.

3 **Durchstarten! So könnt ihr weiterarbeiten:**

a Im Mittelpunkt der Erzählung steht die Wassermühle im Koselbruch. Informiert euch darüber, wie eine solche Mühle funktioniert. Vielleicht gibt es in eurer Nähe eine Mühle, die ihr mit der Klasse besichtigen könnt.

b Der wendische Betteljunge Krabat lebt in der Lausitz unter Sorben. Beschafft euch Informationen über das Gebiet der Lausitz und über den Volksstamm der Sorben. Schreibt selbst jeweils einen kleinen Lexikonartikel, mit dem ihr eure Mitschülerinnen und Mitschüler über die Lausitz bzw. über die Sorben informiert. Zur Sprache der Sorben erfahrt ihr etwas in dem folgenden Sachtext:

Das Sorbische

Eine für Fremde besonders interessante Eigenheit der Lausitz ist, dass hier neben dem Deutschen eine zweite Sprache gesprochen wird: das Sorbische.

Sorbisch, für das von alters her auch die Bezeichnung Wendisch gebräuchlich ist, zählt zur Familie der slawischen Sprachen. Damit steht es dem Tschechischen, Polnischen und Slowakischen nahe. Die Sprache gibt es ungefähr seit dem 6. Jahrhundert n. Chr. Sie wird heute noch in Teilen der Ober- und Niederlausitz von etwa 30 000 Menschen gesprochen. Es gibt sogar noch Schulen, in denen neben Deutsch auch Sorbisch gesprochen wird. Leicht zu lernen ist diese Sprache allerdings nicht. So gibt es zum Beispiel sieben grammatische Fälle. Neben den vier Fällen, die ihr aus dem Deutschen kennt, sind das noch Instrumental, Lokativ und Vokativ. Und auch mit Singular und Plural begnügen sich die Sorben nicht. Sie kennen auch noch den Dual (Zweizahl). So heißt *ruka* Hand, *ruce* sind zwei Hände und *ruki* sind mehr als zwei Hände.

(Weitere Informationen findet ihr auf S. 366)

c Die Erzählung „Krabat" wurde 2008 von Marco Kreuzpaintner verfilmt. Besorgt euch den Film und seht ihn gemeinsam mit der Klasse an.

- Welche Hauptunterschiede zwischen Buch und Film könnt ihr feststellen?
- Haltet ihr die Änderungen für gelungen oder misslungen? Begründet euer Urteil.
- Untersucht einen Filmausschnitt oder ein Standbild genauer. Achtet dabei besonders auf die eingesetzten Lichteffekte, die Hintergrundmusik und die Requisiten. Hilfen dazu findet ihr in dem Kapitel „Wenn ihr nicht hören könntet – Der Spielfilm ‚Jenseits der Stille'" (S. 330 ff.) und in der Zusammenfassung auf der Seite 344.

Edgar Allan Poe: Die Maske des Roten Todes

■ **Edgar Allan Poe** wurde am 19.1.1809 in Boston als Sohn von Schauspielern geboren. Er verlor seine Eltern schon im Alter von 2 Jahren und wurde von einer Pflegefamilie aufgenommen. 1826 begann er ein Studium an der University of Virginia. 1827 kam er zum Militärdienst, aus dem er 1831 entlassen wurde. 1838 heiratete er seine Cousine Virginia Clemm, die 1847 starb und ihn hilflos zurückließ. Poe lebte in bitterer Armut und starb am 7.10.1849 in Baltimore unter nicht geklärten Umständen. ■

Lange schon wütete der Rote Tod im Lande; nie war eine Pest verheerender, nie eine Krankheit grässlicher gewesen. Blut war der Anfang, Blut das Ende – überall das Rot und der Schrecken des Blutes. Mit stechenden Schmerzen und Schwindelanfällen setzte es ein, dann quoll Blut aus allen Poren, und das war der Beginn der Auflösung. Die scharlachroten Tupfen am ganzen Körper der unglücklichen Opfer – und besonders im Gesicht – waren des Roten Todes Bannsiegel, das die Gezeichneten von der Hilfe und der Teilnahme ihrer Mitmenschen ausschloss; und alles, vom ersten Anfall bis zum tödlichen Ende, war das Werk einer halben Stunde.

Prinz Prospero aber war fröhlich und unerschrocken und weise. Als sein Land schon zur Hälfte entvölkert war, erwählte er sich unter den Rittern und Damen des Hofes eine Gesellschaft von tausend heiteren und leichtlebigen Kameraden und zog sich mit ihnen in die stille Abgeschiedenheit einer befestigten Abtei zurück. Es war dies ein ausgedehnter, prächtiger Bau, eine Schöpfung nach des Prinzen eigenem exzentrischen, aber vornehmen Geschmack. Das Ganze war von einer hohen, mächtigen Mauer umschlossen, die eiserne Tore hatte. Nachdem die Höflingsschar dort eingezogen war, brachten die Ritter Schmelzofen und schwere Hämmer herbei und schmiedeten die Riegel der Tore fest. Es sollte weder für die draußen wütende Verzweiflung noch für ein etwaiges törichtes Verlangen der Eingeschlossenen eine Tür offen sein. Da die Abtei mit Proviant reichlich versehen war und alle erdenklichen Vorsichtsmaßnahmen getroffen worden waren, glaubte die Gesellschaft, der Pestgefahr Trotz bieten zu können. Die Welt da draußen mochte für sich selbst sorgen! Jedenfalls schien es unsinnig, sich vorläufig bangen Gedanken hinzugeben. Auch hatte der Prinz für allerlei Zerstreuungen Sorge getragen. Da waren Gaukler und Komödianten, Musikanten und Tänzer – da war Schönheit und Wein. All dies und dazu das Gefühl der Sicherheit war drinnen in der Burg – draußen war der Rote Tod.

Im fünften oder sechsten Monat der fröhlichen Zurückgezogenheit versammelte Prinz Prospero – während draußen die Pest noch mit ungebrochener Gewalt raste – seine tausend Freunde auf einem Maskenball von unerhörter Pracht. Reichtum und zügellose Lust herrschten auf dem Feste. Doch ich will zunächst die Räumlichkeiten schildern, in denen das Fest abgehalten wurde. Es waren sieben wahrhaft königliche Gemächer. Im Allgemeinen bilden in den Palästen solche Festräume – da die Flügeltüren nach beiden Sei-

ten bis an die Wand zurückgeschoben werden können – eine lange Zimmerflucht, die einen weiten Durchblick gewährt. Dies war hier jedoch nicht der Fall. Des Prinzen Vorliebe für alles Absonderliche hatte die Gemächer vielmehr so zusammengegliedert, dass man von jedem Standort immer nur einen Saal zu überschauen vermochte. Nach Durchquerung jedes Einzelraumes gelangte man an eine Biegung, und jede dieser Wendungen brachte ein neues Bild. In der Mitte jeder Seitenwand befand sich ein hohes, schmales gotisches Fenster, hinter dem eine schmale Galerie den Windungen der Zimmerreihe folgte. Die Fenster hatten Scheiben aus Glasmosaik, dessen Farbe immer mit dem vorherrschenden Farbton des betreffenden Raumes übereinstimmte. Das am Ostende gelegene Zimmer zum Beispiel war in Blau gehalten, und so waren auch seine Fenster leuchtend blau. Das folgende Gemach war in Wandbekleidung und Ausstattung purpurn, und auch seine Fenster waren purpurn. Das dritte war ganz in Grün – und hatte dementsprechend grüne Fensterscheiben. Das vierte war orangefarben eingerichtet und hatte orangefarbene Beleuchtung. Das fünfte war weiß, das sechste violett. Die Wände des siebenten Zimmers aber waren dicht mit schwarzem Sammet bezogen, der sich auch über die Deckenwölbung spannte und in schweren Falten auf einen Teppich von gleichem Stoffe niederfiel. Und nur in diesem Raume glich die Farbe der Fenster nicht derjenigen der Dekoration: Hier waren die Scheiben scharlachrot – wie Blut. Nun waren sämtliche Gemächer zwar reich an goldenen Ziergegenständen, die an den Wänden entlang standen oder von der Decke herabhingen, kein einziges aber besaß einen Kandelaber[1] oder Kronleuchter. In der ganzen Zimmerreihe gab es weder Lampen- noch Kerzenlicht. Stattdessen war draußen in den an den Zimmern hinlaufenden Galerien vor jedem Fenster ein schwerer Dreifuß aufgestellt, der ein kupfernes Feuerbecken trug, dessen Flamme ihren Schein durch das farbige Fenster hereinwarf und so den Raum schimmernd erhellte. Hierdurch wurden die fantastischsten Wirkungen erzielt. In dem westlichsten oder schwarzen Gemach aber war der Glanz der Flammenglut, der durch die blutigroten Scheiben in die schwarzen Sammetfalten fiel, so gespenstisch und gab den Gesichtern der hier Eintretenden ein derart erschreckendes Aussehen, dass nur wenige aus der Gesellschaft kühn genug waren, den Fuß über die Schwelle zu setzen. In diesem Gemach befand sich an der westlichen Wand auch eine hohe Standuhr in einem riesenhaften Ebenholzkasten.

Ihr Pendel schwang mit dumpfem, wuchtigem, eintönigem Schlag hin und her, und wenn der Minutenzeiger seinen Kreislauf über das Zifferblatt beendet hatte und die Stunde schlug, so kam aus den ehernen Lungen der Uhr ein voller, tiefer, sonorer[2] Ton, dessen Klang so sonderbar ernst und so feierlich war, dass bei jedem Stundenschlag die Musikanten des Orchesters, von einer unerklärlichen Gewalt gezwungen, ihr Spiel unterbrachen, um diesem Ton zu lauschen. So musste der Tanz plötzlich aussetzen, und eine kurze Missstimmung befiel die heitere Gesellschaft. Solange die Schläge der Uhr ertönten, sah man selbst die Fröhlichsten erbleichen, und die Älteren und Besonneneren strichen mit der Hand über die Stirn, als wollten sie wirre Traum-

---

1 **Kandelaber:** mehrarmiger Kerzenständer
2 **sonor:** klangvoll, tönend

bilder oder unliebsame Gedanken verscheuchen. Kaum aber war der letzte Nachhall verklungen, so durchlief ein lustiges Lachen die Versammlung. Die Musikanten blickten einander an und schämten sich lächelnd ihrer Empfindsamkeit und Torheit, und flüsternd vereinbarten sie, dass der nächste Stundenschlag sie nicht wieder derart aus der Fassung bringen solle. Allein wenn nach wiederum sechzig Minuten (dreitausendsechshundert Sekunden der flüchtigen Zeit) die Uhr von Neuem anschlug, trat dasselbe allgemeine Unbehagen ein, das gleiche Bangen und Sinnen wie vordem. Doch wenn man hiervon absah, war es eine prächtige Lustbarkeit. Der Prinz hatte einen eigenartigen Geschmack bewiesen. Er hatte ein feines Empfinden für Farbenwirkungen. Alles Herkömmliche und Modische war ihm zuwider, er hatte seine eigenen, kühnen Ideen, und seine Fantasie liebte seltsame, glühende Bilder. Es gab Leute, die ihn für wahnsinnig hielten. Sein Gefolge aber wusste, dass er es nicht war. Doch man musste ihn sehen und kennen, um dessen gewiss zu sein.

Die Einrichtung und Ausschmückung der sieben Gemächer waren eigens für dieses Fest fast ganz nach des Prinzen eigenen Angaben gemacht worden, und sein eigener, merkwürdiger Geschmack hatte auch den Charakter der Maskerade bestimmt. Gewiss, sie war grotesk[1] genug. Da gab es viel Prunkendes und Glitzerndes, viel Fantastisches und Pikantes[2]. Da gab es Masken mit seltsam verrenkten Gliedmaßen, die Arabesken[3] vorstellen sollten, und andere, die man nur mit den Hirngespinsten eines Wahnsinnigen vergleichen konnte. Es gab viel Schönes und viel Üppiges, viel Übermütiges und viel Groteskes und auch manch Schauriges – aber nichts, was irgendwie widerwärtig gewirkt hätte. In der Tat, es schien, als wogten in den sieben Gemächern eine Unzahl von Träumen durcheinander. Und diese Träume wanden sich durch die Säle, deren jeder sie mit seinem besonderen Licht umspielte, und die tollen Klänge des Orchesters schienen wie ein Echo ihres Schreitens. Von Zeit zu Zeit aber riefen die Stunden der schwarzen Riesenuhr in dem Sammetsaal, und eine kurze Weile herrschte eisiges Schweigen – nur die Stimme der Uhr erdröhnte. Die Träume erstarrten. Doch das Geläut verhallte – und ein leichtes, halb unterdrücktes Lachen folgte seinem Verstummen. Die Musik rauschte wieder auf, die Träume belebten sich von Neuem und wogten noch fröhlicher hin und her, farbig beglänzt durch das Strahlenlicht der Flammenbecken, das durch die vielen bunten Scheiben strömte. Aber in das westlichste der sieben Gemächer wagte sich jetzt niemand mehr hinein, denn die Nacht war schon weit vorgeschritten, und greller noch floss das Licht durch die blutroten Scheiben und überflammte die Schwärze der düsteren Draperien[4]; wer den Fuß hier auf den dunklen Teppich setzte, dem dröhnte das dumpfe, schwere Atmen der nahen Riesenuhr warnender, schauerlicher ins Ohr als allen jenen, die sich in der Fröhlichkeit der anderen Gemächer umhertummelten.

Diese anderen Räume waren überfüllt, und in ihnen schlug fieberheiß das Herz des Lebens. Und der Trubel rauschte lärmend weiter, bis endlich die ferne Uhr den Zwölfschlag der Mitternacht erschallen ließ. Und die Musik verstummte, so wie früher; und der Tanz wurde jäh zerrissen, und wie früher trat ein plötzlicher, unheimlicher Stillstand ein. Jetzt aber

[1] **grotesk:** komisch, verzerrt, wunderlich, überspannt

[2] **pikant:** schlüpfrig, anzüglich

[3] **Arabeske:** Blatt- und Rankenornament

[4] **Draperie:** Vorhang

musste der Schlag der Uhr zwölfmal ertönen; und daher kam es, dass jenen, die in diesem Kreis die Nachdenklichen waren, noch trübere Gedanken kamen und dass ihre Versonnenheit noch länger andauerte. Und daher kam es wohl auch, dass, bevor noch der letzte Nachhall des letzten Stundenschlages erstorben war, manch einer Muße genug gefunden hatte, eine Maske zu bemerken, die bisher noch keinem aufgefallen war. Das Gerücht von dieser neuen Erscheinung sprach sich flüsternd herum, und es erhob sich in der ganzen Versammlung ein Summen und Murren des Unwillens und der Entrüstung – das schließlich zu Lauten des Schreckens, des Entsetzens und höchsten Abscheus anwuchs.

Man kann sich wohl denken, dass es keine gewöhnliche Erscheinung war, die den Unwillen einer so toleranten Gesellschaft erregen konnte. Man hatte in dieser Nacht der Maskenfreiheit zwar sehr weite Grenzen gezogen, doch die fragliche Gestalt war in der Tat zu weit gegangen – über des Prinzen weitgehende Duldsamkeit hinaus. Auch in den Herzen der Übermütigsten gibt es Seiten, die nicht berührt werden dürfen, und selbst für die Verstocktesten, denen Leben und Tod nur Spiel sind, gibt es Dinge, mit denen sie nicht Scherz treiben lassen. Einmütig schien die Gesellschaft zu empfinden, dass in Tracht und Benehmen der befremdenden Gestalt weder Witz noch Anstand sei. Lang und hager war die Erscheinung, von Kopf zu Fuß in Leichentücher gehüllt. Die Maske, die das Gesicht verbarg, war dem Antlitz eines Toten täuschend nachgebildet. Doch all dies hätten die tollen Gäste des tollen Gastgebers, wenn es ihnen auch nicht gefiel, hingehen lassen. Aber der Verwegene war so weit gegangen, die Gestalt des Roten Todes darzustellen. Sein Gewand war blutbesudelt, und seine breite Stirn, das ganze Gesicht sogar, war mit dem scharlachroten Todessiegel gefleckt. Als die Blicke des Prinzen Prospero diese Gespenstergestalt entdeckten, die, um ihre Rolle noch wirkungsvoller zu spielen, sich langsam und feierlich durch die Reihen der Tanzenden bewegte, sah man, wie er im ersten Augenblick von einem Schauer des Entsetzens oder des Widerwillens geschüttelt wurde; im nächsten Moment aber rötete sich seine Stirn im Zorn. „Wer wagt es“, fragte er mit heiserer Stimme die Höflinge an seiner Seite, „wer wagt es, uns durch solch gotteslästerlichen Hohn zu empören? Ergreift und demaskiert ihn, damit wir wissen, wer es ist, der bei Sonnenaufgang an den Zinnen unsres Schlosses aufgeknüpft werden wird!“

Es war in dem östlichen, dem blauen Zimmer, wo Prinz Prospero diese Worte rief. Sie hallten laut und deutlich durch alle sieben Gemächer – denn der Prinz war ein kräftiger und kühner Mann, und die Musik war durch eine Bewegung seiner Hand zum Schweigen gebracht worden.

Das blaue Zimmer war es, in dem der Prinz stand, umgeben von einer Gruppe bleicher Höflinge. Sein Befehl brachte Bewegung in die Höflingsschar, als wolle man den Eindringling ergreifen, der gerade jetzt ganz in der Nähe war und mit würdevoll gemessenem Schritt dem Sprecher näher trat. Doch das namenlose Grauen, das die wahnwitzige Vermessenheit des Vermummten allen eingeflößt hatte, war so stark, dass keiner die Hand ausstreckte, um ihn aufzuhalten. Ungehindert kam er bis dicht an den Prinzen heran – und während die zahlreiche Versammlung, zu Tode entsetzt, zur Seite wich und sich in allen Gemächern bis an die Wand zurückdrängte, ging er unangefochten seines Weges, mit den nämlichen, feierlichen und gemessenen Schritten wie zu Beginn. Und er schritt von dem blauen Zimmer in das purpurrote – von dem purpurroten in das grüne – von dem grünen in das orangefarbene – und aus diesem in das weiße – und weiter noch in das violette Zimmer, ehe eine entscheidende Bewegung gemacht wurde, um ihn aufzuhalten. Dann aber war es Prinz Prospero, der rasend vor Zorn und Scham über seine eigene, unbegreifliche Feigheit die sechs Zimmer durcheilte – er allein, denn von den andern vermochte vor tödlichem Schrecken kein Einziger ihm zu folgen. Den Dolch in der erhobenen Hand, war er in wildem Ungestüm der weiterschreitenden Gestalt bis auf drei oder vier Schritte nahegekommen, als sie, die jetzt das Ende des Sammetgemaches erreicht hatte, sich plötzlich zurückwandte und dem Verfolger gegenüberstand. Man hörte einen durchdringenden Schrei, der Dolch fiel blitzend auf den schwarzen Teppich, und im nächsten Augenblick sank auch Prinz Prospero im Todeskampf zu Boden.

Nun stürzten mit dem Mute der Verzweiflung einige der Gäste in das schwarze Gemach und ergriffen den Vermummten, dessen hohe Gestalt aufrecht und regungslos im Schatten der schwarzen Uhr stand. Doch unbeschreiblich war das Grauen, das sie befiel, als sie in den Leichentüchern und hinter der Leichenmaske, die sie mit rauem Griffe packten, nichts Greifbares fanden – sie war leer ...

Und nun erkannte man die Gegenwart des Roten Todes. Er war gekommen wie ein Dieb in der Nacht. Und einer nach dem andern sanken die Festgenossen in den blutbetauten Hallen ihrer Lust zu Boden und starben – ein jeder in der verzerrten Lage, in der er verzweifelnd niedergefallen war. Und das Leben in der Ebenholzuhr erlosch mit dem Leben des letzten der Fröhlichen. Und die Gluten in den Kupferpfannen verglommen. Und unbeschränkt herrschte über alles mit Finsternis und Verwesung der Rote Tod.

1 Was stellt ihr euch unter dem „Roten Tod“ vor?

2 Da der Text sehr lang ist, solltet ihr ihn zunächst in mehrere Abschnitte gliedern und diese jeweils mit einer passenden Überschrift versehen.

Tipps, wie man einen Erzähltext untersucht, erhaltet ihr auch auf S. 122.

3 Beschreibt das Leben des Prinzen Prospero und seiner Gesellschaft. Wie leben die Personen, welche Charaktereigenschaften haben sie? Stellt diese Welt der Welt „draußen“ (außerhalb der befestigten Abtei) gegenüber. Worin unterscheiden sich die beiden Welten?

4 Versucht, die ungewöhnliche Anordnung der sieben Zimmer durch eine Skizze zu verdeutlichen.

5 Von den sieben Zimmern hebt sich das westlichste noch einmal ab. Nennt seine Besonderheiten. Mit welchen sprachlichen Mitteln beschreibt Poe dieses Zimmer?

6 Im schwarzen Zimmer befindet sich eine hohe Standuhr. Beschreibt genau ihre Wirkung auf die anwesenden Gäste. Welche Erklärung gibt es dafür?

7 Welche Reaktionen löst die unbekannte Erscheinung bei den Gästen des Festes und vor allem bei Prinz Prospero aus?

8 Stell dir vor, du wärest als Gast bei dem Fest gewesen und hättest fliehen können. Erzähle einem Freund von dem Geschehen. Gib auch deine eigenen Gefühle wieder.

9 Seht ihr einen Zusammenhang zwischen dem Verhalten der Festgesellschaft und dem Erscheinen des „Roten Todes“?

10 Mit welchen sprachlichen Mitteln gelingt es Poe, Spannung zu erzeugen? Seht euch dazu vor allem die Zeilen 179–202 und das Ende ab Zeile 275 an.

11 **Durchstarten! So könnt ihr weiterarbeiten:**

a) Verfasst über das Geschehen einen Bericht, wie er in einer Zeitung hätte stehen können.

b) Lasst die Standuhr aus dem letzten Zimmer von den sonderbaren Ereignissen erzählen.

c) Sammelt Informationen zur Geschichte der Pest und tragt sie in der Klasse vor.

Heinrich von Kleist:
Das Bettelweib von Locarno

■ **Heinrich von Kleist** wurde 1777 in Frankfurt an der Oder geboren und diente gemäß der Familientradition im Potsdamer Garderegiment. Aber weder beim Militär, von dem er bald seinen Abschied nahm, noch bei einer Anstellung in der Verwaltung fand er Zufriedenheit. Seine Hoffnung, allein von der Dichtung leben zu können, erfüllte sich nur in bescheidenem Maße. Bedeutung erlangte er durch eine Reihe von Dramen und Erzählungen, für die die meisten seiner Zeitgenossen aber wenig Verständnis aufbrachten. 1811 nahm er sich am Wannsee bei Potsdam das Leben. ■

Am Fuße der Alpen bei Locarno im oberen Italien befand sich ein altes, einem Marchese[1] gehöriges Schloss, das man jetzt, wenn man vom St. Gotthard kommt, in Schutt und Trümmern liegen sieht: ein Schloss mit hohen und weitläufigen Zimmern, in deren einem einst auf Stroh, das man ihr unterschüttete, eine alte, kranke Frau, die sich bettelnd vor der Tür eingefunden hatte, von der Hausfrau aus Mitleiden gebettet worden war.

Der Marchese, der bei der Rückkehr von der Jagd zufällig in das Zimmer trat, wo er seine Büchse[2] abzusetzen pflegte, befahl der Frau unwillig, aus dem Winkel, in welchem sie lag, aufzustehn und sich hinter den Ofen zu verfügen. Die Frau, da sie sich erhob, glitschte mit der Krücke auf dem glatten Boden aus und beschädigte sich auf eine gefährliche Weise das Kreuz; dergestalt, dass sie zwar noch mit unsäglicher Mühe aufstand und quer, wie es ihr vorgeschrieben war, über das Zimmer ging, hinter dem Ofen aber unter Stöhnen und Ächzen niedersank und verschied.

Mehrere Jahre nachher, da der Marchese durch Krieg und Misswachs in bedenkliche Vermögensumstände geraten war, fand sich ein florentinischer Ritter bei ihm ein, der das Schloss seiner schönen Lage wegen von ihm kaufen wollte. Der Marchese, dem viel an dem Handel gelegen war, gab seiner Frau auf, den Fremden in dem oben erwähnten leer stehenden Zimmer, das sehr schön und prächtig eingerichtet war, unterzubringen. Aber wie betreten war das Ehepaar, als der Ritter mitten in der Nacht verstört und bleich zu ihnen herunterkam, hoch und teuer versichernd, dass es in dem Zimmer spuke, indem etwas, das dem Blick unsichtbar gewesen, mit einem Geräusch, als ob es auf Stroh gelegen, im Zimmerwinkel aufgestanden, mit vernehmlichen Schritten langsam und gebrechlich quer über das Zimmer gegangen und hinter dem Ofen unter Stöhnen und Ächzen niedergesunken sei.

Der Marchese, erschrocken, er wusste selbst nicht recht warum, lachte den Ritter mit erkünstelter Heiterkeit aus und sagte, er wolle sogleich

---

[1] **Marchese:** hoher italienischer Adelstitel
[2] **Büchse:** Jagdgewehr

aufstehen und die Nacht zu seiner Beruhigung mit ihm in dem Zimmer zubringen. Doch der Ritter bat um die Gefälligkeit, ihm zu erlauben, dass er auf einem Lehnstuhl in seinem Schlafzimmer übernachte; und als der Morgen kam, ließ er anspannen, empfahl sich und reiste ab.

Dieser Vorfall, der außerordentliches Aufsehen machte, schreckte auf eine dem Marchese höchst unangenehme Weise mehrere Käufer ab; dergestalt, dass, da sich unter seinem eignen Hausgesinde, befremdend und unbegreiflich, das Gerücht erhob, dass es in dem Zimmer zur Mitternachtstunde umgehe, er, um es mit einem entscheidenden Verfahren niederzuschlagen, beschloss, die Sache in der nächsten Nacht selbst zu untersuchen.

Demnach ließ er beim Einbruch der Dämmerung sein Bett in dem besagten Zimmer aufschlagen und erharrte, ohne zu schlafen, die Mitternacht. Aber wie erschüttert war er, als er in der Tat mit dem Schlage der Geisterstunde das unbegreifliche Geräusch wahrnahm, es war, als ob ein Mensch sich von Stroh, das unter ihm knisterte, erhob, quer über das Zimmer ging und hinter dem Ofen unter Geseufz und Geröchel niedersank. Die Marquise, am andern Morgen, da er herunterkam, fragte ihn, wie die Untersuchung abgelaufen; und da er sich mit scheuen und ungewissen Blicken umsah und, nachdem er die Tür verriegelt, versicherte, dass es mit dem Spuk seine Richtigkeit habe: So erschrak sie, wie sie in ihrem Leben nicht getan, und bat ihn, bevor er die Sache verlauten ließe, sie noch einmal in ihrer Gesellschaft einer kaltblütigen Prüfung zu unterwerfen.

Sie hörten aber samt einem treuen Bedienten, den sie mitgenommen hatten, in der Tat in der nächsten Nacht dasselbe unbegreifliche, gespensterartige Geräusch, und nur der dringende Wunsch, das Schloss, es koste, was es wolle, loszuwerden, vermochte sie, das Entsetzen, das sie ergriff, in Gegenwart ihres Dieners zu unterdrücken und dem Vorfall irgendeine gleichgültige und zufällige Ursache, die sich entdecken lassen müsse, unterzuschieben. Am Abend des dritten Tages, da beide, um der Sache auf den Grund zu kommen, mit Herzklopfen wieder die Treppe zu dem Fremdenzimmer bestiegen, fand sich zufällig der Haushund, den man von der Kette losgelassen hatte, vor der Tür desselben ein, dergestalt, dass beide, ohne sich bestimmt zu erklären, vielleicht in der unwillkürlichen Absicht, außer sich selbst noch etwas Drittes, Lebendiges, bei sich zu haben, den Hund mit sich in das Zimmer nahmen. Das Ehepaar, zwei Lichter auf dem Tisch, die Marquise unausgezogen, der Marchese Degen und Pistolen, die er aus dem Schrank genommen, neben sich, setzen sich gegen elf Uhr jeder auf sein Bett; und während sie sich mit Gesprächen, so gut sie vermögen, zu unterhalten suchen, legt sich der Hund, Kopf und Beine zusammengekauert, in der Mitte des Zimmers nieder und schläft ein.

Drauf, in dem Augenblick der Mitternacht, lässt sich das entsetzliche Geräusch wieder hören; jemand, den kein Mensch mit Augen sehen kann, hebt sich auf Krücken im Zimmerwinkel empor; man hört das Stroh, das unter ihm rauscht; und mit dem ersten Schritt: tapp! tapp! erwacht der Hund, hebt sich plötzlich, die Ohren spitzend, vom Boden empor, und knurrend und bellend, grad' als ob ein Mensch auf ihn eingeschritten käme, rückwärts gegen den Ofen weicht er aus. Bei diesem Anblick stürzt die Marquise mit sträubenden Haaren aus dem Zimmer; und während der Marchese, der den Degen ergriffen: „Wer da?" ruft, und, da ihm niemand antwortet, gleich einem Rasenden nach allen Richtungen die Luft durchhaut, lässt sie anspannen, entschlossen, augenblicklich nach der Stadt abzufahren. Aber ehe sie noch nach Zusammenraffung einiger Sachen aus dem Tore herausgerasselt, sieht sie schon das Schloss ringsum in Flammen aufgehen.

Der Marchese, von Entsetzen überreizt, hatte eine Kerze genommen und dasselbe, überall mit Holz getäfelt wie es war, an allen vier Ecken, müde seines Lebens, angesteckt. Vergebens schickte sie Leute hinein, den Unglücklichen zu retten; er war auf die elendiglichste Weise bereits umgekommen; und noch jetzt liegen, von den Landleuten zusammengetragen, seine weißen

Gebeine in dem Winkel des Zimmers, von welchem er das Bettelweib von Locarno hatte aufstehen heißen.

1 Warum steht die Erzählung in einem Kapitel über fantastische Literatur? Was könnte eurer Meinung nach an ihr wahr sein, was gehört eher in den Bereich des Unheimlichen und Fantastischen?

2 Wie behandelt die Marquise die alte Frau? Wie behandelt sie der von der Jagd zurückkehrende Marchese? Vergleicht ihr Verhalten miteinander. Seht ihr einen Zusammenhang zwischen diesem Vorfall und dem Ausgang der Erzählung?

3 Gliedert den Text in einzelne Abschnitte und gebt jedem Abschnitt eine eigene Überschrift.

4 Im Mittelpunkt der Erzählung stehen vier Spukszenen. Wodurch wird hier besonders Spannung erzeugt? Übernehmt das Schema unten in euer Heft und tragt die jeweiligen Reaktionen der Personen auf den Spuk ein. Vergleicht miteinander. Zeichnet außerdem eine Spannungskurve in die Tabelle.

	1. Spuk	**2. Spuk**	**3. Spuk**	**4. Spuk**
Reaktionen auf den Spuk	Ehepaar ist betreten (Z. 33) …	…	…	…
Spannungskurve				

5 Schaut euch auch die Tempusformen in den Spukszenen an. Was fällt dabei auf?

6 Vergleicht Anfang und Ende der Erzählung. Welche Gemeinsamkeiten stellt ihr fest? Wodurch versucht Kleist, die Vorkommnisse glaubhaft zu machen?

7 Vergleicht den Marquese mit dem Prinzen Prospero aus Poes Erzählung „Die Maske des Roten Todes“.

8 Kleists Sprache ist sehr anspruchsvoll. Es ist daher nicht ganz einfach, die Erzählung gut vorzulesen. Bereitet einen Lesevortrag durch intensives Üben zu Hause vor. Beurteilt anschließend eure Lesevorträge. Ist es gelungen, die Spannungssteigerung deutlich zu machen? Spürt man als Zuhörer die unheimliche Stimmung?

Johann Wolfgang von Goethe: Der Totentanz

■ **Johann Wolfgang von Goethe** gilt als der bedeutendste deutsche Dichter. Er wurde 1749 in Frankfurt am Main geboren und wuchs in wohlhabenden Verhältnissen auf. Nach dem Studium der Rechtswissenschaften arbeitete er zunächst als Rechtsanwalt in Frankfurt, interessierte sich aber viel mehr für Literatur und Kunst. Vor allem während seiner Zeit in Weimar war Goethe literarisch äußerst produktiv. Neben zahlreichen Gedichten, Dramen und erzählenden Texten verfasste er auch autobiografische, literaturtheoretische und naturwissenschaftliche Schriften. Goethe starb 1832 in Weimar. ■

I Der Türmer, der schaut zu Mitten der Nacht
Hinab auf die Gräber in Lage[1];
Der Mond, der hat alles ins Helle gebracht;
Der Kirchhof, er liegt wie am Tage.
Da regt sich ein Grab und ein anderes dann:
Sie kommen hervor, ein Weib da, ein Mann,
In weißen und schleppenden Hemden.

II Das reckt nun, es will sich ergetzen[2] sogleich,
Die Knöchel zur Runde, zum Kranze,
So arm und so jung und so alt und so reich;
Doch hindern die Schleppen am Tanze.
Und weil hier die Scham nun nicht weiter gebeut[3],
Sie schütteln sich alle, da liegen zerstreut
Die Hemdelein über den Hügeln.

---

[1] **in Lage:** in Reihe
[2] **ergetzen:** ergötzen, erfreuen
[3] **gebeut:** gebietet, befiehlt

Totentanzdarstellung von 1493

III Nun hebt sich der Schenkel, nun wackelt das Bein,
Gebärden da gibt es vertrackte;
Dann klippert's und klappert's mitunter hinein,
Als schlüg' man die Hölzlein zum Takte.
Das kommt nun dem Türmer so lächerlich vor;
Da raunt ihm der Schalk, der Versucher, ins Ohr:
Geh! Hole dir einen der Laken!

IV Getan wie gedacht! Und er flüchtet sich schnell
Nun hinter geheiligte Türen.
Der Mond, und noch immer er scheinet so hell
Zum Tanz, den sie schauderlich führen.
Doch endlich verlieret sich dieser und der,
Schleicht eins nach dem andern gekleidet einher,
Und husch, ist es unter dem Rasen.

V Nur einer, der trippelt und stolpert zuletzt
Und tappet und grapst an den Grüften;
Doch hat kein Geselle so schwer ihn verletzt,
Er wittert das Tuch in den Lüften.
Er rüttelt die Turmtür, sie schlägt ihn zurück,
Geziert[1] und gesegnet, dem Türmer zum Glück,
Sie blinkt von metallenen Kreuzen.

VI Das Hemd muss er haben, da rastet er nicht,
Da gilt auch kein langes Besinnen,
Den gotischen Zierat[2] ergreift nun der Wicht
Und klettert von Zinne zu Zinnen.
Nun ist's um den armen, den Türmer getan!
Es ruckt sich von Schnörkel zu Schnörkel hinan,
Langbeinigen Spinnen vergleichbar.

VII Der Türmer erbleichet, der Türmer erbebt,
Gern gäb er ihn wieder, den Laken.
Da häkelt – jetzt hat er am längsten gelebt –
Den Zipfel ein eiserner Zacken.
Schon trübet der Mond sich verschwindenden Scheins,
Die Glocke, sie donnert ein mächtiges
Eins, und unten zerschellt das Gerippe.

(1813)

[1] **geziert:** verziert
[2] **Zierat:** Verzierungen

1 Das Motiv des geraubten Totenhemdes und des Totentanzes war – vor allem im Mittelalter – weit verbreitet. Die Menschen glaubten, dass die Verstorbenen des Nachts aus ihren Gräbern stiegen und auf dem Friedhof tanzten. Davon handelt auch diese Ballade. Versucht zunächst, das merkwürdige Geschehen mit eigenen Worten wiederzugeben.

2 Nennt Textstellen, die besonders gruselig wirken.

3 Trotz der gruseligen Stellen wirkt die Ballade auch komisch. Woran liegt das? Weist am Text nach.
Wie spiegelt sich das Komische in der Sprache wider?

Wie man Komik in einem Text untersucht, erfahrt ihr auch auf S. 307.

4 Warum holt sich der Türmer ein Laken, also ein Totenhemd, obwohl er dadurch in große Schwierigkeiten gerät? Wodurch wird er schließlich gerettet?

5 Zeichnet für die sieben Strophen der Ballade eine Spannungskurve. Wo liegt der Erzählhöhepunkt?

6 Vergleicht die Ballade mit der Abbildung auf S. 38. Welche Gemeinsamkeiten stellt ihr fest?

7 Erarbeitet einen wirkungsvollen Vortrag der Ballade. Bedenkt dabei, dass es neben den gruseligen auch viele komische Textstellen gibt.

Hilfen für einen gelungenen Vortrag findet ihr auf S. 51.

Wie ihr dem folgenden Artikel entnehmen könnt, gibt es auch heute noch Türmer, ja sogar eine Türmerin.

Carsten Linnhoff

Mit eisernem Willen in luftiger Höhe

Zum ersten Mal bekommt Münster einen weiblichen Türmer. In 75 Meter Höhe wird demnächst eine sprachbegabte Musikerin am Abend ins Horn blasen. Der Job im Turm der Lambertikirche hat Tradition. Ohne Idealismus aber geht es nicht.

Spätestens seit dem Münster-Tatort „Mörderspiele“ kennt bundesweit fast jeder die Lambertikirche in Münster. Die Leiche der Studentin Laura Schrott hing am Turm in den berühmten Wiedertäufer-Käfigen und Kommisar Thiel musste in der ARD-Serie den Täter ermitteln. Die neue Türmerin der Stadt Münster wird ab Januar in direkter Nachbarschaft zu den Käfigen arbeiten. Mit der 33-jährigen Martje Salje übernimmt zum ersten Mal in der Geschichte der Stadt eine Frau diesen Posten. Wenn sie die 75 Meter und 298 Stufen erklommen hat, schaut sie vom höchsten Arbeitsplatz Münsters hinab auf die Westfalen-Metropole.

Ihr Vorgänger hatte 20 Jahre den Posten inne. Er geht Ende des Jahres in den Ruhestand. „Mit der Euphorie wird das schnell enden“, sagte Wolfram Schulz bei der Vorstellung seiner Nachfolgerin am Mittwoch. Salje zeigte sich trotz der Warnung ganz begeistert von ihrer neuen Aufgabe. „Die Einsamkeit und Stille ist genau mein Ding“, sagt die in Bremen geborene Musikerin. Sie muss im neuen Jahr an sechs von sieben Tagen in der Woche hoch, um im 30-Minuten-Takt zwischen 21 und 24 Uhr in ein Horn zu blasen. Außerdem schlägt sie bei besonderen Anlässen die Ratsglocke.

Aber es ist einsam, windig und kalt. „Im Winter wird es nicht wärmer als 14 Grad in der Türmerstube, darauf muss sich Frau Salje einstellen“, warnt Schulz. Der Job hoch oben im Turm geht auf das Jahr 1379 zurück und ist längst eine Touristenattraktion. Besonders der geblasene Hornton alle 30 Minuten lässt die Touristen am Abend nach oben schauen. Dabei war diese Tätigkeit ursprünglich eine Art Arbeitsnachweis. Der Türmer blies ins Horn, um den Menschen am Boden zu beweisen, dass er nicht eingeschlafen war. Wenn wirklich Gefahr drohte, schlug er eine Glocke an.

Die Neue im Turm hat sich gegen 5 Frauen und 40 Männer im Bewerbungsverfahren durchgesetzt. Geboren wurde sie in Bremen, zuletzt lebte die Musikwissenschaftlerin in Oldenburg. Verwandtschaft ihres Vaters kommt aus Münster, sodass die sportliche Türmerin einen Bezug zur Stadt hat. Neben der Musik waren ihre Sprachkenntnisse bei der Auswahl entscheidend. Sie spricht Englisch, Französisch und neben Niederländisch auch ein wenig Norwegisch. „Mit dieser Qualifikation war sie einfach die beste aller Bewerber“, sagte eine Vertreterin der Stadt. Bezahlt wird der Teilzeitjob nach einer eher niedrigen Stufe. Davon alleine könnte die Türmerin also nicht leben. „Ich bin in Münster auf der Suche nach einem Job als Musikdozentin.“

(Neue Westfälische, 05.12.2013)

1 Aus welchen Gründen findet Martje Salje ihren Job als Türmerin reizvoll?

2 Beschreibt die Aufgaben eines Türmers im Mittelalter.

3 Warum hat die Stadt Münster trotz des technischen Fortschritts noch heute eine Türmerin angestellt?

4 **Durchstarten! So könnt ihr weiterarbeiten:**

a Zu Goethes Ballade „Der Totentanz“ gibt es eine Vertonung von Carl Friedrich Zelter (1758–1832):

Erarbeitet mit eurem Musiklehrer/eurer Musiklehrerin die Melodie und singt das Lied.
Passt eurer Meinung nach die Melodie zum Text? Begründet eure Meinung.

b Die Ballade lässt sich gut in eine fantastische Geschichte umformen. Der Anfang ist schon gemacht, ihr müsst ihn nur noch fortsetzen. Beachtet dabei die Hinweise in der Zusammenfassung unten.

Mitternacht – vom Vollmond erhellt lag der kleine Friedhof in völliger Ruhe. Kein Laut war zu hören. Schläfrig schaute der Wächter von seinem Turm auf die Gräber hinunter. Doch plötzlich riss ihn eine Beobachtung jäh aus seinen Gedanken ...

c Setzt die Ballade in eine kleine Bilderfolge um.

Mehr zur Textart Ballade erfahrt ihr auf S. 215.

Das musst du lernen und wissen

Kennzeichen fantastischer Literatur

In einer fantastischen Erzählung bricht scheinbar Unmögliches in unsere wirkliche Welt ein. Das geschieht oft durch

- Figuren, die dem Bereich des Unwirklichen zuzurechnen sind,
- fantastische Orte, die es in dieser Form sonst nicht gibt,
- ungewöhnliche, unrealistische Ereignisse.

Dem Leser ist bei fantastischen Erzählungen oft unklar, ob sich das Erzählte so ereignet haben könnte oder einer fantastischen Welt zuzuordnen ist. Der besondere Reiz solcher Erzählungen liegt in der Vermischung von Wirklichem und Unwirklichem. Mögliches und Unmögliches bilden einen Kontrast. Der Leser bleibt verunsichert, er findet keine Erklärung für die fantastischen Ereignisse.

Kleine Übungen zur Lernkontrolle

Merkmale fantastischer Literatur erarbeiten

Otfried Preußler (1923–2013)

Krabat: Die Schwarze Schule

Karfreitag, am frühen Abend, über dem Koselbruch hing ein fahler, aufgedunsener Mond. Die Mühlknappen saßen in der Gesindestube beisammen, Krabat lag müde auf seiner Pritsche und wollte schlafen. Auch heute hatten sie hart arbeiten müssen. Wie gut, dass es endlich Abend geworden war, dass er nun seine Ruhe hatte …
Mit einem Mal hörte er seinen Namen rufen, wie damals im Traum, in der Schmiede von Petershain – nur dass die Stimme, die heisere, die aus den Lüften zu kommen schien, ihm jetzt nicht mehr fremd war.
Er setzte sich auf und lauschte, zum zweiten Mal rief es: „Krabat!“ Da griff er nach seinen Kleidern und zog sich an.
Als er fertig war, rief ihn der Meister zum dritten Mal.
Krabat beeilte sich, tappte zur Bodentür, öffnete. Licht drang von unten herauf, im Hausflur hörte er Stimmen, das Klappern von Holzschuhen. Unruhe überkam ihn, er zögerte, hielt den Atem an – doch dann gab er sich einen Ruck, und drei Stufen auf einmal nehmend, lief er hinunter.
Am Ende des Flures standen die elf Gesellen. Die Tür zu der Schwarzen Kammer stand offen, der Meister saß hinter dem Tisch. Wie damals, bei Krabats Ankunft, lag wieder das dicke, in Leder gebundene Buch vor ihm; es fehlte auch nicht der Totenkopf mit der brennenden roten Kerze; nur dass der Meister jetzt nicht mehr bleich im Gesicht war, das hatte sich in der Zwischenzeit längst gegeben.
„Tritt näher, Krabat!“
Der Junge trat vor, an die Schwelle der Schwarzen Kammer. Er war nicht mehr müde, er spürte auch keine Benommenheit mehr im Kopf und kein Herzklopfen. Eine Weile betrachtete ihn der Meister, dann hob er die Linke und wandte sich den Gesellen zu, die im Flur standen.
„Husch, auf die Stange!“
Mit Krächzen und Flügelschlagen strichen elf Raben an Krabat vorbei, durch die Kammertür. Als er sich umschaute, waren die Müllerburschen verschwunden. Die Raben ließen sich in der hinteren linken Ecke des Raumes auf einer Stange nieder und blickten ihn an.
Der Meister erhob sich, sein Schatten fiel auf den Jungen.
„Seit einem Vierteljahr“, sagte er, „bist du nun auf der Mühle, Krabat. Die Probezeit ist bestanden, du bist kein gewöhnlicher Lehrjunge mehr, du sollst fortan mein Schüler sein.“

Damit trat er auf Krabat zu und berührte ihn mit der linken Hand an der linken Schulter. Ein Schauder durchrieselte Krabat, er spürte, wie er zu schrumpfen anfing: Sein Leib wurde klein und kleiner, es wuchsen ihm Rabenfedern, ein Schnabel und Krallen. Zu Füßen des Meisters hockte er auf der Schwelle, er wagte nicht aufzublicken.

Der Müller besah ihn sich eine Zeit lang, dann klatschte er in die Hände, rief: „Husch!"

Krabat, der Rabe Krabat, breitete folgsam die Schwingen aus und erhob sich zum Flug. Ungelenk flatternd, durchmaß er die Kammer, umschwirrte den Tisch, streifte Buch und Totenschädel. Dann ließ er sich bei den anderen Raben nieder und krallte sich an der Stange fest.

Der Meister belehrte ihn: „Du musst wissen, Krabat, dass du in einer Schwarzen Schule bist. Man lernt hier nicht Lesen und Schreiben und Rechnen – hier lernt man die Kunst der Künste. Das Buch, das da angekettet vor mir auf dem Tisch liegt, ist der Koraktor, der Höllenzwang. Wie du siehst, hat es schwarze Seiten, die Schrift ist weiß. Es enthält alle Zaubersprüche der Welt. Ich allein darf sie lesen, weil ich der Meister bin. Euch aber, dir und den anderen Schülern, ist es verboten, darin zu lesen, das merke dir! Und versuche nicht, mich zu hintergehen, das würde dir schlecht bekommen! Du hast mich verstanden, Krabat?"

„Verstanden", krächzte der Junge, erstaunt, dass er sprechen konnte: mit heiserer Stimme zwar, aber deutlich, und ohne dass es ihn im Geringsten anstrengte.

1 Krabat ist müde und will schlafen. Wie reagiert er auf den Ruf des Meisters? Verfasse einen kurzen informierenden Text im Präsens.

2 Suche aus dem Text Stellen heraus, in denen eine fantastische, unwirkliche Welt in den Alltag eindringt. Schreibe die Zeilenangaben auf.

3 Mit welchen sprachlichen Mitteln wird eine unheimliche Atmosphäre erzeugt?

4 Erzähle Krabats Aufnahme in die Schwarze Schule aus seiner Sicht, also in der Ich-Form. Mache dabei seine Gefühle und Ängste deutlich. So kannst du beginnen: „Ich hatte einen schweren Arbeitstag hinter mir und lag völlig erschöpft auf meiner Pritsche, um zu schlafen. Plötzlich ..."

Eigene fantastische Texte verfassen

1 Betrachte das Bild von Pere Borrell del Caso genau. Erkläre in einem kurzen Text, was an ihm fantastisch ist.

2 Erfinde zu dem Bild eine fantastische Geschichte.
- Stell dir vor, du bist in einem Museum, betrachtest das Bild und plötzlich wird es lebendig.
- Überlege, warum der Junge den Bilderrahmen verlassen möchte. Was könnte er sehen, hören, fühlen, sprechen oder riechen?
- Formuliere spannend und lebendig, indem du wörtliche Rede, Fragesätze, treffende Verben, anschauliche Adjektive und Vergleiche einsetzt.

Pere Borrell del Caso: Flucht vor der Kritik, 1874

3 Wähle eine Überschrift aus. Schreibe zu dem Vorfall eine fantastische Geschichte.

Unheimlich: Spuren im Dinosauriersaal des Naturkundemuseums
Forscher stehen vor einem Rätsel

Ägyptisches Museum: Mumie verschwand über Nacht
Nachtwächter liegt mit Schock im Krankenhaus

In jeder Vollmondnacht verschwindet ein Edelstein aus der Krone des Erzherzogs
Aufregung im Schlossmuseum – Museumsdirektor legt sich auf die Lauer

Wünsche, Träume und Gefühle

Ich schließe die Augen.
Ich sehe ...

Gedichte bewirken beim Leser bestimmte Vorstellungen, Stimmungen und Gefühle. Dieses Kapitel enthält Gedichte, in denen Schriftsteller Wünsche, Träume und Sehnsüchte eingefangen haben. Ihr lernt, wie wichtig der Konjunktiv ist, um diese Vorstellungen auszudrücken. Weiter lernt ihr, wie man Gedichte besser versteht, indem man sie vorträgt und genau untersucht. An vielen Stellen erhaltet ihr die Gelegenheit, zu eigenen Fantasien und Gefühlen selbst Gedichte zu schreiben.

Edward Hopper, Menschen in der Sonne (1960)

Ich möchte mal ...
Ich möchte mal ...
Und ...

Edvard Munch, Tanz am Strand (1900–1902)

Wenn jeder ...
Jeder Mensch ...

Henri Matisse, Ikarus (1947)

suchen Worte – Gedichte

Claude Monet, Felder im Frühling (1887)

Es war, als hätt ...

Salvador Dalí, Person am Fenster (1925)

Wenn ich ...
und ...

1 Betrachtet die Bilder. Überlegt, was in den Personen auf den Bildern vorgehen könnte. Woran könnten sie denken, wovon träumen? Was könnten sie fühlen oder wünschen?

2 Sucht euch ein Bild bzw. eine Person aus und haltet Stimmung, Gefühle und Situation der Person in Form eines Textes fest. Die sprachliche Form könnt ihr selbst wählen (z. B. Tagebucheintrag, innerer Monolog, Brief, Gedicht, ...).

3 Lies deinen Text vor, ohne das dazugehörige Bild zu verraten. Die Zuhörer sollen es anhand deines Textes wiedererkennen.

4 Besprecht Beispiele, bei denen es den Verfassern besonders gut gelungen ist, die Stimmung des Bildes wiederzugeben. Achtet darauf, welche sprachlichen Mittel dazu beigetragen haben.

Ich möchte mal … – Was wäre eine Sprache ohne Flügel?

Wenn ich ein Vöglein wär

Wenn ich ein Vöglein wär
Und auch zwei Flüglein hätt
Flög ich zu dir;
Weil's aber nicht kann sein,
Bleib ich allhier.

Bin ich gleich weit[1] von dir,
Bin ich doch im Schlaf bei dir
Und red mit dir;
Wenn ich erwachen tu,
Bin ich allein.

Es geht kein Stund in der Nacht,
Da nicht mein Herz erwacht,
Und dein gedenkt,
Dass du mir vieltausendmal
Dein Herz geschenkt.
(Volkslied)

[1] **gleich weit:** immer noch weit entfernt

1 Wer spricht in diesem Gedicht zu wem? Erklärt, in welcher Situation sich die beiden befinden.

2 Klärt bei der ersten Strophe, was das lyrische Ich in der Wirklichkeit und was es nur in seiner Fantasie erlebt. Wie zeigt sich dieser Unterschied in der sprachlichen Gestaltung? Sucht entsprechende Textstellen heraus.

3 Welche Gefühle und Gedanken äußert das lyrische Ich in der zweiten und dritten Strophe?

4 Beschreibe die Form des Gedichts. Benutzt dazu den Werkzeugkasten auf S. 49.

5 Welche sprachlichen Merkmale weisen darauf hin, dass es sich bei diesem Gedicht um ein Volkslied handelt?

6 **Durchstarten! So könnt ihr weiterarbeiten:** Schreibt eigene Gedichte. Beginnt mit dem Satz: „Wenn ich … wär/wäre“. Euer Gedicht kann, muss sich aber nicht reimen. Tragt eure Gedichte der Klasse vor und sprecht über folgende Punkte:

- Welche Gedichte erscheinen euch besonders gelungen? Erklärt, warum.
- Welche sprachlichen Mittel habt ihr verwendet, um zu zeigen, dass etwas nur gewünscht oder vorgestellt wird?

So gehst du vor

Die Form von Gedichten bestimmen

- Bei Gedichten unterscheidet man zwischen dem **Autor** des Gedichts und dem sich in dem Gedicht äußernden **Sprecher**. Wenn der Sprecher eines Gedichts in der Ich-Form in Erscheinung tritt, nennt man ihn **lyrisches Ich**.
- Die Abschnitte eines Gedichts nennt man **Strophen**. Eine Strophe wiederum setzt sich aus mehreren Zeilen, den **Versen**, zusammen. Die einzelnen Strophen eines Gedichts sind meistens im Druckbild voneinander abgesetzt und besitzen oft einen ähnlichen oder gleichen Aufbau.
- In vielen Gedichten sind die Verse durch die **Endreime** klanglich miteinander verbunden und aufeinander bezogen. Die Reihenfolge der Reime bezeichnet man mit kleinen Buchstaben, um sie zu beschreiben. Die häufigsten Reimordnungen sind:

Paarreim		**Kreuzreim**		**umarmender Reim**	
... stehen	a	... stehen	a	... stehen	a
... gehen	a	... kaum	b	... kaum	b
... kaum	b	... gehen	a	... Baum	b
... Baum	b	... Baum	b	... gehen	a

- Wenn die Endreime nur annähernd gleich klingen, spricht man von einem **unreinen Reim**. Wenn du genau hinhörst, stellst du bei einem unreinen Reim Unterschiede in der Aussprache fest, z. B. bei den Konsonanten: *Freude/Beute*, den Vokalen oder Umlauten: *Liebe/trübe* oder bei der Länge der Vokale *ruft/Luft*.
- Nicht alle Gedichte besitzen Reime. Viele besitzen kein durchgehendes Reimschema oder reimen sich gar nicht. Wenn einzelne Verse sich nicht reimen, heißen sie **reimlose Verse**. Ein Gedicht, das durchgängig keine Endreime besitzt, nennt man **reimloses Gedicht**.

■ **James Krüss** wurde 1926 auf der Nordseeinsel Helgoland geboren. 1953 erschien sein erstes Bilderbuch „Hanselmann reist um die Welt“. Die Veröffentlichung von zahlreichen Bilder-, Kinder- und Jugendbücher folgten. Seine bekanntesten Jugendbücher sind „Mein Urgroßvater und ich“ und „Timm Thaler“, die Geschichte von dem Jungen, der sein Lachen verkauft. Seit 1966 lebte James Krüss mit seinem Lebensgefährten auf Gran Canaria, wo er 1997 im Alter von 71 Jahren starb. ■

James Krüss (1926–1997)

Ich möchte mal auf einem Seepferd reiten

Ich möchte mal auf einem Seepferd reiten.
Ich möchte sieben Nummern kleiner sein
Und auf dem Seepferd durch die Meere gleiten
Bis in die Bay von Mexiko hinein.

Ich würde es entlang dem Golfstrom lenken.
Ich ritte dort, wo Magellan[1] einst fuhr.
Ich würde rasten auf Korallenbänken
Und ankern vor Shanghai und Singapur.

Ich sähe heiter die Delfine springen,
Ich sähe Nereide[2] und Triton[3],
Ich hörte ferne die Sirenen[4] singen
Und manchmal einen Dampfsirenenton.

Ich könnte was der Hering spricht, verstehen,
Und was die Quallen schweigen, wär mir klar.
Ich würde meinem Seepferd Locken drehen
In sein hauchdünnes Seepferdmähnenhaar.

Ich würde winken, wenn Medusen[5] winken.
Ich klopfte auch an manches Muschelhaus.
Ich würde blinzeln, wenn Makrelen blinken.
Doch vor Polypen[6] nähme ich Reißaus.

Ich holte Perlen mir aus Austernschalen,
Ich suchte Flossensilber und Perlmutt.
Ich schwätzte unter grünen Sonnenstrahlen,
Wenn Mittag wär, mit Kabeljau und Butt.

Ich säh die kleinen Fische und die großen,
Des Rochen Stachel und des Haifischs Zahn.
Ich sähe Möwen in das Wasser stoßen
Und einen gut dressierten Kormoran.

Ich säh den Wal, das Ungetüm der Meere,
Die Wasserratte und die Wassermaus,
Die Schwertfischlanze und die Hummerschere
Bequem von meinem Seepferdrücken aus.

Ich könnte, möchte, würde oder sollte
In alle Meere tauchen, klaftertief.
Weil ich nicht kann, was ich so gerne wollte,
Reit ich den Seepferdritt im Konjunktiv.

---

1 **Ferdinand Magellan:** portugiesischer Seefahrer und Entdecker (1480–1521)
2 **Nereide:** Tochter des griechischen Meergottes Nereus
3 **Triton:** Sohn des mächtigsten griechischen Meergottes Poseidon
4 **Sirenen:** Wesen mit betörendem Gesang aus der griechischen Mythologie
5 **Medusen:** Wesen aus der griechischen Mythologie
6 **Polypen:** Kraken

1 Tragt das Gedicht so vor, dass seine Stimmung deutlich wird. Ihr könnt zu dritt oder viert arbeiten und die Strophen im Wechsel einüben. Arbeitet dabei mit dem Werkzeugkasten auf S. 51.

2 Was geschieht in der Wirklichkeit und was in der Fantasie des lyrischen Ichs? Sucht Textstellen heraus, die verdeutlichen, dass hier etwas nur vorgestellt wird.

3 Erklärt die Bedeutung der letzten Strophe. Geht besonders auf den letzten Vers ein. Bezieht dazu die Informationen aus dem Infokasten auf S. 57 mit ein.

So gehst du vor

Ein Gedicht vortragen

Gedichte verstehst du besser, wenn du sie selbst sprichst und vorträgst. Durch das Vortragen eines Gedichts nimmst du seinen Klang und die Bedeutung einzelner Worte bewusster wahr. Auch der Inhalt des Gedichts prägt sich dir durch das Vortragen besser ein. Wenn du ein Gedicht vortragen willst, kannst du folgendermaßen vorgehen:

- Lies das Gedicht mehrfach durch und versuche, seinen Inhalt und Sinn zu verstehen.
- Überlege dir, an welchen Stellen du bei deinem Vortrag eine Pause machen und welche Wörter du besonders betonen möchtest.
- Bereite den Text zum Vortrag vor, indem du Betonungs- und Pausenzeichen einträgst. Arbeite dabei mit einer Folie oder übernimm das Gedicht in dein Heft. Du kannst dazu z. B. folgende Zeichen verwenden:

  — Betonung
  ═ starke Betonung
  / kurze Pause
  // lange Pause
  ⤸ Stimme oben lassen und nur eine kleine Pause machen (Das Ende des Verses ist nicht das Satzende. Der Satz geht im nächsten Vers weiter.)

  So könnte z. B. die erste Strophe des Gedichts von James Krüss vorbereitet werden:

  Ich möchte mal auf einem Seepferd reiten.
  Ich möchte sieben Nummern kleiner sein /
  Und auf dem Seepferd durch die Meere gleiten ⤸
  Bis in die Bay von Mexiko hinein. //

- Übe nun, das Gedicht laut vorzutragen. Probiere verschiedene Lesarten aus (langsam – schnell, leise – laut, fröhlich – traurig, ...). Du kannst deinen Vortrag aufnehmen und das Gedicht bzw. einzelne Stellen in verschiedenen Varianten sprechen und dir anhören.
- Unterstütze deinen Vortrag durch entsprechende Gestik, Mimik und Körperhaltungen. Wende dich bei deinem Vortrag deinem Publikum zu und schaue es an.
- Besonders eindrucksvoll wird dein Vortrag, wenn du ihn mit passender Musik unterlegst.

4 Übernehmt folgende Tabelle in euer Heft und vervollständigt sie.
Benutzt dabei nur die in dem Gedicht unterstrichenen Verbformen.

Infinitiv	**Indikativ Präsens/ 1. Person Singular**	**Indikativ Präteritum/ 1. Person Singular**	**Konjunktiv II/ 1. Person Singular**
reiten ...	ich reite ich sehe	ich ritt ...	ich ritte ich sähe

5 Versucht, anhand der Tabelle Regeln zu formulieren, wie der Konjunktiv II im Deutschen gebildet wird und welche Aufgabe er hat.

6 Statt der einfachen Konjunktiv II-Formen benutzt James Krüss an einigen Stellen Umschreibungen mit *würde* (V. 5: würde lenken; V. 7: würde rasten; V. 8: würde ankern; V. 15: würde drehen; V. 17: würde winken; V. 19: würde blinzeln).
Füllt die Tabelle oben auch für diese Verben aus. Was fällt euch auf?

7 Beschreibt die Form des Gedichts. Arbeitet wieder mit dem Werkzeugkasten auf S. 49. Bestimmt mithilfe des Werkzeugkastens auf dieser Seite auch das Metrum. Erklärt nun an einzelnen Beispielen, warum Krüss die einfachen Konjunktiv II-Formen oder die Umschreibungen mit *würde* gewählt hat.

So gehst du vor

Das Metrum bestimmen

Wenn man Gedichte besonders betont vorliest, merkt man, dass die einzelnen Verse oft ein bestimmtes Betonungsmuster aufweisen. Dies liegt daran, dass mehrsilbige Wörter eine feste **Abfolge von betonten und unbetonten Silben** besitzen. Innerhalb eines Verses sind die Wörter oft so angeordnet, dass sich eine wiederkehrende Folge der betonten und unbetonten Silben ergibt. Dabei wechseln sich die betonten Silben, die **Hebungen**, und die unbetonten Silben, die **Senkungen**, oft regelmäßig miteinander ab. Diese Betonungsfolge nennt man Versmaß oder **Metrum**. Es bestimmt den Klang des Vortrags und die Stimmung (z. B. traurig, fröhlich, ruhig, ...) eines Gedichts mit.
Das Metrum kann man mit Betonungszeichen darstellen:

x́ = Hebung/betonte Silbe und x = Senkung/unbetonte Silbe.

Eine Einheit von zwei oder drei Silben, von denen eine betont ist, nennt man Takt oder **Versfuß**. Je nachdem, welche Silbe jeweils betont wird, unterscheidet man folgende Versfüße:

Trochäus (x́x): Sóm-mer, Mút-ter
Jambus (xx́): Ge-dícht, das Hérz
Daktylus (x́xx): wín-ter-lich, Dák-ty-lus
Anapäst (xxx́): Pa-ra-díes, A-na-pä́st

Yvan Goll (1891–1950)

Ich möchte diese Birke sein

Ich möchte diese Birke sein
Die du so liebst:
Hundert Arme hätt ich um dich zu schützen
Hundert grüne und sanfte Hände
Um dich zu streicheln!
Ich hätte die besten Vögel der Welt
Um dich bei Tagesanbruch zu wecken
Und am Abend zu trösten
In den Stunden des Sommers könnt ich dich
Unter Blumenblättern aus Sonne verschütten
In meinen Schatten hüllte ich zur Nacht
deine ängstlichen Träume.
[...]

1 Findet einen anderen Titel, der zu dem Gedicht passt. Sammelt eure Vorschläge und erklärt ihren Zusammenhang mit dem Gedicht.

2 Welche Besonderheiten in Bezug auf die Form des Gedichts fallen euch auf?

3 Untersucht das Gedicht näher. Auf folgende Punkte könnt ihr dabei achten:

- Welche Gefühle und Wünsche besitzt das lyrische Ich?
- Welche sprachlichen Bilder kommen in dem Gedicht vor und welche Wirkung ist mit ihnen verbunden? Weitere Hinweise und Hilfen dazu erhaltet ihr im Werkzeugkasten auf S. 54.
- Welche Adjektive und Verben sind besonders anschaulich und ausdrucksstark? Beschreibt, welche Wirkung sie besitzen.
- Welche Wort- und Lautwiederholungen enthält das Gedicht und welche Wirkung haben sie auf den Leser? Beachtet dazu die Hinweise im Werkzeugkasten auf S. 55 und benutzt die entsprechenden Fachbegriffe.
- Sucht die Konjunktiv II-Formen heraus und erklärt ihre Wirkung.

4 **Durchstarten! So könnt ihr weiterarbeiten:** Schreibt nach dem Vorbild der beiden Gedichte von James Krüss und Yvan Goll eigene Gedichte.

- Denkt euch dazu eine Tätigkeit aus, die man nur in der Fantasie ausführen kann, oder sucht euch einen Gegenstand aus, in den ihr euch verwandeln wollt.
- Sammelt vor dem Schreiben gemeinsam entsprechende Ideen.
- Beginnt eure Gedichte mit „Ich möchte ...".
- Achtet darauf, dass ihr den Konjunktiv II benutzt. Vergleicht dabei, wie die einfachen Konjunktiv II-Formen und die Umschreibungen mit *würde* jeweils wirken, bevor ihr euch für eine Möglichkeit entscheidet.

So gehst du vor

Sprachliche Bilder untersuchen

Die Sprache eines Gedichts löst beim Leser bestimmte Vorstellungen, Gefühle und Stimmungen aus. Dies geschieht vor allem durch eine anschauliche Wortwahl und sprachliche Bilder, mit denen sozusagen mit Sprache „gemalt“ wird. Solche sprachlichen Bilder sind unter anderem:

- **Vergleiche**, die mit Vergleichswörtern wie *so, als wenn, so wie, wie* eingeleitet werden (z. B. mutig wie ein Löwe),
- **Personifikationen**, in denen Dinge, Tiere oder allgemeine Begriffe als menschliche Wesen dargestellt werden (z. B. Der Winter kommt und geht),
- **Metaphern**, durch die ein Ausdruck dadurch eine neue Bedeutung erhält, dass man ihn aus seinem ursprünglichen Bereich in einen neuen überträgt oder ihn mit einem Bereich verknüpft, mit dem er gewöhnlich nicht verbunden ist (z. B. Regenriese, fallendes Sternenlaub). Oft wird die Metapher auch als verkürzter Vergleich bezeichnet, weil ein Vergleichswort (z. B. wie) fehlt.

Wichtig ist, dass du die einzelnen sprachlichen Bilder nicht nur benennst, sondern immer versuchst, ihre Wirkung und Bedeutung im Zusammenhang des Gedichts zu erklären.

Weitere Informationen über Sprachbilder erhältst du im Kapitel „In Bildern sprechen – Metaphorischer Sprachgebrauch“ auf S. 70 ff.

Peter Härtling (geb. 1933)

Wenn jeder …

Wenn jeder eine Blume pflanzte,
jeder Mensch auf dieser Welt,
und, anstatt zu schießen, tanzte
und mit Lächeln zahlte statt mit Geld –
wenn ein jeder einen andern wärmte,
keiner mehr von seiner Stärke schwärmte,
keiner mehr den andern schlüge,
keiner sich verstrickte in der Lüge,
wenn die Alten wie die Kinder würden,
sie sich teilten in den Bürden,
wenn dies WENN sich leben ließ,
wär's noch lang kein Paradies –
bloß die Menschenzeit hätt angefangen,
die in Streit und Krieg uns beinah ist vergangen.

1 Welche Forderungen werden in dem Gedicht erhoben und welches Verhalten wird kritisiert? Erstelle eine Tabelle, in der die geforderten und abgelehnten Verhaltensweisen einander gegenübergestellt werden.

2 Welche Bedeutung besitzen die letzten vier Verse?

3 Untersucht die Form und die sprachliche Gestaltung des Gedichts und ihre Wirkung genauer. Hilfen erhaltet ihr dazu in den Werkzeugkästen auf S. 49, 52 und 55. Achtet dabei besonders auf folgende Punkte:

- Untersucht die Konjunktiv-Formen in dem Gedicht. Wie werden sie jeweils gebildet und welche Wirkung besitzen sie?
- Welche Wörter werden wiederholt? Erklärt die Wirkung dieser Wiederholungen.
- Untersucht die Auffälligkeiten bei der Rechtschreibung und Zeichensetzung. Welche Bedeutung besitzen die Großschreibung des Wortes „WENN" (V. 11) und die Gedankenstriche in den Versen 4 und 12?
- Welche sprachlichen Bilder enthält das Gedicht? Erklärt insbesondere die Bedeutung der Metapher „Menschenzeit" (V. 13). Arbeitet dabei mit dem Werkzeugkasten unten.

4 Ihr könnt eigene Gedichte schreiben, indem ihr das Grundmuster von Peter Härtlings Gedicht nachahmt. Orientiert euch dabei an folgendem Schema:

Wenn jeder .../wenn ein jeder .../und .../ keiner mehr .../keiner mehr .../wär es ...

So gehst du vor

Die sprachliche Gestalt eines Gedichts untersuchen

Moderne Gedichte besitzen häufig keine gleichmäßige Aufteilung der Strophen und der Reime. Sie zeigen aber – wie traditionelle Gedichte – eine deutliche sprachliche Gestaltung. Neben der Wirkung der sprachlichen Bilder sollte man bei der Untersuchung eines Gedichts auf folgende Punkte besonders achten:

- Durch die **Wortwahl** werden oft Aussagen und Stimmungen oder Vorstellungen verstärkt und hervorgehoben. Achte deshalb darauf, welche **Wirkungen mit ausdrucksstarken Verben** (z. B. bezopft), **anschaulichen Adjektiven** (z. B. sonnig) oder **ungewöhnlichen Wortformen** (z. B. flöge) verbunden sind.
- Bestimmte Vorstellungen werden beim Leser geweckt, wenn sich der Klang der Wörter und ihr Inhalt besonders entsprechen. Eine solche Entsprechung nennt man **Lautmalerei** (z. B. die Ohrfeige *klatscht*, die Biene *summt*).
- Ein auffälliges Merkmal von vielen Gedichten sind die **Wiederholungen** von Wörtern, Wortgruppen, Versen und Lauten. Kläre die Wirkung solcher Wiederholungen. Für einige Wiederholungen verwendet man spezielle Fachausdrücke:
  - Die Wiederholung der Anfangslaute bei aufeinanderfolgenden Wörtern heißt **Alliteration** (z. B.: Milch macht müde Männer munter).
  - Als **Anapher** bezeichnet man die Wiederholung eines oder mehrerer Wörter an Satz- oder Versanfängen (z. B.: Bin gleich weit von dir,/Bin ich doch im Schlaf bei dir).
- Auch sind oft bestimmte Absichten mit **Besonderheiten in der Textanordnung** (z. B. wenn Verse nur aus einem Wort bestehen) und **Auffälligkeiten bei der Zeichensetzung** (z. B. Gedankenstriche oder Auslassungszeichen) verbunden. Kläre auch die Wirkung solcher auffälligen Textmerkmale.

Albert Janetschek (1925–1997)
Verteidigung des Konjunktivs

Die Umfunktionierer
unserer Sprache
nennen ihn überflüssig
und veraltet

Sie plädieren
für seine Abschaffung
mit dem Hinweis
auf seine Schwierigkeit

Doch wie drückt man so
(beispielsweise)
Wünsche aus
im Indikativ?

Könnten wir uns abfinden
mit einer Sprache
so ohne Flügel?

1 Klärt, welche Aussagen das Gedicht enthält. Sprecht dazu über folgende Punkte:

- Wer könnten die „Umfunktionierer unserer Sprache" (V. 1–2) sein?
- Aus welchen Gründen wollen sie den Konjunktiv abschaffen? Verdeutlicht diese mit Beispielen aus den vorherigen Gedichten.
- Welche Gründe werden für die Erhaltung des Konjunktivs angeführt? Erklärt, welche Bedeutung das Bild „einer Sprache ohne Flügel" (V. 14–15) in diesem Zusammenhang besitzt. Bezieht bei eurer Deutung die vorherigen Gedichte in diesem Kapitel mit ein.

2 Ist es wichtig, den Konjunktiv in unserer Sprache zu erhalten, oder kann man ihn vernachlässigen? Nehmt Stellung zu diesem Problem.

■ **Eugen Roth** (1895–1976) kam in München zur Welt. Er ist vor allem für seine Gedichte und Erzählungen bekannt geworden, in denen er Menschen und ihre Schwächen auf heiter-nachdenkliche Weise darstellt. Für sein Werk erhielt Eugen Roth zahlreiche Auszeichnungen, u. a. auch das Große Bundesverdienstkreuz. ■

Eugen Roth (1895–1976)
Der eingebildete Kranke

Ein Griesgram denkt mit trüber List,
Er ______ krank. (was er nicht ist!) (sein)
Er ______ nun, mit viel Verdruss, (müssen)
Ins Bett hinein. (was er nicht muss!)
Er ______, spräch der Doktor glatt, (haben)
Ein Darmgeschwür. (was er nicht hat!)
Er soll verzichten, jammervoll,
Aufs Rauchen ganz. (was er nicht soll!)
Und werde, heißt es unbeirrt,
Doch sterben dran. (was er nicht wird!)
Der Mensch ______ als gesunder Mann (können)
Recht glücklich sein. (was er nicht kann!)
______ glauben er nur einen Tag, (möchten)
Dass ihm nichts fehlt. (was er nicht mag!)

1 Vervollständigt das Gedicht. Bei den Platzhaltern müsst ihr die Konjunktiv II-Formen zu den Verben, die neben den Versen stehen, ergänzen. Hilfen erhaltet ihr in der Zusammenfassung auf dieser Seite.

2 Worum geht es in dem Gedicht? Erklärt, welche Wirkung der Konjunktiv II und der in Klammern stehende Text besitzen.

3 Ihr könnt die Bildung des Konjunktivs II weiter üben, indem ihr eigene Gedanken des eingebildeten Kranken aufschreibt. Z. B.: Er litte immer mehr und mehr (was er nicht macht!).

Manfred Schlüter (geb. 1953)

Allein

Wär ich auf einer Insel
und bei mir nur ein Pinsel
und Rot und Grün und Gelb und Blau
und sonst kein Mann und keine Frau,
nur noch ein weißes Blatt Papier –
ich malte mich ganz schnell zu dir.

1 Beschreibt die Situation, Gefühle und Gedanken des lyrischen Ichs.

2 Untersucht das Gedicht selbstständig. Arbeitet dabei mit den Werkzeugkästen, die ihr bisher in diesem Kapitel kennengelernt habt.

3 Ihr könnt eure Gedichtbeschreibung und -deutung schriftlich verfassen. Hilfen, wie ihr dabei vorgehen könnt, erhaltet ihr im Werkzeugkasten auf S. 60.

Das musst du lernen und wissen

Der Konjunktiv II

- Mit dem Konjunktiv II will ein **Sprecher ausdrücken**, dass **etwas nur gewünscht, vorgestellt, unwirklich** oder sehr **zweifelhaft** ist.
- Der Konjunktiv II wird vom **Indikativ Präteritum abgeleitet**, z. B. ich komme (Ind. Präs.) – ich kam (Ind. Prät) – ich käme (Konjunktiv II). Manche Formen des Indikativs Präteritum und des Konjunktivs II unterscheiden sich nicht voneinander, z. B. es regnet (Ind. Präs.) – es regnete (Ind. Prät.) – es regnete (Konjunktiv II).
- Um **Missverständnisse zu vermeiden**, kann man in diesen Fällen statt des einfachen Konjunktivs II eine **Umschreibung mit *würde*** wählen (z. B. statt „Zur Erholung *verreiste* ich ans Meer" die eindeutige Formulierung mit *würde* „Zur Erholung *würde* ich ans Meer *verreisen*" verwenden).
- Ob man die einfachen **Konjunktiv II-Formen** oder die **Umschreibung mit *würde*** wählt, ist auch eine Frage des Sprachstils. **Beide** Möglichkeiten sind **grammatisch korrekt**. Die einfachen Formen gelten aber als eleganter und stilistisch besser.

Wie der Regen tropft … – Ein Gedicht genau untersuchen

■ **Georg Britting** wurde 1891 als Sohn eines städtischen Beamten geboren. Seit 1921 lebte er als freier Schriftsteller in München, wo er auch 1964 starb. Er war Mitarbeiter zahlreicher Zeitungen und Zeitschriften und veröffentlichte eine große Zahl von Theaterstücken, Erzählungen und Gedichten. Georg Britting ist sein Leben lang viel gereist. Mit sparsamen Mitteln unternahm er mehrere ausgedehnte Reisen durch Europa. Vor allem liebte er Italien. ■

Georg Britting (1891–1964)

Fröhlicher Regen

Wie der Regen tropft, Regen tropft
An die Scheiben klopft!
Jeder Strauch ist nass bezopft.

Wie der Regen springt!
In den Blättern singt
Eine Silberuhr.
Durch das Gras hin läuft,
Wie eine Schneckenspur,
Streifen weiß beträuft.

Das stürmische Wasser schießt
In die Regentonne,
Dass die überfließt,
Und in breitem Schwall
Auf dem Weg bekiest
Stürzt Fall um Fall.

Und der Regenriese,
Der Blauhimmelhasser,
Silbertropfenprasser,
Niesend fasst er in der Bäume Mähnen,
Lustvoll schnaubend in dem herrlich vielen Wasser.

Und er lacht mit fröhlich weißen Zähnen
Und mit kugelrunden, nassen Freudentränen.

1 Tragt das Gedicht vor und vergleicht eure Vorträge. Bei welchen Vorträgen ist die Stimmung des Gedichts besonders gut deutlich geworden?

Hinweise zum Vortrag eines Gedichts erhaltet ihr im Wergzeugkasten auf S. 51.

2 Haltet euer erstes Verständnis des Gedichts schriftlich fest. Vergleicht und beurteilt eure Lösungen. Ihr könnt dabei z. B. folgendermaßen formulieren:

- Für mich geht es in dem Gedicht um ...
- Das Gedicht wirkt auf mich ...
- Meiner Meinung nach verfolgt der Autor mit dem Gedicht folgende Absichten: ...

3 Beschreibt die Form des Gedichts und ihre Wirkung. Übernehmt das Gedicht dazu in euer Heft oder arbeitet mit einer Folie. So könnt ihr dabei vorgehen:

- Bestimmt die Strophenanzahl und Verseinteilung.
- Kennzeichnet die Reimordnung mit kleinen Buchstaben. Verse, die sich jeweils reimen, erhalten den gleichen Buchstaben. Beginnt mit *a*.
- Bestimmt auch das Metrum. Kennzeichnet dazu die betonten Silben mit einem Akzent (z. B.: Wíe der Régen trópft).
- Klärt, in welchem Zusammenhang die Stropheneinteilung, die Reimordnung und das Metrum jeweils mit dem Inhalt des Gedichts stehen.

Hilfen erhaltet ihr in den Werkzeugkästen auf S. 49 und 52.

4 Beschreibt den inhaltlichen Aufbau des Gedichts. Haltet dazu in einer Tabelle oder Spannungskurve fest, was in den einzelnen Strophen passiert und wie der Sprecher des Gedichts den Verlauf des Regens beschreibt. Ihr könnt das Geschehen und seine Entwicklung auch darstellen, indem ihr Bilder zu den einzelnen Strophen zeichnet.

5 Unterstreicht die sprachlichen Bilder, mit denen der Sprecher den Regen beschreibt. Erklärt, was sie jeweils zum Ausdruck bringen und welche Wirkung sie besitzen. Bezieht dabei die Überschrift mit ein. Benutzt die Hilfen und Fachbegriffe aus dem Werkzeugkasten auf S. 54.

6 Welche weiteren sprachlichen Mittel benutzt der Sprecher des Gedichts, um die Wirkung des Regens auf ihn zu verdeutlichen? Achtet dabei besonders auf folgende Punkte:

- Welche Konsonanten und Vokale kommen besonders häufig vor? Beschreibt an einzelnen Stellen, wie Klang und Inhalt des Gedichts sich entsprechen (z. B. V. 1–3). Eine solche Entsprechung von Klang und Inhalt nennt man Lautmalerei. Erklärt diesen Begriff.
- Welche Wörter, Wendungen und Laute werden wiederholt? Erläutert, wie diese Wiederholungen Inhalt und Wirkung des Gedichts verdeutlichen.

Weitere Hilfen erhaltet ihr im Werkzeugkasten auf S. 55.

7 Formuliert zusammenfassend die wichtigsten Aussagen und mögliche Wirkungsabsichten des Gedichts.

8 Beurteilt das Gedicht. Was gefällt euch bzw. gefällt euch nicht an dem Gedicht und was findet ihr besonders wichtig, nachdenkenswert oder beeindruckend?

9 Verfasst nun eine schriftliche Beschreibung und Deutung des Gedichts. Hilfen dazu erhaltet ihr im Werkzeugkasten auf S. 60.

So gehst du vor

Gedichte beschreiben und deuten

So kannst du vorgehen, um die Ergebnisse deiner Untersuchung eines Gedichts schriftlich darzulegen:

- In der **Einleitung** nennst du zunächst **Textart, Titel, Autor** und wenn möglich das Entstehungsjahr und gibst kurz an, **worum es in dem Gedicht inhaltlich geht**.
- Am **Anfang des Hauptteils** beschreibst du zunächst die **Form** des Gedichts (Strophenzahl, Verseinteilung, Reimordnung, Metrum).
- Dann gibst du den **Inhalt** des Gedichts **Strophe für Strophe** wieder. Gehe dabei auch auf **Besonderheiten der sprachlichen Gestaltung** (z. B. sprachliche Bilder und andere sprachliche Mittel wie auffällige Wortwahl oder Wiederholungen) und ihre Wirkung und Bedeutung im Zusammenhang mit dem Inhalt des Gedichts ein.
- Zum **Schluss** fasst du die **wichtigsten Aussagen** und **mögliche Wirkungsabsichten** des Gedichts zusammen.
- Formuliere abschließend eine **persönliche Stellungnahme**. Erkläre, z. B. was du an dem Gedicht wichtig findest und was dir an dem Gedicht gefällt oder nicht gefällt.
- Benutze für deine Beschreibung und Deutung eines Gedichts das **Präsens** und formuliere **sachlich**.

Folgende **Formulierungen** kannst du oft bei den einzelnen Teilen deiner Gedichtbeschreibung und -deutung verwenden:

- *In dem Gedicht „…" von … aus dem Jahre … geht es um,/beschreibt das lyrische Ich …*
- *Das Gedicht hat … Strophen mit jeweils … Versen. Das Reimschema ist der … und das Metrum ist …* oder *Das (reimlose) Gedicht hat … Strophen mit einer verschiedenen Anzahl von Versen. Die Länge der Strophen sind unterschiedlich …*
- *In der ersten Strophe des Gedichts beschreibt das lyrische Ich … Der Leser erfährt in der zweiten Strophe … Hier verwendet das lyrische ich die Metapher/ungewöhnliche Wortform „Y" (Z. xxx). Dies zeigt dem Leser, … Besonders fällt in dieser Strophe die Wiederholung von „X" (Z. xxx) auf. Diese verdeutlicht …*
- *Zusammenfassend zeigt das Gedicht, dass … Dem Leser wird also durch das Gedicht verdeutlicht, dass … Abschließend lässt sich in Bezug auf die Aussagen des Gedichts Folgendes festhalten: Das Gedicht …*
- *Mir gefällt/gefällt nicht an dem Gedicht … Das Gedicht spricht/spricht mich nicht an, weil … Ich kann die in dem Gedicht ausgedrückte Einstellung gegenüber XY gut nachvollziehen/nicht nachvollziehen, weil …*

Es war, als hätt' der Himmel … – Den Augenblick mit Bildern und Worten einfangen

Abendstimmungen – ein Bild und ein Gedicht untersuchen und vergleichen

Caspar David Friedrich (1774–1840)

Zwei Männer bei der Betrachtung des Mondes (1819)

1 Beschreibt, wie das Bild auf euch wirkt und welche Stimmungen, Gefühle und Gedanken es bei euch hervorruft. Habt ihr schon einmal eine ähnliche Situation erlebt? Erzählt davon.

2 Auch so könnt ihr euch dem Bild nähern:

- Versetzt euch in die Situation von einem der beiden Männer und schreibt seine Gedanken und Gefühle in Form eines inneren Monologs auf.

Nutzt hierzu auch den Werkzeugkasten auf S. 63.

- Übernehmt das Bild als Skizze in euer Heft. Schreibt in Gedankenblasen auf, was in den beiden Männern vorgehen könnte.
- Schreibt Gedichte zu dem Bild, die die Stimmung und die Situation des Bildes widerspiegeln.

3 Beschreibt das Bild genau. Arbeitet dabei mit dem Werkzeugkasten auf der folgenden Seite. So könnt ihr vorgehen:

- Bestimmt den Künstler, den Titel, das Entstehungsjahr und die Art des Bildes.
- Gebt einen Überblick darüber, was auf dem Gemälde dargestellt wird.
- Formuliert eure ersten Eindrücke dazu, wie das Bild auf euch wirkt und was der Maler damit ausdrücken will.
- Bestimmt den Standpunkt des Betrachters. Wo scheint er zu stehen und aus welcher Perspektive betrachtet er das Geschehen?
- Beschreibt den Aufbau des Bildes. Verwendet dabei die entsprechenden Fachbegriffe aus dem Werkzeugkasten.
- Wichtige Einzelheiten solltet ihr genauer beschreiben (z. B. die beiden Männer, die Umgebung, die Bäume, den Mond, den Himmel, ...).

4 Charakterisiert die Stimmung, die von dem Bild ausgeht. Sucht aus der folgenden Auflistung die Adjektive heraus, die die Wirkung des Bildes treffend beschreiben. Begründet, warum ihr die Adjektive jeweils gewählt bzw. nicht gewählt habt, und versucht, weitere passende Formulierungen zu finden.

unruhig, gemütlich, einsam, konzentriert, hastig, harmonisch, angestrengt, beschaulich, verlassen, idyllisch, ruhig, friedlich, aggressiv, ...

5 Deutet das Bild zusammenfassend. Welche Wirkungsabsichten und Aussagen beinhaltet eurer Meinung nach die Darstellung der beiden Männer, die den Mond betrachten?

6 Beurteilt das Gemälde. Wie wirkt es auf euch persönlich? Erklärt, was euch an dem Bild gefällt bzw. nicht gefällt.

7 Verfasst eine schriftliche Bildbeschreibung. Hilfen dazu erhaltet ihr im Werkzeugkasten auf der nächsten Seite.

8 Vielleicht befindet sich in eurer Nähe ein Museum mit Gemälden. Findet euch zu kleinen Gruppen zusammen, besucht es und wählt ein Bild aus. Beschreibt es wie das Bild von Caspar David Friedrich und tragt eure Beschreibung der Klasse vor.

So gehst du vor

Ein Bild beschreiben

Bei einer **Bildbeschreibung** beschreibt man genau, **wie ein Bild aufgebaut** ist und **was auf ihm zu sehen ist**. Die Bildbeschreibung informiert über die **Wirkung des Bildes** und enthält mögliche **Deutungen**. Wie bei anderen Beschreibungen auch ist die Sprache **sachlich** und die Zeitform das **Präsens**. Eine Bildbeschreibung kann die folgenden Punkte umfassen und folgenden Aufbau besitzen:

- Die **Einleitung** beinhaltet den Namen des **Künstlers**, den **Titel** des Bildes (falls bekannt) und die **Art** des Bildes (z. B. Foto, Gemälde, Filmplakat, Screenshot, ...). Weiter sollte man in der Einleitung in kurzer Form einen **Überblick über den Bildinhalt** geben und darüber informieren, von welchem **Standpunkt** und aus welcher **Perspektive der Betrachter** das Dargestellte sieht (z. B. von einer erhöhten/niedrigeren Position, aus größerer Entfernung auf das Geschehen schauend, aus der Sicht einer Figur, ...).

- Im **Hauptteil** beschreibt man den Aufbau und wichtige Einzelheiten des Bildes genauer. Um den Aufbau und die Beziehung der dargestellten Einzelheiten zueinander zu beschreiben, sollte man den Leser darüber informieren, wo sich was im Bild befindet. Dazu betrachtet man das Bild als Fläche. Auch die Tiefe des Bildes kann man dabei berücksichtigen.

  Bei der **Beschreibung des Bildaufbaus und der Anordnung der Teile** kann man mit folgenden Begriffen arbeiten:
  – **Bildmittelpunkt,**
  – **rechter, oberer, linker, unterer Bildrand, obere, untere, linke, rechte Bildhälfte,**
  – **Vordergrund, Mittelgrund und Hintergrund.**

  Damit die Bildbeschreibung wirkungsvoller wird, sollten die wichtigsten **Einzelheiten genau beschrieben werden**. Dabei kann man unter anderem auf folgende Punkte eingehen:
  – **Mimik, Gestik, Haltung und Beziehung der Figuren,**
  – **Licht und Schatten,**
  – **Ruhe und Bewegung,**
  – **Farbgestaltung,**
  – **Gestaltung der Umgebung und Natur,**
  – ...

- Zum **Schluss** kann die **Stimmung und Wirkung** eines Bildes **zusammenfassend** charakterisiert werden. Man kann darlegen, wie man das Bild deutet und welche **Aussagen** es für einen besitzt. Abschließend kann man die **Wirkung des Bildes**, die es auf einen persönlich hat, beschreiben und darlegen, was einem an dem Bild gefällt bzw. nicht gefällt.

■ **Josef Karl Benedikt Freiherr von Eichendorff** (1788–1857) entstammte einer Adelsfamilie. Nach seinem Jurastudium arbeitete er als Beamter im preußischen Staatsdienst. Als Schriftsteller war er schon zu seinen Lebzeiten hochgeschätzt und erfolgreich. Seine Werke sind geprägt von Motiven wie Fernweh, Wanderschaft oder Sehnsucht. Eines seiner bekanntesten Werke ist die Erzählung „Aus dem Leben eines Taugenichts" (1826). ■

Joseph von Eichendorff (1788–1857)

Mondnacht

Es war, als hätt' der Himmel
Die Erde still geküsst,
Dass sie im Blütenschimmer
Von ihm nun träumen müsst'.

Die Luft ging durch die Felder,
Die Ähren wogten sacht,
Es rauschten leis die Wälder,
So sternklar war die Nacht.

Und meine Seele spannte
Weit ihre Flügel aus,
Flog durch die stillen Lande,
Als flöge sie nach Haus.

1 Tragt das Gedicht vor. Versucht dabei, die Atmosphäre und die Stimmung des lyrischen Ichs wiederzugeben.

Hilfen findet ihr im Werkzeugkasten auf S. 51.

2 Untersucht nun das Gedicht genauer. Auf folgende Punkte könnt ihr dabei achten:

- Mit welchen Sprachbildern, Adjektiven und Verben wird die Natur beschrieben? Beschreibt ihre Wirkung. Arbeitet wieder mit den Werkzeugkästen auf S. 54 f.
- In welchem Zusammenhang stehen die Natureindrücke und die Gefühle des lyrischen Ichs in der letzten Strophe?
- Deutet die letzte Strophe besonders genau. Welche Bilder enthält sie und wie versteht ihr sie? Klärt insbesondere die Bedeutung und Wirkung des letzten Verses.
- Drei Verbformen stehen im Konjunktiv. Sucht sie heraus und erklärt, warum der Dichter hier nicht den Indikativ verwendet.

3 Vergleicht das Gedicht von Eichendorff mit dem Gemälde von Caspar David Friedrich auf S. 61. Erläutert die Gemeinsamkeiten, die das Gedicht und das Gemälde in Bezug auf die Stimmung, die Situation der Menschen und das Erleben der Natur besitzen.

Am Fenster – ein Bild beschreiben

Gustave Caillebotte:
Junger Mann am Fenster (1876)

1 Wie wirkt das Bild auf euch?

2 Beschreibt das Bild genau. Ihr könnt dabei wieder vorgehen wie bei der Beschreibung des Gemäldes „Zwei Männer bei der Betrachtung des Mondes" von Caspar David Friedrich (s. S. 62, Aufgaben 3–7). Arbeitet wieder mit dem Werkzeugkasten auf S. 63.

3 **Durchstarten! So könnt ihr weiterarbeiten:**

a Schreibt zu dem Bild von Caillebotte eigene Texte z. B. in Form eines inneren Monologs oder eines Gedichts.

b Sucht selber nach Bildern, die zu der Überschrift des Kapitels „Den Augenblick ... einfangen" passen (z. B. im Internet oder in Zeitschriften). Beschreibt sie, wie es in dem Werkzeugkasten auf S. 63 vorgeschlagen wird, und/oder verfasst eigene Texte dazu.

„Einsam das Haus ...“ – Moderne Gedichte beschreiben und deuten

Arno Holz (1863–1929)

Draußen die Düne

Einsam das Haus, eintönig,
ans Fenster,
der Regen.

Hinter mir,
ticktack,
eine Uhr,
meine Stirn
gegen die Scheibe.

Nichts.

Alles vorbei.

Grau der Himmel,
grau die See
und grau
das Herz.

1 Lest den Text mehrmals und tragt ihn dann vor. Achtet bei den Vorträgen darauf, welche Wörter besonders hervorgehoben werden und welche Stimmung und Gefühle des lyrischen Ichs dadurch deutlich werden.

2 Untersucht nun die Form und die Sprache des Gedichts genauer. Achtet dabei auf folgende Punkte:

- Beschreibt die Besonderheiten, die euch in Bezug auf die Form des Gedichts auffallen. Welche Wirkung haben sie?
- Beschreibt die Stimmung und die Gefühle des lyrischen Ichs. Wie entwickeln sie sich?
- Welche Eindrücke und Gefühle werden besonders hervorgehoben? Beschreibt, mit welchen Mitteln dies geschieht. Arbeitet dazu mit dem Werkzeugkasten auf S. 60.
- Arno Holz verzichtet ganz bewusst auf Reime und Strophen. Sammelt mögliche Gründe dafür.

3 Vergleicht das Gedicht von Arno Holz mit dem Gedicht „Mondnacht“ von Joseph von Eichendorff. Welche Unterschiede fallen euch auf? Sprecht darüber, was diese beiden Texte zu Gedichten macht.

4 Du kannst ein Gegengedicht schreiben.  Stell dir vor, du schaust aus dem Fenster und siehst auf die Düne, deine Stimmung ist aber eine ganz andere (z. B. verliebt oder ausgelassen). Verändere das Gedicht so, dass diese Stimmung deutlich wird.

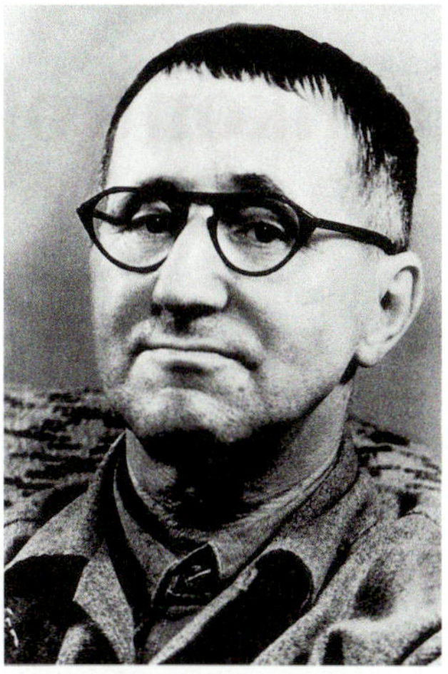

Bertolt Brecht (1898–1956)

Der Rauch

Das kleine Haus unter Bäumen am See.
Vom Dach steigt Rauch.
Fehlte er
Wie trostlos dann wären
Haus, Bäume und See.

1 Bestimmt die Form des Verbs in Vers 3 und klärt ihre Wirkung. Was geht in diesem Moment in dem Sprecher vor?

2 Deutet die Überschrift des Gedichts. Was verbindet der Sprecher mit dem Rauch? Versetzt euch in seine Situation. Schildert und erklärt, was er beim Anblick des Hauses in dem Gedicht erlebt, ausführlich in Form eines Tagebucheintrags oder eines Briefes an einen Freund.

3 Versucht, selbst Gedichte zu schreiben, die so aufgebaut sind wie „Der Rauch" von Bertolt Brecht. Orientiert euch dabei an folgendem Bauplan:

______
______
______
Fehlte ______
Wie ______ wäre/wären
______.

Hermann Hesse (1877–1962)

Blauer Schmetterling

Flügelt ein kleiner blauer
______ vom Wind geweht
Ein perlmutterner ______,
Glitzert, flimmert, ______.
So mit Augenblicksblinken,
So im Vorüberwehn
Sah ich das ______ mir ______,
Glitzern, ______, vergehn.

1 Übernehmt das Gedicht in euer Heft und vervollständigt es. Setzt dazu folgende Wörter ein: Glück, flimmern, Falter, winken, Schauer, vergeht.

2 Beschreibt die Gefühle und Vorstellungen, die der Schmetterling im lyrischen Ich auslöst. Welche Gemeinsamkeiten verbinden den Schmetterling und das Glück?

3 Untersucht das Gedicht genau. Benutzt dazu die Werkzeugkästen in diesem Kapitel.

4 **Durchstarten! So könnt ihr weiterarbeiten:** Schreibt Parallelgedichte zu dem Gedicht von Hesse, z. B. mit dem Titel „Schwarze Katze" oder „Braunes Reh".

Kleine Übungen zur Lernkontrolle

Gedichte beschreiben und untersuchen

1 Benenne die Reimschemata, die du kennst, und kennzeichne sie mit kleinen Buchstaben.

2 Erkläre mit deinen Worten, was man unter einem unreinen Reim versteht. Gib zwei Beispiele für einen unreinen Reim an.

3 Benenne die sprachlichen Mittel, für die die folgenden Ausdrücke Beispiele sind:

a) Die Sonne lacht.

b) Hörst du, wie die Flammen flüstern/knicken, knacken, krachen knistern,/wie das Feuer rauscht und saust/brodelt, bruzelt, brennt und braust. (James Krüss)

c) Ich kam, ich sah, ich siegte. (Julius Cäsar)

d) Er ist stark wie ein Löwe.

e) Wuppertaler Waschfrauen waschen weiße Wäsche weiß wie Watte.

f) Er traf auf eine Mauer des Schweigens.

Georg Britting
Am offenen Fenster bei Hagelwetter

Himmlisches Eis
Sprang mir auf den Tisch,
Rund, silberweiß.
Schoss wie ein Fisch

Weg von der Hand,
Dies greifen wollt,
Schmolz und verschwand.
Blitzend wie Gold

Blieb auf dem Holz
Nur ein Tropfen dem Blick.
Mächtig die Sonne
Sog ihn zurück.

(1935)

4 Überarbeite den folgenden Einleitungssatz zu einer Beschreibung und Deutung des Gedichts.

In dem Text mit der Überschrift „Am offenen Fenster bei Hagelwetter" des Schriftstellers Britting geht es inhaltlich um ein Unwetter, das das lyrische Ich durch ein Fenster beobachtet.

5 Beschreibe die Form des Gedichts. Achte dabei besonders auf die Endreime in der letzten Strophe.
Tipp: Versuche auch zu erklären, warum die Veränderung in dem Reimschema zu dem Inhalt der letzten Strophe passt.

6 Gib nun den Inhalt des Gedichts Strophe für Strophe wieder. Erläutere dabei, was das lyrische Ich erlebt und fühlt. So kannst du beginnen:

Der Titel des Gedichts verweist auf die Situation, in der das lyrische Ich sich befindet. Während eines Hagelschauers hat es das Fenster geöffnet. Es scheint nahe am Fenster an einem Tisch zu sitzen.
In der ersten Strophe beschreibt es nun, wie einzelne Hagelkörner von draußen auf den Tisch prasseln. Das lyrische Ich ärgert sich aber nicht darüber, sondern ...

7 In dem Gedicht sind vier sprachliche Bilder unterstrichen. Bestimme jeweils, um was für ein sprachliches Bild es sich handelt, und erkläre seine Bedeutung.

8 Wähle unter den folgenden Aussagen die aus, die deiner Meinung nach die Aussageabsicht des Gedichts am besten wiedergibt. Begründe deine Auswahl.

- Das Gedicht will dem Leser zeigen, dass auch ein Hagelschauer etwas Schönes sein kann.
- In dem Gedicht führt das lyrische Ich dem Leser vor Augen, dass alles Schöne wie ein Hagelkorn, das in der Sonne schmilzt, immer nur von kurzer Dauer ist.
- Das Gedicht zeigt dem Leser, dass man den Moment genießen muss.
- Dem Leser wird in dem Gedicht vor Augen geführt, dass die Natur viel stärker ist als der Mensch.

9 Lege abschließend dar, was dir an dem Gedicht gefällt oder nicht gefällt. Begründe deine Meinung.

In Bildern sprechen – Metaphorischer

Die Sprache bedient sich immer wieder bildhafter Ausdrücke, um etwas möglichst anschaulich und verständlich auszudrücken. In dieser Einheit beschäftigt ihr euch zunächst mit drei der wichtigsten Arten von sprachlichen Bildern: Personifikation, Vergleich und Metapher. Als weitere Form bildhaften Sprechens benutzen wir auch im alltäglichen Sprachgebrauch oft Redewendungen, deren ursprüngliche Herkunft wir manchmal gar nicht mehr kennen. Ihr werdet solche Redensarten kennenlernen und sie nach ihrer Herkunft befragen.

1 Was wisst ihr noch aus den vergangenen beiden Schuljahren über sprachliche Bilder?

2 Versucht, den Bildern passende Redewendungen zuzuordnen und ihre Bedeutung zu klären. Erfindet dazu Situationen, in denen die Redewendungen angewandt werden können.

Sprachgebrauch

1. „Die Mannschaft blühte erst am Ende auf …“ – Bildhafter Sprachgebrauch im Sport und in Alltagssituationen

Für ein Medienprojekt der Schule haben zwei Schüler eine Fußballreportage einmal etwas anders gestaltet und sie ihrer Klasse anschließend vorgetragen.

„… die gegnerische Mannschaft läuft nun schon seit 20 Minuten Sturm auf das Tor. Doch die Gastgeber halten dem Sturmlauf stand, die Abwehr steht wie ein Mann. Jetzt eine gewaltige Bombe des jungen Stürmers auf unser Tor. Doch so recht scheint sich der Ball nicht entschließen zu können, auch über die Linie zu rollen, und in letzter Sekunde fischt ihn unser Keeper von der Linie. Eine wahre Woge der Begeisterung brandet durch das Stadion. Selbst die Sonne scheint zu lächeln. Blitzschnell haben unsere Jungs über den rechten Flügel zum Konter angesetzt, die Verteidiger versuchen zu mauern, doch eiskalt werden sie ausgetrickst … nur noch ein Verteidiger wirft sich unserem jungen Stürmerstar entgegen, versucht, ihn aufzuhalten. Doch es ist ein Kampf wie David gegen Goliath … noch einmal wirbelt unser Superheld und setzt zum Schuss an … kaltschnäuzig taxiert er den Torwart und versenkt den Ball dann mit einem eleganten Heber in der linken oberen Ecke …“

1 Lest den Text möglichst anschaulich vor, sodass der Eindruck einer Live-Übertragung entsteht.

2 Was haltet ihr von dieser Reportage?

3 Kommen euch Formulierungen bekannt vor? Beschreibt sie genauer und erklärt sie.

4 Formuliert die Reportage in einen sachlichen Bericht um und vergleicht die beiden Fassungen. Erklärt die unterschiedliche Wirkung.

5 Nennt die bildhaften Ausdrücke in der Reportage und beschreibt ihre Wirkung auf einen Hörer oder Leser.

6 Bei den bildhaften Ausdrücken kann man drei verschiedene Formen unterscheiden. Beschreibe möglichst genau, wie sich folgende Beispiele unterscheiden und was das Besondere am jeweiligen Beispiel ist.

- Das gegnerische Tor ist wie vernagelt.
- Der Ball kann sich nicht entschließen, die Linie zu überqueren.
- Die gegnerische Festung war für unsere Jungs uneinnehmbar.

7 Sprachliche Bilder nach dem Muster des ersten Satzes nennt man Vergleiche. Sucht aus der Reportage Vergleiche heraus und erklärt, was mit diesen Vergleichen zum Ausdruck gebracht werden soll.

8 Beim zweiten Beispiel spricht man von einer Personifikation. Personifizieren heißt wörtlich „zu einer Person machen“. Erklärt diese Übersetzung anhand des Beispiels. Sucht aus dem Text der Reportage weitere Personifikationen heraus und ergänzt eigene Vorschläge.

9 Im dritten Beispielsatz liegt eine Metapher vor. Hier ist es hilfreich, sich die ursprüngliche Bedeutung des sprachlichen Bildes klarzumachen. Sammle Metaphern aus der Reportage und trage sie in eine Tabelle nach folgendem Muster ein:

10 Ergänzt die Übersicht zu den Metaphern um weitere Beispiele aus dem Bereich des Sports.

11 Bei einer Metapher spricht man auch von einem verkürzten Vergleich. Erklärt.

12 Schreibt eine Fortsetzung der Reportage. Achtet darauf, möglichst viele sprachliche Bilder einzusetzen. Ihr könnt dabei ruhig etwas übertreiben.

Metapher	ursprünglicher Bereich/ursprüngliche Bedeutung	gemeinsames Merkmal	neuer Bereich/ neue Bedeutung
gegnerische „Festung“	Befestigungsanlage, die zur Verteidigung dient	scheinbare Uneinnehmbarkeit	gut verteidigter Raum einer Mannschaft
…	…	…	…

Auch in Zeitungen werden Sportereignisse häufig bildreich kommentiert. Im Folgenden sind einige Beispiele zusammengestellt.

13 Erklärt, was jeweils genau gemeint ist, und bestimmt die Art des sprachlichen Bildes.

14 Erstellt eigene Collagen mit Zeitungsüberschriften. Sucht passende Bilder oder fertigt eigene Zeichnungen an, die das sprachliche Bild verdeutlichen.

Metaphern und Vergleiche werden nicht nur im Bereich des Sports benutzt. Manchmal verwendet man sie auch in alltäglichen Gesprächssituationen, um Aussagen mehr Nachdruck zu verleihen oder sie für die Gesprächspartner verständlicher zu machen.

15 Gebt die beiden Gesprächssituationen mit eigenen Worten wieder. Erläutert in dem Zusammenhang die sprachlichen Bilder.

16 Entwickelt selbst kleine Gesprächssituationen, in denen bildhaft gesprochen wird. Mögliche Themen könnten dabei sein: die neue Mitschülerin/der neue Mitschüler, der aktuelle Kinofilm, die neuesten Modetrends, ...

Das musst du lernen und wissen

Sprachliche Bilder

Nicht nur in literarischen Texten wie Gedichten und Erzählungen werden sprachliche Bilder verwendet, sondern auch in Zeitungstexten und in der Alltagssprache.

Man spricht von einer **Personifikation**, wenn einem Gegenstand oder einem Tier menschliche Eigenschaften zugewiesen werden:
*Die Sonne **lacht** am Himmel.*

Ein **Vergleich** liegt vor, wenn zwei Bereiche mit ähnlicher Bedeutung in Verbindung gebracht werden und dabei das Gemeinsame und Verbindende besonders hervorgehoben wird. Ein Vergleich ist in aller Regel am Vergleichswort „wie" erkennbar:
*Der neue Spieler stürmt **wie** ein Wirbelwind übers Spielfeld.*

Eine **Metapher** ist ein Ausdruck, der aus seinem ursprünglichen Bereich in einen neuen, eigentlich fremden Bereich übertragen wurde. Der Ausdruck erhält als Metapher also eine neue Bedeutung. Dieses ist dann möglich, wenn der ursprüngliche und der neue Bedeutungsbereich mindestens ein gemeinsames Merkmal haben:
*Die überraschende Niederlage war uns **ein Dorn im Auge**.*
(Gemeinsames Merkmal: Ein Dorn im Auge wie auch eine Niederlage sind schmerzhaft.)

2. „Einen Zahn zulegen …“ – Redewendungen und ihre Herkunft

Zahlreiche Ausdrücke, die wir in unserem täglichen Sprachgebrauch benutzen, lassen sich weit in die Vergangenheit zurückverfolgen. Viele dieser Ausdrücke stammen beispielsweise aus dem Mittelalter.

1 Ordnet den Bildern die passenden Ausdrücke zu. Klärt dann, welche Bedeutung die Ausdrücke heute haben, und versucht, aus den Bildern zu erschließen, welche Bedeutung sie ursprünglich im Mittelalter hatten. Recherchiert dazu im Internet.

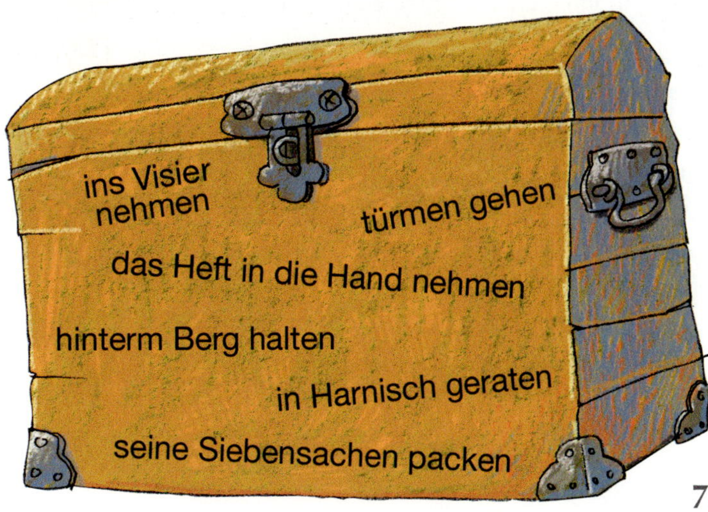

2 Überlegt, ausgehend von den Beispielen auf S. 75, warum diese Ausdrücke, die auch Redewendungen genannt werden, auch heute noch benutzt werden.

3 Kennt ihr weitere Redensarten? Stellt in Kleingruppen Listen mit Redensarten zusammen und notiert in einer Tabelle die ursprüngliche und die neue Bedeutung.

4 **Durchstarten! So könnt ihr weiterarbeiten:**
Entwerft ein Quiz für Redensarten nach folgendem Muster:

Wer „Farbe bekennt", der
- ☐ ist Malermeister.
- ☐ trägt bunte Kleidung.
- ☐ sagt offen seine Meinung.

5 Auch aus dem mittelalterlichen Gerichtswesen kennen wir heute noch gebräuchliche Redewendungen. Klärt ihre ursprüngliche Bedeutung mithilfe eines Nachschlagewerkes oder mithilfe des Internets und vergleicht sie mit der aktuellen Bedeutung.

- den Kürzeren ziehen
- sich etwas hinter die Ohren schreiben
- etwas an die große Glocke hängen
- jemandem einen Denkzettel verpassen

6 Ordnet den Redewendungen unten die richtige Erklärung zu.

1	Du hast mir das Wasser abgegraben.	A	sehr raffiniert sein, weit herumgekommen sein
2	Ich muss einen Zahn zulegen.	B	Etwas sieht zunächst schlimmer aus, als es ist.
3	Er macht viel Wind um nichts.	C	jemandem die Unwahrheit erzählen
4	Sie ist mit allen Wassern gewaschen.	D	seine Anstrengungen verstärken
5	Er hat etwas auf die hohe Kante gelegt.	E	eine Sache größer erscheinen lassen wollen
6	Überall wird nur mit Wasser gekocht.	F	einem anderen gleichgültig sein
7	Für ihn würde ich meine Hand ins Feuer legen.	G	niemandem etwas zuleide tun können
8	Dir hat jemand einen Bären aufgebunden.	H	jemandem großen Schaden zufügen
9	Du kannst mir den Buckel runterrutschen.	I	großes Vertrauen in jemanden setzen
10	Du kannst mir das Wasser nicht reichen.	J	Geld für Notzeiten zurücklegen
11	Sie kann kein Wässerchen trüben.	K	jemanden geringschätzen

7 Klärt bei den unter Aufgabe 6 genannten Redewendungen, soweit möglich, die ursprüngliche Bedeutung.

8 Viele der heute gebräuchlichen Redewendungen sind im Zuge der fortschreitenden Technik in den letzten hundert Jahren entstanden und es entstehen auch heute noch neue Redewendungen aus diesem Bereich. Erklärt die Bedeutung und die Herkunft folgender Redewendungen:

- einen Gang zulegen
- die Weichen stellen
- einen guten Draht zu jemandem haben
- grünes Licht geben
- jemandem brennt die Sicherung durch
- falsch programmiert sein
- einen Systemabsturz haben

9 **Durchstarten! So könnt ihr weiterarbeiten:**

a) Häufig werden Redewendungen in alltäglichen Gesprächssituationen gebraucht. Schreibt einen Dialog, in dem fast ausschließlich sprichwörtliche Redewendungen benutzt werden. Mögliche Themen könnten die letzte Unterrichtsstunde, der neueste Kinofilm, die aktuelle CD eurer Lieblingsband usw. sein.

b) Stellt die ursprüngliche Bedeutung von Redensarten entweder durch ein Foto oder durch eine Zeichnung dar. Lasst eure Mitschüler raten, welche Redensart gemeint ist.

Das musst du lernen und wissen

Redensarten

Bildhafte und festgefügte Ausdrücke, die etwas anderes meinen, als sie wörtlich zum Ausdruck bringen, nennt man **Redewendungen**. Häufig ist der ursprüngliche Bedeutungszusammenhang verloren gegangen und dem heutigen Benutzer nicht mehr bekannt. Die Redewendung ist allerdings erhalten geblieben, weil sie etwas besonders anschaulich oder verständlich zum Ausdruck bringt.
Auch heute noch werden immer wieder neue Redewendungen in der Werbung oder auch in der Jugendsprache geprägt.

3. Kleine Übungen zur Lernkontrolle

Bedeutung von Sprichwörtern/Redensarten

1 Ordnet den Sprichwörtern/Redensarten die richtige Bedeutung zu.

Sprichwort/Redensart

1 Der frühe Vogel fängt den Wurm.

2 Auch ein blindes Huhn findet mal ein Korn.

3 Es ist nicht alles Gold, was glänzt.

4 Ein gebranntes Kind scheut Feuer.

5 Steter Tropfen höhlt den Stein.

6 Wer im Glashaus sitzt, sollte nicht mit Steinen werfen.

7 Lügen haben kurze Beine.

8 Viele Köche verderben den Brei.

9 Wenn es dem Esel zu wohl wird, geht er auf's Eis.

Bedeutung

a Etwas gelingt durch Zufall.

b Es lohnt sich nicht zu lügen, die Wahrheit kommt doch heraus.

c Wenn es jemandem zu gut geht, dann wird er leicht übermütig.

d Man sollte niemandem etwas vorwerfen, was man selber auch tut.

e Je früher man sich um eine Sache kümmert, desto größer ist die Wahrscheinlichkeit, dass man sie bekommt.

f Wenn sich zu viele Fachleute um eine Sache kümmern, gelingt sie oft nicht.

g Ausdauer führt zum Erfolg, auch viele kleine Schritte können zum Ziel führen.

h Der äußere Schein kann manchmal trügen.

i Wer einmal einen Schaden erlitten hat, ist besonders vorsichtig.

2 Ein kleines Redensarten-Quiz: Ordnet dem Sprichwort/der Redensart die richtige Bedeutung zu.

1. jemanden auf den Arm nehmen

a) schwer zu tragen haben
b) mit jemandem einen Scherz machen
c) balancieren üben

2. die Nase voll haben

a) erkältet sein
b) eine Allergie haben
c) einer Sache überdrüssig sein

3. mit einem blauen Auge davon kommen

a) keinen oder nur einen geringen Schaden erleben
b) beim Boxen nicht k.o. geschlagen werden
c) besonders schlagkräftig sein

4. die Daumen drücken

a) seine Daumen mögen
b) jemandem Erfolg wünschen
c) jemanden herzlich begrüßen

Von Hexen und Heilerinnen – Menschen und ihre

In diesem Kapitel begegnet ihr in Erzähltexten, Abbildungen und Sachtexten sogenannten Hexen und Heilerinnen. So bekommt ihr einen Einblick in die frühe Neuzeit (15. – 18. Jahrhundert), in der viele Menschen abergläubisch waren und in der sogar Heilerinnen, die den Menschen Hilfe brachten, in den Ruf gerieten, Hexen zu sein. Für viele Frauen, aber auch für einige Männer bedeutete dieses einen grausamen Tod.
Mithilfe dieses Kapitels und eurer Fantasie könnt ihr selbst in diese Zeit reisen und ihr lernt gleichzeitig einen etwas anderen Umgang mit Erzähltexten kennen, als ihr es vielleicht bisher gewohnt seid.
Außerdem erfahrt ihr, wie man aus Erzähltexten, Sachtexten und Abbildungen Informationen entnehmen kann, um ein Gesamtbild zu einem Thema zu erhalten. Mithilfe des Materials könnt ihr am Schluss einen eigenen Sachtext verfassen oder einen kleinen Vortrag zum Thema „Von Hexen und Heilerinnen“ halten.

Geschichte(n) verstehen

1 Sieh dir die Landschaft mit ihren Motiven genau an. Beschreibe, was du erkennst. Überlegt dann gemeinsam, was ihr aus den Bildern über das Leben im 17. Jahrhundert schließen könnt.

2 Habt ihr selbst eine Vorstellung von sogenannten Hexen und Heilerinnen, die auch Kräuterfrauen genannt wurden?

3 Bestimmt habt ihr, als ihr noch jünger wart, Kinderbücher vorgelesen bekommen oder selbst gelesen, in denen Hexen eine Rolle spielten. Wie wurden sie dargestellt? In welcher Beziehung standen sie zu anderen Figuren aus den Erzählungen und Romanen?

4 Was bedeutet das Wort „Aberglaube"? Nennt Beispiele und versucht zu erklären, wie ein Aberglaube zustande kommen könnte.

Eintauchen in eine andere Zeit – Sachtexten, Abbildungen und literarischen Texten Informationen entnehmen

Simone van der Vlugt (geb. 1966)

Nina und das Amulett aus den Flammen

■ In den folgenden Ausschnitten aus dem Roman „Nina und das Amulett aus den Flammen" von Simone van der Vlugt lernt ihr Nina kennen, die in Würzburg im Jahre 1630 bei ihrem Onkel und ihrer Tante lebt. Ninas Mutter wurde als Hexe verbrannt und hat ihrer Tochter ein Amulett mit der Abbildung einer Heilpflanze hinterlassen. Die Mutter besaß die Fähigkeit zu heilen und war der Hexerei angeklagt worden, was ihre Tochter jedoch noch nicht erfahren hat. Nina scheint allerdings ebenfalls einige der Fähigkeiten der Mutter zu besitzen, gerät bald selbst in Verdacht und muss aus Würzburg fliehen.
Im folgenden Abschnitt lernt ihr sie jedoch noch in der Gemeinschaft der Bürger Würzburgs kennen und erfahrt zugleich etwas über das Leben, den Glauben an Gott und die Magie in dieser Zeit. ■

„Hütet euch vor dem Teufel!"

Nach dem Frühstück half Nina ihrer Tante beim Abräumen. Zusammen stellten sie die Stützböcke an die Wand. Bevor sie zur Kirche gingen, schnappte sie sich schnell ein Ei, das Tante Hanna früh am Morgen aus dem Hühnerstall geholt hatte. „Nina, komm jetzt. Was machst du noch?", rief Tante Hanna ungeduldig.
„Ich bin schon da!" Nina steckte rasch das Ei in ihre Tasche und lief hinter Onkel und Tante her. Die Bäckerei der Familie Bauer lag im Schatten der mächtigen Domkirche. Das Glockengeläut war ohrenbetäubend. Von allen Seiten kämpften sich die Menschen durch den Schnee zum Domplatz. Kinder warfen mit Schneebällen.
Nina saß gern als eine der Ersten in der Kirchenbank. So konnte sie die hereinströmenden Menschen beobachten, anstatt von ihnen angegafft zu werden.
Trennwände zwischen den Bankreihen grenzten die verschiedenen Stände[1] voneinander ab. Außerdem hatte jede Zunft ihre eigenen Plätze, die Weberzunft saß getrennt von der Bäckerzunft. Für die Frauen war eine separate Ecke vorgesehen. Auf der Empore saßen, hoch über dem einfachen Volk, die Ratsherren und andere Honoratioren[2] der Stadt.
Tante Hanna stieß ihre Nichte an und zeigte mit einem Kopfnicken nach oben. Nina blickte empor und entdeckte Fürstbischof Philipp von Ehrenburg, den gefürchteten Inquisitor[3]. Er war der Überzeugung, dass zwischen Gott und dem Teufel ein Kampf um die Weltherrschaft ausgetragen wurde. Verbissen jagte er sämtliche Anhänger des Teufels, täglich entlarvte er weitere

---

[1] **Stände:** gesellschaftliche Gruppen, die im Mittelalter und in der frühen Neuzeit (15.–18. Jhd.) durch rechtliche Bestimmungen (Vorrechte oder Benachteiligungen) klar voneinander getrennt werden
[2] **Honoratioren:** wegen ihrer sozialen Stellung besonders angesehene Bürger
[3] **Inquisitor:** vgl. den Sachtext auf S. 85 f.

Hexen. Ehrfürchtig munkelte man, er habe bereits Hunderte von Hexen hinrichten lassen, sogar eine Frau aus seiner nächsten Verwandtschaft. Und das allein in Würzburg, der Stadt, die anscheinend ein Nest dieser Teufelsbrut beherbergte. Niemand wagte es, sich gegen diesen mächtigen, gefährlichen Mann aufzulehnen. Wo er auftrat, wichen die Menschen auseinander.

Nina tastete in ihrer Tasche und fischte das Ei heraus. Sie hatte einmal gehört, dass man in der Kirche mit einem Ei, das an einem Sonntag gelegt worden war, feststellen könne, ob jemand eine Hexe sei oder nicht. Statt Gebetbüchern hielten die Hexen Speck in den Händen. Und auf dem Kopf trugen sie keine Hauben, sondern Milchkübel. Gespannt hielt sich Nina das Ei vor die Augen und drehte sich nach allen Seiten, aber keine einzige Haube verwandelte sich in einen Milchkübel, kein einziges Gebetbuch wurde zu einem Stück Speck. Als ihre Tante sie ärgerlich am Arm fasste, fiel ihr das Ei aus der Hand und zerschlug am Boden.

„Was machst du da?“, zischte Tante Hanna. Nina wollte es ihr erklären, aber die Tante hörte gar nicht zu.

„Benimm dich. Alle schauen auf uns!“

Mit hochroten Wangen konzentrierte sich Tante Hanna auf die Predigt.

Pfarrer Mathias Kramberg forderte die Gläubigen zu mehr Gottesfurcht auf, um so dem Teufel Widerstand leisten zu können.

Nina gähnte heimlich. Diese Predigt hatte sie schon so oft gehört. Jeden Sonntag erzählte der Pfarrer von der Gerissenheit des Teufels, der vor allem schwache Frauen zu verführen versuchte. Dem Pfarrer zufolge waren Frauen von Natur aus leichtgläubiger und deshalb das bevorzugte Werkzeug des Teufels.

„Hütet euch vor Satans List und seinen Betrügereien, Bürger von Würzburg“, rief er mit schallender Stimme durch das Kirchenschiff. „Hütet euch vor Frauen, die selten die Kirche besuchen, aber hütet euch besonders vor Frauen, die dem Gottesdienst sehr regelmäßig beiwohnen. Sie werden nämlich ihre Gründe haben, Gottesfurcht vorzutäuschen. Auch fromme Nonnen sind verdächtig, weil der Teufel ein wahres Vergnügen daran findet, gottselige Jungfrauen zu verführen. Junge Mädchen sind gefährdet, weil der Satan sie sich ganz gewiss nicht entgehen lässt. Hütet euch vor allem vor diesen Frauen. Auch in eurem Familienkreis können sich Teufelskinder aufhalten. Lasst euch nicht von der sogenannten Unschuld kleiner Kinder blenden. Sie können aus einer Buhlschaft ihrer Mutter mit dem Teufel hervorgegangen sein. Ein kleines Mädchen kann genauso gut die Buhlerin des Teufels sein wie eine Frau mittleren oder hohen Alters. Hütet euch vor Hebammen, denn sie könnten das Neugeborene heimlich im Namen des Satans taufen. Selbst eure Frömmigkeit würde nicht ausreichen, um diese Kinder aus den Klauen des Teufels zu retten.“

Und so ging es noch eine Weile weiter. Die Kirchgänger lauschten mit ängstlichen Gesichtern. Sie schielten misstrauisch um sich und schlugen ein Kreuz nach dem anderen. Nina fragte sich, wie viele der gottesfürchtigen Kirchenbesucher wohl in Wirklichkeit Hexen waren.

1 Welche Informationen erhältst du über Ninas Lebensumstände und die Bedeutung des Aberglaubens in Ninas Umfeld? Lege eine Tabelle an, schreibe die Informationen stichpunktartig heraus und vergleiche diese dann mit deiner Sitznachbarin oder deinem Sitznachbarn.

Ninas Lebensumstände	Aberglaube in Ninas Umfeld
...	...

2 „Die Kirchgänger lauschten mit ängstlichen Gesichtern.“ (Z. 98 f.) Erkläre dieses Verhalten mithilfe der erzählten Handlung.

3 Worin unterscheidet sich Ninas Leben von eurem? Warum würden Menschen aus unserer Zeit ganz anders reagieren als die Kirchgänger in der Erzählung?

4 Ihr könnt im Anschluss an die Predigt auch noch eine Situation darstellen, in der sich die Gemeindemitglieder, z. B. Nina, ihre Tante und ihr Onkel, nach dem Gottesdienst über ihre Eindrücke oder Gefühle in Bezug auf die Predigt und Hexerei austauschen. Vorher könnt ihr in Gruppenarbeit die folgenden Fragen beantworten, die euch dabei helfen, euch in diese Situation zu versetzen und ein kurzes Rollenspiel vorzubereiten:

- Was habt ihr bereits über Nina und ihre Tante und ihre Einstellungen zur Kirche, zum gefürchteten Hexenjäger oder zu den Hexen aus dem Text erfahren?
- Was würden sie wohl jeweils nach dem Gottesdienst sagen?
- Ist es dabei wichtig, ob sie noch auf dem Kirchplatz sind oder schon zu Hause?
- Wie würden ihre Körperhaltungen oder die Gesprächslautstärke von der jeweiligen Situation beeinflusst werden?

5 Übt euer Rollenspiel in der Gruppe. Es ist nicht wichtig, dass ihr bei dem anschließenden Vortrag vor der Klasse genau dieselben Worte sagt, die ihr eingeübt habt, sondern dass die Stimmung und die Reaktionen der Figuren auf die Predigt des Pfarrers gut zum Ausdruck kommen.

6 **Durchstarten! So könnt ihr weiterarbeiten:**
Wenn ihr mehr Zeit zur Verfügung habt, könnt ihr eure Szene zunächst in der Gruppe aufschreiben. Verwendet dazu die Form eines Regiebuchs. Dabei kann es hilfreich sein, am PC zu arbeiten. Legt für euer Regiebuch eine Tabelle an:

Rolle	Text	Sprech- und Spielanweisung (Regieanweisung)
Nina	Wie viele Hexen waren heute wohl in der Kirche?	spricht ängstlich, will fortgehen
Tante Hanna	…	…

So gehst du vor

Szenisches Spiel

Ihr könnt Erzähltexte nicht nur lesen, sondern sie auch spielen. Dadurch werden besonders gut Beziehungen zwischen den Figuren oder Stimmungen in einer Situation deutlich.

- Wollt ihr einen Erzähltext in einer Spielszene darstellen, so habt ihr verschiedene Möglichkeiten:
  - Ihr könnt einerseits den Erzähltext in einen Text umschreiben, der nur aus wörtlicher Rede und Regieanweisungen (Hilfestellungen zur Körpersprache, Stimmlage usw.) besteht. Verwendet in diesem Fall die Form eines Regiebuchs.
  - Ihr könnt den Erzähltext frei nachspielen, indem ihr euch zuvor nur einige Notizen zum Gesprächsinhalt und der Gefühlslage der Figuren macht.

- – Ihr erfindet eine Szene hinzu, die ihr nach einer gemeinsamen Vorbereitung vorspielt. Auch hier könnt ihr entweder zunächst ein Regiebuch erstellen oder sofort frei spielen.

- Für die Darstellung benötigt ihr einen freien Platz in eurem Klassenraum, viel Fantasie (ein Kartenständer kann ein Baum sein, ein Stuhl ein großer Stein, auf dem man sitzen kann, ...) und eine gute Textkenntnis.
- Nach dem Spielen solltet ihr das Ergebnis immer gemeinsam besprechen, z. B. unter der folgenden Fragestellung: Wie sind durch das Gesagte und das Gespielte (Körperhaltung, Mimik, Gestik) die Gefühle der Figuren zum Ausdruck gebracht worden?

Hexenverfolgung

Der Glaube an Magie und Hexen wurde jahrhundertelang von der christlichen Kirche als Produkt lebhafter Fantasie angesehen. Während das Volk eher glaubte, dass eine Hexe einzelnen Menschen und auch der Gemeinschaft durch Zauberei schadete, glaubte die Kirche lange nicht daran, dass eine Person so große Macht besitzen könnte. Die Strafen, die die Kirche den unter Verdacht der Hexerei stehenden Menschen auferlegte, waren z. B. eine Geldstrafe oder – bei schwereren Vergehen – die Verweisung aus der Stadt oder Pfarrei. Doch im Zuge der Reformation, als im Laufe des 17. Jahrhunderts die Glaubensspaltung in katholische und evangelische Kirchen vollzogen wurde, wandelte sich die Einstellung der Kirchen zur Magie. Als eine mögliche Ursache dafür kann das Konkurrieren beider Glaubensrichtungen angesehen werden, denn sie warfen der jeweils anderen Kirche vor, das wahre Christentum nicht zuletzt mit der Hilfe von Ketzern, zu denen auch die Hexen zählten, beseitigen zu wollen. Gegen die sogenannten Ketzer, die sich von Gott abgewendet und sich mit dem Teufel verbündet hätten, wurde hart vorgegangen. Von nun an halfen auch die weltlichen Gerichte den geistlichen Machthabern dabei, Fälle von Hexerei „aufzuklären“ und zu bestrafen. Die Hexenverfolgung verlief in zeitlichen und regionalen Wellen. Dafür gab es viele Ursachen: Krankheiten wie die Pest, Missernten, Naturkatastrophen oder Kriege wie der Dreißigjährige Krieg (1618 – 1648) verunsicherten die Menschen. Aber auch persönliche Motive wie Neid oder Missgunst unter Nachbarn spielten eine große Rolle. Besonders den Frauen, die heilkundig waren und für die medizinische Versor-

Kupferstich von 1736

Kolorierter Holzschnitt aus dem 15. Jahrhundert

gung der Menschen in den Dörfern sorgten oder die den Beruf der Hebamme ausübten, sagte man Böses nach: Sie hätten die Macht und die Gelegenheit, sich das für die Herstellung der Hexensalbe erforderliche Leichenfett zu beschaffen, Neugeborene gegen Teufelsbrut auszutauschen oder Schadenszauber über Mensch und Vieh zu verhängen. Frauen galten als von Natur aus leichtgläubiger und somit als beliebtes Werkzeug des Teufels. Dabei spielte es kaum eine Rolle, ob sie alt oder jung waren, fromm waren oder seltener in die Kirche gingen. Aber auch Apotheker, Witwen oder manchmal sogar Waisenkinder wurden verdächtigt, dem Teufel verfallen zu sein. Die Menschen glaubten, dass die Personen, die einmal eine Beziehung (Buhlschaft) mit dem Teufel eingegangen waren, ihn verehrten: Die Hexen flögen nachts auf Besenstielen zum Hexensabbat – nicht ohne sich zuvor mit der Hexensalbe eingerieben zu haben –, küssten dort dem Teufel den Hintern, tanzten, tranken, vergnügten sich sexuell und amüsierten sich über ihre Schandtaten. Die Hexenjäger oder die von der Kirche bestellten Untersuchungsrichter (Inquisitoren) veranlassten viele Prozesse wegen Hexerei. Der Verfolgungswahn nahm in manchen Teilen Europas (in Deutschland besonders im Raum um Würzburg und Bamberg, z. T. auch in Osnabrück) vom späten 16. Jahrhundert bis weit ins 17. Jahrhundert hinein ein enormes Ausmaß an, sodass nach neuesten Schätzungen etwa 60 000 Menschen in Europa als Hexen oder Hexer hingerichtet wurden.

(1800)

1 Lies den Sachtext aufmerksam durch und formuliere dann schriftlich ca. zehn Fragen, auf die der Text eine Antwort gibt, z. B.: Welche Einstellung hatte die christliche Kirche vor der Reformation, also vor der Glaubensspaltung in eine katholische und evangelische Kirche?

2 Schreibe die Antworten zu den Fragen auf ein neues Blatt Papier.

3 Tausche die Fragen mit deinem Tischnachbarn oder deiner Tischnachbarin aus und beantwortet sie euch gegenseitig schriftlich.

4 Überprüft abschließend mithilfe des Textes und eurer Antworten, ob ihr den Text gründlich gelesen habt.

5 Worin unterscheidet sich so ein Sachtext von dem erzählenden Text? Berücksichtigt auch, welche unterschiedlichen Absichten mit den Textarten verbunden sind.

6 Seht euch die Abbildungen genau an und beschreibt sie. Welche Informationen aus dem Sachtext findet ihr in den bildlichen Darstellungen wieder? Formuliert mögliche Bildunterschriften.

7 **Durchstarten! So könnt ihr weiterarbeiten:**

a Gliedert den Sachtext und schreibt zu den einzelnen Abschnitten passende Überschriften mit den entsprechenden Zeilenangaben auf.

b Ordnet den Überschriften stichpunktartig die wichtigsten Informationen aus dem Text zu.

c Informiert nun mithilfe des Stichwortzettels in einem kurzen mündlichen Vortrag einen Mitschüler oder eine Mitschülerin über die wesentlichen Inhalte des Sachtextes.

„Die Hexe soll sterben!“ – Literarische Texte durch Umgestalten und Weitererzählen besser verstehen

„Die Hexe soll sterben!“

■ Im folgenden Textausschnitt erfahrt ihr etwas über eine Nachbarin von Nina, Bärbel Schaffner, die von einer anderen jungen Frau der Hexerei bezichtigt wurde. Durch sie gerät Nina ebenfalls in Gefahr. ■

Nachdem die Gläubigen aus der Kirche geströmt waren, versammelten sie sich mit neu gewecktem Misstrauen in kleinen Gruppen auf dem Domplatz. Hinter vorgehaltener Hand machten Gerüchte die Runde. Nina hörte mehrere Male Bärbel Schaffners Namen.

„Alles Unsinn! Bärbel Schaffner ist eine anständige, ehrliche Frau. Wenn sie eine Hexe ist, bin ich auch eine“, sagte Onkel Thomas mit gedämpfter Stimme.

„Aber es kann doch kein Zufall sein, dass das Kind von Georg und Liesl Aldenhoven erstickt ist, kurz nachdem Bärbel die Mutter am Wochenbett besucht hat“, flüsterte Tante Hanna.

„Lächerlich!“ Onkel Thomas schnaubte empört. „Das hätte jedem passieren können. Das Kind ist erstickt, weil es sich die Decke über den Kopf gezogen hat. Hätten die Eltern besser aufgepasst, wäre das nicht geschehen. Komm jetzt bloß nicht damit, das Kind wäre vom Teufel erwürgt worden. Ich bin ja auch der Meinung, dass der Teufel eine Menge auf dem Kerbholz hat, aber man kann ihm nicht alles anlasten, was schlecht ausgeht. Das geht wirklich zu weit.“

„Und sie isst Brot mit Butter und Käse“, fuhr Tante Hanna fort, als hätte sie ihren Mann nicht gehört. „Milch auf Milch, das muss Teufelswerk sein.“

„Glaubst du nicht an Hexen, Onkel Thomas?“, fragte Nina, als sie durch den knisternden Schnee nach Hause stapften.

Onkel Thomas runzelte die Stirn. „Doch, ich glaube schon, dass es Hexen gibt. Wenn ich nicht daran glauben würde, würde ich die Existenz des Teufels und somit die Existenz Gottes abstreiten. Ich bin aber davon überzeugt, dass er eine so weit verzweigte ketzerische Organisation niemals dulden würde.“

„Das tut er auch nicht. Unser Herrgott hat bestimmte Menschen dazu auserwählt, den Teufel zu bekämpfen“, gab Tante Hanna zurück.

„Meinst du etwa Philipp von Ehrenburg?“, fragte Onkel Thomas scharf. „Dieser Mann ist imstande, ganz Würzburg auf den Scheiterhaufen zu bringen.“

„Sprich nicht so laut!“ Tante Hanna sah sich ängstlich um.

„Ich spreche überhaupt nicht laut, niemand kann uns hören“, knurrte ihr Mann. „Und was wäre schon dabei? Es ist höchste Zeit, dass irgendjemand diesem Wahnsinn Einhalt gebietet.“

„Aber das musst nicht ausgerechnet du sein“, sagte Tante Hanna gereizt. „Es ist besser, sich nicht einzumischen. Ehe man sich's versieht, wird man selbst zur Zielscheibe.“

Die Tante hat recht, dachte Nina. Es wäre lebensgefährlich, die Aufmerksamkeit auf sich zu lenken. Das leiseste Gerücht und der geringste Fingerzeig würden schon genügen, angeklagt zu werden. Jedem Verdacht der Hexerei wurde auf der Stelle nachgegangen und dann wurde eine gerichtliche Untersuchung eingeleitet. Und es gehörte nicht viel dazu, verurteilt zu werden. Jemand, der oft den Wohnort wechselte, war gewiss auf der Flucht. Jemand, der nervös wirkte, wenn von Hexerei die Rede war, musste sich zweifellos schuldig fühlen. Beim Mittagessen waren alle niedergeschlagen. Tante Hanna ließ dauernd etwas fallen und Onkel Thomas regte sich jedes Mal schrecklich darüber auf. Nina mischte sich lieber nicht ein und huschte bei der erstbesten Gelegenheit mit ihren Schlittschuhen aus dem Haus.

In einer der Gassen hinter dem Dom war eine Schneeballschlacht in vollem Gange. Nachdem Nina mehrere Bälle abbekommen hatte, stürzte sie sich lachend mit in die Schlacht.

Als sie genug hatte, lief sie zu einem Löschteich, der zu einer spiegelglatten Eisbahn zugefroren war. Einige hoch aufgeschossene Jungen kehrten die Fläche mit Besen aus Reisigbündeln.

Zusammen mit den Töchtern des Apothekers übte Nina fleißig, schwungvolle Achter zu laufen. Das machte ihr so viel Spaß, dass sie die Zeit völlig vergaß – bis sie von lautem Geschrei aufgeschreckt wurde.

Eine lärmende Menschenmenge kam um die Ecke, vorneweg humpelte zwischen zwei Bütteln eine Frau mit gekrümmtem Rücken und zusammengebundenen Händen.

„Hexe! Teufelshure! Wie eine Fackel sollst du brennen, du Kindermörderin!“, tönte es aus der aufgebrachten Menge, während mit Dreck nach der Frau geworfen wurde.

Viele Eisläufer liefen hastig zum Teichrand, um zu sehen, was auf der Straße vor sich ging.

„Das ist doch Bärbel“, sagte ein Junge.

Einen Augenblick stand Nina wie angefroren auf dem Eis, dann lief auch sie schnell zum Rand, schnürte die Schlittschuhe ab und rannte hinter der Menschenmenge her.

Sie sah gerade noch, wie Bärbel Schaffner die Treppenstufen zum Rathaus hochgestoßen wurde. Ihre Lippen bluteten, die Kleider waren an mehreren Stellen gerissen. Ob sie eine Hexe war oder nicht, Nina empfand tiefes Mitleid mit ihr.

Mit einem Schlag fiel die schwere Tür des Rathauses hinter Bärbel ins Schloss.

Als Nina sich umdrehte, lief sie in den massigen Körper ihrer Nachbarin Katrin.

„Nina Bauer! Wenn man vom Teufel spricht, ist er nicht weit“, schrie Katrin.

Einige Menschen hielten verwundert inne. Nina spürte ihre brennenden Blicke und schaute bestürzt um sich. Ihr Gefühl sagte ihr, dass Davonrennen gefährlich wäre.

Ohne lange zu überlegen, bückte sie sich, hob einen halb gefrorenen Pferdeapfel vom Boden und warf ihn in Richtung Rathaus.

„Die Hexe soll sterben!“, rief sie.

Das brachte ihr beifällige Rufe ein und bald darauf flogen mehrere Pferdeäpfel auf das Rathaus zu. Nina nützte die Gelegenheit, um möglichst ungesehen von dort zu verschwinden.

Die Abenddämmerung senkte sich bereits über die Stadt. Es hatte wieder angefangen zu schneien, dicke Flocken häuften sich auf Fenstersimsen und Vordächern. Durch die Fenster fiel das Licht aus den Häusern nach draußen und färbte den Schnee gelb.

1 Vergleiche das Verhalten und die Einstellungen von Onkel Thomas und Tante Hanna. Lege dazu eine Tabelle an:

Verhaltensweisen und Einstellungen von ...	
Onkel Thomas	**Tante Hanna**
...	...
Fazit: ...	Fazit: ...

2 Fasse das Verhalten und die Einstellungen der beiden Personen zusammen, indem du ein Fazit ziehst. Wofür stehen die beiden Personen möglicherweise stellvertretend? Was ist das Besondere an ihrer Einstellung?

3 Untersuche Ninas Einstellung zu Bärbel und Ninas Verhalten. Was fällt dir auf?

4 Versetze dich in Ninas Situation und schreibe einen inneren Monolog, in dem sie auf dem Heimweg die Situation noch einmal überdenkt und ihre Empfindungen und ihr Verhalten erklärt. Du kannst auch den Informationstext über Hexenprozesse und Hexenproben auf S. 90 f. in Ninas Gedanken einbinden. Der folgende Werkzeugkasten bietet dir zusätzlich Hilfe.

5 Trage deinen Text vor und kombiniere ihn mit einer szenischen Darstellung, indem du den inneren Monolog zu einem Selbstgespräch werden lässt, das Nina auf ihrem Heimweg führt. Bedenke dabei auch ihre Mimik und Gestik.

6 **Durchstarten! So kannst du weiterarbeiten:** Ein Gespräch zwischen Nina und ihrem Onkel nach dem Abendessen kann ebenfalls Ninas Gefühle und ihr Verhalten erklären. Arbeite mit deinem Nachbarn oder deiner Nachbarin zusammen und führe dieses Gespräch als szenisches Spiel vor. Überlege zuvor, wie Nina das Gespräch beginnen könnte, was ihr auf dem Herzen liegen könnte und wie Onkel Thomas vermutlich antworten würde. Dafür musst du den Textauszug noch einmal genau lesen, denn sowohl Ninas als auch Onkel Thomas' Aussagen im Gespräch müssen zu ihren Handlungen und ihrem Verhalten passen.

So gehst du vor

Leerstellen eines Textes ausfüllen

In erzählenden Texten gibt es sogenannte Leerstellen. Dabei kann es sich z. B. um Gedanken oder Reaktionen einer Figur handeln, die nicht genau beschrieben sind. Du kannst dein Textverständnis vertiefen, indem du diese Lücken schließt. Möglichkeiten dazu bieten ...

- ... der **innere Monolog**:
  - Mit einem inneren Monolog kannst du die Gedanken einer Figur in einer ganz bestimmten Situation in Worte fassen. Das machst du, indem du einen literarischen Text ganz genau liest, dich in eine der Figuren versetzt und das aufschreibst, was sie in diesem Moment denken könnte. Aus ihrer Sicht (also in der Ich-Form) schreibst du ihre Gedanken, Gefühle oder Pläne auf.
  - Hierbei ist es sehr wichtig, dass du den vorliegenden Erzähltext und die Informationen, die du schon über die Figur oder die Handlung besitzt, auch einbeziehst.
- ... das **szenische Spiel**:
  - Beim szenischen Spiel gestaltest du zusammen mit einem oder mehreren Mitschülerinnen und Mitschülern ein Gespräch, das in die Handlung eingefügt oder im Anschluss daran stattfinden könnte.
  - Führt das Gespräch vor. In diesem Gespräch können die Figuren über eine bestimmte Situation, die geschehen ist oder geschehen wird, oder über ein Problem sprechen.
  - Auch hierbei ist es wichtig, den Erzähltext genau zu kennen und Informationen aus diesem für das szenische Spiel zu nutzen.
  - Anders als beim inneren Monolog kommt es hier neben dem, *was* gesagt wird, auch darauf an, *wie* es gesagt und dargestellt wird. Du solltest also darauf achten, dass du dich in die Lage „deiner" Figur versetzt und versuchst darzustellen, wie sie deiner Meinung nach denken und sprechen, sich bewegen und handeln würde.
  - Vorbereitend kannst du ein Regiebuch erstellen, vgl. S. 84 f. und 301.

Die Hexenprozesse sollten den Zweck erfüllen, die Schuldigen gerecht zu bestrafen und die Macht Gottes zu bestätigen. Wer also in der frühen Neuzeit der Hexerei angeklagt war und in einem Gerichtsverfahren verurteilt werden sollte, konnte kaum auf eine milde Strafe oder Freispruch hoffen. Dazu trug auch der „Hexenhammer" bei, ein Buch, das von zwei Dominikanermönchen verfasst worden und 1487 erschienen war. Es beinhaltete das so damals vorherrschende „Wissen" über Hexen und zeigte, wie ein Verfahren wegen Hexerei eingeleitet wurde, wie Zeugen behandelt werden mussten, wie und wann man zur Folter greifen sollte und wie das Urteil zu fällen war.

Verbrennung der Hexen und Ketzer durch Aufheben und Niedersenken in das Feuer zu Paris (Zeichnung von Felix Philippoteaux, 1815–1884)

Bei dieser „Wasserprobe" wird eine der Hexerei verdächtigte Frau auf einem Stuhl untergetaucht.

Bald reichte es aus, nur der Hexerei verdächtigt zu werden, um festgenommen und in die sogenannten Hexenhäuser – die Gefängnisse für die beschuldigten Personen – gebracht zu werden. Wer dort landete, musste Schreckliches erleiden und gab bald weitere Namen unschuldiger Menschen an, um der Folter oder der Wiederholung von Folter zu entgehen. Während der Prozesse wurden die Angeklagten mehrfach verhört. So gab es Befragungen, die ohne körperliche Gewalt ein Geständnis der „Hexen" erreichen wollten. Da die Verhafteten jedoch unschuldig waren, weigerten sich die meisten von ihnen, ein Verbrechen zu gestehen, das sie nicht begangen hatten. Dann kam die „peinliche Befragung" zum Zug: Hier wurde versucht, von den Angeklagten durch Folter ein Geständnis zu bekommen. Zum Beispiel wurden ihnen Beinschrauben angelegt oder es wurde das sogenannte Strecken praktiziert. Auch „Hexenproben", die ohne Aussage der sogenannten Hexen zur Wahrheit führen sollten, sollten angeblich die Schuld oder Unschuld auf grausame Art beweisen. Diese Hexenproben ergaben sich aus der Vorstellung, dass eine Hexe sich körperlich von ihren Mitmenschen unterscheiden müsse. Sie galt als blutleer oder blutarm. Stachen die Folterknechte in ein Muttermal oder eine Warze, welche als Zeichen des Teufels galten, und es trat kein Blut aus, galt dies als Beweis für Hexerei. Die Nadeln, die hierfür verwendet wurden, waren oft so gearbeitet, dass sie dem Druck nachgaben und somit keinen Schmerz oder keine Wunde verursachten, sodass die „Beweisführung" häufiger gelang als versagte. Außerdem glaubte man, eine Hexe sei leichtgewichtig, weil sie ihre Seele dem Teufel vermacht habe. Eine verbreitete Probe war daher die „Wasserprobe“: Hierbei warf man die Angeklagte mit gefesselten Armen und Beinen ins Wasser; schwamm sie oben, war sie der Hexerei überführt, ging sie unter, war ihre Unschuld erwiesen.

Hatte der Prozess die „Schuld“ der Hexe bewiesen, folgte in der Regel das Todesurteil. Bei einem frühen Geständnis oder bei Reue konnte das Gericht den Verurteilten die Gnade eines schnellen Todes durch Erdrosseln oder Enthaupten vor dem Verbrennen erweisen. Doch die meisten Opfer verbrannten qualvoll auf dem Scheiterhaufen. Das Feuer sollte die Seelen reinigen, damit die Verurteilten in den Himmel eingehen und so doch noch vor der ewigen Verdammnis gerettet werden konnten.

1 Lies den Text sorgfältig. Besprich dich mit deinem Tischnachbarn oder deiner Tischnachbarin und klärt untereinander Stellen, die ihr nicht verstanden habt.

2 Formuliert nun für die drei Textabschnitte und für den gesamten Sachtext jeweils eine passende Überschrift.

3 Auf welchen Textabschnitt beziehen sich die Abbildungen?

4 Sprecht darüber, welche Funktion es hat, Textabschnitten oder einem gesamten Sachtext eine selbst formulierte Überschrift zu geben.

5 Was weißt du bereits über den Umgang mit sogenannten Hexen aus den Romanauszügen? Welche Informationen kommen durch den Sachtext hinzu? Trage deine Ergebnisse mithilfe einer Tabelle zusammen:

Erzähltext	Sachtext
–	–
–	–

6 **Durchstarten!** **So kannst du weiterarbeiten:** Stell dir vor, du solltest z. B. für ein Kinderlexikon die wichtigsten Informationen des Sachtextes in kurzen Texten zusammenfassen. Schreibe diese Informationen zunächst stichwortartig heraus und ordne sie den Überschriften zu. Verfasse nun drei kurze Lexikoneinträge zu den Stichworten *Hexenprozesse, Hexenproben* und *Hexenverbrennungen*.

Der Sündenbock

▪ Nina, die gern in der Natur ist und wie ihre verstorbene Mutter Visionen hat, hat einen Sturm kommen sehen, als sie gerade außerhalb der Stadt war. Dabei wird sie von anderen Stadtbewohnern beobachtet, was für Nina schließlich gefährliche Auswirkungen hat. ▪

In der Nacht lauschte Nina mit gespitzten Ohren dem zunehmenden Wind. Der Regen peitschte gegen die Läden, Bäume ächzten. Bald heulte der Sturm um das Haus.
Sie kroch tiefer unter ihre Decke, aber sie konnte das Tosen immer noch hören. Sie hatte Angst, weil sie wusste, was kommen würde, und presste das kühle Amulett tröstend an ihre Wange. Mir wird schon nichts passieren, beruhigte sie sich.
Gegen Morgen fiel sie in einen unruhigen Schlaf, doch kurz darauf wurde sie von der Stimme ihres Onkels geweckt.
Durch die leicht geöffneten Läden spähte sie nach draußen. Es war noch dunkel. Dichte Wolkenfetzen jagten am Himmel, Bäume wurden gefährlich hin und her gepeitscht. Irgendwo hörte sie das Geräusch von splitterndem Holz.
In der Stube zündete Onkel Thomas mit besorgter Miene das Talglicht an.
„Ist was passiert?“, fragte Nina ängstlich.
„Bis jetzt noch nicht. Aber ich befürchte eine Überschwemmung.“
„Eine Überschwemmung?“, murmelte Tante Hanna. „So stark hat es doch gar nicht geregnet!“

„Aber es reicht, durch die Schneeschmelze in den Bergen ist der Fluss sowieso schon angestiegen." Ein ohrenbetäubendes Krachen ließ sie zusammenzucken.

„In der Kirche sind wir sicherer. Zieht euch schnell an!", sagte Onkel Thomas.

Rasch schlüpften sie in ihre Kleider. Tante Hanna suchte hastig etwas Proviant zusammen, bevor sie sich dem tosenden Sturm aussetzten.

Nina bekam kaum noch Luft. Der Wind riss an ihren Kleidern und einen Moment lang drohte sie an eine Mauer geschleudert zu werden, doch Onkel Thomas legte rechtzeitig einen Arm um sie und ließ sie nicht mehr los. Weit vorgebeugt kämpften sie gegen den Sturm an. Sie waren nicht die Einzigen, die Zuflucht in der Domkirche suchten. Von allen Seiten kamen die Menschen ängstlich angelaufen, manche weinten.

Auch die Kirche war nicht verschont geblieben. Am Boden verstreut lagen Glassplitter von geborstenen Fenstern.

„Ich erkundige mich mal, wie die Lage aussieht", sagte Onkel Thomas. „Vielleicht kann ich hier oder dort behilflich sein. Wartet hier auf mich."

„Thomas! Geh nicht weg, Thomas!" Tante Hanna lief hinter ihrem Mann her. Nina wollte ihr folgen, doch eine Gruppe drängelnder Neuankömmlinge versperrte ihr den Weg.

Plötzlich tönte Geschrei durch die Kirche: Am Fluss waren zwei Brücken eingestürzt! Mehrere Menschen waren von der Flutwelle mitgerissen worden und jetzt strömte das Wasser durch das Maintor in die Stadt. „Es steht schon in den Häusern am Fischmarkt", sagte ein Mann. „Ich komme gerade von dort."

Nina hielt es zwischen den nassen, drängelnden Menschen nicht mehr aus und bahnte sich einen Weg zum Kirchenportal. Der Sturm fegte über den Platz. Dicht an die Häuserwände gedrückt, kämpfte sie sich zum Fluss vor. Am Ufer hatten sich viele Menschen versammelt, die fassungslos auf die eingestürzten Brücken starrten. Einige von ihnen wagten sich gefährlich nah ans überschwemmte Gebiet heran.

Mit knarzendem Getöse brachen die Bootsstege unter dem aufgepeitschten Wasser zusammen, die Bürger wichen erschrocken zurück. Als sie Nina sahen, hielten sie einen Moment inne und zeigten murmelnd in ihre Richtung. Da erst merkte sie, dass sie ihr Amulett umklammert hielt. Schnell versteckte sie es unter ihrem Umhang. Irgendetwas in den Augen der Menschen jagte ihr große Angst ein.

Den ganzen Vormittag irrte Nina durch die Stadt. Obwohl sie wusste, dass das nicht ungefährlich war, konnte sie unmöglich ruhig in der Kirche bleiben. Immer wieder musste sie sich selbst sagen, dass nicht sie für diese Naturkatastrophe verantwortlich war. Sie hatte den Sturm nicht ausgelöst, sondern lediglich kommen sehen.

Endlich legte sich der Wind. Der Himmel riss auf und das Sonnenlicht schien auf ein gewaltiges Chaos. Kaum ein Haus war unbeschädigt geblieben, zwischen dem Schutt lagen tote Menschen und Tiere. Über die ganze Stadt hatte sich eine dicke Schlammschicht gelegt.

In der Handwerkersiedlung vor der Stadtmauer suchten die Menschen unter dem Geröll nach ihren wenigen Habseligkeiten. Der Sturm hatte kaum etwas von ihren armseligen Holzhütten übrig gelassen. Aber auch die stattlichen Kaufmannshäuser hatten Schaden erlitten. Dächer waren abgedeckt worden, Fenster zersplittert. In knöcheltiefem Wasser trieben kostbare Möbel. Die fruchtbaren Hügel vor den Toren der Stadt waren von Steinen und Schlamm bedeckt. Die ganze Ernte war vernichtet, das Vieh ertrunken. Natürlich suchten die Würzburger nach einer Ursache für das Unglück, nach einem Sündenbock. Was sie zunächst für den Zorn Gottes gehalten hatten, wurde für sie zu einer erneuten Heimsuchung durch den Satan. Verbissen machten sie sich auf die Suche nach seinen Handlangern, nach den Anstiftern dieses Elends. Und sie fanden sie. Die Herren der Obrigkeit hatten mit den vielen Beschuldigungen alle Hände voll zu tun.

Nina bemerkte die drohenden Blicke der Menschen, denen sie begegnete. Vor Angst versuchte sie, sich möglichst unsichtbar zu machen, und fiel doch gerade dadurch auf.

Als sie einige Tage nach dem Sturm über den

Markt ging, kamen ihr von der anderen Seite des Platzes zwei Stadtwächter entgegen, beide gerüstet mit Helm und Hellebarde[1]. Ihr war, als würde ihr die Luft abgeschnürt, ihre Zunge schien am Gaumen festzukleben. Mit bleischweren Beinen ging sie langsam weiter. Noch zwei Schritte trennten sie von den Wächtern, noch einer ...

Doch sie gingen direkt an ihr vorbei.

Ihr wurde schwindlig, taumelnd suchte sie Halt an einer Mauer. Noch immer zitternd vor Angst, bog sie kurz darauf in die Domstraße ein. Vor dem Haus wartete Tante Hanna mit verweinten Augen auf sie.

„Da ist sie! Thomas, sie ist da!“, rief sie, als sie ihre Nichte sah.

Verwundert betrat Nina die Stube. Onkel Thomas stand vor dem Fenster und blickte in den Hof. Als er sich umdrehte, sah er Nina so ernst an, dass ihr angst und bange wurde.

„Was ... was ist los?“, fragte sie beklommen. Onkel Thomas kam auf sie zu und legte ihr eine Hand auf die Schulter.

„Lotte Schmidt war soeben hier, um uns zu warnen“, sagte er. „Sie hat gehört, dass etliche Gerüchte über dich verbreitet werden. Einige Menschen haben sogar bezeugt, dich am Tag vor dem Sturm am Fluss gesehen zu haben. Du hättest merkwürdige Handbewegungen gemacht, als würdest du Verwünschungen aussprechen. Deine Haube muss davongeweht sein, man hat nur den Korb im Schilf gefunden. Einige behaupten auch, dich während des Sturmes mit dem Amulett in der Hand gesehen zu haben.“

„Aber ich hab doch überhaupt nichts getan!“, rief Nina kreidebleich.

---

1 **Hellebarde:** Stoß- und Hiebwaffe mit axtförmiger Klinge und scharfer Spitze

1 Nach dem Gespräch mit ihrem Onkel denkt Nina noch einmal an ihren Gang durch die Stadt. Dabei erinnert sie sich daran, dass die Menschen, die ihr begegnet sind, sich merkwürdig verhalten haben und sich ihr Gefühl von Bedrückung noch verstärkt hat. Baut in Gruppen ein Standbild mit Nina und einigen Menschen aus der Stadt, welches diese Situation zum Ausdruck bringt. Überlegt vorher, wie sich Gerüchte verbreiten können und wie man dieses szenisch darstellen kann. Bei dem Bauen von Standbildern hilft euch der Werkzeugkasten.

So gehst du vor

Ein Standbild bauen

Ein Standbild ist hilfreich, um sich z. B. eine besonders wichtige Situation bildlich vor Augen zu führen und sie durch das Darstellen mit Figuren besser zu verstehen.

- Arbeitet in Gruppen: Ihr benötigt Modelle und einen Baumeister.
- Der Baumeister baut mithilfe der Modelle eine Szene aus der Handlung des Erzähltextes nach.
- Dazu stellt jedes Modell eine literarische Figur dar, die sich nach Anweisung des Baumeisters hinstellt, ohne dabei selbst etwas zu sagen. Nachdem Schritt für Schritt ein Bild entstanden ist, gibt der Baumeister am Ende seiner Arbeit ein Zeichen (z. B. sagt er „einfrieren“) und das Standbild wird für ca. 30 Sekunden eingefroren.
- Die Beobachter können nun das Bild beschreiben oder sogar die möglichen Gedanken der Figuren nennen.

2 Ihr könnt eurem Standbild noch mehr Ausdruck geben, indem ihr einigen Modellen ein „Hilfs-Ich“ zur Seite stellt. Schaut im Werkzeugkasten unten nach.

So gehst du vor

Das „Hilfs-Ich“

Das „Hilfs-Ich“ kann erst nach dem Bauen eines Standbildes zum Einsatz kommen, denn es dient dazu, die Gedanken einer Figur in einem Standbild zu verdeutlichen.

- Ein Schüler oder eine Schülerin kann zu dem aufgebauten Standbild gehen, der Figur, deren Gedanken er oder sie aussprechen will, die Hand auf die Schulter legen und in der Ich-Form diese Gedanken äußern.
- Danach könnt ihr euch darüber austauschen, ob diese Gedanken zur Figur, Situation usw. passen.

Heilerinnen, Hebammen und weise Frauen

Magie und Aberglaube gehörten schon lange zum Alltag der Menschen. All das Unerklärliche des Lebens wurde mit übernatürlichen Mächten in Verbindung gebracht, denn auf diesem Weg versuchten die Menschen, Antworten auf ihre Fragen zu bekommen. Die Kirche oder die noch in den Kinderschuhen steckende Wissenschaft konnten nicht bei jedem Problem helfen bzw. Antworten liefern. So wandten sich viele Hilfesuchende an die sogenannte weiße oder natürliche Magie, die dem Menschen nützte bzw. auf der Vorstellung beruhte, dass Gott bei der Schöpfung den Dingen der Natur Kräfte gegeben habe. Diese in Kräutern, Metallen oder Edelsteinen steckenden Kräfte musste der Mensch nur zu nutzen wissen.

Das Volk benötigte häufig gezielte Hilfe bei Krankheiten, Verletzungen oder Geburten. In jeder Kultur gab es Menschen, die besondere Fähigkeiten besaßen und diese einsetzten, um anderen Menschen zu helfen oder manchmal auch um ihnen zu schaden. Häufig waren es Frauen,

Edeldamen im Kräutergarten. Menschen aus dem Volk suchten Kräuter auf dem Feld oder im Wald.

Eine Hebamme hilft einer Frau bei der Geburt.

die sich besonders gut mit Kräutern und hausgemachten Heilmitteln auskannten und ihre Künste einsetzten, um zu heilen. So gab es schon damals Kräuter, die wegen ihrer beruhigenden Wirkung eingesetzt wurden (Baldrian), die Kopfschmerzen linderten (Salbei oder Minze in Wasser aufgekocht) oder die bei Schmerzen halfen (Arnika). Diese kräuterkundigen „weisen Frauen“ oder „Heilerinnen“ hatten häufig auch den Beruf der Hebamme, die dabei half, Kinder auf die Welt zu bringen. Auf diese Weise sammelten sie auch ein reichhaltiges Wissen über die menschlichen Körperfunktionen. Die weisen Frauen wussten auch, dass Glaube Berge versetzen kann und verabreichten ihre Heilmittel daher häufig mit einer guten Portion Magie, indem z. B. Zaubersprüche bei der Einnahme ihrer Mittel gesprochen wurden. Wegen ihres Wissens, das häufig über Leben und Tod entscheiden konnte, waren sie angesehen, aber auch gefürchtet. Versagte ihre Kunst, weil ein medizinisches Problem auftauchte, das sie mit ihrem Wissen nicht lösen konnten, und starben z. B. die Mutter oder das Kind bei der Geburt, gerieten sie schnell in den Verdacht, den geschädigten Menschen Böses angetan zu haben. So entstanden geteilte Meinungen über die Heilerinnen: Die einen sahen sie als kundige Helferinnen, die anderen als mächtige Hexen.

1 Lest den Text sorgfältig durch. Lest ihn dann ein zweites Mal und schreibt die wichtigsten Informationen über die genannten Frauen heraus.

2 Führt anschließend ein „Interview“ mit eurem Tischnachbarn oder eurer Tischnachbarin und stellt ihm oder ihr Fragen, auf die der Text eine Antwort gibt.

3 Sprecht darüber, warum die Menschen damals so viel Respekt, aber auch Angst vor den „weisen Frauen“ hatten.

„Unkraut! Unkraut!“

■ Nina wird von ihren Mitbürgern in Würzburg zum Sündenbock für die entstandenen Sturmschäden gemacht. Nun droht ihr die Gefahr, selbst als Hexe angeklagt zu werden, und ihre Tante und ihr Onkel beschließen, dass Nina aus der Stadt fliehen muss. Nach einigen schwierigen Versuchen, ein ruhiges Leben in einer anderen Stadt zu führen, ist sie jedoch wieder unterwegs. Dies ist für ein dreizehnjähriges Mädchen zur Zeit des Dreißigjährigen Krieges allerdings sehr riskant. Nachdem sie überfallen wurde und sich gerade noch selbst retten konnte, entscheidet sie sich dafür, als Junge – mit abgeschnittenem Haar und in Hosen – ihr Glück zu finden. Auf ihrem gefährlichen Weg trifft sie Maximilian Kratzer, der ebenfalls seine Heimat verloren hat: Seine Frau ist vor Jahren als Hexe verbrannt und er aus seinem Ort vertrieben worden.
Auf ihrem gemeinsamen Weg stolpert Maximilian, und Nina, die offensichtlich die Heilkräfte ihrer Mutter geerbt hat, hilft ihm durch Handauflegen. ■

Keuchend stieg Nina hinter Maximilian den steilen Hügelpfad hinab. Er ging mit langen Schritten voraus, was sie immer wieder in Staunen versetzte. Sie selbst brauchte sämtliche Kräfte, um mitzuhalten.
„Wie geht es deinem Fuß?“, rief sie.
„Ganz gut, hin und wieder spüre ich nur noch ein leichtes Stechen“, antwortete er, ohne sich umzudrehen.
Vielleicht war die Verletzung doch nicht so schlimm gewesen.
„Kannst du vielleicht etwas langsamer gehen?“ Nina stöhnte.
Maximilian blieb so ruckartig stehen, dass Nina gegen ihn prallte, und zeigte mit seinem Stock um sich. „Mein Junge, sieh dir doch mal an, was Mutter Natur uns Schönes zu bieten hat. Hast du es denn gar nicht eilig, das alles zu entdecken?“
Er drehte Nina den Rücken zu und nahm sein gewohntes Marschtempo wieder auf.

Die Natur interessierte Nina nicht. Mit einer schönen Aussicht konnte sie sich nicht den Magen füllen. Eigentlich hatte sie genug von Wald und Wiesen und würde lieber mit einem gut gefüllten Korb über den Markt gehen.

Irgendwann werde ich in die Stadt zurückkehren, nahm sie sich vor, ich denke nicht im Traum daran, mein ganzes Leben lang durchs Land zu wandern und nicht zu wissen, wo ich schlafen und was ich essen soll. Was habe ich schon von duftenden Blumen, ein frisches Brot wäre mir lieber.

Maximilian verlangsamte seine Schritte.

[...] „Kennst du dich mit Kräutern aus?"

„Ich kann Suppe daraus kochen", antwortete Nina. Maximilian bückte sich und pflückte eine Pflanze am Wegrand.

„Was meinst du, was das ist?", fragte er.

„Unkraut, oder?"

„Unkraut! Unkraut!", brauste er auf. „Das ist Digitalis."

„Oh", sagte Nina. „Davon habe ich noch nie gehört."

„Es ist der lateinische Name für Fingerhut, ein hervorragendes Heilmittel gegen Herzleiden. Aber zu viel darf man nicht davon nehmen, denn die schwarzen Samenkörner sind giftig."

„Giftig?", wiederholte Nina entsetzt. „Aber dann kann man doch daran sterben?"

„Nicht, wenn man die richtige Dosierung kennt. Es klingt paradox, aber machmal kann Gift Leben retten. Man muss nur wissen, wie."

„Kannst du mir beibringen, wie man richtig damit umgeht?", fragte Nina.

„Mich wundert, dass du nicht Bescheid weißt."

„Wieso sollte ich?"

„Das Amulett!", sagte Maximilian. „Die Pflanze auf deinem Amulett ist doch Digitalis, oder hat sie keine Bedeutung? Na ja, schon gut, wahrscheinlich hast du das Ding sowieso irgendwo geklaut."

„Hab ich nicht!", sagte Nina. „Ich habe es von meiner Mutter geerbt."

„Und das soll ich dir glauben?"

„Es stimmt wirklich!", sagte Nina böse. „Das Amulett hat meiner Mutter gehört, und ich bin sicher, dass es mir Glück bringt."

„Ach, deshalb streunst du also mutterseelenallein durch das vom Krieg geplagte Land", sagte Maximilian spöttisch.

Ich hätte auch tot sein können, verbrannt als Hexe, dachte Nina, aber sie sagte es lieber nicht laut. Das ging den alten Mann nichts an.

In einem gemächlicheren Tempo gingen sie nebeneinander her. Dann und wann machte Maximilian sie auf Pflanzen und Blumen aufmerksam, nannte ihre Namen und erzählte, wofür sie nützlich sein könnten oder ob man besser die Finger davonließe.

„Woher weißt du das alles?", fragte Nina verwundert.

„Meine Frau kannte sich mit Kräutern und Heilpflanzen sehr gut aus", antwortete Maximilian.

1 Als Nina und Maximilian am Abend gemeinsam am Feuer sitzen, möchte Nina mehr über Maximilians Frau erfahren und sie bittet ihn, von seiner Frau und ihrem Schicksal zu erzählen. Was könnte Maximilian über seine Frau erzählen? Sammelt zunächst Ideen. Berücksichtigt dabei auch die Informationen in dem Sachtext auf S. 94 f.

2 Setzt nun die Erzählung Maximilians fort. Versucht dabei, seine Ausdrucksweise zu übernehmen und das Besondere seiner Frau und seine Empfindungen in den Mittelpunkt eurer Erzählung zu stellen.

3 Lest einige Texte vor, hört gut zu und macht euch nach jedem Vortrag kurz Notizen zu folgenden Fragen, die ihr dann besprecht:

- Welche Informationen aus dem Sachtext sind für Maximilians Erzählung von seiner Frau benutzt worden?
- Ist die Erzählung wirklich aus Maximilians Sicht geschrieben worden? Welche Beispiele gibt es dafür?

4 Ihr könnt Maximilians Erzählung über seine Frau auch szenisch darstellen, damit die Situation richtig lebendig wird. Überlegt euch, wie Nina auf Maximilians Erzählung reagieren könnte. Achtet dabei auch auf ihre Körperhaltung und den Gesichtsausdruck.

5 Ninas Weg führt sie noch weiter. Wie könnte ihre Geschichte weitergehen? Gestaltet jeweils Bildergeschichten mit mindestens drei weiteren Situationen aus Ninas zukünftigem Leben. Ihr könnt diese dann mit einem Mitschüler oder einer Mitschülerin austauschen und versuchen, die Geschichte des anderen mithilfe der Bilder vor der Klasse zu erzählen.

6 Wenn du wissen möchtest, wie sich die Autorin Simone van der Vlugt Ninas Lebensweg vorstellt, dann lies ihre Geschichte „Nina und das Amulett aus den Flammen“ und berichte deinen Mitschülern und Mitschülerinnen in einer kurzen Buchvorstellung davon.

7 In diesem Kapitel habt ihr viel über die sogenannten Hexen und Heilerinnen erfahren. Tragt nun die Informationen aus den Sachtexten, die euch besonders wichtig erscheinen, in Form einer Mindmap zusammen. Zeichnet diese Mindmap in euer Heft oder übertragt sie auf ein Plakat und hängt dieses in eurem Klassenraum auf. Wichtig ist, dass ihr zunächst die Informationsbereiche (Oberbegriffe) sammelt, die ihr näher erläutern wollt. Eure Aufzeichnungen helfen euch dabei.
Achtet darauf, die Mindmap möglichst übersichtlich zu gestalten. Ihr könnt auch mit unterschiedlichen Farben arbeiten.
Der Anfang einer möglichen „Gedankenlandkarte“ ist bereits gemacht. Ihr könnt sie übernehmen und fortsetzen, aber auch eine völlig eigene gestalten.

Eine Mindmap anlegen, S. 144.

8 Neben eurem neuen Wissen über Nina und die Zeit der Hexenverfolgung habt ihr auch neue Möglichkeiten kennengelernt, mit Erzähltexten umzugehen. Geht eure Aufzeichnungen im Heft noch einmal durch oder erinnert euch an Spielszenen und diskutiert die Vor- und Nachteile dieser unterschiedlichen Verfahren.

Das musst du lernen und wissen

Texte schreiben und spielend verstehen

Du kannst dich auf unterschiedliche Arten mit Erzähltexten auseinandersetzen:

- Zum Beispiel lernst du viel aus erzählenden Texten, indem du sie liest und dann Fragen zum Inhalt oder zum Verhalten der Figuren beantwortest. So erfährst du mehr über die Figuren, die Handlung und die Zeit, in der die Texte spielen. Dieses Vorgehen nennt man **textanalytisches Verfahren**.
- Du kannst dich diesen Texten aber auch auf **spielerische oder kreative Art** nähern, damit du sie **besser verstehst**. Dabei handelst du selbst und stellst etwas her (das heißt, du produzierst etwas); deswegen heißen diese Verfahren **handlungs- und produktionsorientierte Methoden**.

In diesem Kapitel hast du unterschiedliche Möglichkeiten dieses Umgangs mit Erzähltexten kennengelernt: z. B. einen **Text aus Sicht der Figuren** zu schreiben (in Form des inneren Monologs), eine **(erfundene) Szene** aus dem Erzähltext zu spielen oder Bilder auf der Grundlage des Erzählten zu malen. Über eure Ergebnisse zu den einzelnen Aufgaben solltet ihr mit euren Mitschülern und Lehrern sprechen, denn es ist wichtig, dass die Ergebnisse sich am Text belegen lassen und ihr gemeinsam den Erzähltext mithilfe eurer Produkte besser versteht.

9 **Durchstarten!** **So könnt ihr weiterarbeiten:**

a Wenn euch das Kapitel über die Hexen und Heilerinnen interessiert hat und ihr mit euren kreativen Ergebnissen zufrieden seid, könnt ihr eine Ausstellung eurer Texte organisieren. Diese könnt ihr noch durch Zusatzmaterial wie selbst gemalte Bilder ergänzen.

b Ihr könnt euch aber auch noch genauer über die Heilkraft der Kräuter und (Halb-)Edelsteine informieren und ein Referat in der Klasse halten oder eine Ausstellung in der Pausenhalle zusammenstellen.

c Habt ihr Interesse daran, noch mehr Geschichten über die Zeit der Hexenverfolgung zu lesen? Hier findet ihr weitere Bücher.

d Kennt ihr Beispiele für „moderne“ Hexen aus den Medien? Wie werden diese im Film und in Fernsehproduktionen dargestellt? Mithilfe eurer Ergebnisse könnt ihr z. B. eine Ausstellung mit dem Thema „Der Blick auf ‚Hexen‘ in der frühen Neuzeit und heute in den Medien“ organisieren.

Viel Spaß!

Kleine Übungen zur Lernkontrolle

1 Du hast in diesem Kapitel viel über die sogenannten Hexen und Heilerinnen gelernt. Welche der folgenden Aussagen sind richtig, welche sind falsch?

- In Zeiten von Krankheiten, Pest, Missernten, Naturkatastrophen oder Kriegen waren die Menschen besonders anfällig für den Hexenglauben.
- Männer waren keine Opfer dieses Aberglaubens.
- Nach neuesten Schätzungen wurden bis weit in das 17. Jahrhundert hinein 60 000 Menschen als Hexer oder Hexen hingerichtet.
- In einem Prozess hatte eine als Hexe beschuldigte Frau die Möglichkeit, ihre Unschuld zu beweisen.
- Das häufigste Urteil in einem Hexenprozess war eine lebenslängliche Gefängnisstrafe.
- Die sogenannte weiße Magie beruhte auf der Vorstellung, dass Gott bei der Schöpfung den Dingen der Natur Kräfte gegeben habe.

2 Begründe in einem kurzen Sachtext, welche Frauen aus welchen Gründen besonders gefährdet waren, als Hexen angeklagt zu werden.

3 Den sogenannten Hexen wurde neben dem Pakt mit dem Teufel auch vorgeworfen, einen „Schadenzauber“ zu begehen, also Unglücke unterschiedlicher Art bewusst hervorzurufen. Ordne die folgenden Informationen den Abbildungen zu:

a) Vorräte, die durch falsche Lagerung oder aufgrund der fehlenden Kühlmöglichkeiten verdarben, sollten von Hexen verzaubert worden sein.
b) Ihnen wurde vorgeworfen, für den Tod neugeborener Kinder verantwortlich zu sein.
c) Wurde ein Mensch von einem plötzlich auftretenden Schmerz geplagt, wies man Hexen die Schuld zu.
d) Auch für Schäden an Tieren, die z. B. durch Wölfe entstanden waren, die in Ställe eindrangen, wurden Hexen verantwortlich gemacht.

①
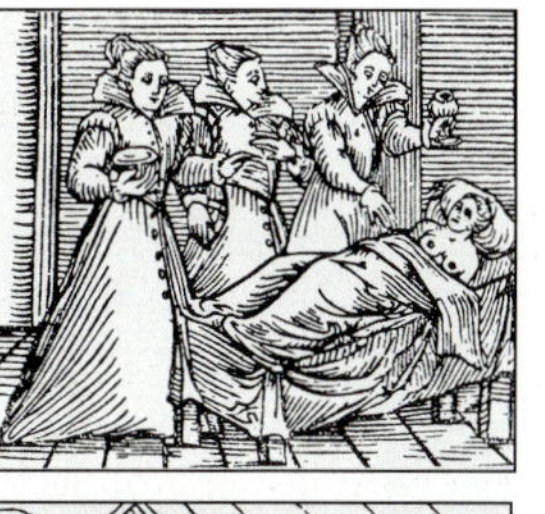

②

③

④

Historische Abenteuerromane
„Das blinde Fenster

In diesem Kapitel beschäftigt ihr euch mit einigen historischen Abenteuerromanen des Schriftstellers Rainer M. Schröder. Dabei lernt ihr Methoden kennen, mit denen ihr prüfen könnt, wie genau ihr einen Text lest und seinen Inhalt erfasst. Weiter lernt ihr insbesondere, wie man einen Erzähltext genau untersucht.
Im letzten Kapitel könnt ihr euch über den Autor und sein Leben informieren. Dort erhaltet ihr auch einige Projektvorschläge, wie ihr die Ergebnisse eurer Beschäftigung mit Rainer M. Schröder und seinen Romanen anderen präsentieren könnt. Ihr könnt z. B. eine Ausstellung organisieren oder Büchertische in der Schulbibliothek gestalten.

1 Seht euch die Buchcover auf dieser Doppelseite an. Stellt Vermutungen an, worum es in den einzelnen Romanen gehen könnte. Welche der Romane interessieren euch besonders?

von Rainer M. Schröder – zum Gestern aufstoßen“

2 Welche Eindrücke habt ihr aufgrund der Titelbilder davon, was die besonderen Interessen Rainer M. Schröders sein könnten und welche Themen für seine Bücher typisch sind? Überlegt, aus welchen Gründen der Autor sich möglicherweise gerade mit diesen Themen beschäftigt.

Wir stellen Romane von Rainer M. Schröder vor

Ihr solltet euch gegenseitig möglichst viele Romane von Rainer M. Schröder vorstellen. Sprecht genau ab, welche Bücher wann vorgestellt werden, und haltet dies in einem Zeitplan fest.
Klärt insbesondere mit eurem Lehrer/eurer Lehrerin, mit welchem der drei Romane, die in den nächsten Kapiteln vorgestellt werden, ihr euch wie lange beschäftigen werdet. Plant eure Buchvorstellungen so, dass diese Romane zeitgleich zur Arbeit an den einzelnen Kapiteln der Klasse vorgestellt werden.

1 Sammelt wie die Schüler der 7a zunächst einmal Ideen, was zu einer guten Buchvorstellung gehört.

2 Informiert euch, worum es in den auf S. 101 und 102 abgebildeten Romanen geht. Recherchiert dazu im Internet oder in Bibliotheken und stellt euch eure Ergebnisse gegenseitig vor. Natürlich könnt ihr euch auch über die anderen Romane von Rainer M. Schröder informieren.

3 Wählt einen Roman aus, den ihr gerne lesen wollt, und stellt ihn der Klasse vor. Informiert die anderen bei eurer Buchvorstellung insbesondere darüber, was der Leser über die Zeit erfährt, in der euer Roman spielt, und welche geschichtlichen Ereignisse in dem Roman verarbeitet werden. Hilfen, wie ihr dabei vorgehen könnt, erhaltet ihr im Werkzeugkasten auf S. 103 f.

So gehst du vor

Ein Buch vorstellen

Um eine Buchvorstellung interessant und gelungen zu gestalten, solltest du die folgenden Tipps beachten:

1. Berichte, worum es in dem Buch geht.
Nenne zuerst den **Autor** und den **Titel**. Informiere deine Zuhörer dann, worum es in deinem Buch geht. Auf folgende Punkte solltest du eingehen:
- Gib an, **wo** und **wann** die Handlung spielt.
- Stelle die **Hauptfigur** bzw. -figuren vor.
- Fasse die **Handlung** in groben Zügen kurz zusammen. Verrate aber nichts, was deinen Zuhörern die Neugierde auf das Buch nehmen könnte.

2. Bereite deinen Vortrag so vor, dass du ihn frei halten kannst.
Deine Zuhörer können dir nicht gut folgen, wenn du deine Buchvorstellung einfach aufschreibst und dann abliest. Lege dir Karteikarten an, auf denen du das Wichtigste in Stichworten als Erinnerungsstütze festhältst. Beachte während des Vortrags folgende Punkte:
- **Sprich** möglichst **frei**.
- Achte darauf, dass du **betont** und **deutlich** sprichst.
- Mache immer wieder Pausen und halte **Blickkontakt** zu deinen Zuhörern.
- Sorge dafür, dass deine Buchvorstellung **nicht länger als 15 Minuten** dauert. Einen solchen Vortrag zu halten, ist nicht ganz einfach. **Übe deine Buchvorstellung** mithilfe deiner Karteikarten deshalb einige Male, bevor du sie hältst. Du kannst sie vor dem Spiegel einüben oder jemanden aus deiner Familie oder von deinen Freunden bitten, dir zuzuhören.

3. Veranschauliche deine Buchvorstellung mit passenden Materialien.
Deine Zuhörer können dir besser folgen, wenn du deine Buchvorstellung veranschaulichst. Du kannst z. B.:
- die **Figurenbeziehungen in einem Schaubild** darstellen und mithilfe einer OHP-Folie präsentieren.
- auf einer **Landkarte** zeigen, an welchen Orten die Geschichte spielt.
- den **Lebensweg der Hauptfigur mit Höhen und Tiefen** in Form einer Kurve mit entsprechenden Stichworten auf einem Plakat darstellen.
- **Steckbriefe von Figuren** anfertigen und aushängen.
- eine **Lesekiste** zusammenstellen. Du füllst dazu einen Pappkarton **mit Gegenständen**, die in dem Buch eine Rolle spielen. An den entsprechenden Stellen deiner Buchvorstellung zeigst du den anderen die jeweiligen Gegenstände und erklärst ihnen, welche Rolle sie in dem Buch spielen.
- eine **Leseleine** quer durch die Klasse spannen. An dieser befestigst du **Bilder** z. B. **von Figuren, Orten und Situationen** oder **Gegenständen**, die in dem Buch eine Rolle spielen. Diese nimmst du während deines Vortrags ab und präsentierst sie deinen Zuhörern.

4. Lies eine besonders interessante Textstelle vor.

Zwischendurch oder auch am Ende solltest du eine Textstelle aus dem Buch vorlesen. Achte dabei auf folgende Punkte:

- **Führe** vorher deine Zuhörer **in den jeweiligen Textauszug kurz ein**. Berichte dazu, was vorher passiert ist.
- Lies **betont, deutlich** und mache an entsprechenden Stellen immer wieder **Pausen**. Markiere dir vorher, welche Wörter du besonders betonen willst und an welchen Stellen du eine kleinere oder größere Pause machen willst.
- Versuche, mit deiner Stimme die jeweilige Situation oder die **Stimmung der Figur wiederzugeben** (z. B. Aufregung, Ärger, Wut, Freude). Notiere dir dazu Stichworte am Textrand.

- **Übe** deinen Lesevortrag vor deiner Buchvorstellung **mehrfach**.
- Erkläre deinen Zuhörern nach dem Vorlesen, **warum du diese Textstelle ausgewählt** hast und was sie deiner Meinung nach Besonderes und Wichtiges zeigt.

5. Beurteile das Buch am Ende.

Informiere deine Zuhörer am **Schluss** deiner Buchvorstellung darüber,

- was du an deinem Buch **gut findest**,
- was dir eventuell **nicht so gut gefallen** hat und
- **warum** du den anderen empfiehlst, es ebenfalls zu **lesen**.

6. Beziehe deine Zuhörer mit ein.

Du kannst z. B.

- am Ende ein Quiz zu dem vorgestellten Buch veranstalten.
- ein Arbeitsblatt mit richtigen und falschen Aussagen zu dem Buch entwickeln und verteilen. Die anderen haben dann die Aufgabe, während der Buchvorstellung die richtigen Aussagen herauszufinden.
- einen Lückentext entwickeln, den die anderen während deiner Buchvorstellung ausfüllen.

Das Geheimnis der weißen Mönche

■ Die Geschichte spielt in Deutschland kurz nach dem Dreißigjährigen Krieg (1618–1648). Der Junge Jakob Tillmann hat den todkranken Bruder Anselm ins Kloster Himmerod gebracht. Dort wird deutlich, dass Bruder Anselm viele Feinde unter den Kirchenmännern hat. Als Bruder Anselm stirbt, glauben seine Feinde, dass er Jakob geheime Informationen anvertraut habe. Doch Jakob ist völlig ahnungslos. Bruder Tarzisius, der stellvertretende Klostervorsteher, überwacht jeden Schritt von Jakob und hat ihn schon mehrfach verhört. Im Kloster befinden sich auch Bruder Basilius und sein Gefährte, der Schwede Henrik, die Jakob in dieser gefährlichen Situation beistehen. ■

Überraschender Besuch

Jakob kniff die Augen zusammen. Das dichte Schneetreiben bei schwindendem Tageslicht behinderte die Sicht erheblich. Alles schien hinter tanzenden weißen Schleiern zu verschwimmen. Nur vage sah er einen Mann an der Pforte zur Seite springen, kaum dass ein großer, dunkler Schatten wie eine mächtige, graue Wolke durch den hohen Torbogen geflogen kam.

Im nächsten Moment nahm der dunkle Schatten Gestalt an – und erwies sich als rubinrot lackierte Kutsche, die von vier nachtschwarzen Pferden gezogen wurde.

„Heiliger Pegasus!“, stieß jemand hinter Jakob hervor. „Wenn das nicht die Kutsche des Erzbischofs ist!“ […]

Wie magisch angezogen, ging Jakob auf das hochherrschaftliche Gefährt zu, auf dessen Kutschenschlag tatsächlich ein prächtiges Wappen prangte.

„Die Nacht rückt an mit dunklem Felle, geliebt vom schweifenden Getier. Die Löwen brüllen zu den Sternen: Deck uns den Tisch mit deinem Brot!“, sagte eine bekannte Stimme neben ihm und Jakob brauchte nicht den Kopf zu wenden, um zu wissen, dass es der Schwede war.

„Kennt Ihr das Wappen? Ist das wirklich der Erzbischof aus Trier?“, fragte Jakob.

„Kaum anzunehmen, wiewohl das Wappen die Kutsche in der Tat als erzbischöfliches Gefährt ausweist. Ein Mann von seinem Rang würde sich jedoch kaum dazu herablassen, ohne standesgemäße Eskorte zu reisen“, lästerte der Schwede. „Und schon gar nicht würde er sich bei diesem Wetter aus seinem bischöflichen Palast begeben. Nein, er wird die Kutsche einem seiner Günstlinge überlassen haben, hoch im Rang, aber doch um einiges unter dem eines kurfürstlichen Erzbischofs!“ […]

Der Mann, dessen schwerer, pechschwarzer Umhang mit einem roten Samtkragen versehen war, sprang nun vom Bock. Er war von breitschultriger, kantiger Gestalt und das Erste, was Jakob ins Auge fiel, war, dass er Hände so groß wie Mühlsteine besaß. Das Gesicht des Mannes schien wie aus einem Block Granit gehauen. Es wirkte grobflächig und unfertig, so als hätte der Steinmetz die Gesichtszüge nur ansatzweise aus dem Stein gemeißelt und dann die Arbeit daran eingestellt.

Der Klotz von einem Kutscher riss nun den wappengeschmückten Schlag auf. „Die Zisterzienserabtei Himmerod, Euer Hochwürden“, meldete er förmlich. […]

Ein gerötetes, fleischiges Gesicht mit der scharf gebogenen Nase eines Habichts erschien in der Türöffnung und lugte auf den Hof hinaus.

Der Schauplatz: Kloster Himmerod in der Eifel

„Bei Zions Zimbeln[1]!“, stieß der Schwede überrascht hervor. „Melchior von Drolshagen!“

„Wer ist dieser Mann?“, wollte Jakob wissen.

„Domherr und Prälat[2]!“, antwortete der Schwede. „Er gehört zu den einflussreichsten Männern in der erzbischöflichen Kurie[3]. [...]“ [...]

Der Domherr Melchior von Drolshagen war kräftig, wohlbeleibt und in einen kostbaren Pelzmantel gehüllt. Er trat auf die Stufe, die der grobschlächtige Kutscher namens Rutger Mundt ausgeklappt hatte, verharrte dort jedoch. „Warum seid Ihr nicht näher vor das Portal gefahren, Mundt?“, rügte er scharf. „Wollt Ihr, dass ich meinen Mantel durch den Dreck des Hofes schleife und mir nasse Stiefel hole? Sorgt gefälligst dafür, dass ich trockenen Fußes ins Haus komme!“

„Sehr wohl, hochwürdiger Domherr!“, sagte Rutger Mundt katzbuckelnd und drehte sich um. Sein Blick fiel sofort auf Jakob und den Schweden, die ihm am nächsten standen. „Ihr zwei! Ja, ihr! ... Kommt her!“

Der Schwede stellte sich taub wie eine Ziegelwand und rührte sich nicht von der Stelle und Jakob tat es ihm gleich, wenn ihm auch das Herz im Halse klopfte.

Mit grimmiger Miene kam der kantige, bullige Mann nun auf sie zu. „Habt Ihr nicht gehört, was der hochwürdige Domherr und vertraute Berater unseres hochwohlgeborenen Erzbischofs gesagt hat? Holt ein paar Bretter von da drüben und legt sie von der Kutsche bis zum Portal in den Schnee!“, befahl er ihnen und wies auf den Stapel Bauholz, der neben dem niedergebrannten Gästehaus aufragte.

Der Schwede blieb unter dem eisigen Blick des Kutschers gelassen und antwortete scheinbar gedankenversunken: „Es quoll wie Rauch hervor sein Odem und wie bei Glut und Feuerbergen aus seinem Munde fressend Feuer.“

Rutger Mundt starrte ihn einen Augenblick verständnislos an. „Was redet Ihr da für wirres Zeug, Mann! Geht an die Arbeit!“, blaffte er ihn an. Dann ging sein Blick zu Jakob. „Und du auch, Bursche!“

„Du rufst, aber im Wind verweht dein Wort“, sagte der Schwede spöttisch.

Rutger Mundt fixierte ihn scharf. „Wollt Ihr Euch über mich lustig machen, Spitzbart?“, zischte er und trat ganz nahe an den Schweden heran.

Dieser rührte sich weder von der Stelle noch verzog er auch nur einen Muskel im Gesicht. „Dein Wort ist noch so jung in mir. Tu meine Augen auf, dass sie das Licht deiner Wunder fassen. Und in meine Seele senke Sehnsucht, nur deinen Willen zu erfüllen“, deklamierte er, den Kopf leicht zur Seite geneigt und den Blick gen Himmel gerichtet, als lauschte er verzückt seinen eigenen Worten nach. Jakob wäre beinahe in schallendes Gelächter ausgebrochen, als er den Schweden aus dem Psalter[5] rezitieren hörte und dabei den ungläubigen Gesichtsausdruck des Kutschers sah.

„Ich warne Euch!“, zischte Rutger Mundt und Jakob nahm nun einen fauligen Geruch wahr, der dem Mund des groben Kerls entströmte. „Geht an die Arbeit und ich will Eure Unverschämtheit vergessen!“

Der Schwede zeigte sich nicht im Mindesten beeindruckt. „Ich habe weise Räte: deine Worte“,

---

1 **Zion:** Heiligtum in Jerusalem; ein Hügel, der den Namen „Gottesberg“ trägt
Zimbel: in der Bibel erwähntes Schlaginstrument. Der Ausruf des Schweden bezieht sich auf die Verse 2 und 5 des Psalms 150 im Alten Testament.

2 **Prälat:** hoher kirchlicher Würden- und Amtsträger

3 **Kurie:** päpstliche Behörde

4 **deklamieren:** feierlich vortragen

5 **Psalter:** Buch der Psalmen in der Bibel (Altes Testament)

antwortete er ruhig. „Ich aber preise den gerechten Gott und nur Gerechte feiern mit das ew'ge Fest vor seinem Angesicht."

Jakob bemerkte plötzlich, dass der Kutscher unter seinen Umhang griff. Im selben Moment legte aber auch der Schwede seine Hand scheinbar zufällig auf den Griff seines Dolches. „Nur zu, leg aus, was du geboten, mich dürstet nach dem Kelch der Weisung!" Ein drohender Unterton lag in seiner trügerisch sanften Stimme.

Der Kutscher zögerte.

Die Anspannung zwischen den beiden Männern war fast mit Händen zu greifen. Jeden Augenblick konnten Messerklingen aufblitzen und Blut fließen.

„Der gute Mann spricht in Psalmen", platzte es da aus Jakob heraus, als müsste er den Schweden vor dem Zorn dieses Fremden beschützen. „Er kann nicht anders! Das ist so seine Art. Ihr könnt hier jeden Klosterbruder danach fragen!"

„Gesegnet ist das Wenige des Gerechten, verflucht des Bösen Überfluss", sagte der Schwede mit einem kurzen Seitenblick zu Jakob. „Wie Mond erlischt in Wolken, so gehn die Bösen unter."

Jakob sah, wie der Kutscher die Lippen zu einem dünnen, harten Strich zusammenpresste, und hielt den Atem an. Noch immer lag Gewalt in der Luft. [...]

Fast im selben Augenblick ging die Tür auf und Bruder Tarzisius eilte, die Kutte geschürzt wie ein Weib die Röcke, die Stufen des Portals hinunter. Er konnte gar nicht schnell genug zum Domherrn Melchior kommen, um ihn willkommen zu heißen [...]. Und als Melchior von Drolshagen ihn ungnädig darauf hinwies, dass er nicht gedenke, das Leder seiner Stiefel zu ruinieren oder sich gar nasse Füße zu holen, da rief der Subprior eilfertig Liffard und zwei andere Konversen[1] zu sich und wies sie an, die Arbeit zu tun, für die der Kutscher Jakob und den Schweden im Auge gehabt hatte. Damit war der kritische Moment überwunden. „Ihr habt Glück gehabt, Spitzbart! Aber wagt es nicht noch einmal, mir und meinem Herrn so dreist die Stirn zu bieten!", fauchte Rutger Mundt den Schweden an. „Das nächste Mal kommt Ihr nicht so billig davon!"

„Dein Wort gehe in mir auf wie ein Batzen Hefe in einer warmen Stube!", erwiderte der Schwede sarkastisch[2].

Rutger Mundt starrte ihn an wie ein Henkersknecht, der Maß für das Richtschwert nimmt. Unter seinem rechten Auge zuckte nervös ein Muskel. Dann wandte er sich abrupt ab und kehrte zur Kutsche zurück.

---

[1] **Konversen:** Arbeiter, die im Kloster leben, aber keine Mönche sind

[2] **sarkastisch:** bissig-spöttisch

1 Welche Eindrücke habt ihr von Rutger Mundt und Melchior von Drolshagen?

2 Überprüft, ob ihr den Inhalt des Romanauszugs vollständig erfasst habt. Beantwortet dazu folgende Fragen schriftlich und vergleicht eure Antworten:

- Wo und wann spielt die Geschichte?
- Wer sind Melchior von Drolshagen und Rutger Mundt?
- Was ist der Anlass für den Konflikt zwischen Mundt, Jakob und dem Schweden?
- Was ist das Besondere an der Sprechweise des Schweden?
- Wie gelingt es Jakob, die Situation zu entspannen?
- Wie endet der Konflikt?

3 Untersucht den Romanausschnitt genauer. Arbeitet dabei zu folgenden Punkten:

- Gliedert den Romanauszug und stellt den Handlungsaufbau in einer Spannungskurve dar. Benutzt dabei die Hilfen und Begriffe aus dem Werkzeugkasten auf S. 116.
- Sucht die anschaulichen Beschreibungen und Vergleiche heraus, mit denen am Anfang (Z. 1–15) die Natur, die Kutsche und ihre Ankunft beschrieben werden. Welche Stimmung wird durch

sie aufgebaut und welche Eindrücke hinterlassen sie beim Leser? Überlegt, in welcher Beziehung dieser Erzählanfang zum folgenden Geschehen steht.

- Sucht die anschaulichen Beschreibungen und sprachlichen Bilder wie z. B. Vergleiche heraus, mit denen Rutger Mundt und Melchior von Drolshagen beschrieben werden. Welche Wirkung haben diese Beschreibungen der Figuren auf den Leser?
- Charakterisiert Rutger Mundt und Melchior von Drolshagen. Hilfen dafür erhaltet ihr im Werkzeugkasten auf dieser Seite.
- Charakterisiert auch den Schweden. Klärt die Bedeutung der Psalmworte, die der Schwede benutzt, im Zusammenhang mit dem Geschehen. Achtet auch auf die Art und Weise, wie er jeweils spricht. Erklärt z. B., warum es heißt, dass er „spöttisch" (Z. 107) oder „sarkastisch" (Z. 179) redet.

4 Was bedeutet die Ankunft von Melchior von Drolshagen und Rutger Mundt eurer Meinung nach für Jakob? Überlegt, wie die Geschichte weitergehen könnte.

5 **Durchstarten! So könnt ihr weiterarbeiten:** Einige von euch sollten den Roman „Das Geheimnis der weißen Mönche" lesen und den anderen vorstellen. Berichtet über die Abenteuer Jakobs. Informiert eure Klasse auch darüber,

- was den Schweden und Bruder Basilius verbindet,
- welche Rolle Melchior von Drolshagen in dem Roman spielt,
- was der Leser über den Hexenglauben und die Hexenprozesse im 17. Jahrhundert erfährt.

So gehst du vor

Eine literarische Figur charakterisieren

Um einen Erzähltext verstehen zu können, solltest du dir ein möglichst genaues Bild von den Figuren machen, die an dem Geschehen beteiligt sind. Eine solche Figurenbeschreibung nennt man **Charakterisierung**. Sie kann folgende Punkte umfassen:

- **Einleitung** (In der Einleitung solltest du kurz darüber informieren, um welchen Text und welche Figur es geht. Dazu solltest du den Autor, den Titel und die Textsorte angeben und deine Figur kurz vorstellen sowie ihren Namen nennen.)
- **äußeres Erscheinungsbild**
- **sonstige äußere Merkmale** (z. B. Beruf, Stellung und Herkunft)
- **typisches Verhalten und typische Charaktereigenschaften, Einstellungen und Eigenarten**, die für die Figur bezeichnend sind (Dabei solltest du auch immer auf Besonderheiten der Sprache einer Figur achten.)
- **das Verhältnis und die Beziehung zu den anderen Figuren** (Die Figurenbeziehungen kannst du auch in Form einer Übersicht mithilfe von Pfeilen, Stichworten und Symbolen veranschaulichen.)

Eine mündliche oder schriftliche Charakterisierung kannst du vorbereiten, indem du zu den einzelnen Punkten Textstellen heraussuchst und entsprechende Stichwörter formulierst. Lege dir dann mithilfe der Stichwörter eine Übersicht an, z. B. in Form einer Mindmap oder einer Tabelle.

Die Zeit der Hexenverfolgungen und der Religionskriege

Im 16./17. Jahrhundert waren viele Menschen mit der katholischen Kirche unzufrieden. Grund war der schlechte Zustand der Kirche. Der Reichtum der Kirche, die verdorbenen Sitten der Geistlichen und die Vernachlässigung der biblischen Gebote von Brüderlichkeit und Nächstenliebe machten viele Menschen unzufrieden. Die meisten Kirchenbeamten kümmerten sich nicht um die Glaubensnöte und die Seelsorge der Menschen, sondern strebten nach Geld, Luxus und Karriere.

Ihre Vormachtstellung sicherte sich die Kirche dadurch, dass sie Kritiker und Andersdenkende verfolgte und hart bestrafte. Die Verfolgung der Menschen, die die kirchlichen Lehren kritisierten, wurde von höheren Kirchenbeamten durchgeführt. Diese Untersuchungen hießen Inquisition. Die kirchlichen Inquisitoren setzten bei ihren Untersuchungen auch die Folter ein. Die Verfolgten hatten deshalb bei diesen Prozessen keine Möglichkeit, ihre Unschuld zu beweisen. Unter der Folter gestanden die Gefolterten oft alles, was ihnen die Inquisitoren vorwarfen. Je nach Schwere der Vorwürfe wurden die Angeklagten mit Pfändung des Eigentums, körperlicher Züchtigung, Gefängnis oder dem Tod durch Verbrennen auf dem Scheiterhaufen bestraft.

Die Inquisition erlebte im 17. Jahrhundert einen grausamen Höhepunkt. Sie richtete sich in dieser Zeit vor allem gegen Frauen, die der Hexerei verdächtigt wurden. Das 17. Jahrhundert war eine Zeit der Kriege, der Armut, der Hungersnöte und der Seuchen. Viele Menschen suchten nach Sündenböcken für das Unglück, unter dem sie litten. So wurden z. B. bei Missernten oder dem Ausbruch einer Seuche Frauen verdächtigt, dieses Unglück durch Hexerei und schwarze Magie verursacht zu haben. Mithilfe der Folter zwangen die Inquisitoren die Frauen, sich der Hexerei schuldig zu bekennen. Daraufhin wurden die Frauen auf dem Scheiterhaufen verbrannt. Unzählige unschuldige Menschen fielen diesem Hexenglauben bzw. Hexenwahn zum Opfer.

Hexenverbrennung, Schweizer Handschrift von 1514

Neben den Hexenverfolgungen bestimmte der Dreißigjährige Krieg (1618–1648) die Zeit des 17. Jahrhunderts. Ungefähr hundert Jahre vor diesem Krieg wandten sich mutige Menschen, wie z. B. der Mönch Martin Luther (1483–1546), gegen die Zustände in der katholischen Kirche und wagten es, Verbesserungsvorschläge zu machen. Diese Bewegung nannte man Reformation und ihre Vertreter Protestanten. Die Kirche und Europa spalteten sich durch die Reformation in einen katholischen und einen protestantischen Teil. Schon bald kam es aufgrund der Glaubensstreitigkeiten zu Kriegen zwischen den katholischen und protestantischen Ländern. In Deutschland herrschte im Süden der katholische Kaiser Ferdinand II. Im Norden hatten sich viele Fürsten vom Kaiser losgesagt und waren zum Protestantismus übergetreten. Kaiser Ferdinand verbündete sich mit dem ebenfalls katholischen Frankreich und zog gegen die Fürsten im Norden in den Krieg. Sein Ziel war es, die Reformation in Deutschland wieder rückgängig zu machen. 1630 waren die protestantischen Fürsten, die sich gegen Kaiser Ferdinand zusammengeschlossen hatten, fast schon geschlagen. Die drohende Niederlage wurde durch den Eintritt des protestantischen Schweden in den Krieg abgewendet. Die Armee des schwedischen Königs Gustav Adolf unterstützte die protestantischen Fürsten und schlug die Truppen Ferdi-

„Gustav Adolf in der Schlacht bei Dirschau, 1627“ (Gemälde von Jan Maertszen de Jonghe, 1634)
Der schwedische König Gustav II. Adolf trat im Jahr 1630 aufseiten der Protestanten in den Dreißigjährigen Krieg ein.

nands II. mehrfach vernichtend. Es gelang aber in den nächsten achtzehn Jahren keiner Seite, den Krieg für sich zu entscheiden. So schlossen die Kriegsparteien 1648 im westfälischen Münster den sogenannten Westfälischen Frieden. Die verfeindeten Lager einigten sich in diesem Friedensvertrag auf den Grundsatz „cuius regio, eius religio“ (lat.: „Wessen das Land [ist], dessen [ist] die Religion.“). Jedem Fürsten wurde damit das Recht zugestanden, die Religion seiner Untertanen zu bestimmen. So wurde der Norden Deutschlands endgültig protestantisch, während der Süden katholisch blieb.

Der Verlierer des Dreißigjährigen Krieges war das Volk. In manchen Gegenden starben während dieser dreißig Jahre 80 Prozent der Bevölkerung im Krieg oder durch Hungersnöte, Plünderungen oder Seuchen wie die Pest.

1 Arbeitet heraus, was ihr in dem Text über das 17. Jahrhundert erfahrt, und haltet diese Informationen z. B. in Form einer Mindmap fest.

Hilfen dazu, wie ihr mit einem solchen Sachtext arbeiten könnt, erhaltet ihr auf S. 148.

2 Der Text enthält viele Hintergrundinformationen über die Zeit, in der der Roman „Das Geheimnis der weißen Mönche“ spielt. Untersucht den Romanauszug daraufhin, welche Ereignisse und Zustände des 17. Jahrhunderts hier verarbeitet werden.

Im Kapitel „Von Hexen und Heilerinnen“ auf S. 80 ff. könnt ihr euch noch weiter über den Hexenglauben und die Hexenverfolgungen im 17. Jahrhundert informieren.

3 Erklärt, was man unter einem historischen Abenteuerroman versteht, und erläutert diese Gattungsbezeichnung am Beispiel des Romans „Das Geheimnis der weißen Mönche“.

Abby Lynn – Verbannt ans Ende der Welt

■ England 1804: Abby Lynn ist gerade vierzehn Jahre alt, als sie in London in einen Taschendiebstahl verwickelt wird. Das Gericht verurteilt die unschuldige Abby und verbannt sie als Sträfling nach Australien. Auf dem Sträflingstransport zum Hafen Portsmouth hat Abby in Megan und Rachel zwei Freundinnen gefunden. Rachel ist aufgrund der Strapazen des Transports schwer erkrankt. Die Sträflinge sind in einem eigenen Gefängnistrakt unter Deck des Dreimasters Kent, der sie nach Australien bringen soll, untergebracht worden. Dort pflegt Abby ihre kranke Freundin Rachel aufopfernd. ■

Cleo

Rachel verweigerte erst jeden Bissen. Sie wollte nichts essen, doch Abby bestand darauf, ließ nicht locker und zwang es ihr fast zwischen die Zähne. Widerwillig begann Rachel zu schlucken. Doch viel war es nicht, was sie zu sich nahm. Sie würgte mehrmals, behielt aber das Essen glücklicherweise bei sich. Abby war für jeden Bissen dankbar, den Rachel hinunterschluckte.

„Nur Durst – Durst!“, murmelte sie immer wieder. Abby gab ihr zu trinken, riss einen Fetzen aus ihrem Kleid, befeuchtete es und wischte ihr damit das Gesicht ab. Sie war erschrocken, als sie ihr über die Stirn fuhr. Rachel war so heiß. Sie glühte förmlich!

Das Fieber war noch gestiegen …

Cleo, die vom Nachbarbett zuschaute, verzog das Gesicht. „Kannst dir die Liebesmüh sparen, Herzchen. Die hat der Sensenmann schon auf seiner Liste.“

„Hör auf damit!“, bat Abby mühsam beherrscht, ohne sich zu ihr umzudrehen.

Doch Cleo dachte gar nicht daran. Im Gegenteil. Es schien ihr Spaß zu bereiten, ihr jegliche Hoffnung zu nehmen. Kaltschnäuzig fuhr sie fort: „Ich sag dir, morgen, spätestens übermorgen, ist ihre Pritsche frei. Gib mir besser was von dem Fraß, den du noch übrig hast. An die da ist das bloß vergeudet, Herzchen!“

„Ich bin nicht dein Herzchen und ich möchte nichts mehr davon hören!“, zischte Abby.

Cleo schnaubte. „Ob du's hören willst oder nicht, Herzchen, aber die liegt bald in der Grube, so wie ich Cleo heiße! Falls man sie nicht einfach nur über Bord wirft. Den Bastarden ist ja alles zuzutrauen. Naja, tot ist tot. Und ob nun die Würmer an einem nagen oder die Fische, wen kümmert's dann noch.“

Abby fuhr herum und vergaß sich in ihrem wilden Zorn, der wie eine Stichflamme in ihr hochschoss.

„Halt dein dreckiges Maul!“, schrie sie. „Hast du denn keinen Rest Anstand mehr im Leib? Musst du alles in den Dreck zerren und mit Füßen treten?“

Es wurde still in der Unterkunft.

Cleo starrte sie einen Moment verblüfft an, dann schoss ihr das Blut ins Gesicht. „Vorsicht, Herzchen!“, zischte sie. „Bisher hat noch keiner gewagt, so mit mir zu sprechen!“

„Dann ist es allerhöchste Zeit!“, antwortete Abby aufgebracht. „Deine gemeinen, gefühllosen Reden ekeln mich an, verstehst du mich? Was hat dir Rachel denn getan, dass du so verächtlich von ihr sprichst? Und was habe ich dir getan, dass du mich absichtlich mit deinen schändlichen Reden verletzen willst? Mein Gott, was musst du für eine verdorbene Seele haben, wenn du so zu deinen Mitgefangenen bist, die du nie zuvor gesehen hast und die dir nie etwas getan haben!"

„He, pass auf, was du da sagst!", drohte Cleo und kniff die Augen zusammen.

Doch Abby war jetzt nicht mehr zu bremsen. Wie eine dammbrechende Flut drängte es sie, ihren Gefühlen Luft zu machen. Zu viel hatte sie schon in sich hineingefressen. „Wie kann man nur so voller Menschenverachtung sein! So kaltherzig und ohne eine Spur von Mitgefühl! Als ob es nicht schon genügen würde, dass uns die Wärter wie den letzten Dreck behandeln! Nein, das genügt dir nicht, stimmt's? Du willst sie mit deinen abstoßenden Reden noch übertreffen! Aber hast du dich schon mal gefragt, wer für dich Essen holt oder dir zu trinken gibt, wenn du mal krank bist? Niemand wird für dich auch nur den kleinen Finger rühren! Niemand, hörst du?"

Alle Augenpaare waren auf Abby und Cleo gerichtet. Es war erschreckend still in der Unterkunft. Niemand rührte sich von der Stelle. Kein Husten brach die angespannte Stille. Es war, als hielten alle den Atem an, in Erwartung dessen, was da kommen würde. So manch einer rechnete damit, dass Cleo Abbys Beschuldigungen nicht tatenlos hinnehmen und sich auf sie stürzen würde.

Genau das hatte Cleo auch vor. Doch Megan vereitelte ihr Vorhaben, indem sie Abby bei den Schultern packte und sie grob an Rachels Koje zurückschob, sodass sie nun Cleo den Rücken zuwandte. „Kümmere dich lieber um sie, statt hier Streit vom Zaun zu brechen!", sagte sie mürrisch. „Ich glaub, sie hat nach dir gerufen."

Rachel hatte kein Wort gesagt und auch nicht mitbekommen, was da zwischen Abby und Cleo vorgefallen war. Doch das war in diesem Augenblick auch völlig unwichtig. Megan stand zwischen den beiden Kontrahenten und gab damit schweigend, aber unmissverständlich zum Ausdruck, wessen Partei sie im Notfall ergreifen würde.

Das gab Cleo auch tatsächlich zu denken. Sie zögerte sichtlich, wie sie sich in Anbetracht dieser veränderten Situation verhalten sollte. Die Frauen, die in ihrer Nähe standen, machten nicht den Eindruck, als würden sie ihr bei einer Prügelei beistehen.

Schließlich spuckte sie verächtlich in Abbys Richtung aus. „Lohnt sich gar nicht, dass ich mir an dir die Finger schmutzig mache, du Dreckstück! Aber beim nächsten Mal stopf ich dir das Maul, dass du Blut und Zähne spuckst!", stieß sie wutschnaubend hervor und merkte wohl gar nicht, wie widersinnig das klang. [...]

„Und krepieren wird sie doch!", schleuderte Cleo ihr noch einmal hasserfüllt entgegen, weil sie sonst nichts zu sagen wusste. Dann stieß sie eine junge Frau, die den Weg zum Mittelgang hin versperrte, zur Seite und entfernte sich in Richtung Gittertür. Nun kam wieder Leben und Bewegung in die Sträflinge und es wurde aufgeregt getuschelt. So manch anerkennender, respektvoller Blick traf Abby, weil sie vielen aus dem Herzen gesprochen und Mut gezeigt hatte. Doch es gab auch einige, die fast mitleidig zu ihr hinüberschauten. Das waren diejenigen, die Cleo näher kannten.

1 Überprüft, ob ihr genau gelesen habt. Entscheidet, welche der Aussagen zutreffen, und stellt die falschen richtig. Nennt die Textstellen, die euch bei der Antwort jeweils helfen.

- Die Handlung spielt unter Deck eines Dreimasters, der im Hafen Kent liegt und die Sträflinge nach Australien bringen soll.
- Abby zwingt Rachel, etwas zu essen.
- Sie wirft Cleo vor, kaltherzig und ohne Mitgefühl zu sein.

- Megan schlichtet den Streit zwischen Abby und Cleo.
- Rachel bekommt von der Auseinandersetzung nichts mit.
- Die anderen Häftlinge sind zuerst auf Cleos Seite.
- Am Ende haben sie alle großen Respekt vor Abby.
- Cleo zieht sich nach der Auseinandersetzung unauffällig zurück.

2 Was haltet ihr von Abby und Cleo?

3 Charakterisiert Abby und Cleo und ihre Beziehung. Sucht dazu entsprechende Textstellen heraus, die verdeutlichen, was die beiden auszeichnet. Achtet dabei auch auf folgende Punkte:

- Welche unterschiedlichen Einstellungen haben Abby und Cleo in Bezug auf Rachel?
- Welche Vorwürfe und Anschuldigungen richtet Abby an Cleo?
- Wie verhalten sich die beiden während ihres Streites?
- Wie reagiert Cleo auf das Eingreifen von Megan?

Hinweise zur Charakterisierung einer Figur erhaltet ihr auf S. 108.

4 Beschreibt die Reaktionen der Mithäftlinge (Z. 122–134). Wie versteht ihr den Schluss des Romanauszugs? Sammelt auch Ideen, wie die Geschichte weitergehen könnte.

5 **Durchstarten! So könnt ihr weiterarbeiten:**

a Stellt euch vor, Abby berichte Rachel von der Szene und rede mit ihr darüber, was sie denkt und fühlt. Schreibt ein solches Gespräch auf.

b Schreibt einen möglichen Tagebucheintrag von Abby, in dem sie erzählt, was sie von dem überstandenen Streit und von Cleo hält.

c Welche Gedanken könnte Cleo haben, als sie wieder auf ihrer Pritsche liegt? Schreibt ihre Gedanken in Form eines inneren Monologs auf.

Lest hierzu noch einmal im Werkzeugkasten auf S. 89 nach.

Die Entscheidung

■ Rachels Fieber ist so stark gestiegen, dass sie dem Tod näher ist als dem Leben. Der Schiffsarzt hat Rachel zwar keine Medikamente gegeben, aber er hat aus Mitleid dafür gesorgt, dass Rachel zur Stärkung täglich einen Becher Milch mit Honig und Rum erhält. Abby wacht die ganze Zeit über ihre kranke Freundin und pflegt sie. In einer der Nächte kann sie es aber nicht verhindern, dass sie vor Erschöpfung einschläft. ■

Wie lange sie geschlafen hatte, wusste sie später nicht zu sagen. Sie wachte auf, als irgendetwas über ihr Gesicht strich und einen Juckreiz auslöste. Benommen schlug sie die Augen auf.
Vor ihrem Gesicht wehte etwas Rotbraunes hin und her. Träumte sie noch? Dann hörte sie plötzlich ein leises metallisches Geräusch und sofort darauf ein gieriges Schlürfen.
Die Erkenntnis traf sie wie ein Schlag ins Gesicht und hatte auch dieselbe Wirkung. Es war Cleo! Sie hatte sich von ihrem Bett aus über sie gebeugt und den Becher unter Rachels Bett hervorgezogen. Nun leerte sie ihn mit schnellen, gierigen Schlucken. Cleo stahl ihr das kostbare Getränk, das für Rachels geschwächten, fieberheißen Körper Medizin war und möglicherweise über Leben und Tod entscheiden konnte! Sie beraubte eine Kranke, die sich nicht zu wehren vermochte, und nahm dabei ihren Tod gleichgültig mit in Kauf!
Unbändiger Hass wallte in Abby auf und hätte sie beinahe dazu hingerissen, vorschnell und unbedacht zu handeln. In ihrer ersten Aufwallung von blindem Zorn hätte sie sich beinahe auf sie gestürzt, um auf sie einzuschlagen und ihr das Gesicht zu zerkratzen. Doch zum Glück

hielt sie irgendeine Stimme der Vernunft zurück. [...]
Cleo hatte den Becher zurückgestellt, fuhr sich nun mit dem Handrücken über den Mund und legte sich auf ihre Pritsche zurück. Dabei warf sie einen hämischen Blick auf Abby, um sich dann selbstzufrieden auszustrecken.
Abby hörte sie rülpsen. Es fiel ihr schwer, die Ruhe zu bewahren. Doch ihr war klar geworden, dass es nur einen Weg gab, die schwelende Feindschaft zwischen ihnen zu ihren Gunsten zu entscheiden. Sie musste Cleo ein für alle Mal in ihre Schranken weisen und sie dazu bringen, dass sie sich nie wieder mit ihr anlegte. [...]
Doch sie musste Cleo mehr als nur Worte entgegensetzen. Nur Gewalt konnte jemanden wie sie dazu bringen, sie demnächst in Ruhe zu lassen. Wie sehr sie selbst auch Gewalt verabscheute, in dieser Situation blieb ihr keine andere Wahl. Abby tastete nach dem langen Eichensplitter [...].
Sie hatte nicht geglaubt, dass sie ihn jemals brauchen würde, ihn aber all die Monate zusammen mit den Münzen wie ihren Augapfel gehütet. [...] Mit einem vorgetäuschten schläfrigen Seufzer legte sie sich auf die Seite und zog die Beine an, sodass Cleo auf keinen Fall sehen konnte, wie sie den langen, spitz zulaufenden Holzstift unter dem Kleid aus dem Saum ihres Mieders zog, wo sie ihn all die Monate gut versteckt hatte. [...]
Und dann handelte sie.
Lautlos richtete sie sich auf, warf sich mit einer katzenhaften Bewegung auf sie und hielt ihr mit der linken Hand den Mund zu, während sie den Eichensplitter gegen ihre Kehle presste.
Erschrocken fuhr Cleo aus dem Schlaf und riss die Augen auf.
Die Hand auf ihrem Mund erstickte ihren Schrei.
„Rühr dich nicht von der Stelle oder ich steche zu!“, drohte Abby. Cleo bewegte sich dennoch unwillkürlich – und zuckte im nächsten Moment schmerzhaft zusammen, als Abby ihre Drohung wahr machte. Die Spitze des Eichensplitters ritzte Cleos Haut auf. Es war nicht mehr als ein Nadelstich, doch er hatte die gewünschte Wirkung: Cleo wurde unter ihr so steif wie ein Brett. Ungläubiges Entsetzen stand in ihren weit aufgerissenen Augen.
„Das war meine letzte Warnung!“, stieß Abby mit kalter Wut hervor. Sie musste sich jetzt so hart geben wie Cleo. Und sie musste überzeugend wirken. „Beim nächsten Mal stoße ich dir das Messer in die Kehle, dass du dein eigenes Blut schmeckst!“ Todesangst flackerte in Cleos Augen auf. Sie hielt sogar den Atem an. Wie erstarrt lag sie da. Das Blut war schlagartig aus ihrem Gesicht gewichen.
„Ich nehme jetzt gleich die Hand von deinem Mund. Keinen Ton, verstanden? Los, mach die Augen auf und zu, wenn du verstanden hast!“, forderte Abby sie mit leiser, aber scharfer Stimme auf. Cleo tat, wie ihr befohlen. Sie schluckte dabei heftig, als würde sie an etwas würgen, sodass ihr Adamsapfel wie verrückt auf und ab tanzte. Doch Todesangst ließ sich nicht herunterschlucken.
Abby zog ihre Hand weg. „Du hast gestohlen!“, fauchte sie sie dann an. „Hast gestern Rachels Suppe aufgegessen und vorhin ihre Milch getrunken, du gemeines Miststück. Du bist eine verkommene Diebin und eigentlich sollte ich kurzen Prozess mit dir machen. Ich sollte dir die Kehle durchschneiden!“ [...]
„Nein, das kannst du ...“, begann Cleo.
„Schweig!“, schnitt Abby ihr das Wort ab. „Du

hast wohl geglaubt, dir alles herausnehmen zu können. Aber damit ist es jetzt vorbei. Du stiehlst nie wieder etwas, und du wirst von nun an dein Maul halten, das schwöre ich dir! Wenn ich noch einmal höre, wie du irgendetwas Gehässiges über mich oder Rachel sagst, dann sorge ich dafür, dass du bald nie wieder ein Wort über die Lippen bringst. Es gibt immer eine günstige Gelegenheit, dir ein Messer zwischen die Rippen zu stoßen.“

„Es ... es ... war nicht so gemeint“, stammelte Cleo angsterfüllt. „Ich wusste nicht ...“

„Du weißt eine ganze Menge nicht!“, fuhr Abby ihr ins Wort und wagte eine besonders krasse Lüge.

„Du wärst nicht die Erste, die für die Dummheit, sich mit mir anzulegen, bitter bezahlt hat. Und glaube ja nicht, dich mithilfe der Wärter an mir rächen zu können. Ich habe meine eigenen bezahlten Ohren, die mich über jede Hinterhältigkeit informieren werden, die du aushecken solltest. Solltest du wirklich so einfältig sein, wird die Reise für dich schon lange vor New South Wales zu Ende und dir ein Grab auf hoher See sicher sein. Darauf gebe ich dir mein Wort!“

„Es war ein Irrtum“, brachte Cleo nur mühsam hervor. „Hab dich für ’nen Weichling gehalten und ... und ... solche Memmen kann ich wie die Pest nicht ausstehen. Hätte ich gewusst, dass du eine von uns bist, hätte ich so was doch nie angefangen, bestimmt nicht. Du musst mir glauben!“

Abby hatte Mühe, ihren Abscheu zu verbergen. Sie und eine von Cleos Schlag! [...]

„Nimm das Messer weg, bitte! Du hast von mir nichts zu befürchten! Und diese Rachel auch nicht. Hab doch nichts gegen sie!“

„Also gut, versuchen wir es noch mal miteinander“, sagte Abby schroff. „Aber ich rate dir, mir demnächst aus dem Weg zu gehen!“

Cleo schien in sich zusammenzufallen, als Abby den Eichensplitter, den sie als Messer ausgegeben hatte, geschickt im Ärmel ihres Kleides verschwinden ließ und von ihr glitt. Mit zittriger Hand tastete sie über die Stelle am Hals, wo Abby ihr die Haut aufgeritzt hatte.

Als Cleo die Hand zurückzog und vor ihre Augen hielt, hatte sie Blut an ihren Fingerspitzen.

Abby zwang sich, im schmalen Gang zwischen den beiden Bettreihen stehen zu bleiben, mit dem Rücken zu Cleo, scheinbar gelassen und furchtlos.

Insgeheim durchlitt sie jedoch entsetzliche Sekunden der Angst, rechnete jeden Augenblick damit, dass Cleo ihre Täuschung durchschaut hatte und sich auf sie stürzen würde. Doch nichts geschah.

Cleo rührte sich nicht von ihrer Bettstelle. Sie lag noch immer mit schreckgeweiteten Augen da, felsenfest davon überzeugt, dem Tod nur um Haaresbreite entkommen zu sein.

Abby schloss kurz die Augen und biss sich auf die Lippen, um nicht, erlöst von dieser ungeheuren Spannung, laut auszuatmen. Mit einer energischen Bewegung bückte sie sich nach dem Becher und ging dann rasch zur Herdstelle, um ihn mit Trinkwasser aufzufüllen. Als Cleo sie nicht länger sehen konnte, lehnte sie sich gegen einen Stützbalken, weil sie sich plötzlich so zittrig auf den Beinen fühlte, dass sie fürchtete, sich im nächsten Moment auf den Boden setzen zu müssen. Ein Anflug von Übelkeit überkam sie, als ihr bewusst wurde, wie riskant ihr Handeln gewesen war ... und wie nahe sie davor gestanden hatte, jemanden zu töten. Denn hätte Cleo sich gewehrt, wäre es ein Kampf auf Leben und Tod geworden.

1 Sucht den Satz heraus, den ihr für den wichtigsten in diesem Romanauszug haltet. Dabei könnt ihr so vorgehen:

- Lest eure Sätze betont, aber ohne weiteren Kommentar hintereinander vor.
- Beschreibt, welche Eindrücke ihr aufgrund des Vorlesens der Sätze gewonnen habt.
- Welche Sätze wiederholen sich? Was scheint euch an dem Romanauszug besonders wichtig zu sein?
- Stellt euch eure Sätze gegenseitig vor und begründet eure Auswahl.

2 Um zu prüfen, wie genau ihr gelesen habt, könnt ihr aus folgenden Möglichkeiten wählen:

- Erstellt eine Liste mit Fragen zum Inhalt des Auszugs. Tauscht sie untereinander aus und beantwortet sie (s. S. 107, Aufgabe 2).
- Entwickelt selbst eine Auflistung mit richtigen und falschen Aussagen zum Inhalt des Romanausschnitts. Tauscht diese Auflistungen untereinander aus. Entscheidet nun, welche Aussagen zutreffend sind, und sucht die Textstellen heraus, die euch bei der Antwort jeweils helfen (s. S. 112, Aufgabe 1).

3 Untersucht den Romanausschnitt genau. So könnt ihr dabei vorgehen:

- Verschafft euch einen Überblick über die Auseinandersetzung, indem ihr den Handlungsaufbau und den Spannungsverlauf beschreibt. Verwendet dabei die Begriffe aus dem Werkzeugkasten.
- Untersucht, aus welcher Perspektive erzählt wird und welche Wirkung diese auf den Leser hat. Achtet darauf, was der Leser darüber erfährt, was in Abby vorgeht.
- Sucht Beschreibungen, Vergleiche und sprachliche Bilder heraus, mit denen dem Leser die Spannung der Szene und die Gefühle der Figuren vermittelt werden. Klärt, welche Wirkung sie jeweils haben. Untersucht besonders die Abschnitte Z. 1–28, Z. 76–93 und Z. 159–178.

Weitere Hilfen erhaltet ihr im Werkzeugkasten unten.

4 Bei Erzähltexten unterscheidet man innere und äußere Konflikte. Erklärt am Beispiel des Romanausschnitts, was man unter einem inneren und unter einem äußeren Konflikt versteht.

5 Ihr könnt wieder einen möglichen Tagebucheintrag von Abby schreiben. In dem Tagebucheintrag sollte auch deutlich werden, wie Abby ihr eigenes Verhalten beurteilt.

So gehst du vor

Die Spannung eines Erzähltextes untersuchen

Um zu untersuchen, mit welchen Mitteln ein Geschehen spannend erzählt wird, kannst du folgendermaßen vorgehen:

- Gliedere den Erzähltext in einzelne Handlungsabschnitte und finde Überschriften für die einzelnen Teile. Du kannst anschließend den Aufbau der Handlung und den Spannungsverlauf in Form einer Kurve grafisch darstellen. Verwende dabei die Begriffe *Einleitung*, *Spannungssteigerung*, *Wendepunkt/Höhepunkt*, *Spannungsabfall* und *Spannungsauflösung*.
- Achte auf Beschreibungen, Vergleiche und andere sprachliche Bilder. Suche solche Besonderheiten der sprachlichen Gestaltung heraus und kläre ihre Wirkung.
- Beschreibe, aus welcher Perspektive (= Sicht) das Geschehen erzählt wird und wie dieses auf den Leser wirkt.

Die Entdeckung und Besiedlung Australiens

Schon in der Antike vermuteten die Europäer im Süden der Erde einen großen Kontinent, den sie Terra australis nannten. 1768 erhielt Captain James Cook von der britischen Regierung den Auftrag, das Geheimnis von Terra australis aufzuklären. 1770 entdeckte Cook die Ostküste Australiens und nahm New South Wales für die englische Krone in Besitz. 1783 verloren die Engländer aufgrund der Unabhängigkeit der USA ihre Kolonien in Amerika. Bis dahin hatte die englische Regierung ihre Strafgefangenen nach Amerika abgeschoben.

In der zweiten Hälfte des 18. Jahrhunderts wurden in England immer mehr Maschinen in der Landwirtschaft und der Industrie eingesetzt. Dies führte zu einer Massenarbeitslosigkeit. Die Arbeitslosen erhielten keinerlei Unterstützung. So lebten große Teile der Bevölkerung Englands in Armut. Viele Menschen sahen sich gezwungen, zu betteln oder das zum Überleben Notwendige zu stehlen. Dabei riskierten die Menschen sehr viel, weil auf die kleinsten Vergehen, z. B. Taschendiebstahl, sehr hohe Gefängnisstrafen standen. So schoss gleichzeitig mit dem Verlust der amerikanischen Kolonien die Zahl der Verurteilten in die Höhe und die Gefängnisse in England konnten die Gefangenen nicht mehr fassen. Um dieses Problem zu lösen und gleichzeitig den fernen und neu entdeckten Kontinent Australien möglichst billig zu besiedeln, beschloss die britische Regierung, ihre Sträflinge nach Australien zu verbannen. Monat für Monat wurden unzählige Verbannte unter katastrophalen Bedingungen auf einer mehrmonatigen Schiffsreise nach Australien transportiert. Auch wenn viele Sträflinge nur zu einer vier oder sieben Jahre dauernden Verbannung verurteilt wurden, sah kaum einer von ihnen England wieder. Die meisten Sträflinge wurden nach Ablauf ihrer Verbannung, die sie in Gefängnissen oder in Arbeitslagern verbringen mussten, einem Viehzüchter, Farmer oder Unternehmer als Arbeitskräfte überlassen.

Die Besiedlung sowie die Nutzung des neuen Kontinents für Ackerbau und Viehzucht durch die Europäer war mit der gewaltsamen Verdrängung der Aborigines, den Ureinwohnern Australiens, verbunden. 300 000 Aborigines lebten zur Zeit der Entdeckung Australiens auf dem Kontinent. 1971 gab es nur noch 45 000 australische Ureinwohner.

1 Was erfahrt ihr in dem Text über die Entdeckung und Besiedlung Australiens?

Hilfen, wie ihr mit einem Sachtext arbeiten könnt, erhaltet ihr auf S. 148.

2 Welche historischen Ereignisse hat Rainer M. Schröder in seinem Roman „Abby Lynn – Verbannt ans Ende der Welt“ verarbeitet? Weist diese an den Romanausschnitten nach.

3 **Durchstarten! So könnt ihr weiterarbeiten:**

a Einige von euch können den Roman „Abby Lynn – Verbannt ans Ende der Welt“ vorstellen. Informiert eure Klasse über die Lebensgeschichte von Abby Lynn und darüber, was der Leser über das Leben in England am Anfang des 19. Jahrhunderts, die Geschichte Australiens und das Leben der Sträflinge und der ersten Siedler dort erfährt.

b Über das abenteuerliche Leben, das Abby Lynn in Australien führt, erzählt Rainer M. Schröder in den drei weiteren Abby-Lynn-Romanen. Auch diese Romane könnt ihr vorstellen.

Bücherwürmer über Abby Lynn – Rezensionen des Romans

Bücher, die neu auf den Markt kommen, werden vielfach in Tageszeitungen, Zeitschriften, im Rundfunk, Fernsehen und im Internet besprochen. Diese Buchbesprechungen tragen nicht selten zum Erfolg und Bekanntwerden eines Buches bei. Solche Buchkritiken nennt man auch Rezensionen (lat. recensere: mustern, beurteilen).

Verbannt ans Ende der Welt
BUCHKRITIK

„Abby Lynn" meistert ein Schicksal bravourös

Von Corinna Butscheid und Caroline D'hein

Die 14-jährige Abby Lynn begegnet an einem kalten Februarmorgen des Jahres 1804 in den Straßen Londons einem Taschendieb. Angeblich der Komplizenschaft überführt, verschwindet sie hinter Gefängnismauern. Nach qualvollen Wochen lautet das Urteil: Verbannung in die neue Kolonie Australien und sieben Jahre Sträflingsarbeit. Doch Abby lässt sich nicht unterkriegen. In der „Factory", wie das Frauengefängnis in Australien genannt wird, verbringt sie einige Wochen mit ihrer Freundin Rachel, bis sie von der Siedlerfamilie Chandler als Arbeitskraft abgeholt wird. Auf „Yulara", der Farm der Chandlers, erwirbt sie sich über Jahre die Freundschaft der Familie – und macht ihr großes Glück.

Ein spannend erzähltes Buch über ein junges Mädchen, das trotz schwierigster Umstände sich selbst und ihren Idealen treu bleibt. „Verbannt ans Ende der Welt" ist das erste Buch aus der Reihe „Abby Lynn". Wer wissen will, wie es weitergeht, kann das in den Folgebänden „Abby Lynn – Verschollen in der Wildnis", „Abby Lynn – Verraten und verfolgt" und „Abby Lynn – Verborgen im Niemandsland" nachlesen. (General-Anzeiger)

ABBY LYNN – VERBANNT ANS ENDE DER WELT

Es ist ein kalter Februarmorgen 1804 in England. Abby Lynn, die gerade vierzehn Jahre alt ist, wird in einen Taschendiebstahl in den Straßen Londons verwickelt. Angeblich der Komplizenschaft überführt, verschwindet sie hinter den Mauern des berühmt-berüchtigten Gefängnisses von Newgate. Nur die Gewissheit ihrer eigenen Unschuld und die Hoffnung auf einen Freispruch lassen sie die qualvollen Wochen in der Haft ertragen. Doch ihre Hoffnungen werden jäh enttäuscht, denn ihr Urteil, das in einem Blitzprozess gefällt wird, lautet „Verbannung": sieben Jahre in der neuen Kolonie Australien.

Abby Lynn ist eine fesselnde Geschichte eines jungen Mädchens, das trotz widrigster Umstände sich selbst und ihren Idealen treu bleibt. Der Roman zeigt deutlich, wie wichtig es im Leben für uns ist, an uns zu glauben und selbst in den schlimmsten Situationen nicht aufzugeben. Der Autor hat es geschafft, einen historischen, aber dennoch wahrheitsgetreuen Roman zu schreiben. Er beschreibt jeden Handlungsverlauf so gut, dass man ihm leicht folgen und sich in die Person hineinversetzen kann. (www.waspo.de)

1 Untersucht die beiden Rezensionen. Zu folgenden Punkten könnt ihr arbeiten:

- Welche Wertungen nehmen die Autoren der Artikel jeweils vor und wie begründen sie ihre Urteile?
- Überprüft die Wertungen der beiden Autoren anhand eurer Kenntnisse des Romans.
- Welchen stimmt ihr zu und mit welchen seid ihr nicht einverstanden?
- Vergleicht, wie die Rezensionen aufgebaut sind. Welche Gemeinsamkeiten könnt ihr erkennen?

Weitere Informationen zu Rezensionen erhaltet ihr auf S. 341 ff.

2 **Durchstarten! So könnt ihr weiterarbeiten:**
Ihr könnt eigene Rezensionen zu den Romanen von Rainer M. Schröder, die ihr gelesen habt, verfassen.

Die wundersame Weltreise des Jonathan Blum

■ 1858 beschließt der jüdische Junge Jonathan Blum, wie viele andere Menschen in Europa, sein Glück in Amerika zu suchen. Dort angekommen, wird er in viele Abenteuer verwickelt. Einige Jahre nach seiner Ankunft in Amerika schließt er sich einem Siedlertreck an, der nach Westen zieht. Dort will er sich als Farmer niederlassen. Den Siedlern ist es unter der Führung von Captain Jed gelungen, durch die endlose Prärie und das Indianergebiet hindurchzuziehen und den Fuß der Sierra Nevada zu erreichen. Aufgrund des Wintereinbruchs kann der Treck das Gebirge aber nicht überqueren und hat deshalb im Tal des Truckee River ein Winterlager errichtet. Dem Treck hat sich auch die jüdische Familie Weizmann angeschlossen, mit der Jonathan eine enge Freundschaft verbindet. Jonathan hat sich bereits in Deutschland von dem Glauben seiner Familie losgesagt. Durch die Freundschaft mit den Weizmanns muss er sich jedoch wieder mit seiner Religion auseinandersetzen. ■

Herschel Weizmann

Wenn ich heute an unser unfreiwilliges Winterlager im Tal des Truckee River zurückdenke, erscheint es mir seltsamerweise, als wäre die Zeit damals wie im Flug und auf eine unvergleichlich friedvolle Art verstrichen.

Gewiss, die Erinnerung an die fürchterlichen Blizzards[1], die uns manchmal bis zu zehn Tage lang zu Gefangenen unserer Blockhütten machten, ist mir nach wie vor lebendig. Unvergessen sind auch die Entbehrungen des Winterlagers, unser Gefühl der Hilflosigkeit und des Ausgeliefertseins an eine übermächtige Natur und die Angst vor der wachsenden Aggressivität unter den vielen eingeschlossenen Emigranten.

Dennoch erinnere ich mich gerne an dieses halbe Jahr in der tief verschneiten Wildnis am Fuß der Sierra Nevada[2]. Es war eine Zeit der Hesed[3]. Und die Quelle dieser Hesed war Herschel. Er verstand es, uns zusammenzuhalten und aus einer scheinbar endlosen Kette eintöniger Tage Wochen zu gestalten, in denen jeder Tag ein wenig anders war als der vorhergehende und eine ganz besondere Bedeutung hatte, die über das rein physische Erleben hinausging.

Herschel hatte sich, zusammen mit den Schwabachers und den Seligmanns, schon auf dem Trail bemüht, trotz aller Erschwernisse und Zwänge des Trecklebens an den jüdischen Bräuchen festzuhalten, so gut es eben ging. [...]

Nun aber, da wir viel Zeit hatten, wurden die religiösen Feste des jüdischen Kalenders und ganz besonders die allwöchentlichen Sabbatfeiern[4] zu den zentralen Ereignissen unseres harten Lebens im Winterlager.

Jeden Freitagabend wurde unsere Hütte herausgeputzt, soweit es unsere bescheidenen Mittel

---

1 **Blizzard:** Schneesturm
2 **Sierra Nevada:** Hochgebirgskette im Westen Nordamerikas
3 **Hesed:** hebräisch: Freundlichkeit und Liebenswürdigkeit
4 **Sabbat:** im Judentum der siebte Tag der Woche (Sonnabend), Tag der Ruhe und des Gottesdienstes

zuließen. Wir zogen unsere besten Kleider an, und was wir uns unter der Woche vom Mund abgespart hatten, kam an diesem Abend auf den gemeinsamen Tisch. Wir hielten die Tage davor stets genügend Mehl zurück, um zwei Zöpfe Barches-Brot[1] backen zu können. Und da der Weinvorrat, den die drei Familien zusammengelegt hatten, mittlerweile sehr gering geworden war, wurde nur noch am Sabbat ein wenig Wein in die Silberbecher eingeschenkt. [...]

Herschel nahm es mit dem Sabbat sehr genau. Er weigerte sich sogar, am Sabbat seine beiden guten Pferde zur Jagd herzugeben.

„An jedem anderen Tag können Sie über mich, meine Familie und meine Tiere verfügen, Captain Jed", teilte er unserem Führer an einem Samstagmorgen mit. „Aber nicht am Sabbat – es sei denn, es geht um Leben und Tod."

„Ich will nur Ihre Pferde, Mister Weizmann", erwiderte Captain Jed säuerlich. „Auch allem Vieh ist nach dem göttlichen Willen ein Ruhetag in der Woche vergönnt", erklärte Herschel.

Unser Anführer zog verdrossen ab und musste seinen Jagdausflug wohl oder übel auf den nächsten Tag verschieben, denn an Herschels robusten, trittfesten Pferden war ihm sehr gelegen.

„Es ist Gottes Wille, dass wir Menschen sechs Tage in der Woche arbeiten und tun, was uns gefällt und notwendig erscheint. Doch der siebte Tag soll ein Ruhetag sein und ist dem Herrn, unserem Gott, geweiht", belehrte uns Jakob Schwabacher wenig später in der Hütte und er lobte Herschel für sein konsequentes Verhalten gegenüber Captain Jed.

Herschel Weizmann griff das Thema bereitwillig auf. „Ja, denn unter der Woche vergessen wir allzu oft, dass Gott die Quelle aller Kraft und allen Lebens ist. Der siebte Tag ist deshalb dazu da, dass wir innehalten und uns darauf besinnen, dass wir auf nichts in dieser Welt ein Besitzrecht haben. Denn alles, was wir als unser Eigentum bezeichnen, ist in Wirklichkeit nur eine geliehene Gabe Gottes. Und er hat uns zu seinen treuen Verwaltern eingesetzt, damit wir über die Welt herrschen – und zwar nicht nach unserem, sondern nach seinem Willen! Er allein schenkt das Leben und ist der allmächtige Herr der Welt."

„Sabbat ist kodesh, eine heilige Zeit", sagte Jakob Schwabacher. „Und auch brakha, eine gesegnete Zeit."

„So ist es", bestätigte Herschel. „Aber leider übersehen viele, dass wir an diesem siebten Wochentag nach dem Willen unseres Schöpfers auch von allen Diensten gegenüber unseren weltlichen Herren befreit sind. Am Sabbat ist der Jude für niemanden Diener und Arbeiter, nicht einmal sein Vieh braucht zu arbeiten. Was für ein einmaliges Geschenk der Freiheit! Wenn der Jude am Freitagabend den Kiddusch[2] spricht und den weingefüllten Becher hebt, dann verbindet er Gottes Schöpfung mit der Freiheit des Menschen! Jawohl, er verkündet damit jede Woche aufs Neue, dass Sklaverei und jede Form von Unterdrückung Todsünden gegen den göttlichen Willen sind."

Nicht nur die Kinder hingen mit glänzenden Augen an seinen Lippen. Herschel war auch für die Älteren in unserer kleinen Gemeinschaft eine Art Rabbi[3] geworden. Sogar Noah[4] hörte ihm nur allzu gerne zu.

„Von diesem Aufruf, sich seiner Freiheit allen weltlichen Herrschern gegenüber bewusst zu sein, habe ich noch bei keinem Gottesdienst meiner Priester etwas gehört", bemerkte Noah nun.

Herschel lächelte ihm zu. „Oh, es geht dabei nicht allein um die Tyrannen, die ganze Völker unterjochen, Noah, oder die der Versklavung der Schwarzen das Wort reden", sagte er und machte eine bedeutsame Pause. „Gott hat uns den Sabbat geschenkt, damit wir uns auch von den Tyrannen in uns selbst befreien. Denn der Mensch hat es an sich, dass er sich selbst immer neue Ketten der Sklaverei schmiedet: Wie oft sagen wir: ‚Ich habe noch so viele Dinge zu tun.

---

1 **Barches-Brot:** zopfförmiges Brot für die Sabbatfeier
2 **Kiddusch:** Segnung des Tages, die zu Beginn der Sabbatsfeier gesprochen wird
3 **Rabbi:** jüdischer Gelehrter, Würdenträger und Priester
4 **Noah:** ein ehemaliger farbiger Sklave, mit dem Jonathan zusammen auf den Treck gegangen ist

Diese oder jene Arbeit kann nicht warten. Mir fehlt die Zeit, um auszuruhen.' Doch wer den Sabbat versteht und heiligt, der ist auch nicht Sklave seiner selbst geschaffenen Tyrannei. Der gläubige Mensch hat die Freiheit zu sagen: In den nächsten vierundzwanzig Stunden bin ich ein freier, von allen weltlichen Pflichten entbundener Mensch! So wie Gott es für mich will.' Am siebten Tag der Woche völlig frei zu sein für die Freude an Gottes Schöpfung, die Selbstbesinnung und die Ruhe von Körper und Seele – das ist eine friedvolle Insel in dem stürmischen, aufgewühlten Meer unseres Lebens."

Danach herrschte für eine Weile tiefes Schweigen unter uns Zuhörern. Herschel war fürwahr mit der seltenen Gabe gesegnet, nicht nur fesselnd erzählen zu können, sondern auch religiösen Dingen auf den Grund zu gehen, sie aus ihrer rituellen Starrheit zu lösen und mit Leben und tiefer Bedeutung zu erfüllen. An ihm war in der Tat ein weiser Rabbi verloren gegangen. Oh ja, der Schuster Herschel Weizmann aus Celle war ein weiser Mann und ein großherziger dazu, der Geduld besaß und auf das Gute im Menschen vertraute.

Manchmal klangen seine Worte rätselhaft wie Orakel[1], über deren Sinn man lange nachdenken musste, um ihn zu erfassen. „Der Mensch wird des Weges geführt, den er aus der Tiefe seines Innersten wählt", sagte er – und ein andermal bemerkte er beim Anblick einer einzelnen Wolke, die über den klaren, kalten Winterhimmel trieb wie eine feine Feder: „Nur die Wolke ist gesegnet, die unsere Hoffnung erfüllt und Regen bringt, wenn der Boden dürstet. Jede andere raubt uns nur die Freude an der Sonne."

Und als wir irgendwann im Februar einen langen Spaziergang machten, der uns weit weg vom Camp auf eine unberührte Waldlichtung führte, blieb er stehen und sagte leise: „Hörst du die Stille, Jonathan? Hinter dieser Stille ist der Schöpfer verborgen." Er lächelte, als er meine leicht hochgezogenen Augenbrauen sah, und fügte hinzu: „Gottes Schweigen ist kein Verstummen. Versuche, beim Beten daran zu denken."

„Wie Sie wissen, tue ich mich mit dem Beten schwer, Herschel", erwiderte ich.

Er nickte verständnisvoll. „Ich weiß, Jonathan, ich weiß. Zum Glauben gehört auch die dunkle Nacht des Zweifels." [...]

Herschel gab mir in diesen Wintermonaten viel nachzudenken und ich erinnere mich nur zu gerne an unsere anregenden Gespräche in der warmen Behaglichkeit der Blockhütte oder auf unseren Spaziergängen.

---

1 **Orakel:** Weissagung

1 Überprüfe dein Textverständnis. Beantworte dazu die folgenden Fragen. Lies noch einmal in dem Romanauszug nach, wenn du dir nicht sicher bist.

- Welche Gefahren und Entbehrungen müssen die Siedler in dem Winterlager überstehen?
- Warum ist die Zeit in dem Winterlager trotz aller Gefahren und Entbehrungen eine friedvolle Zeit?
- Was wird während des Winterlagers zu den wichtigsten Ereignissen für Jonathan und die anderen?
- Warum weigert sich Herschel, Captain Jed seine Pferde zu leihen, und wie begründet er seine Weigerung Captain Jed gegenüber?
- Was ist Herschel für Jonathan und die anderen?
- Wie klingen Herschels Worte manchmal für Jonathan?

2 In dem Roman erfährt der Leser vieles über die jüdische Religion. Sprecht über folgende Punkte.

- Was erfährt der Leser über den Glauben und das Leben der Juden?
- Wie versteht Herschel den Sabbat? Erklärt, was er über die Bedeutung und den Sinn des Sabbats sagt.

- Welche Bedeutung besitzen die rätselhaften Aussagen von Herschel gegenüber Jonathan (Z. 154–179)? Versucht, ihre Bedeutung mit euren Worten zu erklären.

3 Charakterisiert Herschel und seine Beziehung zu Jonathan. Achtet vor allem auf folgende Punkte:

- Welche besonderen Verhaltensweisen und Eigenschaften zeichnen Herschel aus?
- Wie wirkt Herschel auf die anderen Siedler?
- Welche Bedeutung hat Herschel insbesondere für Jonathan?

Lest dazu noch einmal den Werkzeugkasten auf S. 108.

4 Durchstarten! So könnt ihr weiterarbeiten:

a) Stellt euch vor, Jonathan würde ein Tagebuch führen und darin über die Zeit des Winterlagers berichten. Verfasst einen möglichen Tagebucheintrag, in dem Jonathan darüber schreibt, was Herschel für ihn bedeutet und was er von ihm gelernt hat.

b) Einige sollten den Roman „Die wundersame Weltreise des Jonathan Blum" lesen und den anderen die Lebensgeschichte Jonathans vorstellen.

Das musst du lernen und wissen

Einen Erzähltext untersuchen

Wenn ihr einen Erzähltext näher untersuchen wollt, könnt ihr folgendermaßen vorgehen:

- Verschafft euch zunächst einen ersten **Überblick** über den inhaltlichen Zusammenhang des Textes, indem ihr folgende **W-Fragen klärt:** Wo (Ort)? Wann (Zeit)? Wer (Hauptfiguren)? Was (Handlungsüberblick)? Dazu könnt ihr z. B. Fragen zum Text stellen, Listen mit zutreffenden und nicht zutreffenden Aussagen zum Text oder Lückentexte entwickeln und austauschen.
- Um die Handlung besser verstehen zu können, könnt ihr den Text nach den einzelnen **Handlungsschritten gliedern** und zu den einzelnen **Abschnitten Überschriften** formulieren. Stellt den **Aufbau der Handlung** und ihren **Spannungsverlauf in Form einer Kurve** grafisch dar. Oft könnt ihr dabei die Begriffe *Spannungssteigerung, Wendepunkt, Höhepunkt, Spannungsabfall* und *Spannungsauflösung* verwenden.
- Um euch ein Bild von den handelnden Personen machen zu können, solltet ihr die **Hauptfiguren charakterisieren**. Sucht dazu Textstellen heraus, die etwas über ihr Aussehen, ihre Eigenschaften, Einstellungen, typische Verhaltensweisen und ihr Verhältnis zu anderen Figuren aussagen. Die **Beziehungen der Figuren** könnt ihr in Form einer Übersicht mithilfe von Pfeilen, Stichworten und Symbolen veranschaulichen.
- Klärt, aus welcher **Perspektive (= Sicht)** erzählt wird und welche **Wirkung** dieses auf den Leser hat.
- Wichtig ist es auch, die **sprachliche Gestaltung** des Textes zu untersuchen. Achtet darauf, an welchen Stellen euch z. B. Beschreibungen, Vergleiche und sprachliche Bilder auffallen, und klärt ihre **Wirkung auf den Leser**.

Der Autor Rainer M. Schröder

Schriftsteller und Abenteurer

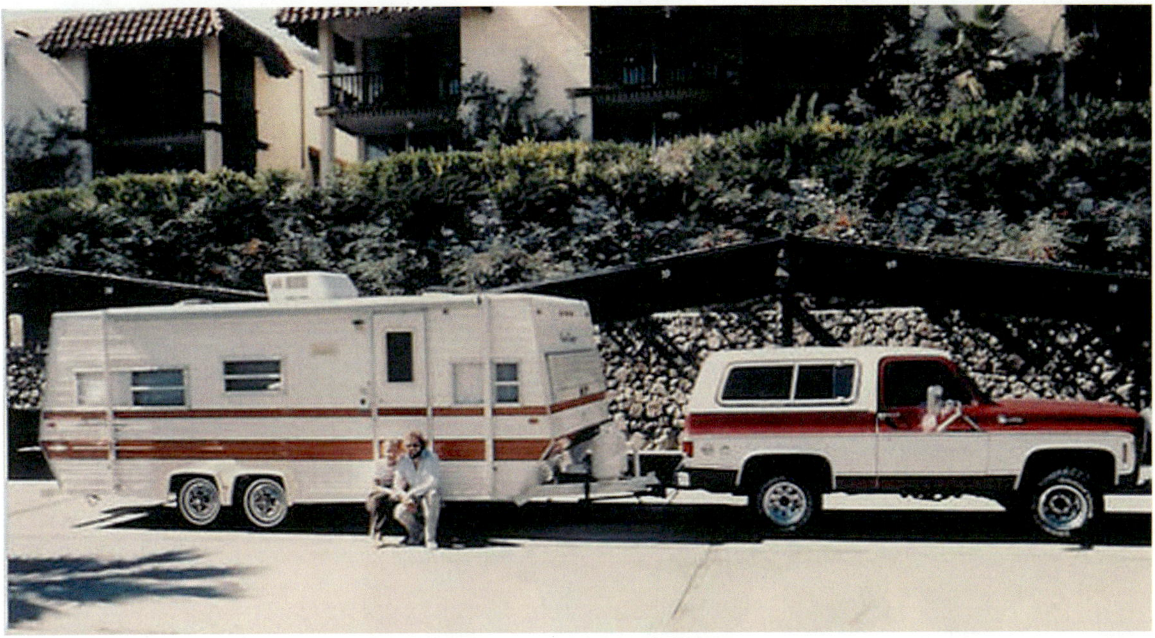

Das Wohnwagengespann, mit dem Rainer M. Schröder (RMS) und seine Frau ein Jahr lang auf Abenteuerreise kreuz und quer durch die USA, Kanada und Mexiko gefahren sind.

1980/81: Ausrüstung für die Kanu-Durchquerung der Wasser- und Sumpfwildnis der Everglades, allein und in acht Tagen, wobei jeder Tropfen Trinkwasser mitgeführt werden musste – unter anderem.

1993: Auf Recherchereise in Ägypten für den dritten und vierten Band der „Falken“-Romanreihe

2007: Lesung in der Buchhandlung Gondrom in Baden-Baden nach der Buchmesse

2007: RMS in der Fernsehsendung „Auserlesen – Geschichten und Menschen“

RMS bei Recherchen zu seinem Roman „Das Geheimnis der weißen Mönche“ in der Klosterbibliothek Himmerod

1 Was verraten euch die Fotos auf S. 123 f. über das Leben und die Arbeitsweise von Rainer M. Schröder?

2 Informiert euch über den Lebenslauf von Rainer M. Schröder. Recherchiert dazu auf seiner Internetseite www.rainermschroeder.com.

3 **Durchstarten! So könnt ihr weiterarbeiten:**

a Gestaltet eine Zeitleiste, auf der ihr die wichtigsten Stationen im Leben von Rainer M. Schröder festhaltet, und hängt sie im Klassenraum aus.

b Informiert auf Plakaten mithilfe von Bildern und eigenen kurzen Texten über den Autor Rainer M. Schröder.

4 Mehr über das abenteuerliche Leben des Autors könnt ihr in dem Buch „Unter Schatzsuchern, Goldgräbern und Alligatoren" erfahren. Einige von euch können das Buch aus der Bibliothek besorgen und der Klasse vorstellen.

Rainer M. Schröder (geb. 1951)

Warum ich schreibe

Wer mein an Abenteuern nicht eben armes Leben kennt, das mich unter anderem während der Winterstürme über den Nordatlantik, durch die Sumpf- und Mangrovenwildnis der Everglades, die afrikanischen Wüsten und Savannen, den Dschungel von Amazonien, das australische Outback sowie zu professionellen Schatztauchern in die Karibik und zu Goldsuchern in die Berge der Sierra Nevada geführt und mich für vier Jahre zu einem Hobby-Farmer in Virginia verführt hat, wer dies kennt, wird verstehen, warum ich mich als Schriftsteller „Kollegen" wie Jack London, Friedrich Gerstäcker oder Robert Louis Stevenson näher fühle als einem Autor wie Karl May, der – bei aller Bewunderung für sein Werk – seine Abenteuer nur an seinem Schreibtisch schreibend erlebt hat. Mein Ziel als Schriftsteller ist es, Bücher zu schreiben, die sorgfältig recherchiert und mitreißend in der Spannung geschrieben sind – und die den Leser zudem in lebensbejahendem und befreiendem Sinn von Glaube, Hoffnung, Liebe und Toleranz aufrütteln, die sich für die Besinnung auf diese unersetzlichen Werte einsetzen und vielleicht zu ihnen hinführen.

Warum ich fast ausschließlich historische Romane schreibe? Weil ich die Erinnerung bewahren will, denn alles, was wir sind, denken, träumen und wünschen, tun wir dank unserer Erinnerung. Und wer die Vergangenheit nicht kennt, kann die Gegenwart nicht verstehen, geschweige denn die Zukunft erfolgreich meistern. Das Wissen um die Vergangenheit befähigt uns, eine sinnvolle Brücke vom Gestern zum Heute zu schlagen und den richtigen Weg zum Morgen zu wählen.

Das blinde Fenster zum Gestern aufzustoßen, sich in der Vergangenheit aufmerksam umzusehen und darüber zu schreiben, damit dem Leser eine vielleicht ungeahnte und vergessene Welt eröffnet wird und damit jene Zusammenhänge und Ereignisse, die, obschon sie Jahrhunderte zurückliegen und scheinbar ein abgeschlossenes Kapitel der Vergangenheit bilden, dennoch in unsere Gegenwart hineinreichen, sie beeinflussen und sogar auf die Zukunft einwirken, besonders wenn wir uns ihnen gegenüber unwissend oder gar ignorant verhalten, das macht für mich die Faszination historischer Romane aus – als Schriftsteller, aber auch als Leser.

1 Klärt mithilfe des Textes folgende Punkte:

- Welchen Schriftstellern fühlt sich Rainer M. Schröder besonders nahe? Versucht Gründe dafür zu finden, warum diese Schriftsteller Vorbilder für den Autor sind.
- Welche Ziele verfolgt Rainer M. Schröder mit seinem Schreiben?
- Warum schreibt er historische Romane?

- Welche Bedeutung besitzt die Vergangenheit für den Schriftsteller? Formuliert die Aussagen dazu (Z. 37–50) in euren Worten und beurteilt sie.

Hilfen zum Umgang mit Sachtexten erhaltet ihr auf S. 148.

2 Vergleicht die Aussagen des Autors mit den Romanen, die ihr von ihm kennt. Versucht Beispiele zu finden, wie er seine Ziele und Vorstellungen in seinen Romanen umgesetzt hat.

3 Erläutert die Überschrift dieses Kapitels: „Historische Abenteuerromane von Rainer M. Schröder – ‚Das blinde Fenster zum Gestern aufstoßen'".

4 **Durchstarten! So könnt ihr weiterarbeiten:**

a) Sammelt Fragen, die ihr an Rainer M. Schröder habt.

b) Versucht, mithilfe der Internetseite des Schriftstellers Antworten auf eure Fragen zu finden.

c) Erfindet mithilfe eurer Fragen Interviews mit dem Autor und schreibt diese auf.

d) Stellt euch eure Interviews vor, indem ihr z. B. eine Talkshow veranstaltet, sie auf Video aufnehmt oder sie als Beitrag für das Schulradio gestaltet.

Projektideen rund um Rainer M. Schröder

Wenn ihr euch weiter mit Rainer M. Schröder beschäftigen wollt, könnt ihr folgende Projekte durchführen. Ihr könnt ...

- ... eine Ausstellung zu Rainer M. Schröder organisieren. Informiert eure Besucher auf Informationswänden über die Romane und das Leben des Schriftstellers.
- ... Buchvorstellungen und Rezensionen zu den Büchern von Rainer M. Schröder schreiben und sie ins Internet (z. B. auf die Schulhomepage) stellen.
- ... einen Büchertisch mit den Romanen des Autors gestalten. Informiert mithilfe von Texten darüber, was euch besonders an dem jeweiligen Buch gefallen hat und warum ihr es für lesenswert haltet.
- ... den Autor in Form eines Rundfunkporträts vorstellen. Macht dabei deutlich, was für euch das Besondere an der Person Rainer M. Schröders und seinen Romanen ist. Einzelne Bücher solltet ihr vorstellen. Verschafft den Hörern auch einen Eindruck von den Romanen, indem ihr Passagen szenisch lest. Ihr könnt euer Porträt z. B. im Schulradio senden, es am „Tag der offenen Tür" vorstellen oder einem Lokalsender als Beitrag anbieten.

Kleine Übungen zur Lernkontrolle

Einen Erzähltext untersuchen

Rainer M. Schröder (geb. 1951)

Abby Lynn – Verbannt ans Ende der Welt

■ Einige Zeit nach ihrer Ankunft in Australien lebt und arbeitet Abby auf Yulara, der Farm der Familie Chandler, wo sich Jonathan Chandler mit seinen Kindern, u. a. dem Sohn Andrew, niedergelassen hat. Farmer wie die Chandlers können sich Sträflinge für die Arbeit auf ihren Farmen zuteilen lassen; für Abby ist die Farmarbeit ein verpflichtender Teil ihres Sträflingslebens. ■

Die Wochen verstrichen. Es war eine endlose Kette arbeitsreicher Tage. Doch Abby beklagte sich nicht. Sie war gesund und gerne im Freien. Harte körperliche Arbeit erschien ihr nicht halb so schlimm wie die Monotonie[1] und Untätigkeit in einer Kerkerzelle oder im Zwischendeck eines Sträflingsschiffes. Und wenn sie auch nicht über die Kraft der Männer verfügte, so gab es doch auf Yulara keinen, der sie an Beständigkeit und Willenskraft ausgestochen hätte. Noch nicht einmal Andrew. Einmal forderte er sie regelrecht heraus, aufzugeben, wenn auch nicht mit Worten. Es war inzwischen Winter geworden und starke Regenfälle hatten auf den Feldern viel Schaden angerichtet.
„Wir brauchen unbedingt ein System von Gräben“, hatte Jonathan Chandler schon nach den ersten Regenfluten erkannt, „die wir im Sommer zum Bewässern der Felder benutzen können und wo das Wasser bei zu heftigem Regen abfließen kann, ohne viel vom guten Mutterboden abzutragen.“
Und so hatten sie damit begonnen, ein derartiges Grabensystem anzulegen.
Beim Ausheben einer solchen Erdrinne versuchte Andrew nun, sie in die Knie[2] und zum Eingeständnis zu zwingen, dass sie doch nicht wie ein Mann mithalten konnte. Er hatte dafür gesorgt, dass nur sie beide an diesem neuen Graben arbeiteten. Es war ein feuchtkalter Tag, und vom Fluss wehte ein Wind herüber, der ihre Hände ganz steif und klamm werden ließ. Graue Wolken, die aus Nordwesten heranzogen, wo sich die Blue Mountains[3] als bisher unüberwindliche Barriere[4] erhoben, kündigten neuen Regen an. Seit dem frühen Morgen arbeiteten sie, mit nur einer kurzen Unterbrechung am Mittag. Sie hatte kaum das Essen herunterschlingen können. Andrew wollte den Entwässerungskanal fertig haben, bevor Yulara erneut unter schweren Regenfällen versank.

---

1 **Monotonie:** Eintönigkeit, ohne Abwechslung
2 **in die Knie zwingen:** besiegen, unterwerfen
3 **Blue Mountains:** Gebirge in Australien
4 **Barriere:** Sperre, Hindernis

Mittlerweile war es später Nachmittag geworden und sie arbeiteten noch immer im schwindenden Licht der Dämmerung. Es stiegen schon Nebelschwaden vom Fluss auf. Doch Andrew rammte seinen Spaten immer wieder ins Erdreich, das feucht und schwer am Blatt[1] klebte.

Abby war kurz nach dem Mittag versucht gewesen, den Spaten von sich zu schleudern und sich schluchzend in den Dreck zu werfen, mochte Andrew doch von ihr halten, was er wollte! Sie glaubte, den Spaten einfach nicht mehr halten zu können. Ihr Rücken schmerzte vom unablässigen Bücken, als hätte man ihn mit der Peitsche in ein Stück rohes Fleisch verwandelt. Und ihre Arme wurden immer kraftloser und schienen ihr den Dienst versagen zu wollen.

Vielleicht hätte sie auch aufgegeben, wenn sie Andrews Blick nicht aufgefangen hätte. Er schien zu spüren, wie es in ihr aussah, und aus seinen Augen sprachen Spott und der Triumph eines Mannes, der zu wissen meint, sein Ziel im nächsten Moment erreicht zu haben.

„Oh nein, den Gefallen werde ich dir nicht tun, Andrew! Ich werde den Spaten nicht aus der Hand legen, bevor du es nicht tust! Und wenn es das Letzte ist, was ich in diesem verfluchten Sträflingsleben tue!", sagte sie sich, und der Zorn trieb ihr nicht nur die Tränen in die Augen, sondern gab ihr auch die nötige Kraft, um so diesen toten Punkt zu überwinden.

---

1 **Blatt:** hier: vorderer Teil des Spatens

1 Verschaffe dir einen Überblick über den Inhalt des Romanauszugs und den Aufbau der Handlung. Gliedere den Textauszug in fünf Abschnitte und finde für die einzelnen Abschnitte passende Überschriften. Übernimm dazu die folgende Tabelle in dein Heft und vervollständige sie.

Abschnitt Zeilen von ... bis ...	**Überschrift**	**Stichworte zum Inhalt und zur Handlung**
Z. 1–6		
Z. 7–...		

2 Überprüfe nun deine Textkenntnis. Beantworte dazu folgende Fragen zu dem Romanauszug:

a) Wo arbeitet Abby?
b) Mit wem arbeitet sie zusammen?
c) Warum sollen sie das Grabensystem anlegen?
d) Was macht Abbys Arbeit so anstrengend?
e) Warum will Abby nicht mit der Arbeit aufhören?
f) Weshalb gibt Abby am Ende nicht auf?

3 Charakterisiere Abby auf der Grundlage des Romanauszugs. Erläutere, welche Eigenschaften, Einstellungen und Verhaltensweisen Abbys in diesem Textauszug dem Leser deutlich werden, und charakterisiere Abbys Beziehung zu Jonathan Chandler.

4 Erkläre, aus welcher Sicht das Geschehen erzählt wird und welche Wirkung dies auf den Leser hat.

5 Wähle einen der drei Arbeitsaufträge:

- Stell dir vor, Abby trifft Rachel und sie unterhalten sich über die Auseinandersetzung Abbys mit Andrew. Verfasse dazu einen Dialog der beiden.
- Schreibe einen Tagebucheintrag Andrews über einen Arbeitstag mit Abby.
- Verfasse einen inneren Monolog Abbys, als sie sich entschließt, weiterzuarbeiten.

Das Lernen lernen: Umgang mit Sachtexten –

In diesem Kapitel erfahrt ihr Interessantes und Wissenswertes über verschiedene Persönlichkeiten, die in ihrem Leben Besonderes geleistet haben. Diese Informationen erhaltet ihr in Form von Sachtexten und Abbildungen.
Ihr lernt dabei, wie man mit Sachtexten umgehen kann, wie man ihnen Informationen entnehmen kann und wie man mit diesen Informationen weiter arbeiten kann. Die gelernten Methoden helfen euch in vielen anderen Fächern. Schließlich geht es nicht nur im Deutschunterricht um Sachtexte. Manche Übungen sind so angelegt, dass ihr sie mit eurem Tischnachbarn oder eurer Tischnachbarin ausführen sollt. Zu zweit macht die Arbeit mehr Spaß und man kann sich gegenseitig helfen.

Malala Yousafzai (geb. 1997)

Marie Curie (1867–1934)

Personen und Persönlichkeiten

Wolfgang Amadeus Mozart (1756–1791)

Leonardo da Vinci (1452–1519)

Mutter Teresa (1910–1997)

1 Schaut euch die Bilder auf dieser Doppelseite an. Welche der abgebildeten Personen kennt ihr? Was wisst ihr über sie?

2 Was ist wohl gemeint, wenn man bei einer Person von einer Persönlichkeit spricht?

3 Wen würdet ihr auf dieser Doppelseite abbilden? Begründet eure Auswahl. Natürlich darf es auch eine Person sein, die ihr aus eurem Bekanntenkreis kennt und die für euch eine besondere Persönlichkeit ist.

1. Wolfgang Amadeus Mozart – Einen Überblick über die wichtigsten Informationen eines Sachtextes gewinnen

1 Was wisst ihr bereits über Wolfgang Amadeus Mozart? Vielleicht spielen einige von euch ein Instrument und haben den Komponisten in diesem Zusammenhang kennengelernt. Berichtet davon.

2 Listet zu zweit einige Fragen zu der Person Mozarts auf, auf die ihr gern eine Antwort hättet.

3 Lest nun den Sachtext einmal durch und tauscht euch wiederum zu zweit darüber aus, was ihr möglicherweise nicht verstanden habt. Sprecht auch darüber, auf welche eurer Fragen der Sachtext eine Antwort gibt. Welche bleiben unbeantwortet?

Helmut Brasse

Wolfgang Amadeus Mozart – Kinderstar und Musikgenie

Am 27. Januar 1756 wurde Wolfgang Amadeus Mozart als Sohn eines Hofviolinisten in Salzburg geboren. Er hatte eine ältere Schwester, Maria Anna, genannt „Nannerl“, die mit dem Vater regelmäßig musizierte. So kam Mozart von Geburt an mit Musik in Berührung, wobei er ein außergewöhnliches Talent zeigte: Schon mit vier Jahren fing er an, Klavier zu spielen. Mit fünf Jahren schrieb er bereits seine ersten Stücke und hatte einen ersten öffentlichen Auftritt. Der Vater Leopold Mozart erkannte schnell, welches Talent in seinem Sohn steckte, und suchte nach Wegen, es zu fördern und auch damit Geld zu verdienen. Mozart war gerade sechs Jahre alt, als er mit seiner Familie auf seine erste Konzertreise ging. Diese Reisen mit Pferdekutschen dauerten zum Teil Jahre und führten in Städte wie München, Köln, Paris und London. Vater Mozart präsentierte anfangs Sohn und Tochter gemeinsam als musizierende Wunderkinder. Sehr schnell entwickelte sich aber Wolfgang zum „Star“. Der kleine Junge spielte nicht nur enorm gut Geige und Klavier. Er hatte auch eine sehr freundliche Art, mit welcher er die Herzen der vielfach adligen Zuschauer eroberte.

Mit zunehmendem Alter entwickelte sich Mozart vom Interpreten zu einem ernst zu nehmenden Komponisten. Bereits mit zwölf Jahren erhielt er in Wien den ersten Auftrag für eine Oper. Das Werk wurde zwar nicht aufgeführt, fand aber in Fachkreisen viel Anerkennung. Der Wechsel vom Kinderstar zum Berufsmusiker war jedoch nicht so leicht wie erhofft. Denn mit dem Ablegen der Kindheit verlor Mozart den „Niedlichkeitsfaktor“ und sein Ausnahmetalent wurde als eine Bedrohung für andere Komponisten empfunden. So musste er zu Lebzeiten viel unberechtigte Kritik, die oft nur auf Neid beruhte, über sich ergehen lassen. Es wird sogar berichtet, dass Musiker seine Stücke sabotierten, indem sie bewusst schlecht spielten.

Seinen großen Durchbruch als Komponist erlebte Mozart mit der Oper „Idomeneo“, die 1781 in München uraufgeführt wurde. Was Mozart als Musiker ausmachte, war seine Vielseitigkeit. Er konnte äußerst komplexe Stücke schreiben und dann sein Publikum wieder mit sehr eingängigen Melodien vereinnahmen. [...]

Ob Mozart wirklich der Frauenschwarm war, wie er heute oft dargestellt wird, ist ziemlich fraglich. Augenzeugen wie der Autor Franz Xaver Niemetschek, der Mozart persönlich kannte, beschrieben ihn als sehr „unansehnlich in seinem Äußeren“. Er soll mit 1,58 Meter sehr klein gewesen sein. Und da er seine Zeit meist im Sitzen am Klavier verbrachte, hatte er auch alles andere als eine athletische Figur. Als Kind fiel er durch eine sehr freundliche und rücksichtsvolle Art auf. Er war ein gutmütiger und – zum Missfallen des Vaters – sehr gutgläubiger Mensch, was diverse Mitmenschen Mozarts zeit seines Lebens ausgenutzt haben sollen. In seinen Briefen zeigte Mozart einen Hang zu Wortspielereien und einen sehr eigenen Sinn für Humor, der heute oft befremdlich wirkt [...]. Seine oft derbe Sprache [...] soll aber [...] typisch für jene Zeit gewesen sein.

[...] Allgemein wird Mozart nachgesagt, dass er wenig Respekt vor Obrigkeiten zeigte. Vielleicht ein Grund, warum er immer Schwierigkeiten hatte, Festanstellungen als Hofmusiker zu bekommen – trotz seines außergewöhnlichen Talents.

Neben der Musik soll Mozart gerne Billard gespielt haben, daneben liebte er das „Bölzlschießen“, eine frühe Form des Zielschießens mit einer Art Luftgewehr.

Was seine Kunst anbetraf, soll Mozart weniger „exaltiert“[1] gewesen sein als manch anderer seiner musikalischen Zeitgenossen. Er redete kaum über seine Arbeit und prahlte auch nicht mit Erfolgen. Wichtig war es für ihn jedoch, für wen er spielte, ob die Zuhörer Ahnung von Musik hatten oder nicht. Wenn er Musikliebhaber im Publikum hatte, spielte er leidenschaftlicher und vor allem länger.

Die Karriere des Wolfgang Amadeus Mozart weist viele Parallelen zu Karrieren im heutigen Musikgeschäft auf. Es beginnt mit den langwierigen Tourneen, die Mozart schon in seiner Zeit als „musizierendes Wunderkind“ absolvierte. Gut ein Drittel seiner 35 Lebensjahre war Mozart auf Reisen, um seine Musik international zu Gehör zu bringen. [...] In Deutschland war er unter anderem in München, Mannheim, Köln und Berlin zu Gast. Andere Ziele seiner insgesamt 17 Reisen waren London, Paris und Prag sowie Italien, damals das Musikland überhaupt. Natürlich gab es zu Mozarts Lebzeiten noch keine Tonträger, auf denen er seine Stücke verbreiten konnte. Immerhin ließ Mozart von vielen seiner Werke die Noten drucken, um sie dann verkaufen zu können. Das – und auch hier existiert eine Parallele zum heutigen Musikgeschäft – führte schon damals zu „Raubkopien“, indem andere seine Noten kopierten und Geld damit verdienten. Was für heutige Künstler der Plattenvertrag ist, war für damalige Musiker die Festanstellung an einem Hof. Dies garantierte ein sicheres Einkommen, hatte aber auch den Nachteil, dass die künstlerische Freiheit stark eingeschränkt war. Denn die Kompositionen hatten meist eine Funktion zu erfüllen: als Untermalung für eine Messe oder einen besonderen Anlass am Hof. In Salzburg hatte Mozart durch seinen Vater zweimal eine Festanstellung, fühlte sich dort jedoch künstlerisch eingeschränkt. Vergebens bemühte er sich um Festanstellungen in München, Mannheim und Paris. 1781 gab er seine Festanstellung in Salzburg auf und ging nach Wien. Erst vier Jahre vor seinem Tod bekam er dort eine neue Festanstellung als Kapellmeister. Zwischendurch lebte er von Auftritten, Kompositionsaufträgen und auch Klavierunterricht.

1 **exaltiert**: überdreht, übersteigert

Was seine Popularität angeht, soll Mozart zu Lebzeiten vor allem in Prag erfolgreich gewesen sein. Dort liebte man seine Werke, was sich in langen Laufzeiten seiner Opern ausdrückte. In Wien dagegen, wo er von viel Konkurrenz und Neidern umgeben war, unterlag seine Popularität ziemlichen Schwankungen.

Mozarts Gesamtwerk umfasst nach heutigem Wissen rund 1060 Titel. Einige davon sind jedoch verschollen. Alle Mozart-Werke wurden in einem Verzeichnis erfasst, das von dem Botaniker Ludwig Ritter von Köchel im 19. Jahrhundert erstellt und seitdem immer wieder durch neue Funde ergänzt wurde. Weil Mozart selbst seinen Werken keine richtigen Titel gegeben hat, tragen selbst Stücke, deren Melodien jedermann bekannt sind, Bezeichnungen wie „Klavier Sonate Nr. 11 in A-Dur, KV 331". [...]

Unter seinem Gesamtwerk befinden sich auch 15 Bühnenwerke bzw. Opern wie „Die Entführung aus dem Serail" und „Don Giovanni". Seine bekannteste Oper dürfte jedoch „Die Zauberflöte" sein. [...]

(2009)

Der junge Mozart in Frankreich

Originalnoten aus Mozarts „Idomeneo"

Szene aus der Oper „Così fan tutte"

4 Einen guten Überblick über den Inhalt bekommt ihr, wenn ihr einen Sachtext gliedert. Oft ist ein Sachtext nämlich so aufgebaut, dass nacheinander unterschiedliche Informationsbereiche behandelt werden. Man kann auch von unterschiedlichen Themen sprechen. Lest den Text, bei dem der Autor bereits durch Absätze die Gliederung deutlich gemacht hat, ein zweites Mal und ordnet den Abschnitten folgende Überschriften zu: „Das Werk", „Der Kinderstar", „Die Karriere", „Der Mensch", „Der Komponist". Die Reihenfolge der Überschriften müsst ihr selbst herausfinden.

5 Welchen Abschnitten können die Abbildungen zugeordnet werden?

6 Mit den Überschriften wird versucht, das Thema bzw. den Informationsbereich des jeweiligen Abschnitts zusammenzufassen. Markiert im Text jeweils einen zentralen Begriff, auf den sich die Überschrift in besonderer Weise bezieht. Verwendet, wenn euch das Buch nicht gehört, eine Folie oder eine Kopie. Ihr könnt euch auch mündlich über diesen Begriff austauschen.

7 Übertragt die Überschriften in der richtigen Reihenfolge in euer Heft, lest die einzelnen Abschnitte ein weiteres Mal und ordnet den Überschriften die wichtigsten Einzelinformationen zu, indem ihr sie entweder im Text markiert oder sie stichpunktartig herausschreibt. Wenn ihr zu zweit arbeitet, könnt ihr den Text entsprechend den Abschnitten aufteilen und euch anschließend über die zentralen Inhalte mithilfe eurer Stichworte informieren. Achtet darauf, dass ihr nicht zu viel unterstreicht oder herausschreibt.

8 Welche weiteren Informationen erhaltet ihr in der folgenden Auflistung? In welche Abschnitte des Sachtextes müssten diese Informationen eingefügt werden? Übernehmt die Einzelheiten in eure stichwortartige Auflistung.

27.1.1756	Wolfgang Amadeus Mozart wird in Salzburg (Österreich) geboren
1769	Konzertmeister in Salzburg
1786	Uraufführung von „Die Hochzeit des Figaro"
1787	Uraufführung von „Don Giovanni"
1791	Uraufführung von „Die Zauberflöte"
5.12.1791	Wolfgang Amadeus Mozart stirbt in Wien

9 **Durchstarten! So könnt ihr weiterarbeiten:**

a Übt zu zweit einen mündlichen Vortrag über Wolfgang Amadeus Mozart. Teilt die zu behandelnden Informationsbereiche auf.

b Ihr könnt euren Vortrag als Übung auch vor der ganzen Klasse halten. Überlegt euch eine passende Einleitung, in der ihr über euer Vortragsthema und die einzelnen Bereiche informiert. Gebt euch anschließend Rückmeldungen über das, was gut gelungen ist und was noch verbessert werden kann.

c Sucht euch aus eurem häuslichen Umfeld jemanden, den ihr über Wolfgang Amadeus Mozart informieren könnt. Fragt die Person zuvor, was sie bereits über ihn weiß. So könnt ihr in besonderer Weise das Interesse wecken.

2. Marie Curie – Den Aufbau eines Sachtextes erkennen

Marie Curie – Die erste Nobelpreisträgerin für Physik und Chemie

A

Acht Jahre später geht Marie ebenfalls nach Frankreich. Sie studiert Mathematik und Physik an der Sorbonne. Voller Energie stürzt sie sich in ihr Studium – vor lauter Lernen vergisst sie manchmal tagelang zu essen, oft fehlt ihr allerdings auch das Geld. 1894 lernt sie einen Mann kennen, der genauso zurückgezogen wie sie lebt und ebenso besessen von der Wissenschaft ist: Pierre Curie – ein Physiker, den sie ein Jahr später heiratet. Das Ehepaar hat nur ein Lebensziel: Sie wollen der Wissenschaft dienen.

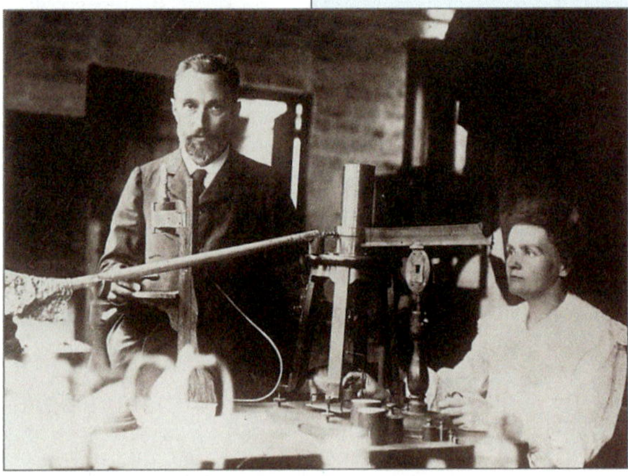

Pierre und Marie Curie

Marie Curies Geburtshaus in Warschau

B

Schon bald nach ihrer Geburt, am 7. November 1867 in Warschau (Polen) beeindruckt die kleine Marie Sklodowska Verwandte und Freunde mit ihrer Intelligenz und ihrem enormen Gedächtnis. Mit 16 schließt Marie das Gymnasium mit Auszeichnung ab. Um ihrer älteren Schwester das Medizinstudium in Paris zu finanzieren, nimmt sie zunächst eine Stelle als Erzieherin an. In Polen sind Frauen zu jener Zeit an den Universitäten noch nicht zugelassen.

C

Doch das Familienglück hält nicht: 1906 wird Pierre Curie auf dem Wege zum Labor von einer Kutsche überrollt und stirbt. Trotz des Schmerzes über seinen Tod arbeitet Marie Curie unbeirrt weiter. Als Nachfolgerin ihres Mannes hält sie Vorlesungen an der Sorbonne – sie ist die erste Professorin an einer französischen Universität.

D

Da sie kein Laboratorium besitzen, müssen sie ihre Experimente in einem kleinen, dunklen und ständig kaltem Raum durchführen. Für ihre Doktorarbeit erforscht Marie hier von früh bis spät die Radioaktivität – auch die Geburt ihrer Tochter Irène im Jahre 1897 ändert daran nichts. Trotz ständiger Geldnot und ihrer Doppelbelastung als Mutter und Wissenschaftlerin ist Marie Curie glücklich. Nach vier Jahren intensiver Forschung gelingt es der Wissenschaftlerin, ein bis dahin unbekanntes Element zu isolieren[1]: das Radium. Für ihre Entdeckung werden Marie und Pierre Curie 1903 mit dem Nobelpreis für Physik ausgezeichnet. Das stille Leben der Curies ist damit beendet – Fachleute aus der ganzen Welt interessieren sich plötzlich für ihre Arbeit. 1904 bringt Marie ihre zweite Tochter Eve zur Welt.

[1] **isolieren:** herausfiltern, trennen

In diesem Labor entdeckten die Curies das Radium.

E

Nach Ende des Krieges 1918 nimmt sie mit aller Energie ihre wissenschaftliche Arbeit wieder auf. Neun Jahre lang forscht sie zusammen mit ihrer Tochter Irène – auch sie ist mittlerweile eine berühmte Physikerin – am Radium-Institut in Paris, sammelt Spenden für wissenschaftliche Projekte und hält Vorlesungen. Im Juni 1934 stirbt Marie Curie an Blutarmut – eine Folge der radioaktiven Strahlung, der ihr Körper jahrelang ausgesetzt war.

F

1911, 5 Jahre nach dem Tod ihres Mannes, erhält sie den zweiten Nobelpreis für ihre Arbeiten über radioaktive Elemente, diesmal im Bereich Chemie. Nach langem Hin und Her entschließt sich die Regierung, den Bau eines Radium-Instituts zu finanzieren. Doch bevor Marie Curie in ihrem eigenen Institut arbeiten kann, beginnt 1914 der Erste Weltkrieg. Sofort spendet Marie Curie ihr Preisgeld der französischen Regierung. Außerdem entwickelt sie eine mobile Röntgenstation, die es Ärzten erleichtert, verwundete Soldaten zu behandeln.

Marie Curie am Steuer eines Röntgenwagens

1 Gerade Sachtexte haben oft einen klaren Aufbau, der dem Leser die Orientierung erleichtert und zum besseren Textverständnis beiträgt. Diesen Aufbau kann man oft an bestimmten Signalwörtern und Wortgruppen erkennen, die z. B. auf einen bestimmten zeitlichen Ablauf hinweisen („zunächst", „dann", „schließlich", „am Ende" ...). Auch Jahreszahlen können solche Signalwörter sein. Bringt die verwürfelten Abschnitte des Sachtextes über Marie Curie in die richtige Reihenfolge, sodass ein klar gegliederter Text entsteht. Woran könnt ihr erkennen, was die richtige Reihenfolge ist? Achtet auf mögliche Signalwörter und die inhaltlichen Zusammenhänge.

2 Gebt den Abschnitten jeweils eine informative Überschrift.

3 Bei einigen Sachtexten bietet sich auch eine übersichtliche Auswertung in Form einer Tabelle an. Wie könnte so eine Tabelle, in der die wichtigsten Informationen zu Marie Curie zusammengefasst werden, aussehen? Welche Spalten könnten sinnvoll sein?

4 Nach welchem Prinzip ist dieser Sachtext aufgebaut?

5 **Durchstarten! So könnt ihr weiterarbeiten:**

a Recherchiert in Sachbüchern (vgl. S. 149) oder im Internet, was genau Pierre und Marie Curie herausgefunden haben und welche Bedeutung dieses für den medizinischen Fortschritt hatte. Hinweise zu geeigneten Suchmaschinen findet ihr auf S. 149.

b Verfasst einen eigenen Sachtext, in dem ihr darüber informiert, was das Besondere an der Persönlichkeit Marie Curies war. Darin soll es nicht um die Lebensdaten oder konkreten Erfindungen gehen, sondern um zentrale Charaktermerkmale und Fähigkeiten. Informationen könnt ihr dem Sachtext und den folgenden Zitaten entnehmen. So könnt ihr beginnen:
Marie Curie (1867–1934) war eine Frau, die ...

„Man muss nichts im Leben fürchten, man muss nur alles verstehen."

„Leicht ist das Leben für keinen von uns. Doch was nützt das, man muss Ausdauer haben und vor allem Zutrauen zu sich selbst. Man muss daran glauben, für eine bestimmte Sache begabt zu sein, und diese Sache muss man erreichen, koste es, was es wolle."

„Man muss an seine Berufung glauben und alles daransetzen, sein Ziel zu erreichen."

„Was man verstehen gelernt hat, fürchtet man nicht."

„Ich beschäftige mich nicht mit dem, was getan worden ist. Mich interessiert, was getan werden muss."

„Träume dir dein Leben schön und mach aus diesen Träumen eine Realität."

3. Leonardo da Vinci – Mehreren Sachtexten und Abbildungen zu einem Thema Informationen entnehmen und diese ordnen

Ulrike Vosberg, Franziska Badenschier

Leonardo da Vinci – Das Universalgenie

Ein Selbstporträt von Leonardo da Vinci

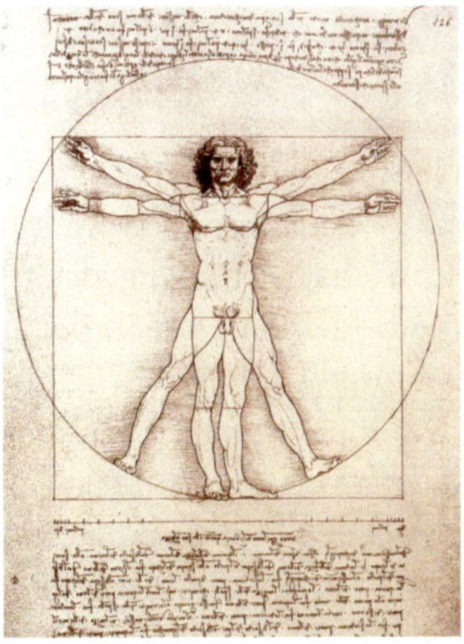

Darstellung des Menschen und seiner Proportionen

Modell einer Flugmaschine

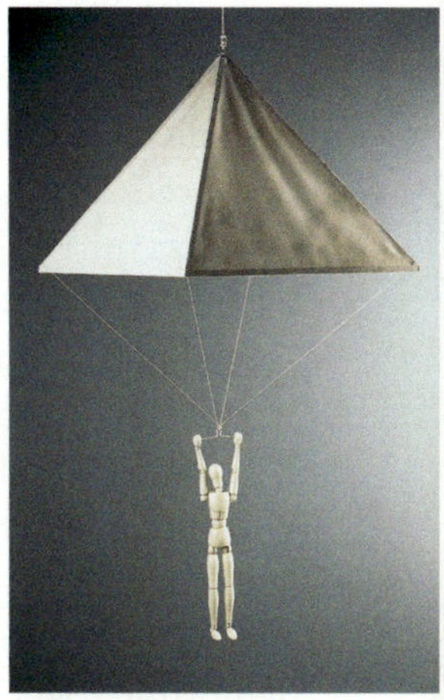

Eine Miniatur des Da-Vinci-Fallschirms

Holzmodell von Leonardos Panzer

Leonardo da Vincis Skizzenbuch

Er war Maler, Bildhauer, Architekt, Musiker, Mechaniker, Ingenieur, Philosoph und Naturwissenschaftler: Leonardo da Vinci (1452–1519). Das Universalgenie ist berühmt für die Mona Lisa, seine anatomischen[1] Zeichnungen und seine Proportionsstudie „Der vitruvianische Mensch“. Neben der Kunst trugen die diversen Erfindungen zu seinem Ruhm bei, darunter ein Fallschirm, ein Taucheranzug und ein Panzer. Mit vielen dieser Tüfteleien war Leonardo seiner Zeit weit voraus.

Der Traum vom Fliegen

Fliegen – davon träumte Leonardo da Vinci wie viele andere Menschen auch. Der Maler aus Italien beobachtete Vögel und entwickelte Flughilfen, die den Flügeln nachempfunden waren. Leonardo setzte aber nicht allein auf die Muskeln als Antriebskraft.

Er entwickelte unter anderem ein Fluggerät mit Luftschraube, einen Vorläufer des modernen Helikopters. Auch ein Gleitfluggerät, eine Art Fallschirm, hat der Tüftler entworfen. Der Fallschirm ist jedoch nicht rund geformt, sondern läuft spitz zu.

Experten waren überzeugt, dass dieses pyramidenförmige Gebilde aus Holz und Segeltuch niemals fliegen könne. Der Brite Adrian Nicholas und sein Team wollten es genau wissen. Also bauten sie den Fallschirm anhand von Leonardos Originalzeichnung aus dem Jahre 1483 nach.

Entgegen allen Warnungen testete Nicholas am 26. Juni 2000 den Fallschirm in 3000 Metern Höhe – und segelte sicher und sanft zu Boden. So wurde die Praxistauglichkeit von Leonardo da Vincis Idee nach 500 Jahren bestätigt: Der spitz zulaufende Fallschirm funktioniert.

Der Schöngeist im Dienste des Militärs

[...] Um neue Geldgeber aufzutreiben – meist waren dies adelige Herrscherhäuser –, musste der Künstler auf Wanderschaft gehen. Da Vinci nahm Aufträge an, die nur wenig mit Schönheit und Kunst gemein hatten. Zum Beispiel 1482: Da widmete er seinen Ideenreichtum dem Militär. [...] Da zu jener Zeit ständig Krieg herrschte zwischen den italienischen Stadtstaaten, brauchte der Herzog von Mailand, Ludovico Sforza, dringend neues Kriegsgerät. Leonardo nahm sich der Sache an. Er entwarf Pläne für eine Rundfestung, die den feindlichen Kanonenkugeln besser standhalten sollte. Er entwickelte die ersten stromlinienförmigen Geschosse mit Steuerschwänzen sowie ein Schnellfeuergeschütz.

In Venedig entwarf er eine Taucherausrüstung mit Schnorchel und Taucherglocke, die gegen die türkische Flotte eingesetzt werden sollte. Sein größtes Militärprojekt war ein Panzer. Dieser hatte eine runde Grundfläche, lief oben spitz zu und war mit acht Kanonen bestückt. Zum Einsatz kam diese Kriegsmaschine allerdings nie.

Das Genie vom Lande

Dass Leonardo es so weit bringen würde, hatte zunächst niemand gedacht. Er wurde 1452 in einem kleinen Dorf in der Nähe der Stadt Vinci geboren – als uneheliches Kind. Seine Mutter war ein Bauernmädchen, sein Vater ein Notar. Leonardo wuchs im Hause seines Vaters auf. Lesen, Schreiben und Rechnen lernte er nur mühsam. Latein lernte er nie. Doch Leonardo besaß bereits in jungen Jahren viele Interessen und ein besonderes künstlerisches Talent. Sein Vater förderte dieses, indem er ihn als Schüler zu einem Bekannten schickte: zu Andrea del Verrocchio, einem einflussreichen Bildhauer und Restaurator. Leonardo da Vinci entwickelte sich zu einem der bedeutendsten Maler und Bildhauer der Renaissance[2]. Seine Werke hängen in den wichtigsten Museen der Welt, etwa im Louvre in Paris. Das Porträt der Mona Lisa gilt als das bekannteste Gemälde der Welt. Ein weiteres berühmtes Werk ist seine Zeichnung der menschlichen Proportionen. Die Skizze wurde millionenfach als Posterdruck verkauft und ziert

---

1 **anatomisch:** den menschlichen Körper betreffend

2 **Renaissance:** Die Renaissance bezeichnet das Zeitalter von ungefähr 1400–1600. Wörtlich übersetzt heißt Renaissance „Wiedergeburt“, was sich darauf bezieht, dass man das Gedankengut der Antike wiederentdeckte. Es ist eine Zeit einschneidender Erfindungen und Entdeckungen. Die Renaissance löst das Mittelalter ab.

die Rückseite der italienischen 1-Euro-Münze. Die Zeichnung zeigt, wie sehr sich Leonardo für die Anatomie des Menschen interessierte. So sehr, dass er nachts trotz eines Verbots heimlich Leichen aufschnitt. Leonardo faszinierten Maschinen. Er befasste sich mit dem Festungsbau, mit der Wehrtechnik und mit der Konstruktion von Brücken und Kanälen. Zu seinen bekanntesten Erfindungen zählen ein Automobil, ein dazugehöriges Getriebe, hydraulische Maschinen und ein Uhrwerk.

Zu seinem Nachlass zählen Pläne für Entwässerungsanlagen, Kriegsgerät und zahlreiche technische Entwürfe. Tausende von Zeichnungen und Erläuterungen, die er in Spiegelschrift festhielt. Angeblich, um sich vor dem Verdacht der Ketzerei (Irrlehre) und vor Plagiaten (Nachahmungen) zu schützen. Oder hatte die Spiegelschrift mit Leonardos Linkshändigkeit zu tun? Letztendlich ist bis heute ungeklärt, warum das Universalgenie sich dieser Schreibweise bedient hat.

(2013)

Leonardos erster Auftrag

Schon als Junge konnte sich der kleine Leonardo aus Vinci bei Florenz stundenlang in den Anblick einer Blume oder eines Tieres vertiefen. Alles, was ihn interessierte, nahm er mit nach Hause. So konnte er die Eidechsen und Kröten, die Würmer, Pflanzen und Steine in Ruhe betrachten. Das bloße Anschauen reichte ihm aber nicht aus. Wann immer er Zeit hatte, zeichnete und malte er die Dinge mit Pinsel oder Feder ab. Sein Vater erkannte das künstlerische Talent des Sohnes und gab Leonardo mit etwa zehn Jahren seinen ersten Auftrag. Er sollte für einen wohlhabenden Bauern einen hölzernen Schutzschild bemalen. „Einen Schild einfach anmalen, das kann jeder", sagte sich Leonardo. „Dieser Schild aber soll so sein, dass schon sein bloßer Anblick den Feind in die Flucht schlägt." Bevor er mit der Arbeit beginnt, sammelt er große und kleine Eidechsen, Schlangen, Heuschrecken und Fledermäuse und studiert sie genau. Außerdem lässt er den plump bearbeiteten Schild von einem Drechsler glätten. Dann malt er auf die blank schimmernde Holzfläche ein grässliches Untier, das aus einer dunklen Felsenhöhle hervorkommt. Es speit Feuer, und giftiger Rauch strömt aus seinen Nüstern. Es wird erzählt, der Bauer sei beim Anblick des fertigen Schildes entsetzt zurückgeschreckt. Der Vater habe ihm den Schild ersetzt und das Werk seines Sohnes für 100 Dukaten an Kaufleute aus Florenz verkauft. Dieses Bild war angeblich die erste Malerei Leonardos, die bares Geld einbrachte. Sein Vater bezahlte damit das Lehrgeld für Leonardos Ausbildung.

Tanja Lindauer

Die Mona Lisa

Leonardo da Vinci: Mona Lisa (1503–1506)

Die Mona Lisa ist das berühmteste Werk von Leonardo da Vinci. Man ist sich nicht ganz sicher, wer die Frau auf dem Bild war, aber viele Quellen belegen, dass es die neapolitanische Hausfrau Monna Lisa del Giocondo sein könnte. Andere Quellen besagen, dass es sich bei dem Porträt um den heimlichen Geliebten Salaj (man munkelte, dass Leonardo eventuell homosexuell war) handelt.

Demnach würde es sich um einen Mann handeln, der Name Mona Lisa könnte dann ein „Anagramm“ sein – das bedeutet, dass, wenn man die Buchstaben der Wörter Mona Lisa in eine andere Reihenfolge bringt, sich daraus neue Wörter bilden und Mon Salai herauskommt. Auf Deutsch bedeutet Mon Salai „Mein Salai“. Für eine Zeit lang war Napoleon I. Besitzer der Mona Lisa und er hing es in seinem Schlafzimmer auf. Seit 1804 ist das Bild im Louvre in Paris ausgestellt – seit 1956 kann man es nur noch durch Panzerglas betrachten, da jemand versuchte, das Bild zu beschädigen.

Tanja Lindauer

Die letzten Jahre

Das Bild von Jean-Auguste-Dominique Ingres (1780–1867) zeigt den „Tod des Leonardo da Vinci“ in den Armen des Königs.

Im Jahr 1513 arbeitete Leonardo für den Papst in Rom, und auch mit 60 Jahren war er immer noch neugierig und verspürte den Drang, den menschlichen Körper weiter zu verstehen und zu zeichnen. Doch der Papst verbot ihm bald das Sezieren von Leichen. Leonardo da Vinci wider-

setzte sich diesem Verbot. Er schnitt nachts heimlich Leichen auf und brachte sich dadurch in Gefahr.
1516 wurde Leonardo von Franz I. nach Frankreich gerufen und er entschied sich, Italien zu verlassen. So verbrachte das Universalgenie seine letzten Jahre in Frankreich. Leonardo da Vinci starb am 2. Mai 1519 im Alter von 67 Jahren auf dem Schloss Clos Lucé bei Amboise. Für das 16. Jahrhundert war dies schon sehr alt. In seinem Nachlass finden sich etliche Skizzen, Zeichnungen, Aufzeichnungen, Gemälde und Entwürfe, darunter beispielsweise für ein Automobil, ein Uhrwerk und hydraulische Maschinen.
Leonardo trug zu Lebzeiten immer ein Notizbuch bei sich und schrieb scheinbar wahllos etwas auf irgendeine Seite. Warum er alles in Spiegelschrift niederschrieb, ist bis heute unklar. Manche behaupten, er hätte sie verwendet, damit seine Notizen nicht sofort lesbar seien. Andere glauben, dass es auf seine ausgeprägte Linkshändigkeit zurückzuführen sei. Auch beinahe 500 Jahre nach seinem Tod ist Leonardo da Vinci ein geheimnisvoller Künstler und Wissenschaftler, der viele Rätsel aufgibt.

1 Was erfahrt ihr anhand der Abbildungen über Leonardo da Vinci?

2 Eine besonders ergiebige Methode, einen ersten Überblick über die wichtigsten Informationen eines Textes zu erhalten, besteht darin, Fragen zu dem Text zu formulieren, auf die dieser eine Antwort gibt. Lest zunächst sorgfältig den ersten Text und schreibt ca. zehn Fragen auf, auf die er eine Antwort gibt. Tauscht diese Fragen mit eurem Tischnachbarn oder eurer Tischnachbarin aus und beantwortet sie euch gegenseitig. Eine solche Frage könnte z. B. sein: Wofür war Leonardo da Vinci berühmt?

3 Arbeitet in gleicher Weise mit den anderen Texten. Hier reicht es, wenn ihr 3 bis 5 Fragen formuliert.

4 Nun habt ihr zahlreiche Einzelinformationen, die ihr in einem nächsten Schritt ordnen sollt. Legt mithilfe eurer Fragen unterschiedliche Informationsbereiche fest („Lebensdaten“, „Kindheit“, „Bedeutende Erfindungen“, „Die Mona Lisa“, „Besondere Charaktermerkmale“ ...).

5 Ordnet nun die Einzelinformationen diesen Informationsbereichen auf einem Stichwortzettel zu. Wenn euch das Buch gehört oder ihr eine Kopie der Texte zur Verfügung habt, könnt ihr die Informationsbereiche jeweils am Rand vermerken und die Einzelinformationen unterstreichen.

6 Legt nun eine Mindmap an, mit der ihr die zahlreichen Informationen ordnet. Der Werkzeugkasten auf S. 144 und eure Vorarbeiten helfen euch dabei.

So gehst du vor

Eine Mindmap anlegen

Bei einer **Mindmap** handelt es sich um eine sogenannte Gedankenlandkarte, mit der ihr die euch zur Verfügung stehenden Informationen zu einem Thema in besonderer Weise ordnen und somit auch merken könnt. Voraussetzung ist, dass ihr den Text oder die Texte, um die es geht, zuvor sorgfältig bearbeitet habt.

So geht ihr am besten vor:

1. Schreibt in die **Mitte** eines Blattes das **Thema** und rahmt dieses ein.
2. Zeichnet von diesem zentralen Begriff Linien nach außen, an deren Ende die Informationsbereiche geschrieben werden. Man spricht auch von **Oberbegriffen**. Die Linien kann man sich wie die Äste eines Baumes vorstellen. Die Oberbegriffe kann man dementsprechend auch „**Astbegriffe**" nennen.
3. Von den Oberbegriffen zweigen nun weitere Linien ab, an deren Ende die **Einzelinformationen** stichwortartig vermerkt werden. Bei diesen Linien kann man auch von Zweigen sprechen, bei den Begriffen am Ende dieser Linien von „**Zweigbegriffen**".

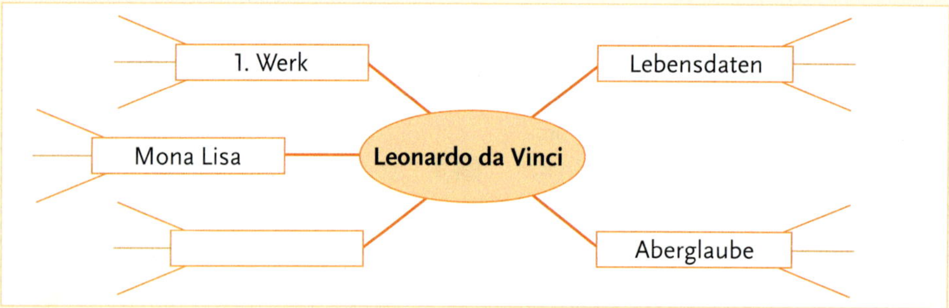

Ganz wichtig ist, dass ihr die Mindmap sehr sorgfältig anlegt, damit ihr sie euch gut einprägen könnt. Übersichtlich wird eine Mindmap auch dadurch, wenn ihr für die „Astbegriffe" und „Zweigbegriffe" unterschiedliche Farben verwendet.

7 **Durchstarten! So könnt ihr weiterarbeiten:**

a Benutzt nun eure Mindmap für einen mündlichen Vortrag, den ihr zu zweit einübt. Informiert euch gegenseitig über die in der Mindmap festgehaltenen Informationsbereiche. Wechselt dabei die Rollen des Zuhörenden und des Sprechenden. Weitere Hinweise erhaltet ihr im Werkzeugkasten „Einen Vortrag über eine Persönlichkeit halten" (S. 145).

b Verwendet eure Mindmap, um in einem zusammenhängenden Text Leonardo da Vinci zu porträtieren. Die Gliederung eures Textes ergibt sich aus der Mindmap. Weitere Hinweise erhaltet ihr im Werkzeugkasten „Eine Persönlichkeit schriftlich porträtieren" (S. 145).

c Fertigt ein Plakat zu Leonardo da Vinci an. Die „Astbegriffe" aus eurer Mindmap könnt ihr dabei zu einzelnen kleinen Sachtexten mit eigener Überschrift ausformulieren. Verwendet auch passende Abbildungen.

So gehst du vor

Einen Vortrag über eine Persönlichkeit halten

Wenn du **eine historische oder aktuelle Persönlichkeit** in einem **Vortrag** vorstellen willst, kannst du nach den Vorarbeiten (Material sammeln, sichten, ordnen und stichpunktartig die wichtigsten Informationen aufschreiben) folgendermaßen vorgehen:

1. Beginne mit einem aussagekräftigen Zitat, einem besonderen Ereignis, einer Abbildung oder präsentiere einen besonderen Gegenstand, der zu der Person passt, um das Interesse des Publikums zu wecken.
2. Informiere darüber, um wen es geht.
3. Teile dem Publikum mit, worüber du im Einzelnen informieren wirst.
4. Führe nun die Informationsbereiche nacheinander aus. Überlege dir dabei eine sinnvolle Reihenfolge (z. B.: wichtige Lebensdaten, prägende Ereignisse im Leben der Person, Kindheit, Alter, besondere Fähigkeiten, besondere Charaktereigenschaften ...).
5. Verwende für die einzelnen Informationsbereiche Anschauungsmaterial wie Abbildungen, Gegenstände, Zitate ...
6. Gib deinem Publikum am Schluss die Möglichkeit, Fragen zu stellen.

So gehst du vor

Eine Persönlichkeit schriftlich porträtieren

Willst du **eine historische oder aktuelle Persönlichkeit** in einem zusammenhängenden schriftlichen Text **porträtieren**, kannst du nach den Vorarbeiten (Material sammeln, sichten, ordnen und stichpunktartig die wichtigsten Informationen aufschreiben) folgendermaßen vorgehen:

1. Erläutere zu Beginn, um wen es geht und warum du gerade diese Person ausgewählt hast. Du kannst auch mit einem aussagekräftigen Zitat, welches du bei deiner Recherche gefunden hast, beginnen. Es sollte von Beginn an deutlich werden, was das Besondere an der Person ist.
2. Informiere nun über die wichtigsten Lebensdaten.
3. Führe anschließend die Informationsbereiche nacheinander aus. Überlege dir dabei eine sinnvolle Reihenfolge (prägende Ereignisse im Leben der Person, Kindheit, Alter, besondere Fähigkeiten, besondere Charaktereigenschaften ...).
4. Vergiss nicht, Absätze zu machen, um deinen Text auch äußerlich zu gliedern. Um den Aufbau deines Textes zu verdeutlichen, kannst du zusätzlich Zwischenüberschriften einfügen.
5. Beschließe deinen Text, indem du noch einmal auf die Bedeutung der Person hinweist.

4. Malala Yousafzai – Methoden des Umgangs mit Sachtexten selbstständig anwenden

Wiebke Plasse

Malala Yousafzai – Ein Einsatz für die Rechte der Mädchen

Malala Yousafzai

Lebensdaten: geboren am 12. Juli 1997
Nationalität: pakistanisch
Zitat: „Ich erhebe meine Stimme – nicht um zu schreien, sondern um für die zu sprechen, die keine Stimme haben."

Malala Yousafzai machte bereits im Alter von elf Jahren auf sich aufmerksam. Für die Website des britischen TV-Senders BBC führte sie ein Blog-Tagebuch, in dem sie über die Gewalttaten der Taliban (eine radikalislamische Bewegung) berichtete.

Die pakistanische Bloggerin und Kinderrechtsaktivistin wurde 2013 mit dem internationalen Kinder-Friedenspreis ausgezeichnet.

Malala Yousafzai wurde am 12. Juli 1997 in Mingora (Pakistan) geboren. Im Gegensatz zu vielen anderen Mädchen in Pakistan wurde sie von klein auf von ihrem Vater Ziauddin gefördert. Er ermutigte sie dazu, sich für die Rechte von Mädchen einzusetzen. Ziauddin Yousafzai leitete eine Schule im pakistanischen Swat-Tal.

Doch 2007 übernahmen Taliban die Herrschaft über Malalas Heimatregion, das sogenannte Swat-Tal. Diese Gruppe radikaler Islamisten steht oft im Zusammenhang mit Terrorismus und wird verdächtigt, an den Anschlägen auf das World Trade Center in den USA vom 11. September 2001 beteiligt gewesen zu sein. Die Taliban wollen einen Gottesstaat errichten. Sie wollen zum Beispiel erreichen, dass Frauen in der Öffentlichkeit Burkas (Ganzkörperschleier) tragen müssen, nicht arbeiten und ab einem Alter von acht Jahren nicht mehr zur Schule gehen dürfen. In Malalas Heimatregion durften Mädchen außerdem keine Musik mehr hören.

Diese, für die westliche Welt unverständliche Unterdrückung von Frauen machte die Website des TV-Senders BBC zum Thema. Malalas Vater, Ziauddin Yousafzai, schlug seine Tochter als Autorin für den Blog „Gui Makai" (Kornblume) vor. In kurzen Notizen beschrieb Malala fortan zehn Wochen lang, wie die Taliban die Menschen unterdrückten. Sie erzählte von Selbstmordattentaten, Angst und Trauer und insbesondere von Mädchen, die nicht mehr zur Schule gehen durften. Innerhalb kürzester Zeit wurde sie weltweit berühmt: Sie trat in Fernsehshows auf und gab Interviews zu den Themen Bildung und Frauen. Als eine der wenigen traute sie sich in die Öffentlichkeit. Ende Dezember 2011 erhielt sie für ihr Engagement den pakistanischen Friedenspreis. Doch den Taliban war sie ein Dorn im Auge. Sie wollten das Mädchen ruhigstellen. Deshalb stürmten sie im Oktober 2012 einen Bus, in dem Malala saß, und schossen auf sie. Malala wurde schwer verletzt und musste zuletzt in einer Fach-

klinik in Großbritannien behandelt werden. Aber das furchtbare Attentat ging für die Taliban trotzdem nach hinten los: Denn es verhalf der jungen Freiheitskämpferin zu noch mehr Berühmtheit. Malala gilt seither für Frauen weltweit als Symbolfigur für Freiheit und Bildung.
Mittlerweile ist sie auch wieder auf den Beinen. Malala entschied sich für das britische Birmingham als neue Heimat und geht dort seit März 2013 wieder zur Schule. Erst kürzlich wurde sie für den Friedensnobelpreis nominiert. Den internationalen Kinder-Friedenspreis hat sie schon gewonnen. Und die Vereinten Nationen erteilten ihr am 12. Juli 2013, ihrem 16. Geburtstag, die Ehre, eine Rede zu halten.

(2013)

Malala Yousafzai: Rede vor den Vereinten Nationen (UNO) am 12. Juli 2013 (Auszug)

Liebe Brüder und Schwestern, denkt immer an eines: Der Malala-Tag ist nicht mein Tag, heute ist der Tag jeder Frau, jedes Jungen und jedes Mädchens, die ihre Stimme für ihre Rechte erhoben haben. Es gibt Hunderte Menschenrechtsaktivisten und Sozialarbeiter, die nicht nur über ihre Rechte sprechen, sondern dafür kämpfen, ihr Ziel von Frieden, Bildung und Gleichheit zu erreichen. Tausende Menschen wurden von den Terroristen getötet und Millionen wurden verwundet. Ich bin nur eine unter ihnen. Und so stehe ich hier – und so stehe ich hier, ein Mädchen unter vielen. Ich spreche nicht nur für mich selbst, sondern ich spreche, damit die, die keine Stimme haben, auch gehört werden.
Die, die für ihre Rechte gekämpft haben. Ihr Recht, in Frieden zu leben, ihr Recht, in Würde behandelt zu werden, ihr Recht auf Chancengleichheit, ihr Recht auf Bildung.
Liebe Freunde,
am 9. Oktober 2012 haben die Taliban auf mich geschossen und meine linke Stirn getroffen. Auch auf meine Freunde haben sie geschossen. Sie haben gedacht, dass die Kugeln uns zum Schweigen bringen würden, aber sie sind gescheitert. Denn aus der Stille kamen Tausende Stimmen. Die Terroristen dachten, sie könnten meine Ziele verändern und meinen Ehrgeiz stoppen. Aber in meinem Leben hat sich nichts verändert, mit einer Ausnahme: Schwäche, Angst und Hoffnungslosigkeit sind verschwunden. Stärke, Kraft und Mut sind geboren. Ich bin dieselbe Malala. Meine Absichten sind dieselben. Meine Hoffnungen sind dieselben. Und meine Träume sind dieselben.

(2013)

1 Tauscht euch darüber aus, was für euch das Besondere an dem Mädchen Malala ist?

2 Stellt die wesentlichen Informationen der beiden Texte zusammen, indem ihr euch deren Inhalt mit einer selbst gewählten Methode erschließt. Ziel soll es sein, das Mädchen Malala in einem mündlichen Vortrag oder in einem zusammenhängenden schriftlichen Text zu porträtieren. So könnt ihr herausstellen, was das Besondere an ihr ist. Der folgende Werkzeugkasten (S. 148) gibt euch noch einmal Hilfen.

3 **Durchstarten! So könnt ihr weiterarbeiten:** Verfolgt den Weg Malala Yousafzais weiter.

Mit Sachtexten umgehen

Für den **Umgang mit Sachtexten** gibt es einige **Methoden**, die dir helfen können, den Inhalt des Gelesenen leichter zu verstehen und dir die wichtigsten Informationen dauerhaft einzuprägen.

1. Frage dich vor dem Lesen, was du bereits über das Thema weißt und was du gern noch wissen möchtest.
2. Lies den Text ein erstes Mal sorgfältig durch und kläre anschließend mithilfe von Wörterbüchern oder im Gespräch mit deinem Tischnachbarn oder deiner Tischnachbarin Wörter, die du nicht verstanden hast.
3. Schreibe – eventuell nach einem zweiten Lesedurchgang – Fragen auf, auf die der Text eine Antwort gibt. Beantworte diese Fragen für dich selbst oder im Austausch mit einem Mitschüler oder einer Mitschülerin schriftlich. So erhältst du einen ersten Überblick.
4. Die Frage- und Antwortmethode kannst du auch in Form eines Interviews durchführen.
5. Viele Sachtexte besitzen einen bestimmten Aufbau. Versuche, ihn herauszufinden, indem du den Text gliederst und den einzelnen Abschnitten eigene kurze Überschriften gibst. Wenn dir das Buch gehört, kannst du diese Überschriften auch an den Rand schreiben.
6. Ordne diesen Überschriften die wichtigsten Einzelinformationen auf einem Stichwortzettel zu. Du kannst diese auch im Text unterstreichen, wenn dir das Buch gehört. Achte darauf, nur die wirklich wichtigen Informationen herauszuschreiben oder zu markieren.
7. Zu manchen Sachtexten kannst du auch eine Tabelle anlegen. Wenn du z. B. einen Text hast, der über das Leben einer Persönlichkeit informiert, kannst du in eine Spalte der Tabelle wichtige Daten schreiben und in eine zweite die dazugehörigen Ereignisse.
8. Besonders gut merken kannst du dir die Informationen, wenn du ein Schaubild bzw. eine Mindmap anlegst. Mit den dort aufgeführten Begriffen kannst du dir dann den gesamten Inhalt des Sachtextes in Erinnerung rufen.
9. Manchmal ist es so, dass du nur bestimmte Informationen zu einzelnen Bereichen benötigst. Dann solltest du bereits beim ersten oder zweiten Lesen mit unterschiedlichen Farben, die zu dem jeweiligen Informationsbereich passen, Markierungen vornehmen oder die entsprechenden Informationen herausschreiben.

Diese Methoden kannst du in allen Fächern verwenden. Dabei geht es nicht darum, alle jeweils einzusetzen, sondern du wirst auf die Dauer lernen, mit welchen Methoden du am besten umgehen kannst.

4 Durchstarten! So könnt ihr weiterarbeiten:

a Wählt aus eurer Familie oder aus eurem Freundes- und Bekanntenkreis jemanden aus, der oder die für euch eine Persönlichkeit ist. Bereitet einen mündlichen Vortrag vor, mit dem ihr diese Person vorstellt.

b Wählt eine bekannte historische oder aktuelle Persönlichkeit aus und stellt sie in einem Vortrag oder einem zusammenhängenden schriftlichen Text der Klasse vor. Material erhaltet ihr in den folgenden Büchern und im Internet. Nutzt dazu vor allem auch Internetsuchmaschinen, die für Kinder geeignet sind, z. B.
www.geolino.de
www.wasistwas.de
www.blindekuh.de
...

Der Untergang der Nibelungen:

Ihr werdet in diesem Kapitel von den Nibelungen hören, den Helden aus dem berühmten „Nibelungenlied“ eines bis heute unbekannten Dichters. Darin wird vom Tode Siegfrieds, des Helden mit den sagenhaften Waffen, erzählt, von der Rache seiner Frau Kriemhild und von dem Untergang der Königsfamilie der Burgunder samt ihrem Heer. Von dem Dichter des Nibelungenliedes weiß man kaum etwas, aber ihr werdet etwas darüber erfahren, wie er gesprochen und geschrieben hat und was man beim Übersetzen aus seiner mittelhochdeutschen Sprache beachten muss.
Am Ende findet ihr einen Projektvorschlag, mit dem ihr die wichtigsten Episoden der Handlung des Nibelungenliedes zeichnerisch darstellen könnt.

Hagendenkmal am Rheinufer in Worms:
Hagen versenkt den Nibelungenschatz im Rhein.

Nibelungen-Festspiele vor dem Wormser Dom

Gier – Verrat – Rache

Nibelungen-Museum
in Worms

1 Auf diesen Seiten seht ihr, wie man in Worms, wo der Sage nach einmal die mächtigen Könige der Nibelungen geherrscht haben, diese Vergangenheit lebendig erhält. Recherchiert im Internet, womit die Stadt sonst noch heute an die Nibelungen erinnert.

2 Das Hagendenkmal spielt auf eine geheimnisvolle Erzählung im Nibelungenlied an. Wie wirkt die Darstellung auf euch?

NIBELUNGEN
Stadt Worms

Nibelungen Museum

Willkommen in der „Hauptstadt des Nibelungenliedes"

Im Sommer 2001 war es so weit – das Nibelungen-Museum öffnete seine Pforten. Hier wird erzählt, dass Hagen den sagenhaftesten aller Schätze, den Hort der Nibelungen, im Rhein versenkt hat. Dort ruht er, sozusagen unter der Stadt Worms. Das Schönste zwischen all dem Gold und all den Edelsteinen war jedoch eine goldene Wünschelrute. Wer sie zu benutzen verstand, konnte auf Erden Meister über jeden Menschen werden. Was ist das für ein Schatz und wo liegt er heute? Der anonyme Autor des Nibelungenliedes nimmt uns in seinem heutigen Wormser Wohnsitz mit auf eine wundersame Schatzsuche durch Geschichte, Kunst und Literatur.

Das Nibelungenlied – Die Handlung

Uns ist in alten mæren wunders vil geseit:
von helden lobebæren, von grôzer arebeit,
von fröuden, hôchgezîten, von weinen und von klagen,
von küener recken strîten muget ir nu wunder hœren sagen.

In alten Geschichten wird uns viel Wunderbares erzählt:
von ruhmwürdigen Helden, von schwerer Kampfesnot,
von Freuden und von Festen, von Weinen und von Klagen,
vom Kampfe kühner Recken – davon sollt ihr nun Wunderbares berichten hören.

So beginnt das in der ganzen Welt berühmte „Nibelungenlied". Der bis heute unbekannte Dichter beruft sich auf „alte maeren", also auf alte Geschichten, aus denen er den Stoff für seine Erzählung entnommen hat. Märchenhaft Unwirkliches, aber auch historisch wirklich Geschehenes nimmt er dabei auf und mischt das alles zu einem großen Epos, einer Erzählung, die aus Versen und Strophen besteht. Es entstand etwa im Jahre 1200 n. Chr. und war im Mittelalter bald sehr beliebt. Darauf deuten die vielen noch erhaltenen kostbaren Handschriften. An Fürstenhöfen und in den Burgen wurde es von fahrenden Sängern nach einer Melodie vorgetragen, die man heute leider nicht mehr kennt.

Der erste Teil des Nibelungenliedes handelt von den Taten des Helden Siegfried, des Königssohns aus Xanten. Mit seinem Schwert Balmung erobert er den Schatz der Nibelungen, eines fernen alten Königsgeschlechts im Norden. Dem Wächter des Schatzes, dem Zwerg Alberich, entreißt er die Tarnkappe, und dann besiegt er noch einen schrecklichen, Feuer speienden Drachen. Durch ein Bad in seinem Blute wird Siegfried unverwundbar bis auf eine Stelle zwischen seinen Schulterblättern, wohin ihm beim Bade ein Lindenblatt gefallen ist. Siegfried heiratet dann Kriemhild, die burgundische Königstochter in Worms. Das mächtige Reich der Burgunder grenzt an das Königtum von Siegfrieds Vater. Vor der Heirat muss Siegfried jedoch Kriemhilds Bruder Gunther helfen, die schöne und überaus starke Königstochter Brünhild zu gewinnen. Sie herrscht in Island, und jeder Freier, der um ihre Hand anhält, muss drei sehr schwierige Aufgaben erfüllen. Mit seiner Tarnkappe, die jeden,

Der fahrende Sänger Walther von der Vogelweide (Große Heidelberger Liederhandschrift)

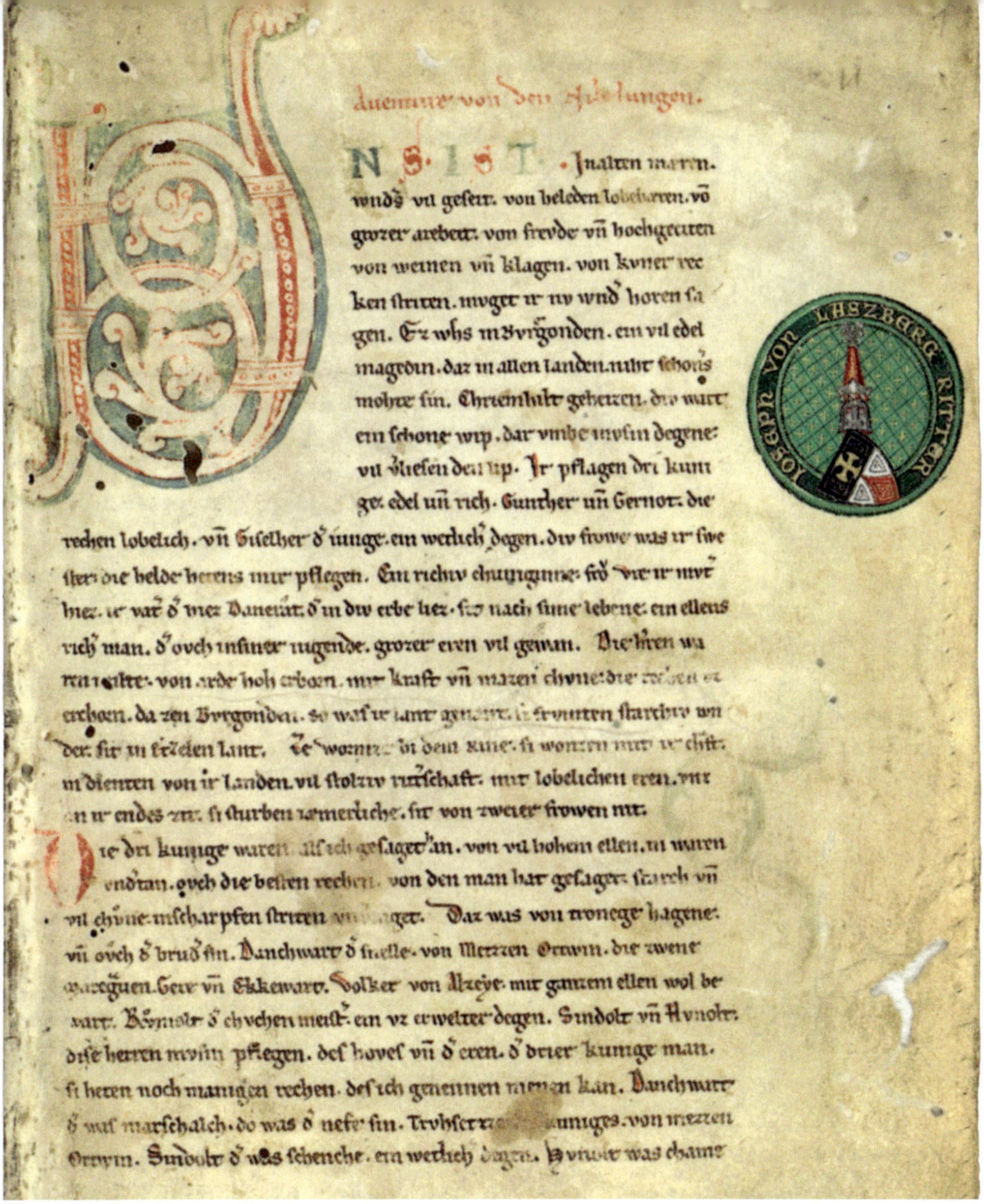

der sie trägt, unsichtbar macht, erfüllt Siegfried anstelle Gunthers die unlösbar erscheinenden Aufgaben. Später erfährt Brünhild von dem Betrug, und Hagen, der mächtige Gefolgsmann am Hofe zu Worms, rächt seine Herrin Brünhild. Er erfährt das Geheimnis der verwundbaren Stelle und ermordet Siegfried. Den Nibelungenschatz aber versenkt er im Rhein, und nur er und die Brüder Kriemhilds wissen die Stelle im Strom, wo sich seitdem der Schatz befindet.

Der zweite Teil des Liedes handelt von Kriemhilds Rache an ihren Brüdern Gunther, Gernot und Giselher und vor allem an Hagen, der den Mord an Siegfried mit Wissen der burgundischen Könige ausgeführt hat. Sie heiratet Etzel, den mächtigen König der Hunnen, und zieht zu ihm auf seine Burg in Gran an der Donau (vgl. Karte auf S. 168). Bei einem Besuch der burgundischen Fürsten, ihrer Ritter und Knappen lässt Kriemhild während eines Festmahls Tausende Burgunder ermorden. Auch ihre Brüder Gernot und Giselher fallen in dem blutigen Kampf. Gunther und Hagen sind die letzten Überlebenden. Der König der Ostgoten, Dietrich von Bern, der in den Diensten von König Etzel steht, überwältigt und fesselt sie. Kriemhild muss ihm versprechen, den beiden das Leben zu schenken. Gunther und Hagen sind jetzt die Einzigen, die noch wissen, wo der Nibelungenschatz im Rhein versenkt ist. Als Kriemhild sie auffordert,

ihr als der rechtmäßigen Erbin Siegfrieds den Schatz herauszugeben, und beide dieses Geheimnis nicht preisgeben wollen, müssen sie dafür mit ihrem Leben bezahlen.
Aber auch Kriemhild geht wie alle anderen Burgunder unter. Hildebrand, der Waffenmeister[1] Dietrichs von Bern, erschlägt sie wegen des Wortbruchs gegenüber seinem Herrn, den sie mit der Ermordung Gunthers und Hagens begangen hat.

---

[1] **Waffenmeister:** Er ist zuständig für die Instandhaltung der Waffen.

1 Verschaffe dir eine erste Übersicht, indem du die genannten Orte auf der Karte auf S. 168 suchst.

2 Schreibe aus dem Text die Namen aller genannten Personen heraus und ordne sie dann mithilfe eines Schaubildes, indem du mit Pfeilen Eheschließungen, Verwandtschaften und Zugehörigkeiten zu einem Herrscherhaus kenntlich machst.

3 Am Anfang des Textes steht die erste Strophe des Nibelungenliedes in mittelhochdeutscher Sprache und in der Übersetzung. Versucht zu zweit, die Strophe in der Abbildung auf S. 153, die aus einer berühmten Handschrift des Nibelungenliedes stammt, zu entziffern.

4 Welche Bedeutung hat eurer Meinung nach die Anfangsstrophe?

Wie haben die Menschen um 1200 n. Chr. gesprochen?

1 Mittelhochdeutsch lesen – das ist gar nicht so schwer: Damit ihr euch eine Vorstellung davon machen könnt, wie die ersten Verse des Nibelungenliedes in mittelhochdeutscher Sprache klingen, benutzt beim Lesen die folgenden Hilfen. Nehmt eure Vorträge auf und spielt sie danach ab.

2 Welche Besonderheit fällt euch beim Hören in der Mitte und am Ende von jedem Vers auf?

3 Seht euch die einzelnen Wörter der ersten Strophe im mittelhochdeutschen Text an und vergleicht sie mit der Übersetzung. Welche Bedeutungsänderungen gegenüber unserer Sprache könnt ihr feststellen?

Der Nibelungendichter spricht:

â, ê, î, ô, û lang,

a, e, i, o, u, ä, ö, ü kurz,

ie als Doppellaut mit der Betonung auf dem i (di-enen, Kri-emhild),

iu als ü (âventiure),

c am Wort- oder Silbenende als k (künic, Dancwart),

h entweder als h (hant) oder als ch (lieht),

z entweder als z (zorn) oder als s oder ss (daz).

Die zentralen Personen des Geschehens

Kriemhild

Walter Hansen (geb. 1934)
Kriemhild und die Könige

■ In seinem Buch „Wo Siegfried starb und Kriemhild liebte“ stellt Walter Hansen die Schauplätze des Nibelungenlieds vor. Von ihm stammt auch die folgende Übersetzung des mittelhochdeutschen Textes. Man kann sich anhand von Fotos und Zeichnungen gut vorstellen, wie hier die Könige Gunther, Gernot und Giselher und ihre Gefolgsleute Hagen von Tronje, Ortwin von Metz, der Spielmann Volker von Alzey und die vielen anderen ruhmreichen Helden gelebt haben. Von einem der Fenster des Königspalasts aus hat Kriemhild, die Schwester der Könige, zum ersten Mal Siegfried gesehen, als er gerade auf dem Turnierplatz vor dem Palast mit seinen Recken einreitet. ■

Im Lande der Burgunden wuchs ein Mädchen von vornehmer
Abstammung heran, das war so schön, dass in keinem anderen Land
ein schöneres hätte sein können, Kriemhild genannt. Sie wurde eine
begehrenswerte junge Frau. Deshalb mussten später viele Helden ihr Leben verlieren.

Die liebenswerte junge Frau verdiente wohl geliebt zu werden.
Kühne Recken begehrten sie, niemand wollte ihr Böses.
Außergewöhnlich schön war die Hochgeborene, die
vorzüglichen Eigenschaften der jungen Herrin waren vorbildlich für alle Frauen.

Drei vornehme Könige hatten sie in ihrer Obhut:
so Gunther und Gernot die ruhmreichen Recken[1], und der junge Giselher,
ein ausgezeichneter Ritter. Die hohe Frau war ihre Schwester.
Die Fürsten behüteten sie.

Die Herren waren freigebig, von hochgeborener Abstammung,
mit außerordentlich kühner Heeresmacht, die auserlesenen Recken.
In Burgunden – so war ihr Land genannt.
Später vollbrachten sie wunderbare Heldentaten im Lande König Etzels.

In Worms am Rhein herrschten sie mit ihrer Heeresmacht. Die
stolzeste Ritterschaft aus ihren Landen leistete ihnen Lehnsdienst[2],
ruhmreich und ehrenvoll bis zum Tod. Sie mussten später schrecklich
sterben, weil zwei edle Frauen einander hassten.

1 **Recke:** Held, Krieger
2 **Lehnsdienst:** Der Lehnsherr vergibt an seine Lehnsleute Land. Dafür leisten sie ihm seine Dienste – besonders im Krieg.

1 Das Nibelungenlied beginnt mit der Vorstellung der burgundischen Königsfamilie und zuerst mit Kriemhild. Wie wird sie dargestellt? Verfasse in Stichworten eine Beschreibung von ihr.

2 Im Text steht, dass die Brüder ihre Schwester in die „Obhut" nehmen und „behüten". Wie erklärst du dir dieses Verhältnis der jungen Frau zu ihren männlichen Verwandten?

3 Als Könige stehen Gunther, Gernot und Giselher an der Spitze des vornehmen Adels. Welche Eigenschaften, Tugenden und Macht gibt ihnen der Nibelungendichter?

4 Die Zeichnung zeigt das Zentrum, von dem aus das Burgundenreich regiert wurde. Welche Besonderheiten des Herrschersitzes fallen dir in der Rekonstruktion auf?

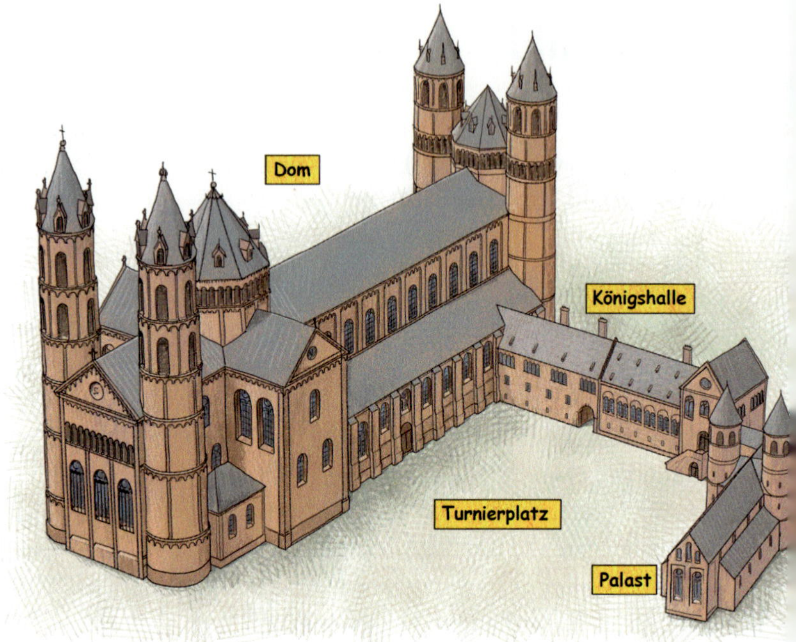

Dom, Palast und Königshalle in Worms (Rekonstruktion)

Elsbeth Schulte-Goecke

Kriemhilds Traum

Kurze Zeit bevor Siegfried nach Worms kam, hatte die junge Kriemhild einen Traum. Sie träumte, sie hätte einen Falken aufgezogen, wie ihn die Frauen zur Jagd auf den Händen tragen. Der Falke war ihr sehr lieb. Als er groß und schön geworden war, da kamen zwei Adler und zerrissen ihn vor ihren Augen in den Lüften. Kriemhild erwachte. Die Augen standen ihr voller Tränen. Sie lief sogleich zu ihrer Mutter und erzählte ihr den Traum. „Was mag er bedeuten?", fragte sie. Frau Ute sprach: „Der Falke, der dir so lieb war, das ist der Mann, den du gewinnen wirst. Hüte ihn wohl, dass die Adler ihn dir nicht zerreißen. Er wird früh sterben." Kriemhild antwortete: „Alle sagen, dass Liebe am Ende immer Leid bringt. Deshalb will ich keinen Mann nehmen und die Liebe meiden, dann bleibe ich auch vom Leid verschont und schön bis an meinen Tod." „Wenn du keinen Mann nimmst, so wird dir zwar viel Leid erspart bleiben, aber du wirst auch nie so recht von Herzen froh werden. Doch das wird sich alles finden", sprach Frau Ute.

1 Wie kann man das Traumbild von dem Falken, den zwei Adler zerfleischen, deuten? Benutze zur Erklärung die Hinweise von Kriemhilds Mutter und deine eigenen Kenntnisse von der Nibelungensage.

2 Suche in den letzten beiden Texten Stellen, die vorausdeutend etwas über den Fortgang der Handlung aussagen.

Siegfried

Dietrich Herrmann (geb. 1939)
Wie Siegfried den Nibelungenschatz gewann

In Xanten hörte der Königssohn Siegfried von der schönen Kriemhild und beschloss, um sie zu werben, obwohl er wusste, dass bisher alle Werber von ihr abgewiesen worden waren. Nach einem Ritt von sieben Tagen gelangte er mit zwölf ausgewählten Recken nach Worms. Mit ihren goldenen Rüstungen, den schimmernden Schilden, Helmen und Schwertern, die bis zu den Sporen reichten, erregten sie großes Aufsehen, als sie auf den Turnierplatz vor dem Königspalast einritten. Hagen von Tronje, der mächtigste Gefolgsmann der Könige, trat an das Fenster des Palasts und berichtete seinen Herren Gunther, Gernot und Giselher, was er auf dem Platz sah und was er alles von dem Mann dort, in dem er sofort Siegfried erkannte, wusste. Die Könige hörten ihm mit großer Spannung zu: Mit seinen großen Kräften vollbrachte Siegfried wahre Wunder. Schilbunc und Nibelunc, die Söhne eines fernen, unermesslich reichen Königs, erschlug er mit eigener Hand. Allein gelangte er einst an einen Berg und traf dort viele Männer bei einem großen Schatz an, dem Hort der Nibelungen. Sie hatten den Schatz aus dem Innern des Berges geholt, damit ihn die beiden Könige unter sich teilen konnten. Aber einer der Männer erkannte den „Helden von den Niederlanden" und so kam es, dass Schilbunc und Nibelunc Siegfried baten, den Schatz für sie zu teilen. Hagen erzählte von dem Staunen Siegfrieds über den unermesslichen Reichtum: Allein die Edelsteine konnte man nicht mit 100 Wagen fortschaffen. Und noch viel mehr rotes Gold sah der Held vor sich. Für seine Mühe bei der Teilung gaben ihm die beiden Könige vorab das Schwert Balmunc zum Lohn; mit ihm konnte man jeden Gegner besiegen.

Aber Siegfried konnte die Könige mit der von ihm durchgeführten Teilung nicht zufriedenstellen und so kam es zu einem blutigen Kampf. Mit seinem neuen Schwert erschlug der Held zuerst 12 Riesen, die für Schilbunc und Nibelunc kämpften, dann 700 Ritter und zuletzt die beiden Könige selbst. Auch den Wächter des Horts, den Zwerg Alberich, konnte er bezwingen, allerdings erst, nachdem er ihm die Tarnkappe entrissen hatte. Mit ihr konnte sich jeder, der sie trug, unsichtbar machen. So wurde Siegfried auch noch der Besitzer des Nibelungenhorts. Das Leben Alberichs aber verschonte er; ihn setzte der Held als Wächter des Horts ein. Und zuletzt wusste Hagen noch eine andere Geschichte, die alles andere übertraf: Ihm sei bekannt, dass Siegfried einen Drachen erschlagen

Reiterszene um 1180 n. Chr.

und dann in dessen Blut gebadet habe. Dadurch wurde seine Haut mit einer Hornschicht überzogen und seitdem konnte keine Waffe ihn mehr verletzen. Das habe sich schon in zahlreichen Kämpfen erwiesen.

1 Voller Bewunderung erzählt Hagen über den Helden aus Xanten. Was ist das Besondere an Siegfried? Stellt eure Ergebnisse in einem Schaubild zusammen.

2 Welche Erklärung könnt ihr nach dieser Erzählung von Hagen für den Namen der „Nibelungen“ geben?

3 Ihr kennt sicherlich schon viele Sagen. Was entspricht in dem Bericht von Hagen über Siegfried den Merkmalen einer Sage?

4 Welche besondere Stellung nimmt Hagen von Tronje am Hofe in Worms ein?

5 Der Autor des Nibelungenliedes stellte sich die „Nibelungen“ so vor, wie sie in der Reiterszene auf S. 157 dargestellt sind. Betrachte das Bild genau und benenne alle Einzelheiten, die du an der Kleidung, Rüstung, den Waffen und der Kampfaufstellung erkennst.

Auguste Lechner (1905–2000)

Siegfrieds Kampf mit dem Drachen

■ Den adeligen Frauen, Fürsten und Rittern, die damals mit Spannung beim Vortrag des Nibelungenliedes zuhörten, waren die Umstände des Drachenkampfs aus anderen Sagen bekannt. Daher braucht Hagen auf diese Heldentat Siegfrieds am Ende seines Berichts nur kurz anzuspielen. In ihrem Buch „Die Nibelungen“ erzählt Auguste Lechner ausführlicher von Siegfrieds gefährlichstem Abenteuer. ■

Langsam, Schritt für Schritt, näherte Siegfried sich dem Eingang der Schlucht. Zu beiden Seiten ragten die Wände senkrecht auf, schwarz und glänzend vor Nässe. Der Boden war feucht und Modergeruch stieg davon auf. Es gedieh keine Blume und kein Baum an diesem schrecklichen Platz.

Nur droben am Rande der Schlucht, wo ein wenig Erde und Rasen die Felsen bedeckte, wuchs eine junge Linde. Manchmal fuhr der Wind durch ihre kleine Krone, dann flüsterten die Blätter leise und eins oder das andere fiel zu Boden. Denn der Sommer ging zu Ende. Die Spuren der riesigen Tatzen waren überall eingedrückt und ein sonderbarer Geruch lag in der Luft, der einem fast den Atem nahm.

In diesem Augenblick hörte Siegfried ein Geräusch. Es war ein Schleifen und Scharren, als reibe sich etwas am Gestein. Die Schlucht war sehr eng geworden und bog sich jetzt um einen Felsvorsprung, sodass Siegfried nicht weitersehen konnte. Mit großer Vorsicht spähte er um die Felskante: Und was er sah, ließ ihm das Blut in den Adern erstarren. Da lag das scheußlichste Ungetüm, das je die Hölle ausgespieen haben mochte, und rieb unaufhörlich seinen Kopf am Felsen. Und – oh Gott, was war das für ein fürchterlicher Kopf! Riesig, grau und unförmig wie ein Steinklotz, aber grässlich lebendig! Ein Rachen wie von einer ungeheuren Eidechse, von einem mörderischen Gebiss starrend. Aus den weit offenen, feuerroten Nasenlöchern wolkte der Atem wie Dampf. Vom Halse abwärts über den Rücken lief ein stacheliger Kamm, und der ganze gewaltige Drachenleib war mit grauen Schuppen bedeckt. Und da lag dieses Untier, kratzte sich am Gestein und stieß dazu behaglich grunzende Laute aus. Aber noch etwas sah Siegfried: Es war ein ziemlich großer, runder Felsenkessel, der die Schlucht abschloss, und auf dem schwarzen Boden lagen überall zerbeulte Harnische[1], seltsam verbogene Schilde, Helme, die wie zerbissen aussahen, da und dort ein Knochen ..., aber es waren keine Tierknochen, dachte er mit Grausen. Er spürte, wie es ihm sonderbar im Kopfe wurde. „Das kommt von der giftigen Ausdünstung des Drachen, ich muss ein wenig zurückgehen, wo die Luft frischer ist", überlegte er. Aber er hatte keine Zeit mehr dazu, denn in diesem Augenblick sah ihn der Drache. Der scheußliche Kopf erstarrte und die Augen, diese fürchterlichen steingrauen Augen, richteten sich auf ihn mit einem Blick voll so höllischer Bösartigkeit, dass ihm das Mark in den Knochen gefror. Ganz langsam schob sich der Kopf jetzt vor, in den zusammengerollten Riesenleib kam Bewegung, die Vordertatzen streckten sich heraus, entsetzliche Krallen gruben sich in die Erde ... So kroch das Scheusal auf ihn zu, ohne ihn aus den Augen zu lassen, langsam, als wäre es seiner Beute sicher. Siegfried sah es herankommen, aber er vermochte kein Glied zu rühren. Wie eine Lähmung hatte es ihn überfallen, die von diesen entsetzlichen Augen ausging. Nun war der Schädel mit den dampfenden Nüstern nur mehr wenige Schritte vor ihm. Der ganze Leib war jetzt ausgestreckt, eine graue Walze, die wohl fünf Männerlängen haben mochte und so dick war wie eine hundertjährige Eiche. Der Schwanz peitschte den Boden, als freute sich das Scheusal, seinem Opfer nun gleich mühelos den Garaus zu machen. Da fühlte Siegfried, wie ihn eine furchtbare Wut packte. Mit einer verzweifelten Anstrengung gelang es ihm, den Schild vor das Gesicht zu reißen, und im gleichen Augenblick wich die Lähmung von ihm. Im Nu flog das Schwert heraus, ein Sprung nach vorn – und nun begann ein solcher Höllentanz, dass ihm Hören und Sehen verging. Er wusste nicht mehr, was er tat, er sprang vor, er sprang zurück, er schlug und schlug, wohin er traf, mit rasender Schnelligkeit. Rings um ihn wand und krümmte sich der Drachenleib, der heiße, stinkende Atem erstickte ihn fast, der Rachen klappte weit auf vor seinem Gesicht; er hieb drauf los, immerfort, immer wieder – der Schädel musste aus Stein sein! Eine Tatze langte nach ihm, ein Schlag – die Tatze hing losgetrennt kraftlos herab [...]. Aber nun umschlang ihn der Schwanz, presste ihm die Beine zusammen – nur jetzt nicht niederstürzen, sonst ist es aus! Dreimal, viermal schlug er mit verzweifelter Kraft zu, dann war er frei von der furchtbaren Umklammerung, da lag der Schwanz und zuckte noch ein wenig. Aber nun hatte der Drache den Schild mit Zähnen gepackt, der Verlust seines Schwanzes schien ihn gar nicht zu stören. Siegfried meinte, der Arm würde ihm vom Leib gerissen, aber den Schild durfte er nicht loslassen! Wieder fielen die Schläge hageldicht auf das mörderische Maul, zwischen die heimtückischen, steinernen Augen. Plötzlich ließ der Drache los, gerade noch früh genug, denn Siegfried fühlte, wie seine Arme zu erlahmen begannen. Was kam nun? Ein wenig wich das Ungetüm zurück, er konnte ein paar tiefe Atemzüge tun – aber im nächsten Augenblick richtete sich der Drache auf den Hinterbeinen zu einer furchtbaren Höhe auf, sein Rachen öffnete sich zu einem gähnenden, feuerroten Schlund, hing einen Augenblick hoch über Siegfried – dann stürzte er auf ihn herab. Siegfried riss den Schild über den Kopf, er hatte in diesem einen Augenblick gesehen, dass die Haut unten am Hals des Drachen weich und schlaff und ohne Schuppen war. Dahin richtete er blitzschnell die

[1] **Harnisch:** mittelalterliche Rüstung

Spitze seines Schwertes: Es war das Einzige, was er noch tun konnte. Er spürte, wie die Spitze tief eindrang, etwas strömte über seine Hand, an der der Handschuh schon lange zerrissen war. Ein grässliches Röcheln und Gurgeln drang noch wie aus weiter Ferne an seine Ohren, dann sank schwer und leblos der Leib des Drachen über ihm zusammen [...].
Schlaff und zusammengesunken lag der riesige Schuppenleib und die Zunge hing ihm schwarz aus dem Rachen. Das Blut hatte aufgehört zu rinnen, aber in einer Vertiefung an der Seite war ein kleiner See davon zusammengeflossen. Da zog sich Siegfried eilig [...] aus und badete den ganzen Körper im Drachenblute. „Das ist gut im Kampfe“, dachte er fröhlich und fühlte, wie sich eine neue Haut fest und geschmeidig um ihn legte. Ein kühler Luftzug strich über die Schlucht hin und droben in der Krone der kleinen Linde löste sich ein Blatt. Langsam taumelte es herab und fiel auf Siegfrieds Rücken. Da legte es sich unbemerkt auf seine Haut, gerade unter der Schulter. So blieb diese kleine Stelle ungeschützt.

1 Beschreibe mit deinen Worten die Umgebung, in welcher der Drache haust. Wie wirkt sie auf dich?

2 Mehrfach ist in dem Text von den Augen des Drachen die Rede. Wie werden sie beschrieben?

3 Am Anfang und am Ende wird im Text von einem bestimmten Baum erzählt. Warum ist diese Information der Erzählerin so wichtig?

4 Auguste Lechner beschreibt den Kampf Siegfrieds mit dem Drachen sehr spannend. Auf welche Weise erreicht sie das?

5 Versuche, die von Auguste Lechner dargestellte Szene zu zeichnen.

Brünhild

Elsbeth Schulte-Goecke
Wie Brünhild betrogen wurde

■ In Worms kämpft Siegfried erfolgreich für die burgundischen Könige in einem Krieg gegen die Sachsen; aber Kriemhild darf er, obwohl er schon mehr als ein Jahr am Hofe lebt, nicht einmal sehen. Und dann kommt seine große Chance. Gunther hat von Brünhild gehört, der überaus schönen Königin von Island. Jeder Mann, der um sie wirbt, muss sich mit ihr in einem Dreikampf messen. Bisher ist Brünhild mit ihren übermenschlichen Kräften allen Männern weit überlegen gewesen. Und so mussten viele die Liebe zu ihr mit dem Leben bezahlen, denn wer auch nur in einem der drei Kämpfe unterlag, der musste sterben. Aber Gunther ist trotzdem entschlossen, um sie zu werben. Hagen rät, Sieg-

fried mit auf die Brautfahrt nach Island zu nehmen, und dafür bietet ihm Gunther die Hand Kriemhilds an. Siegfried hatte schon früher einmal eine Begegnung mit Brünhild und ihr damals zum Zeichen seiner Liebe einen Ring, den „Nibelungenring“, geschenkt. ■

Siegfried drängte, dass man sich sofort auf den Weg mache. Gunther, Siegfried, Hagen und sein Bruder Dankwart stiegen in ein Schiff, fuhren den Rhein hinunter, an der Ostküste Englands vorbei, zwischen Orkney- und Shetlandinseln hindurch, und kamen endlich an den Strand von Island und vor Brünhilds hohes Schloss. Brünhilds Frauen beobachteten vom Fenster der Halle aus die Ankunft der Recken. Da sprang eine der Frauen auf, lief zu Brünhild und verkündete ihr: „Siegfried ist gekommen!“ Freudestrahlend eilte Brünhild dem so lange und sehnlichst erwarteten Manne entgegen. „Endlich bist du da!“, rief sie und streckte die Arme nach ihm aus. Siegfried aber trat zurück, sah sie fremd an, verneigte sich kühl und höflich und sagte: „Nicht ich komme zu euch, Herrin, nicht mir gelte euer erster Gruß. Hier ist Gunther, mein König, dem ich diene, der will euch zum Weibe haben!“
Da war es Brünhild, als erstarre ihr das Blut in den Adern. Doch sie nahm sich zusammen, wandte sich zu Gunther und sprach: „Wenn ihr der Herr seid und dieser nur euer Knecht und ihr so vermessene[1] Wünsche habt, so rüstet euch zum Kampfe mit mir!“ Siegfried ging vor aller Augen zurück zum Schiff. Aber er zog die Tarnkappe, die unsichtbar macht, über den Kopf und stellte sich ungesehen hinter Gunther. Da trugen vier Kämmerer[2] Brünhilds Schild herbei und zwölf starke Männer einen Stein. Gunther dachte, als er das sah: „Wär ich daheim im Burgunderland geblieben.“ Siegfried aber flüsterte ihm zu: „Nur keine Angst, ich will das schon machen. Vollführe du die Gebärde des Kampfes, das Werk tue ich.“ Der Speerkampf begann. Siegfried deckte Gunther mit dem Schild und schleuderte den Speer so gewaltig, dass Brünhild zu Boden sank. Es folgte der Wettkampf im Steinstoßen und Springen. Siegfried warf den gewaltigen Stein für Gunther, den dieser nicht einmal allein heben konnte. Siegfried warf weiter als Brünhild. Dann sprang Siegfried mit Gunther im Arm und sprang weiter als Brünhild. Da staunten die Leute. Siegfried und Brünhild [...], die vom Schicksal füreinander bestimmt waren, konnten allein so große sportliche Taten vollbringen. Brünhild aber wähnte[3], Gunther habe den Kampf bestanden, und wusste nicht, wie sehr sie betrogen war. Sie verbarg den wütenden Schmerz in ihrem Herzen und reichte dem Burgunderkönig ihre Hand [...].
Die Hochzeit wurde mit großem Prunk gefeiert. Es kam die Nacht. Die beiden Paare wurden in ihre Kammern geführt. Als Gunther und Brünhild allein waren, sprach die Königin mit harter Stimme zum König: „Jetzt will ich wissen, warum du deine Schwester diesem Knecht gegeben hast.“ Gunther wollte die Sache mit einem leichten Scherz abtun. Da geriet Brünhild außer sich vor Schmerz und Wut. Sie ergriff den König und nun zeigte es sich, wer in Wahrheit der Stärkere war von den beiden. Sie bezwang ihn, band ihm Hände und Füße mit dem Gürtel ihres Kleides und hängte ihn an einen Nagel an der Wand auf wie einen Sack, und diesmal half dem König keine unsichtbare Hand. Der König bat für die darauf folgende Nacht wiederum Siegfried um seine Hilfe. Als es Nacht wurde und alle in ihre Kammern gingen, zog Siegfried die Tarnkappe über und trat in Gunthers Gemach. Brünhild wollte es mit Gunther genauso machen wie am Abend vorher. Aber diesmal sprang Siegfried dem König bei, schleuderte Brünhild mit solcher Gewalt nieder, dass sie um Gnade flehte und gelobte, Gunther fortan als ihren Herrn und Gemahl anzuerkennen. Nachdem das geschehen war, streifte Siegfried ihr den Nibelungenring vom Finger, nahm ihr den Gürtel weg, mit dem sie Gunther hatte binden wollen, und trug beides übermütig lachend als Beute davon.

---

1 **vermessen:** tollkühn
2 **Kämmerer:** Verwalter auf einem Schloss
3 **wähnte:** dachte

Die Füße und die Hände band sie ihm zusammen, sie trug ihn zu einem Nagel und hängte ihn an die Wand, da er sie im Schlaf gestört hatte. Sie verweigerte ihm ihre Liebe. Fürwahr, ihre Kräfte hätten ihm beinah den Tod gebracht.

Di füeze unt ouch die hende si im zesamme bant,
si truoc in z'einem nagele unt hienc in an die want,
do er si slâfen irte[1], di minne[2] si im verbôt.
jâ het er von ir krefte vil nâch gewunnen den tôt.

---

[1] „irte" im 3. Vers ist abgeleitet von dem Wort „irren". Hier in der mittelhochdeutschen Sprache heißt es aber anders als in unserer neuhochdeutschen Sprache: „jemanden bei etwas stören".

[2] **minne:** Liebe

1 Welche Rolle geben die burgundischen Könige dem Helden Siegfried an ihrem Hofe und in Island, und warum erfüllt er alle ihre Wünsche?

2 Versetze dich in die Situation von Brünhild bei der Ankunft der Brautwerber und verfasse einen inneren Monolog über ihre Gedanken und Gefühle bei der Begegnung mit Siegfried.

3 Was erinnert in diesem Textauszug an eine Sage?

4 Was ist der wahre Grund dafür, dass Brünhild bei ihrer Hochzeit mit Gunther weint und dem König Gunther ihre Liebe verweigert?

5 Alljährlich finden in Worms die Nibelungen-Festspiele statt. Zwei Wochen lang wird dann das „Nibelungenlied" vor dem Dom als Drama aufgeführt. Im Sommer 2004 entstand das nebenstehende Foto. Welche Szene stellt es dar? An welchen Details kann man erkennen, dass es sich um eine moderne Aufführung handelt? Stelle Vermutungen darüber an, warum immer gerade bei dieser Szene das Publikum einen besonders großen Beifall spendet.

6 Versucht noch einmal mit den Hilfen auf S. 154, die Strophe, in der beschrieben wird, wie Brünhild den König Gunther an einen Nagel hängt, in mittelhochdeutscher Sprache zu lesen.

Szene aus den Wormser Festspielen, Sommer 2004

Die Zuspitzung des Konflikts

Elsbeth Schulte-Goecke

Der Streit der Königinnen

■ Noch nach Jahren lässt der Verdacht Brünhild nicht los, dass die Vasallenrolle Siegfrieds damals in Island nichts als eine Täuschung war. Darum lässt sie Boten nach Xanten zu Siegfried und Kriemhild schicken, um die Verwandten nach Worms einzuladen und bei dieser Gelegenheit etwas über die Vorgänge in Island bei der Werbung um ihre Hand zu erfahren. Schon bei dem ersten Turnier auf dem Platz vor dem Dom kommt es zwischen den beiden Königinnen zu einem verhängnisvollen Gespräch, denn Brünhild behauptet, ihr Mann sei König und Siegfried nur ein von Gunther abhängiger Vasall, der ihm zu Dienst verpflichtet sei. Kriemhild, voller Zorn, kündigt darauf an, sie werde beim nächsten Kirchgang vor Brünhild, der Herrin des Landes, den Dom betreten, um in aller Öffentlichkeit zu zeigen, dass Siegfried viel mächtiger als Gunther sei. Zum Staunen aller kommen am Sonntag die beiden Königinnen mit ihrem zahlreichen Gefolge nicht wie üblich zusammen zur Kirche, sondern jede getrennt. ■

Am anderen Morgen ging Brünhild zum Münster. Vor dem Tore blieb sie stehen und wartete auf Kriemhild. Es dauerte nicht lange, so kam diese mit ihren Frauen und hatte sich, der Königin zum Trotz, herrlicher geschmückt als je zuvor. Ohne Brünhild eines Blickes zu würdigen, schritt sie sogleich die Stufen hinan. Da trat Brünhild hervor und gebot ihr, stehen zu bleiben. „Es ziemt sich nicht, dass das Weib eines Lehensmannes vor ihrer Herrin in das Münster geht!“, rief sie. Alle hörten den Ruf, erschraken und wussten nicht, was das zu bedeuten hatte. Kriemhild aber hielt nicht an, stieg die Stufen alle hinan, doch auf der obersten wandte sie sich um und rief: „Wenn du doch geschwiegen hättest! Nun aber hast du mich gereizt und nun sollst du es hören: Nie wärest du König Gunthers Weib geworden, wenn nicht Siegfried dich dazu gemacht hätte!“ Dann ging sie in das Münster hinein. Brünhild war wie vom Donner gerührt. Auch sie ging in die Kirche, aber sie hörte und sah nichts von allem, was um sie her geschah. Nach der Messe vertrat sie Kriemhild vorm Münster den Weg: „Nun erkläre mir deutlicher, was das heißen sollte, was du gesagt hast“, sprach sie. Statt aller Worte hielt Kriemhild ihr den Nibelungenring unter die Augen und er gab einen blutroten Schein. „Kennst du den?“, schrie sie höhnisch, dann zog sie den

Portal des Wormser Doms

Streit der Königinnen vor dem Wormser Dom (Wandbild von Frank Kirchbach in Schloss Drachenburg bei Königswinter, um 1882/83)

Gürtel, den Siegfried Brünhild in jener Nacht genommen hatte, unter ihrem Gewande hervor. Brünhild verfärbte sich. Mühsam kamen die Worte: „Nun kenne ich den Dieb!" „Nichts von Dieben", sagte Kriemhild, „Siegfried nahm dir den Ring und Gürtel in der Nacht, als er dich für Gunther bezwang, und Siegfried ist es auch gewesen, der dich in Island im Wettkampf überwand, nicht Gunther!"

1 Welche Gründe hat Brünhild für die Einladung von Kriemhild und Siegfried?

2 Ist es nicht gleichgültig, wer zuerst in den Dom geht? Warum kommt es darüber zum Streit zwischen den beiden Frauen? Stellt diese Szene in einem Standbild nach.

Wie man das macht, könnt ihr auf S. 93 nachlesen.

3 In ihrem Hass und Zorn scheuen die Königinnen nicht vor Beleidigungen zurück. Welche Vorwürfe waren wohl zu der Zeit des Nibelungendichters besonders verletzend?

4 Was mögen die beiden Königinnen im Anschluss an den Streit während der Messe im Dom gedacht haben? Schreibt darüber einen inneren Monolog und wählt selbst, ob ihr euch lieber in die Gedanken und Gefühle von Kriemhild oder in die von Brünhild versetzen wollt. Lest dann die unterschiedlichen Monologe vor und vergleicht sie.

5 Schaut euch das Bild an. Welche Szene stellt es dar? Wer ist Kriemhild und wer Brünhild und woran kann man das erkennen? Versucht auch, die Reaktion der Menschen zu beschreiben und zu erklären.

Siegfrieds Tod und die Rache Kriemhilds an ihren Brüdern und Hagen

Walter Hansen (geb. 1934)

Der Mord im Waskenwald

■ Unmittelbar nach dem Streit der Königinnen schwört Hagen auf dem Platz vor dem Dom, seine Herrin Brünhild zu rächen. Durch eine List bringt er Kriemhild dazu, ihm die einzige verwundbare Stelle Siegfrieds zu zeigen und sie sogar mit einem kleinen Kreuz am Rücken seines Gewands sichtbar zu machen. Nach einer langen Bären- und Wildschweinjagd im Waskenwald schlägt Hagen einen Wettlauf zu einer Quelle vor, um dort zu trinken. Natürlich kommt Hagen später als der schnelle Läufer Siegfried bei der Quelle an. Heimlich versteckt er den Bogen und das Schwert Balmung, die Siegfried dort abgelegt hat. ■

Siegfriedbrunnen in Odenheim

Als Siegfried über die Quelle gebückt trank, schoss Hagen ihm durch das Kreuzzeichen, sodass aus der Wunde das Blut aus dem Herzen bis an Hagens Wams spritzte. Eine so große Freveltat begeht kein Held nimmermehr.

Als der Schwerverletzte sein Schwert nicht fand, hatte er nichts anderes als seinen Schild. Er riss ihn von der Quelle hoch, er rannte gegen Hagen an. Da konnte nicht mehr entkommen der Vasall des Königs Gunther.

Wenngleich todwund, so schlug Siegfried doch mit solcher Wucht zu, dass alle Edelsteine aus dem Schild herausbrachen. Der Schild zerbarst völlig. Gerne gerächt hätte sich der herrliche Held.

Da war Hagen zu Boden gestrauchelt, niedergeworfen von Siegfried. Die Wucht des Schlages widerhallte laut über den Werder[1]. Hätte Siegfried sein Schwert in der Hand gehalten, so wäre das Hagens Tod gewesen. So sehr tobte der Todwunde, und er hatte allen Grund dazu.

---

[1] **Werder:** Flussinsel oder Landstrich zwischen einem Fluss und einem stehenden Gewässer

Seine Farbe war verblichen, er konnte nicht mehr stehen. Seine Kräfte vergingen, denn in die leuchtende Blässe prägte sich des Todes Zeichen. Später wurde er beweint von vielen Frauen.

Da sagte der Todwunde: „Ihr erbärmlichen Feiglinge, was helfen mir meine Freundschaftsdienste, da ihr mich doch erschlagen habt. Ich war Euch immer ein treuer Freund. Das muss ich nun büßen! Ihr habt Schande gebracht über euer ganzes Geschlecht."

Alle Ritter liefen nun dorthin, wo er erschlagen lag. Es war für sie ein Unglückstag. Wer immer ein Gewissen hatte, von denen wurde Siegfried beklagt. Das hat er wohl verdient, der kühne und stolze Ritter.

Sogar der König Gunther beklagte seinen Tod. Da sprach der Todwunde: „Es ist unnötig, dass der den Mord beweint, der ihn verübt hat. Er verdient vielmehr geschmäht zu werden. Lasst das Klagen lieber bleiben."

Kriemhild klagt Hagen des Mordes an Siegfried an (Szenenfoto aus Fritz Lang, Die Nibelungen, 1924).

■ Kriemhild lässt Siegfried im Westchor des Doms aufbahren und beginnt mit der Totenwache. König Gunther, gefolgt von Hagen und den anderen Vasallen, schreitet durch das Nordportal und tritt auf Kriemhild zu, um vor ihr über den Tod Siegfrieds zu klagen. Aber Kriemhild bestreitet ihm dazu das Recht. Wäre seine Trauer aufrichtig, dann wäre es nicht zum Mord an Siegfried gekommen. Gunther und Hagen fühlen sich durchschaut. ■

Sie leugneten mit Nachdruck. Kriemhild aber sagte: „Wer unschuldig ist, der beweise es vor aller Augen! Der soll vor allen Leuten hier zur Bahre treten. Dann wird die Wahrheit sehr schnell offenkundig."

Es ist ein großes Wunder, das häufig noch geschieht: Wenn man den Mordbefleckten zum Toten treten sieht, dann bluten ihm die Wunden. So geschah es auch jetzt. Daran sah man, dass Hagen schuldig war.

Die Wunden bluteten so stark wie vorher (beim Mord). Wer zuvor geklagt hatte, weinte jetzt noch mehr. Da sprach der König Gunther: „Ich will es Euch wissen lassen: Räuber haben ihn erschlagen, Hagen hat es nicht getan."

„Mir sind die Räuber", sprach Kriemhild, „wohl bekannt. Möge Gott die Tat durch Siegfrieds Freunde noch rächen lassen. Gunther und Hagen – ja, wahrhaftig, Ihr habt es getan."

1 Auf dem Bild (S. 165) siehst du den Siegfriedbrunnen in Odenheim mit einer Darstellung des Mordes an Siegfried. Solche „Siegfriedbrunnen" gibt es auch in Grasellenbach, Hiltersklingen und in Heppenheim (vgl. Karte S. 168). Ist es nicht merkwürdig, dass sich gleich vier Gemeinden darum streiten, als Tatort für einen Mord zu gelten? Wie erklärst du dir das?

2 Beschreibe mit deinen Worten, wie Hagen den Mord an Siegfried plant und durchführt, und vergleiche die Darstellung im Text mit der Darstellung auf dem Siegfriedbrunnen in Odenheim.

3 Welche Anklagen erhebt der sterbende Siegfried gegenüber seinen Freunden und Verwandten aus Worms und wie beurteilst du seine Vorwürfe?

4 Wie werden die Mörder überführt und wie wird Kriemhild in Zukunft reagieren? Suche Belege im Text.

5 Erkläre die Rolle von König Gunther bei dem Attentat auf Siegfried und beachte dabei die Anklagen, die Siegfried und Kriemhild gegen ihn erheben.

6 Betrachte das Bild auf S. 166 und beschreibe, wie im Film die Szene im Wormser Dom dargestellt wird.

Informationen zur Bildbeschreibung findet ihr auf S. 63.

Der Untergang der Nibelungen

Walter Hansen (geb. 1934)

Der Untergang der Nibelungen

■ Nach Jahren der Trauer um Siegfried heiratet Kriemhild Etzel, den mächtigen König der Hunnen, und zieht zu ihm auf seine Burg in Gran (vgl. die Karte). Mit seiner Hilfe will sie endlich ihre Rache an Hagen und ihren Brüdern vollziehen, die ihr nicht nur den geliebten Mann, sondern auch den ererbten Nibelungenschatz genommen haben, um ihn an einer nur ihnen bekannten Stelle im Rhein zu versenken. Nach einigen Jahren lädt Kriemhild ihre Brüder und deren Gefolge zu einem Besuch auf die Etzelburg in Gran ein. Bald treffen die Nibelungen mit ihrer gesamten Streitmacht dort ein und gleich bei der Ankunft fordert Kriemhild von Hagen den Nibelungenschatz zurück. Aber Hagen entgegnet nur, der Schatz werde bis zum Jüngsten Tag im Rhein versenkt bleiben.

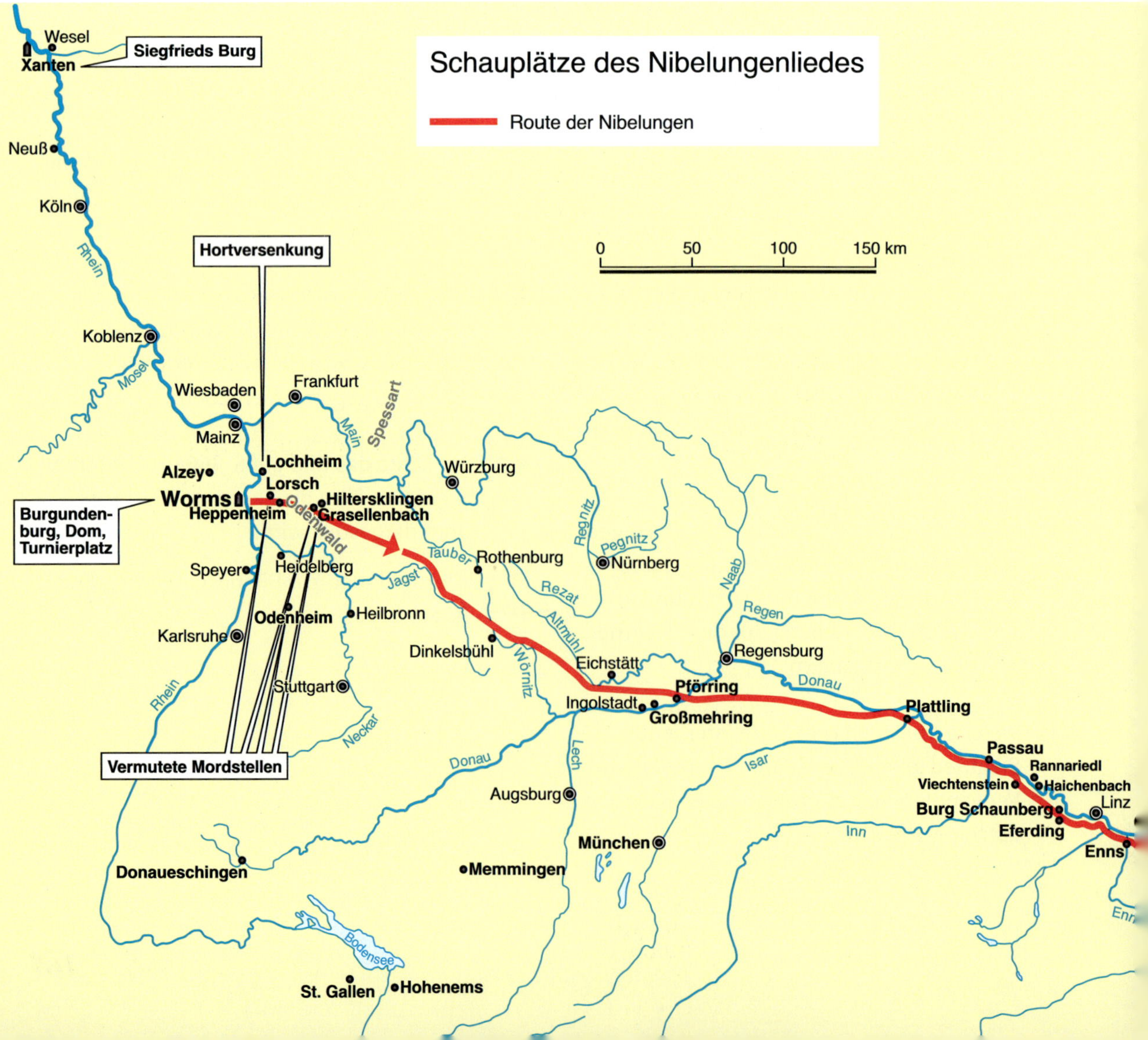

Beim anschließenden Festmahl lässt Kriemhild ihren und Etzels Sohn Ortwin an die Seite Hagens setzen, gleichzeitig töten die Hunnen auf ihren Befehl einen Teil des burgundischen Heers. Als das im Saal bekannt wird, reagiert Hagen, wie es Kriemhild vorausgesehen hat. Er tötet Ortwin und damit entbrennt eine fürchterliche Saalschlacht zwischen den Kriegern Etzels und den Nibelungen. Alle Burgunden, bis auf König Gunther und Hagen, fallen in dem langen, fürchterlichen Kampf. Die beiden letzten Nibelungen werden von Dietrich von Bern, einem Gefolgsmann Etzels, überwältigt, gefesselt und Kriemhild übergeben; allerdings muss sie versprechen, das Leben der Gefangenen zu schonen. Kriemhild tritt triumphierend vor die beiden und fordert von ihnen den Nibelungenhort zurück. ■

Da sprach der grimme Hagen: „Die Rede ist vergeblich, hohe Königin. Wahrlich – ich habe geschworen, dass ich den Hort nicht verrate, solange einer meiner Lehnsherren noch am Leben ist. So lange werde ich ihn niemandem ausliefern."

„Nun erreiche ich mein Ziel", sprach die vornehme Frau. Sie befahl, ihrem Bruder das Leben zu nehmen. Man schlug ihm das Haupt ab. An den Haaren trug sie es vor den Held von Tronje. Da packte ihn der Schmerz.

Als er voll Grimm das Haupt seines Lehnsherrn sah, sprach der Recke zu Kriemhild: „Du hast endlich dein Ziel erreicht, wie du wolltest, und es ist ganz so gekommen, wie ich mir dachte.

Nun ist der vornehme König der Burgunden tot, der junge Giselher und auch Herr Gernot. Das Versteck des Schatzes kennt nun keiner außer Gott und mir. Dir, Teufelin, soll es für alle Zeiten verheimlicht sein."

Sie sprach: „So habt ihr übel beglichen, was Ihr mir schuldig wart. So will ich zumindest Siegfrieds Schwert behalten. Das trug mein holder Geliebter, als ich ihn zum letzten Mal sah, an dem mir schlimmstes Leid durch Eure Schuld geschah."

Sie zog das Schwert aus der Scheide. Er konnte es nicht verhindern. Da wollte sie den Recken vernichten. Sie hob das Schwert mit beiden Händen. Das Haupt schlug sie ihm ab. Das sah König Etzel. Da war er von Schmerz erfüllt.

■ Als Hildebrand, Dietrichs Waffenmeister, sieht, wie Kriemhild ihr Versprechen gegenüber seinem Herrn bricht, gerät er darüber in einen solchen Zorn, dass er sie mit einem Schwertstreich tötet. ■

Da lagen nun alle, die das Schicksal für den Tod bestimmt hatte. In Stücke gehauen war die edle Frau. Dietrich und Etzel begannen zu weinen. Sie beklagten von Herzen die Verwandten und Gefolgsmänner.

Die alte, große Herrlichkeit war dahin. Die Menschen waren alle ergriffen von Schmerz und Traurigkeit. Mit Leid war das Königsfest zu Ende gegangen – wie immer die Freude mit Leid letztendlich wird belohnt.

Ich kann Euch nicht berichten, was später noch geschah – nur dass man Ritter und hohe Frauen weinen sah, und auch die edlen Knechte. Sie weinten über den Tod ihrer Freunde. Hier hat die Geschichte ihr Ende: Das ist der „Nibelunge nôt“.

1 Hagen nennt Kriemhild kurz vor seinem Tod „Teufelin“. Beschreibe mit deinen Worten alle Einzelheiten von Kriemhilds Plan für ihre Rache. Was beabsichtigt sie damit, wenn sie ihren und Etzels Sohn Ortwin mit an die Festtafel setzt?

2 Diskutiert in eurer Klasse, wer nach eurer Auffassung die Hauptverantwortung für die Katastrophe am Ende des Nibelungenliedes trägt. Beschreibt und bewertet dazu das Verhalten von Kriemhild und Hagen.

3 Wie kommentiert der Nibelungendichter das Geschehen? Lies dazu besonders die letzten drei Strophen.

4 Betrachte und beschreibe mithilfe der auf S. 63 beschriebenen Methode das Bild „Der Nibelungen Tod“. Welche Beziehungen erkennst du zu den letzten drei Strophen des Nibelungenliedes?

5 Der Dichter nennt die Burgunden von dem Moment an, als Hagen und die Brüder von Kriemhild den Nibelungenhort im Rhein versenken, „Nibelungen“. Welche Folgen hat der Schatz für die jeweiligen Besitzer und welche Bedeutung hat der Schatz für das Ende der Geschichte?

Karl Schmoll von Eisenwerth, Der Nibelungen Tod, 1910

Warum immer wieder die Nibelungen-Sage?

Dietrich Herrmann (geb. 1939)

Das Nibelungenlied – Ein Nationalepos der Deutschen?

Die „alten maeren“, von denen der Nibelungendichter in der ersten Strophe seines Epos spricht, gehen weit zurück in die Zeit der Völkerwanderung. Tatsächlich gab es um 400 n. Chr. am Rhein mit der Stadt Worms als Mittelpunkt das Reich der Burgunder. Ihren König Gundahari nahm der Dichter zum Vorbild für seinen König Gunther. Im Jahre 437 n. Chr. wagte es Gundahari, sich mit seinen Burgundern den Hunnen in einer Schlacht am Rhein entgegenzustellen. Das war ein zu mutiges Unternehmen; denn unter ihrem König Attila, im Nibelungenlied heißt er Etzel, galten die Hunnen als ein unbesiegbares kriegerisches Reitervolk, das damals aus den asiatischen Steppen nach Europa, sogar weit in das heutige Frankreich, vorgedrungen war. Der Nibelungendichter verlegt in dichterischer Freiheit diese Schlacht vom Rhein nach Gran an der Donau. Aber nicht nur in seiner Dichtung, sondern auch damals im Jahre 437 n. Chr. endete der Kampf mit den Hunnen in einer Katastrophe für die Burgunder: Ihr König fiel und ihr Reich wurde zerstört. Den Dichter des Nibelungenliedes lässt dieses Geschehen nicht gleichgültig; das zeigen die letzten Strophen deutlich. Aber sonst gibt es wenige Stellen in dem Lied, wo er zu dem von ihm berichteten Geschehen eine Stellungnahme abgibt. Aber gerade das hat es allen denen, welche die Dichtung für ihre politischen Zwecke in Anspruch nehmen wollten, leicht gemacht. Im 19. Jahrhundert galt das Nibelungenlied bei vielen als das „Nationalepos der Deutschen“. Man meinte damit eine Dichtung, in der sich die Deutschen mit ihren angeblichen Tugenden, wie unerschütterlichem Mut, Treue und Aufopferung für eine Sache bis zum Tode, wiedererkennen sollten. Dabei gibt es in den Sagen, die der Dichter zu seinem großen Lied verarbeitete, gar keine Deutschen, sondern nur germanische Stämme, wie eben den der Burgunder. Im

Kampfszene, um 1180

Zweiten Weltkrieg (1939–1945) hat man sogar in Deutschland den Soldaten an der Front in Russland die Saalschlacht auf der Etzelburg als Vorbild vorgehalten, damit sie wie die Nibelungen für eine aussichtslose Sache bis zum Ende kämpften – und starben.
Ist das mit den Absichten des Dichters vereinbar? Wenn er auch unbekannt bleibt, so gibt es doch viele Hinweise dafür, dass der Bischof Wolfger von Passau um 1200 n. Chr. ihm den Auftrag für das Nibelungenlied gab. Wolfger von Passau galt zu seiner Zeit als ein besonders friedliebender Mann, der auch im ganzen Reich als Anwalt des Ausgleichs und Friedens auftrat. Aber wie kommt es dann, dass gerade er, und das noch als Bischof, den Auftrag für eine Geschichte voll von Verrat, Kampf, erbarmungsloser Rache, Tod und Untergang ganzer Völkerschaften gab? Vielleicht hilft da ein Blick in die Geschichte um 1200 n. Chr. Im Jahre 1198 war es zur Wahl von gleich zwei Königen gekommen. Beide gehörten den damals mächtigsten Fürstenhäusern im Reich an und führten fortan mit den Mitteln von Mord, Rache und Verrat einen erbitterten Kampf, um ihren Alleinanspruch auf den Königsthron durchzusetzen. Im Reich herrschten daher Angst und Unordnung. Und gerade in dieser Zeit kommen aus der Schreibwerkstatt des Bischofs von Passau mehrere Handschriften des Nibelungenliedes.

1 Erarbeitet euch den Inhalt des Sachtextes, indem ihr Fragen stellt, auf die der Text eine Antwort gibt. Arbeitet dazu zu zweit zusammen.

2 Was wollte der Bischof Wolfger von Passau deiner Meinung nach mit der Abfassung und Verbreitung des Nibelungenliedes in seiner Zeit um 1200 n. Chr. erreichen?

3 Wie verträgt sich die politische Verwendung des Nibelungenliedes in der deutschen Geschichte mit den Absichten seines Auftraggebers?

4 Was könnte man an dieser Dichtung so interessant finden, dass sie im Fernsehen, bei Festspielen und auch als Oper bis heute immer wieder aufgeführt wird?

5 Das folgende Filmbild aus dem Stummfilm „Die Nibelungen" von 1924 hat der Regisseur auch für das Filmplakat ausgewählt. Um welche Szene handelt es sich und welche Wirkung hat die Darstellung auf dich?

6 Durchstarten! So könnt ihr weiterarbeiten:

a Viele Szenen aus dem Nibelungenlied eignen sich sehr gut dazu, in einer Kombination von Text und Zeichnung dargestellt zu werden. Zu dem entsprechenden Text, etwa dem über den Drachenkampf von Siegfried oder über die Werbung um Brünhild in Island, über den Streit der Königinnen vor dem Wormser Dom oder die Rache Kriemhilds, könnt ihr möglichst große Bilder malen. Wenn ihr dann die Texte mit den entsprechenden Bildern in eurer Klasse an der Wand anbringt, verschafft ihr euch einen sehr guten Überblick über die gesamte Nibelungensage.

b Eine andere Möglichkeit könnte ein Comic sein. Überlegt zusammen, welche Szenen aus dem Nibelungenlied sich dazu besonders eignen. Als Hilfen bei dieser Arbeit können euch die folgenden Darstellungen über die „Nibelungen" dienen:

- Auguste Lechner: Die Nibelungen, 23. Auflage, Arena Verlag, Würzburg 2004
- Germanische und deutsche Sagen, hg. von Johannes Diekhans, Schöningh Verlag, Paderborn 2014

Im Internet findet ihr weiterhin viele bildliche Darstellungen zu Szenen des Nibelungenliedes, von denen ihr euch anregen lassen könnt.

Das musst du lernen und wissen

Die Nibelungen

Der Name der „Nibelungen" geht der Sage nach auf unermesslich reiche Könige im Norden Skandinaviens zurück. Sie besaßen den „Nibelungenhort", einen riesigen Schatz aus Gold, Silber, Edelsteinen und wunderbaren Waffen.

Das „Nibelungenlied" erzählt von dem tragischen Schicksal derjenigen, die in den Besitz des „Nibelungenhorts" gelangten. Der Bedeutendste unter ihnen ist der Held Siegfried.

Die zentralen Gestalten des Nibelungenliedes sind Siegfried und seine Frau Kriemhild. Als Siegfried, der Held mit den sagenhaften Waffen und dem unermesslichen Reichtum, ermordet wird, rächt seine Frau diese Tat. Betrug, Mord, Rache und Untergang bestimmen den Gang der Handlung im Nibelungenlied.

Die Orte der Handlung werden oft im Nibelungenlied genau beschrieben. Die meisten von ihnen befinden sich am Rhein und an der Donau.

Der Verfasser des Nibelungenliedes blieb bis heute unbekannt. Aber seine Dichtung wurde seit ihrer Entstehung um 1200 n. Chr. überall sehr schnell verbreitet, weil fahrende Sänger sie an den Fürstenhöfen und in den zahlreichen Ritterburgen nach einer unbekannt gebliebenen Melodie vortrugen. Auch in der Gegenwart gibt es ein großes Interesse an den „Nibelungen". Immer wieder werden sie bei Festspielen und im Fernsehen aufgeführt.

Kleine Übungen zur Lernkontrolle

1 Im Nibelungenlied ist von den verschiedensten Orten oder Ländern die Rede, denen jeweils bestimmte Personen zugeordnet werden können. Schreibe die Orte bzw. Länder ab und ordne ihnen die Personen zu:
Orte: Xanten, Worms, Island, Gran
Personen: Brünhild, Kriemhild, Hagen, Siegfried, Etzel, Gunther, Giselher, Gernot

2 Schreibe auf, wodurch Siegfried nahezu unverwundbar ist.

3 Du findest im Folgenden falsche Aussagen zu dem Inhalt der Nibelungensage. Schreibe sie in richtiger Weise auf.

a) Siegfried wirbt um Brünhild, der Königin von Island.
b) Siegfried unterliegt Brünhild, sodass Gunther sie nicht heiraten kann.
c) Hagen von Tronje ist der treueste Freund Siegfrieds. Er schützt ihn gegen den Mordplan seines Königs Gunther.
d) Brünhild und Kriemhild sind beste Freundinnen.
e) Kriemhild verzichtet auf den Nibelungenschatz und schenkt Hagen das Leben.

4 Du findest im Folgenden eine Strophe des Nibelungenliedes in mittelhochdeutscher Sprache. Versuche herauszufinden, worum es in der Strophe geht und schreibe den Inhalt kurz auf. Eine Hilfe ist es, wenn du die Strophe laut vorliest. Wenn du nicht weiterweißt: In deinem Deutschbuch findest du die Übersetzung dieser Strophe.

Dâ der herre Sîfrit ob dem brunnen tranc,
er schôz in durch das kriuze, daz von der wunden spranc
daz bluot im von dem herzen vaste an Hagenen wât.
sô grôze missewende ein helt nimmer mêr begât.

5 Berichte, aus welchem Grund Hagen Siegfried tötet.

6 Wie geht Kriemhild vor, um sich an ihren Brüdern und Hagen von Tronje für die Ermordung Siegfrieds zu rächen? Beschreibe ihren Plan.

7 Welche Beziehung Kriemhilds zu ihrem Mann Etzel und dem Sohn Ortwin wird am Ende des Nibelungenlieds deutlich?

8 Lies noch einmal die letzten drei Strophen des Nibelungenliedes (S. 170). Wie könnte man den Begriff „Nibelunge nôt“ übersetzen und was ist damit gemeint?

9 Das Bild stammt aus einer Handschrift des Nibelungenlieds aus dem 15. Jahrhundert. Welche Szene findest du dort dargestellt?

10 Kriemhild will nicht nur Rache für den Tod Siegfrieds, sondern als seine Erbin fordert sie auch den Schatz, den Hagen und ihre Brüder im Rhein versenkt haben. Nach dem Tode Gunthers, Gîselhers und Gêrnôts, der burgundischen Könige, verspottet Hagen Kriemhild, denn nun wüssten nur noch er und Gott, wo der Schatz versteckt sei, und von ihm werde sie nie den Ort erfahren. Kriemhild gerät in großen Zorn. Sie erkennt, dass ihr von ihrem geliebten ersten Mann nur noch sein wunderbares Schwert geblieben ist. Wie reagiert sie? Übersetze dazu die folgende Strophe aus dem Nibelungenlied.

Si zôh iz von der scheiden, daz kund er nicht erwern.
dô dâhte sie den recken des lîbes wol behern.[1]
si huob es mit ir handen, daz houpt si im ab sluoc.
daz sach der künec Etzel. dô was im leide genuoc.

---

[1] des lîbes behern: das Leben nehmen

Länder, Völker, Abenteuer – Menschen begegnen

In diesem Kapitel erfahrt ihr etwas über Situationen, in denen sich Menschen aus unterschiedlichen Kulturen begegnen. Die jeweils andere Kultur ist diesen Menschen zuvor unbekannt und fremd gewesen. Ihr lernt, die Texte, in denen diese Menschen von ihren Erfahrungen berichten, zu erschließen und miteinander zu vergleichen. So könnt ihr feststellen, welche Unterschiede und Gemeinsamkeiten es in ihrer Sichtweise sowie in ihren Einstellungen und Erfahrungen gibt.
Menschen aus Europa sind schon seit Jahrtausenden mit für sie fremden Kulturen in Berührung gekommen, seit dem Jahr 1492, als Christoph Kolumbus Amerika für das Europa seiner Zeit entdeckte, immer öfter auch mit den amerikanischen Ureinwohnern.

Gemälde des amerikanischen Malers George Catlin (1796–1872), Catlin malt das Porträt von Mah-To-Toh-Pa-Mandan (1861/69)

Kapitän Robert Grey um 1792 in der Nähe der Mündung des Columbia-Flusses (Wandgemälde aus Salem, Oregon)

einer fremden Kultur

Tanzvorführung für Touristen bei Lakota

In ihrem Buch berichtet die Schweizerin Isabel Stadnick von ihrem Leben in der Pine-Ridge-Reservation

James W. Schultz (1859–1947) mit Indianern vom Stamm der Blackfeet

1 Die Bilder auf diesen Seiten zeigen Begegnungen zwischen den Angehörigen unterschiedlicher Kulturen. Beschreibt und vergleicht, wie der Kontakt verläuft.

2 Berichtet von euren eigenen Erfahrungen. Wo und wann seid ihr Menschen aus einer Kultur begegnet, die euch fremd war? Welche Erfahrungen habt ihr dabei gemacht? Was war vertraut, was fremd?

Begegnungen mit den Indianern Nordamerikas

Meriwether Lewis (1773–1809)

Begegnung mit Shoshone-Indianern

■ Noch zu Beginn des 19. Jahrhunderts waren große Teile Nordamerikas (für Weiße) unbekannt und unbesiedelt. Über die noch nicht erforschten Gebiete westlich des Mississippis gab es nur Spekulationen. So vermutete man fälschlich einen direkten Wasserweg, der zum Pazifik führen sollte. Um ihn aufzuspüren, unternahmen die Offiziere Meriwether Lewis und William Clark (1770–1838) im Mai 1804 eine erste Expedition nach Westen. Nordwestlich der Stadt St. Louis schifften sie sich mit mehreren Booten auf dem Missouri ein. Bereits 1802 hatte der damalige Präsident der USA, Thomas Jefferson, Lewis damit beauftragt, eine Expedition nach Westen zu planen. Sie sollte nicht nur die Kenntnisse über die bereisten Gebiete vermehren, sondern auch den Herrschaftsanspruch der USA auf diese Gebiete unterstreichen. Im November 1805 erreichte die Expedition nach 18 Monaten die Pazifikküste. Alles Wissenswerte über Flussläufe, Pflanzen, Tiere und Indianerstämme notierten Lewis und Clark in einem Expeditionstagebuch. ■

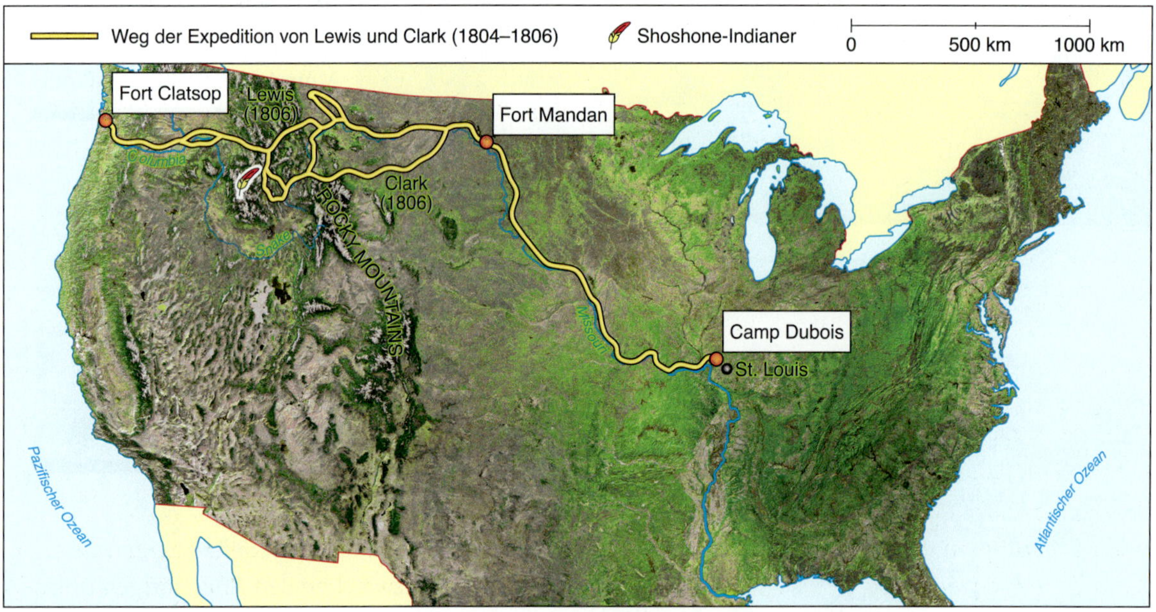

1 Berechnet mithilfe des Maßstabs der Karte, welche Strecke die Expedition insgesamt zurücklegen musste.

2 Versetzt euch in die Lage eines Expeditionsteilnehmers. Welche Ängste und Befürchtungen habt ihr zu Beginn der Expedition? Welche Schwierigkeiten müsst ihr in ihrem Verlauf überwinden? Verfasst einen möglichen Tagebucheintrag.

■ Im August 1805 befand sich die Expedition im Gebiet der Shoshone-Indianer. Das Ziel – die Pazifikküste – war noch weit und das Unternehmen drohte in der Wildnis zu scheitern. Über den 13. August schrieb Lewis in das Expeditionstagebuch: ■

In der Entfernung von ungefähr einer Meile[1] sahen wir zwei Frauen, einen Mann und einige Hunde auf einer Anhöhe direkt vor uns. Sie schienen uns aufmerksam zu beobachten, und zwei von ihnen kletterten nach einigen Minuten herunter, als ob sie unsere Ankunft erwarten würden. Wir näherten uns ihnen in unserem üblichen Tempo. Als wir bis auf eine halbe Meile an sie herangekommen waren, wies ich den Trupp an anzuhalten. Ich ließ mein Gepäck und mein Gewehr zurück, nahm die Flagge, die ich entrollte, und ging alleine auf sie zu. Die Frauen verschwanden schnell hinter dem Hügel, der Mann blieb, bis ich bis auf 100 Yards[2] an ihn herangekommen war, und verschwand dann ebenfalls, obwohl ich regelmäßig das Wort „tab-ba-bone“, das heißt „weißer Mann“, so laut wiederholte, dass er es hören konnte.

Ich eilte nun auf die Spitze des Hügels hinauf, wo sie gestanden hatten, aber ich konnte nichts von ihnen sehen. Die Hunde waren weniger scheu als ihre Herren. Sie kamen ziemlich nah an mich heran. Ich kam deshalb auf die Idee, einem von ihnen ein Taschentuch mit einigen Perlen und Schmuckstücken um den Hals zu binden und ihn dann loszulassen, um seinen entflohenen Besitzer zu suchen. Ich dachte, sie hierdurch von unserer friedlichen Einstellung ihnen gegenüber zu überzeugen. Aber die Hunde ließen sich von mir nicht festhalten. Auch sie verschwanden bald. Ich gab meinen Männern nun ein Zeichen, dass sie weitergehen sollten. Sie kamen zu mir, und wir verfolgten die Spur der Indianer, die uns denselben Weg entlangführte, den wir gekommen waren. Die Straße war staubig und schien kürzlich sowohl von Menschen als auch von Pferden stark benutzt worden zu sein.

Wir hatten unseren Weg noch nicht mehr als eine Meile fortgesetzt, als wir das Glück hatten, auf drei weibliche Wilde zu treffen. Die kurzen und steilen Schluchten, an denen wir vorbeikamen, verbargen uns voreinander, bis wir 30

Expeditionstagebuch von Lewis und Clark

Schritt voneinander entfernt waren. Eine junge Frau floh sofort, eine ältere Frau und ein Mädchen von ungefähr zwölf Jahren blieben stehen. Ich legte unverzüglich mein Gewehr beiseite und ging auf sie zu. Sie schienen sehr beunruhigt zu sein, sahen aber, dass wir zu nahe waren, um uns durch Flucht zu entkommen. Sie setzten sich deshalb auf die Erde, hielten ihre Köpfe nach unten, als ob sie sich damit abgefunden hätten zu sterben, was sie ohne Zweifel als ihr Schicksal ansahen. Ich nahm die ältere Frau bei der Hand, führte sie nach oben und wiederholte das Wort „tab-ba-bone“. Ich öffnete meinen Hemdsärmel, um ihr meine Haut zu zeigen und um ihr die Wahrheit der Behauptung zu beweisen, dass ich ein weißer Mann war, denn mein Gesicht und meine Hände, die andauernd der Sonne ausgesetzt gewesen waren, waren so dunkel wie ihre eigenen. Sie schienen sofort versöhnt und als die Männer herankamen, gab ich den Frauen einige Perlen, Mokassin-Ahlen[3], einige Zinnspiegel und ein wenig Farbe.

Ich wies Drewyer an, die alte Frau zu bitten, die junge Frau zurückzurufen. Sie war inzwischen ein ganzes Stück davongelaufen, und ich befürchtete, sie könnte das Lager alarmieren, bevor wir es erreichten, und die Eingeborenen so

[1] **Meile:** amerikanisches Längenmaß: 1,6 Kilometer
[2] **Yard:** amerikanisches Längenmaß: 0,91 Meter
[3] **Ahle:** nadelartiges Werkzeug zum Vorstechen von Löchern in Leder

in Aufruhr versetzen, dass sie uns vielleicht angreifen würden, ohne zu fragen, wer wir seien. Die alte Frau tat, worum ich sie gebeten hatte, und die Flüchtige kehrte bald ziemlich außer Puste zurück. Ich schenkte ihr eine vergleichbare Menge an Schmuckstücken. Ich malte nun ihre goldbraune Haut mit etwas Zinnoberrot an, welches bei diesem Volk für den Frieden steht. Nachdem sie sich beruhigt hatten, gab ich ihr durch Zeichen meinen Wunsch zu verstehen, dass sie uns zu ihrem Lager führen sollten und dass uns viel daran läge, mit den Häuptlingen und Kriegern ihres Volkes bekannt zu werden. Sie gehorchten bereitwillig, wir machten uns auf den Weg und folgten immer der Straße am Fluss entlang. Wir waren ungefähr zwei Meilen gegangen, als wir eine Gruppe von 60 Kriegern trafen, die auf sehr guten Pferden saßen und mit beinahe voller Geschwindigkeit näherkamen. Als sie ankamen, ging ich mit der Flagge auf sie zu, während ich meine Waffe ca. 50 Schritte hinter mir bei meinen Leuten ließ. Der Häuptling und zwei andere, die ein wenig vor der Hauptgruppe waren, sprachen zu den Frauen und sie sagten ihnen, wer wir seien, und zeigten ihnen voller Freude die Geschenke, die ihnen gegeben worden waren. Diese Männer gingen vorwärts und umarmten mich sehr herzlich auf ihre Weise. Sie tun das, indem sie ihren linken Arm über deine rechte Schulter legen und deinen Rücken festhalten, während sie ihre linke Wange an deine drücken und oft das Wort „ah-hi-e, ah-hi-e“ ausrufen; das bedeutet „Ich bin sehr erfreut“. Beide Gruppen kamen nun aufeinander zu, und wir wurden alle umarmt und mit ihrer Schmiere und Farbe eingerieben, bis ich herzlich müde war von der diesem Volk eigenen Umarmung. Ich ließ nun die Pfeife anzünden und gab ihnen zu rauchen; sie setzten sich in einen Kreis um uns herum und zogen ihre Mokassins aus, bevor sie die Pfeife nehmen und rauchen wollten.

1 Teilt den Text in verschiedene Abschnitte ein und gebt ihnen Überschriften. Berichtet danach darüber, wie diese Begegnung zwischen Indianern und Weißen verläuft. Nutzt hierfür eure Überschriften.

2 Beschreibt Lewis' Auftreten den Indianern gegenüber. Belegt eure Ergebnisse am Text.

3 Woran erkennt ihr, dass es sich bei dem vorliegenden Text um einen Auszug aus einem Tagebuch handelt? Achtet dabei auch auf die sprachlichen Besonderheiten des Textes.

4 Nennt mögliche Gründe dafür, dass der Autor während seiner Reise ein Tagebuch führt.

5 Sprecht darüber, wie ein Indianer diese Begegnung erlebt haben könnte. Berichtet dann aus der Sicht eines Indianers von diesem Ereignis.

George Catlin (1796–1872)

Zu Gast bei einem Indianerhäuptling

■ Der amerikanische Maler George Catlin unternahm ab 1832 mehrere, zum Teil ausgedehnte Reisen zu verschiedenen Indianerstämmen Nordamerikas. Während dieser Reisen fertigte er eine große Zahl von Bildern an, die die Häuptlinge und andere Mitglieder der verschiedenen Stämme zeigen. Seine Erfahrungen fasste Catlin in einem Buch zusammen, das 1841 erschien. Auf einer seiner ersten Reisen verbrachte er einige Zeit bei dem Stamm der Mandan-Indianer, der im Gebiet des heutigen North Dakota am Missouri lebte. So kam Catlin auch in Kontakt mit dem Häuptling Mah-to-toh-pa (= Die vier Bären). ■

Eines Tages kam er um zwölf Uhr mittags, prächtig gekleidet, in meine Hütte, legte seinen Arm um den meinigen und führte mich auf die höflichste Art durch das Dorf in seine Hütte, wo ein sorgfältig bereitetes Mahl meiner wartete. Seine Hütte war sehr geräumig, denn sie hatte vierzig bis fünfzig Fuß[1] im Durchmesser und etwa zwanzig Fuß Höhe. In der Mitte befand sich ein mit Steinen ausgesetztes Loch von fünf bis sechs Fuß Durchmesser und einen Fuß tief, worin das Feuer brannte, über welchem der Kessel hing. Ich musste mich nahe am Feuer auf eine sehr sinnreich mit Hieroglyphen bemalte Büffelhaut setzen; er selbst saß auf einer anderen in einiger Entfernung von mir, und die Schüsseln standen auf einer hübschen Binsenmatte zwischen uns.

Das einfache Mahl bestand nur aus drei Schüsseln; eine davon, eine irdene[2], von der eigenen Fabrik der Mandaner[3], etwa von der Form eines Backtroges, enthielt Pemmikan[4] und Knochenmark; die beiden anderen waren von Holz. In der einen befanden sich köstlich geröstete Büffelrippen, in der anderen eine Art Pudding aus dem Mehl der Pomme blanche (Psoralia esculenta), einer Art Rübe der Prärie, mit Büffelbeeren gewürzt, die hier in großer Menge eingesammelt und zu verschiedenen Speisen verwendet werden.

Neben den Schüsseln lag eine hübsche Pfeife und ein aus Otternfell gemachter Tabaksbeutel mit K'nick-k'neck oder Indianertabak (Rinde der roten Weide, Camus sericea) gefüllt. Als wir uns gesetzt hatten, nahm mein Wirt diese Pfeife, stopfte sie bedächtig, und statt sie am Feuer anzuzünden, zog er Stahl und Stein aus der Tasche hervor, und nachdem er sie in Brand gesetzt und zwei starke Züge getan hatte, reichte er mir die Spitze hin, worauf ich ebenfalls einige Züge tat, während er das Rohr in der Hand hielt. Sodann legte er die Pfeife weg, zog sein Messer aus dem Gürtel, schnitt ein kleines Stück Fleisch ab und warf es mit den Worten „Ho-pi-ni-schih wa-paschih" (das heißt Medizinopfer) ins Feuer.

Nunmehr forderte er mich durch Zeichen auf zu essen, und ich leistete dieser Einladung Folge, nachdem ich mein Messer hervorgezogen hatte, denn hier führt jeder sein Messer bei sich, da bei indianischen Gastmahlen niemals dem Gast ein Messer gereicht wird. Es durfte auch nicht auffallen, dass ich allein aß, denn bei allen Stämmen dieser westlichen Gegenden ist es unveränderliche Regel, dass ein Häuptling niemals mit seinen Gästen zugleich isst; während sie es sich wohl schmecken lassen, sitzt er neben ihnen, um sie zu bedienen, und stopft die Pfeife, die nach beendigter Mahlzeit die Runde machen soll. So war es auch jetzt; während ich speiste, saß Mah-to-toh-pa mit gekreuzten Beinen neben mir und reinigte die Pfeife, um sie zum Rauchen zuzubereiten, wenn ich gesättigt sein würde. Ich bemerkte, dass er ungewöhnliche Sorgfalt darauf verwendete. Nachdem er eine hinreichende Menge K'nick-k'neck aus dem Tabaksbeutel herausgenommen, langte er ein Stück Biberfett hervor, das diese Indianer stets unter dem Tabak mit sich führen, um ihm einen angenehmen Geruch zu geben, schabte etwas davon ab und mischte es unter die Rinde, womit er die Pfeife stopfte, worauf er zuletzt noch etwas getrockneten und gepulverten Büffelmist auf den Tabak streute, um die Pfeife leichter anzünden zu können. Als ich gesättigt war, stand ich auf, und nachdem die Pfeife in Brand gesetzt worden, blieben wir noch eine Viertelstunde zusammen und unterhielten uns, in Rauchwolken gehüllt, durch Zeichen. [...]

Während ich in dem Wigwam speiste, herrschte daselbst eine Totenstille, obgleich wir nicht allein waren, denn dieser Häuptling hat, gleich den meisten anderen, mehrere Frauen, und alle (sechs oder sieben) saßen an den Wänden der Hütte auf Büffelhäuten oder Matten, durften aber nicht sprechen; dagegen waren sie stets aufmerksam auf die Befehle ihres Gebieters, die durch Zeichen mit der Hand gegeben und von

---

1 **Fuß:** englisches Längenmaß, 30,48 cm

2 **irden:** aus gebranntem Ton

3 **Fabrik der Mandaner:** Gemeint ist, dass die Mandaner das Gefäß selbst hergestellt haben.

4 **Pemmikan:** Nahrungsmittel, das aus getrocknetem, zerstoßenem Büffelfleisch hergestellt wird

Im Jahr 1832 malte George Catlin den Häuptling Big Elk (Großer Elch) vom Stamm der Omaha.

ihnen sehr gewandt und schweigend vollzogen wurden.

Als ich weggehen wollte, schenkte mir der Häuptling die Pfeife, aus der wir geraucht, und die Büffelhaut, auf der ich gesessen hatte; Letztere nahm er von der Erde auf und erklärte mir durch Zeichen, dass die Malerei die Gefechte darstelle, in denen er gekämpft und vierzehn Feinde mit eigener Hand getötet habe; zwei Wochen habe er dazu gebraucht, dies für mich zu zeichnen, und mich nun eingeladen, um mir die Büffelhaut zu schenken. Ich hängte diese über die Schultern, und er führte mich am Arm zurück in meine Hütte.

1 Catlin berichtet hier von verschiedenen Bereichen im alltäglichen Leben der Indianer. Findet Oberbegriffe für diese verschiedenen Teilbereiche und stellt die Informationen, die ihr erhaltet, unter diesen Oberbegriffen zusammen.

2 Findet Beispiele im Text, die zeigen, wie der Häuptling und Catlin miteinander umgehen. Was könnt ihr daran erkennen?

3 Wie beurteilt Catlin den Häuptling? Belegt eure Aussagen am Text.

4 Beschreibt das Bild des Häuptlings Big Elk. Welchen Eindruck vermittelt Catlin von ihm? Vergleicht die Darstellung des Indianerhäuptlings in dem Bild mit der Darstellung des Häuptlings in Catlins Bericht.

5 Catlin hat seinen Bericht erst längere Zeit nach dem Erlebten verfasst und als Buch herausgebracht. Sprecht darüber, welche Gründe Catlin gehabt haben könnte, seine Eindrücke und Erfahrungen niederzuschreiben und zu veröffentlichen.

6 Vergleicht die Texte von Lewis und Catlin. Achtet dabei vor allem darauf, warum sie ihre Berichte schreiben, wie sie sie sprachlich gestalten und welche Einstellung sie zu den Indianern haben. Haltet eure Ergebnisse in einer Tabelle fest. Ihr könnt auch noch weitere Vergleichsaspekte in eure Arbeit einbeziehen. Dabei hilft euch der Werkzeugkasten auf S. 183.

7 **Durchstarten! So kannst du weiterarbeiten:**

a) Suche nach Informationen über die Expedition von Lewis und Clark, insbesondere über die Rolle, die die Indianerin Sacajawea dabei spielte.

b) Informiere dich über Leben und Werk des Malers George Catlin. Stelle eines seiner anderen Indianer-Bilder der Klasse vor. Nutze die Internetseite www.georgecatlin.org.

c) Beschreibe das Selbstporträt Catlins auf S. 176 und erkläre, wie Catlin sich selbst und sein Verhältnis zu den Indianern darstellt.

d Fasse deine Ergebnisse aus Aufgabe 6 (S. 182) in einem Text zusammen. Achte darauf, dass dein Text Einleitung, Hauptteil und Schluss hat.

So gehst du vor

Sachtexte miteinander vergleichen

Wenn ihr an einem Thema arbeitet, werdet ihr oft verschiedene Sachtexte hierzu finden. Es kann dann notwendig und sinnvoll sein, diese **Texte** gezielt **miteinander** zu **vergleichen**. So lassen sich **Gemeinsamkeiten**, aber auch **Unterschiede** zwischen ihnen feststellen.

Hilfreich für einen Textvergleich sind z. B. folgende Gesichtspunkte:

- Was ist über die Verfasser und die Entstehung der Texte bekannt?
- Worüber berichten die Verfasser?
- Welche Bereiche lassen sich unterscheiden?
- Welche Einstellung haben die Verfasser zu dem, was sie berichten?
- Wie machen die Verfasser ihre Einstellung sprachlich deutlich?
- Für welchen Leser oder welche Leserschaft waren die Berichte ursprünglich gedacht?
- Zu welchem Zweck sind die Texte verfasst worden?

Eure Ergebnisse könnt ihr stichwortartig gegenüberstellen:

Vergleichsaspekt	**Text 1**	**Text 2**
Verfasser und Entstehung …	…	…

Martin Seiwert

Der Trommeltanz der Dene

■ Schon als Kind war Martin Seiwert von Indianern fasziniert. Nach dem Abitur erhielt er durch ein Stipendium Geld, das es ihm ermöglichte, zu den Dene-Indianern in den Norden Kanadas zu reisen. Er verbrachte 1991 mehrere Wochen bei den Dogrib, einem der Stämme, die zur Gruppe der Dene gehören, welche im Nordwesten Kanadas noch immer auf ihrem ursprünglichen Stammesgebiet leben. Hier lernte er unter anderem die Indianer Muriel, Alfred und Jonas, den Häuptling der Dogrib, kennen. Jonas nahm Martin Seiwert sogar nach Bell Rock mit, wo eine große Versammlung der Dene stattfand. ■

Als nach einer Weile beinahe unheimliche, monotone Trommelrhythmen zu unserem Lager herüberdringen, wird mir langsam klar, weshalb dauernd von einem *Drum Dance* gesprochen wurde und warum unsere Runde am Lagerfeuer so plötzlich auf eine Handvoll Männer ge-

Vorbereitungen für den Trommeltanz

schrumpft ist. „Du solltest auch zum *Drum Dance* gehen“, sagt Jonas, als er aufsteht, um Feuerholz zu holen. Ich habe nicht die leiseste Ahnung, was mich dort erwartet. Der „Trommeltanz“ könnte durchaus mehr sein als ein gewöhnlicher Tanz. Mir kommt in den Sinn, was Muriel sagte, als ich nach Bell Rock aufbrach: „Du wirst sehr viel lernen über unser Volk, über unsere Spiritualität[1]“. Bei aller Freundlichkeit und Offenheit, die ich bisher bei den Dogrib erfahren habe, lässt mich doch das Gefühl nicht los, dass sich hinter den Späßen über den deutschen Spion ein ernster Kern, eine freundlich formulierte Warnung vor zu viel Einmischung verbirgt. Ein ebenso ernst gemeinter Kern steckt jetzt hinter meiner Entgegnung: „Aber nur, wenn ich dabei als Bleichgesicht nicht am Marterpfahl ende!“

Die Männer am Feuer lachen. Jonas hat genau verstanden, was ich meine, und sagt nur: „Geh ruhig hin, es wird dir gefallen.“

Ich möchte schon aufstehen, da sieht mich auf einmal der alte Mann an, dem ich mein Nachtlager zu verdanken habe, und meint in gebrochenem Englisch: „Nimm dir aber vorher noch etwas zu essen. Das wird eine lange Nacht werden.“ [...]

In diesem Augenblick tritt Lena, die etwa zwanzigjährige Tochter von Alfred, ans Feuer und fragt, ob ich nicht zum *Drum Dance* kommen möchte. Da ich für den heutigen Abend genug habe von Karibufleisch[2] und etwas unverständlichen Lehren, bin ich froh, endlich vom Lagerfeuer wegzukommen. Und natürlich bin ich auch gespannt, was es mit dem Tanz auf sich hat.

Lena bringt mich auf eine Wiese, die von einem meterhohen Feuer taghell erleuchtet ist. Ich bin beeindruckt von dem Bild, das sich mir bietet. Um das Feuer bewegt sich im Takt der Trommeln ein Kreis von Tänzern. Die Trommler, etwa ein Dutzend junger Männer, stehen in einer Reihe außerhalb des Kreises. Ihre glänzenden, schweißnassen Gesichter sind starr den Tänzern zugewandt, ihre Füße wippen im Takt. Unablässig peitschen sie mit kurzen, flachen Holzschlägern auf die Karibuhäute der Drums nieder. Die Luft, der Boden, alles scheint vom Dröhnen der Trommeln durchdrungen. Dazu stimmen die Trommler fremdartige Gesänge an, Lieder, die seit Jahrhunderten von den Medizinmännern überliefert werden. Der Tanz selbst ist monoton und dennoch ausdrucksstark. Auf einen kurzen Schritt folgt ein festes Aufstampfen, die Arme hängen herab. Den Kopf heben die Tänzer nur, wenn sie die Trommler passieren, um diesen dann, wie es die Tradition verlangt, bewusst in die Augen zu sehen.

Lena und ich gesellen uns zu einer Gruppe Jugendlicher aus Rainbow Valley. Voll Begeisterung mischen sie sich immer wieder unter die Tänzer und fordern schließlich auch mich auf mitzutanzen. Ich weiß nicht, wie ich mich verhalten soll. Darf oder muss ich, wenn ich dabeistehe, auch mittanzen? Aus Angst, etwas falsch zu machen, verabschiede ich mich Hals über Kopf von der Gruppe und gehe zurück zu den Zelten. Aber schon auf dem Weg dorthin bereue ich meine Entscheidung und würde am liebsten wieder umkehren. Andererseits wird es bestimmt nicht der letzte *Drum Dance* gewesen sein, denke ich und suche in Jonas' Wagen mein Gepäck zusammen.

1 **Spiritualität:** Geistigkeit; gemeint ist hier die indianische Religion.

2 **Karibu:** nordamerikanisches Rentier

1 Erklärt, wie der Trommeltanz der Dene abläuft. Nehmt die Abbildung auf S. 184 zu Hilfe.

2 Warum nimmt der Autor nicht an dem Tanz teil? Belegt eure Aussagen am Text.

3 Sprecht darüber, ob ihr euch in einer ähnlichen Situation auch so entschieden hättet. Schreibt dann einen Brief an den Autor, in dem ihr ihm erklärt, wie ihr sein Verhalten beurteilt und was ihr an seiner Stelle getan hättet.

4 Findet Textstellen, die die Gefühle des Autors ausdrücken. Stellt eure Ergebnisse in einer Stichwortliste zusammen und berichtet dann davon, wie Martin Seiwert den beschriebenen Abend erlebt.

5 Welches Tempus benutzt der Autor? Beschreibt die Wirkung, die er dadurch erzielt.

6 Vergleicht die Texte von Martin Seiwert und George Catlin miteinander. Was verbindet, was unterscheidet ihre Einstellung den Indianern gegenüber? Findet selbst weitere Gesichtspunkte für den Vergleich.

7 **Durchstarten! So könnt ihr weiterarbeiten:**

a Schreibt einen Lexikonartikel, in dem ihr die Informationen über den Trommeltanz zusammenfasst.

b Vergleicht den Lexikonartikel aus Aufgabe a mit dem Ausgangstext.

Oliver Gerhard (geb. 1966)

Zu Hause bei Sitting Bull

■ Der Journalist Oliver Gerhard reiste in die USA und besuchte dort das Flathead Indianerreservat im amerikanischen Bundesstaat Montana. Von seinen Erlebnissen und Erfahrungen berichtete er später in einer Zeitschrift, die vor allem Berichte über und Tipps für Reisen nach Nordamerika enthält. ■

Steven hatte mich gewarnt. Das heißt, eigentlich hatte er nur gelacht, als er erfuhr, wer mein Wanderführer ist. „Wayne", rief er und schlug sich auf die Schenkel. „Wayne Lefthand!" Mein Gastgeber Steven Small Salmon sitzt lachend in seinem dicken Fernsehsessel. „Sei froh, wenn du den aus seinem Truck herausbekommst! Mach ihm mal gehörig Beine!"

Und jetzt stehe ich hier im Wald. Es ist verdächtig still. Die Vögel zwitschern, der Bach rauscht, aber das rhythmische Schnaufen hinter mir ist verstummt. Wo ist Wayne? Dann ein Stöhnen aus dem Gebüsch: „Ich kann nicht mehr." Wayne Lefthand stehen die Schweißperlen auf der Stirn. Dabei sind wir kaum eine Stunde unterwegs.

Steven hatte recht. Wayne ist nicht zum Wanderführer geboren. Schon unser erster Anlauf gestern war ein Reinfall: „Ich muss jetzt zurück zu meiner Familie", hatte Wayne kurz nach dem Aufbruch zum Swartz Lake gesagt. „Aber morgen machen wir eine große Wanderung, versprochen." Heute früh brachte er seine Bergschuhe und einen gewaltigen Stock mit. Ein gutes Zeichen.

In seinem riesigen Truck fuhren wir in die Berge der Mission Mountains: schroffe Sandsteinfelsen mit schneebedeckten Spitzen, darunter dichte Wälder. Hoch über uns schimmerte das Ziel der Wanderung in der Sonne: eine Kette von Wasserfällen – die Mission Falls.

Das Gebirge ist offiziell als „Wilderness Area“ ausgezeichnet. Keine Bewohner, keine Straßen, nur Natur. „Wir sind die ersten Indianer, die ein solches Gebiet in Eigenverantwortung managen“, erzählt Wayne. Hin und wieder bückt er sich und sucht den Boden ab. Vielleicht gibt es hier Pfeilspitzen seiner Vorfahren. Eigentlich ist Wayne Archäologe. Im Auftrag des Stammesrates sucht er in den Bergen nach Ausgrabungsstätten oder schaut Bauherren über die Schulter, auf deren Grundstück er Artefakte[1] der Ahnen vermutet. Während die Weißen solche Fundstücke ins Museum stecken, macht Wayne genau das Gegenteil: „Pfeilspitzen vergrabe ich am Fundort noch tiefer – zum Schutz vor gierigen Schatzsuchern. Der Berg soll ihr endgültiges Zuhause bleiben.“ Wayne stammt vom Volk der Kootenai, das gemeinsam mit den Salish und den Pend d'Oreille das Flathead-Reservat im Nordwesten Montanas bewohnt.

Drei verschiedene Stämme mit ähnlichen Traditionen. Zum Beispiel wanderten die Vorfahren regelmäßig in die Prärie im Osten, um dort Büffel zu jagen. Und alle drei Stämme teilten die Angst vor den feindlichen Blackfoot und ihren Überfällen. [...]

„Meine Kinder sollen später einmal Ingenieure werden, damit sie an unserem Staudamm arbeiten können“, sagt Wayne. Der vom Staat betriebene Kerr Dam auf dem Gelände des Reservats sichert den Stämmen einen Teil ihres Profits – neben der Landwirtschaft und einem Casino.

Vor lauter Erzählen geht Wayne endgültig die Puste aus: „Du musst alleine weiter, ich warte hier auf dich.“ Ich kann mir schon Stevens Gesicht vorstellen, wenn ich ihm das erzähle. Nicht immer verlaufen Touren in den Reservaten wie angekündigt. Die Uhren ticken hier etwas anders und es gelten unterschiedliche Maßstäbe bei der Organisation – wie überall, wo verschiedene Kulturen aufeinandertreffen.

Dafür verpasst Wayne den schäumenden Wasserfall und den Blick über die dicht bewaldeten Berge. Sogar die Prärien des Tales und der glitzernde Flathead Lake in seiner Mitte sind zu sehen, der größte natürliche Süßwassersee westlich des Mississippi. Später im Truck ist der Archäologe wieder in seinem Element, wenn er den zweiten Teil des Besuchsprogramms einlei-

[1] **Artefakt:** von Menschen hergestellter, oft frühgeschichtlicher Gegenstand

Die Mission Mountains

Steven Small Salmon nimmt Gäste auf, um ihnen seine Kultur näherzubringen.

tet: eine Rundfahrt zu den wichtigsten Sehenswürdigkeiten des Reservats.

Stolz zeigt er die St. Ignatius Mission von 1891, zu der ein Schulhaus, eine Getreidemühle und ein Krankenhaus gehörten. Im Inneren der Kirche leuchten Fresken von den Wänden. Mangels eines Malers wurde damals der Koch der Mission zum Bepinseln der Wände verdonnert und entpuppte sich als wahrer Künstler. Dann steuert Wayne in die „National Bison Range“. Wo seine Vorfahren früher auf Mustangs hinter den Büffeln herjagten, lebt heute eine Herde von über 400 Tieren auf der Prärie über dem Flathead River. Mit etwas Glück begegnet man auch Bighorn-Schafen, Bergziegen und Antilopen. An klaren Tagen reicht der Blick von den Hügeln des Parks Hunderte von Kilometern weit auf die umliegenden Bergketten.

Abends bei meiner Rückkehr erwartet mich Steven schon mit einem breiten Grinsen an der Haustür: Ein kräftiger Mann, auf den breiten Schultern einen Charakterkopf mit grauen Zöpfen und türkisen Ohrringen – Insignien[1] seines Stammes, den die Franzosen Pend d'Oreille (Ohrring) tauften. „Na, was für eine Ausrede hat Wayne heute gehabt?“, fragt er und kichert in sich hinein.

---

1 **Insignien:** Kennzeichen, Abzeichen

1 Welchen Eindruck vermittelt der Autor von der Gegend, die er bereist hat?

2 Wie beschreibt er die Indianer, mit denen er zusammentrifft? Überlegt auch, welche Einstellung der Autor den Indianern gegenüber hat.

3 In einer Reisereportage vermittelt der Autor dem Leser das Gefühl, bei der Reise „dabei gewesen“ zu sein.

- Erklärt, wie der Journalist versucht, dem Leser dieses Gefühl zu vermitteln. Achtet dabei auch darauf, wie der Autor verschiedene Tempusformen einsetzt.
- Welche Bedeutung haben die Fotos, die der Autor zu seinem Text ausgewählt hat?
- Beurteilt, ob es ihm gelingt, dem Leser das Gefühl zu vermitteln, er sei „dabei gewesen“.

4 Sowohl Martin Seiwert als auch Oliver Gerhard haben vor nicht so langer Zeit Nordamerika bereist, sind mit Indianern in Kontakt gekommen und berichten darüber. Vergleicht ihre Texte. Legt vorher Gesichtspunkte (Oberbegriffe oder Fragen) für den Vergleich fest.

5 Durchstarten! So könnt ihr weiterarbeiten:

a Vergleicht die vier Texte, die ihr bearbeitet habt, und stellt eure Ergebnisse in einer Tabelle zusammen (ihr könnt die Tabelle um weitere Gesichtspunkte ergänzen):

Autor	Wie berichtet der Autor?	Warum berichtet er?	Wie sieht er die Indianer?	...
Meriwether Lewis				
George Catlin				
Martin Seiwert				
Oliver Gerhard				

b Findet weitere Texte, in denen von Begegnungen mit Indianern berichtet wird. Richtet die Fragen, die ihr an die Texte in diesem Kapitel gestellt habt, auch an die von euch gefundenen Texte. Stellt eure Ergebnisse anschließend im Unterricht vor.

c Informiert euch über die Indianerstämme, die in den Texten erwähnt werden, oder über einen Stamm eurer Wahl. Berichtet über die Kultur, Geschichte und heutige Situation der Indianer.

d In den USA werden die Indianer heute nur noch selten als „Indians", sondern meistens als „Native Americans" bezeichnet (native: einheimisch, eingeboren).

- Findet heraus, woher die Bezeichnung „Indianer" stammt.
- Was drückt der Begriff „Native Americans" aus?

e In Aufgabe 3 sind Merkmale einer Reisereportage aufgeführt. Überprüft, ob diese auch auf den Text von Martin Seiwert (S. 183 ff.) zutreffen.

Projektideen

Begegnungen mit anderen Kulturen

- Ob an unserem Wohnort, in der Schule oder im Urlaub – wir begegnen häufig anderen Kulturen. Auch innerhalb Deutschlands gibt es kulturelle Unterschiede.
  - Sammelt in eurer Klasse, Schule und Familie Berichte über Erfahrungen mit anderen Ländern und Kulturen. Ihr könnt natürlich auch von eigenen Erfahrungen berichten. Wann, wo und warum fand diese Begegnung statt und wie verlief sie? Was war fremd, was vertraut?
  - Stellt eure Ergebnisse in der Klasse vor, Ihr könnt dazu z. B. ein Plakat gestalten und einen kurzen Vortrag halten, ein (echtes oder erfundenes) Interview vorstellen oder einen Bericht über (eigene oder fremde) Reiseerfahrungen schreiben. Illustriert euren Vortrag oder Reisebericht mit Fotos.
- Unsere Kultur mit den Augen eines Fremden sehen:
  - Sammelt wichtige Merkmale eurer eigenen Kultur, vor allem des Alltagslebens (z. B. Essen und Trinken, Wohnen, Kleidung, Familie, Arbeit und Freizeit, Schule, Bräuche und Traditionen, Feste). Stellt eure Ergebnisse schriftlich zusammen, z. B. in einer Tabelle.
  - Stellt euch nun vor, dass ein Mensch aus einer völlig fremden Kultur eure Region bereist. Was wird ihm vielleicht fremdartig oder sogar unverständlich erscheinen? Markiert die entsprechenden Informationen in der Zusammenstellung, die ihr im ersten Arbeitsschritt erstellt habt.
  - Ihr könnt eure Ergebnisse auf verschiedene Art und Weise verarbeiten. Ihr könnt z. B. ein Interview mit dem fremden Reisenden erfinden und dieses in der Klasse vorführen. Ihr könnt ihn aber auch einen Reisebericht über seine Erfahrungen in eurer Region schreiben lassen.

Kleine Übungen zur Lernkontrolle

1 Lies den folgenden Text und entscheide danach, ob die Aussagen, die du unter dem Text findest, richtig oder falsch sind. Korrigiere die falschen Aussagen.

Thomas Jeier (geb. 1947)
Indianerland

Die Hochprärie im östlichen Montana[1]. Ein weiter Ozean aus Büffelgras und Salbei. Die Reifen unsres Wagens summen über die Interstate[2] 90, ein endloses Band unter dem weiten Himmel. Indianerland. Selbst die Wolken sehen hier anders aus, die Kontraste sind stärker, und in der Einsamkeit glaubt man den Geistern der Indianer nahe zu sein. In einer romantisch gelegenen Senke der Northern Cheyenne Reservation findet das „Northern Cheyenne Pow-wow“ statt.
Pow-wows sind farbenprächtige Stammestreffen, zu dem Indianer aus den ganzen USA eingeladen sind. Die Feste gingen aus den religiösen und familiären Zeremonien[3] einzelner Stämme hervor und entwickelten sich zu einer Mischung aus Tanzwettbewerb, Familientreffen und heiterem Jahrmarkt. Viele Indianer reisen zu einem Pow-wow, um die alten Zeiten wiederzubeleben. […]
Die endlose Weite der Hochprärie, die Berge der Rocky Mountains, die einstigen Jagdgründe der Blackfeet, Sioux und Cheyenne. Ein Land, das verzaubert, weil man es mit dem Herzen fühlen kann. Wie die Indianer, die diesen heiligen Boden noch heute verehren. Mutter Erde. (2005)

1 **Montana:** Teilstaat der USA
2 **Interstate:** Bundesstraße
3 **Zeremonie:** feierliche, an bestimmte Regeln gebundene Handlung

a) Der Autor ist von der Landschaft, die er beschreibt, beeindruckt.
b) Er erklärt, was ein Pow-wow ist.
c) Er nimmt aktiv an einem Pow-wow teil.
d) Die Gefühle und die Einstellung des Autors werden nicht deutlich.

2 Entscheide, ob die folgenden Aussagen, in denen der Text von Thomas Jeier mit anderen Texten des Kapitels verglichen wird, richtig oder falsch sind. Korrigiere die falschen Aussagen.

a) In den Texten von Thomas Jeier und Oliver Gerhard wird die Landschaft jeweils sehr positiv dargestellt.
b) Sowohl Martin Seiwert als auch Thomas Jeier sind unsicher, ob sie an einer indianischen Tanzveranstaltung teilnehmen sollen.
c) Sowohl George Catlin als auch Thomas Jeier berichten vom Alltagsleben der Indianer.

Bänkelsänger, Moritaten und Balladen

In diesem Kapitel werdet ihr erfahren, was ein Bänkelsänger ist und was man unter einer Ballade versteht. Diese Textart gibt es seit mehreren Jahrhunderten und auch heute noch schreiben viele Autorinnen und Autoren Balladen. Einige sind auch vertont worden und begegnen euch vielleicht im Musikunterricht. Ihr lernt, wie man den Aufbau einer Ballade und die sprachlichen Besonderheiten beschreiben und deuten kann und welche unterschiedlichen Arten von Balladen es gibt. Mit den Texten, die ihr bearbeitet, könnt ihr dann einen Balladenabend gestalten oder ein Buch mit euren Lieblingsballaden erstellen.

Bänkelsänger (Kupferstich nach Johann Conrad Seekatz 1719–1768) von A.L. Romanet, 1766)

Notenschrift zur Ballade „Sabinchen war ein Frauenzimmer"

Johann Wolfgang von Goethe (1749–1832)

Annette von Droste-Hülshoff (1797–1848)

1 Einige von euch kennen vielleicht schon den Begriff der Ballade. Berichtet den anderen davon.

2 Schaut euch die Abbildungen auf der Doppelseite an und beschreibt, welche Informationen sie enthalten.

3 Befragt eure Eltern und Großeltern dazu, was sie über Balladen wissen und welche sie eventuell kennen.

Notenschrift von Carl Loewe zur Ballade „Erlkönig“, 1830

Theodor Fontane (1819–1898)

Bänkelsänger (Szene aus einem Freilichtmuseum)

Moritat und Bänkelsang

„Sabinchen war ein Frauenzimmer ...“
(Berlin um 1840)

3. Sein Geld hat er versoffen,
in Branntwein und in Bier.
Da kam er zu Sabinchen geloffen
und wollte welches von ihr.

4. Sie konnte ihm keines geben,
drum stahl sie auf der Stell,
von ihrer sauberen Dienstherrschaft,
zwei silberne Blechlöffel.

5. Doch schon nach sieben Wochen,
da kam der Diebstahl raus.
Da warf man das Sabinchen
mit Schande aus dem Haus.

6. Sie klagt's ihm mit Gewissensbissen,
ihr ist das Herz so schwer.
Doch jetzt will nichts mehr von ihr wissen
der Treuenbrietzener.

7. O, du verfluchter Schuster,
du rabenschwarzer Hund!
Da nimmt er gleich sein Rasiermesser
und schneidet ihr ab den Schlund.

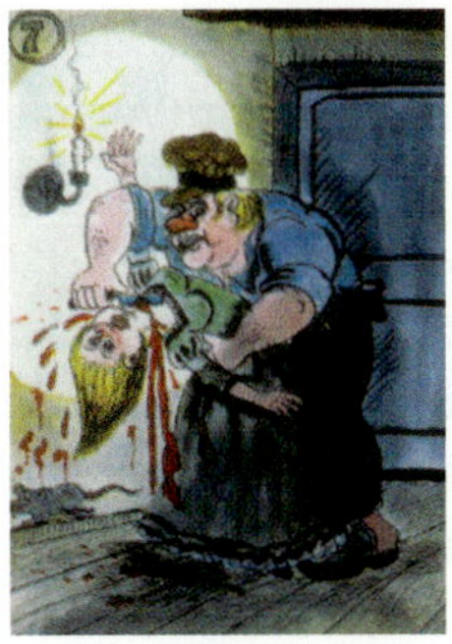

8. Das Blut himmelaufwärts spritzte,
Sabinchen sank um und um.
Der treulose Schuster aus Treuenbrietzen,
der stand um sie herum.

9. In einem düst'ren Keller,
bei Wasser und bei Brot,
da hat er endlich eingestanden
die schaurige Moritot.

10. Am Galgen ward der Treuenbrietzener
gehängt durch einen Strick.
Dazu hat ihn gebracht die Untreu
und auch die falsche Tück.

11. Und die Moral von der Geschicht:
Trau keinem Schuster nicht!
Denn der Krug geht so lange zum Wasser,
bis ihm der Henkel abbricht.

1 Gib den Inhalt des Liedes mit eigenen Worten wieder.

2 Was wird auf den Bildern jeweils dargestellt? Welche Aufgabe könnten die Bilder gehabt haben? Lest dazu auch den folgenden Sachtext.

3 Wie wirkt die Geschichte auf euch?

4 Besorgt euch eine Tonaufnahme von dem Lied. Verändert sich der Eindruck durch den Liedvortrag?

Bänkelsang und Moritat

Geschichten, die von schaurigen oder merkwürdigen Ereignissen handelten, waren früher wie heute bei den Menschen sehr beliebt. Da es in früheren Jahrhunderten keine Zeitungen, Radio- oder gar Fernsehsendungen gab, zogen Bänkelsänger von Ort zu Ort und trugen die sogenannten Moritaten oder Bänkellieder vor, die von Mord und Totschlag, Liebe und Hass, Geistern und Gespenstern oder anderen aufregenden Ereignissen handelten. Sie trugen die oftmals von einem Musikinstrument (Drehorgel, Violine oder Laute) begleiteten Lieder auf öffentlichen Straßen oder Plätzen, anlässlich von Jahrmärkten oder Dorffesten, dem staunenden Publikum vor. Die Geschichte wurde dabei anschaulich durch große Schautafeln mit kleinen Bilderfolgen illustriert, indem jeweils mit einem Zeigestock auf ein entsprechendes Bild gezeigt wurde. Während des Vortrags wurden oftmals kleine Text- oder Bildheftchen verkauft.

Der Begriff Bänkelsänger verweist auf die kleine Bank (Bänkel), auf der der Sänger beim Vortrag stand, damit er besser gesehen wurde. Der Begriff Moritat ist entweder aus dem Wort Mord-Tat entstanden oder geht auf die lateinischen Wörter mors (Tod) oder mores (Sitten) zurück. Am Ende der Moritat folgte in aller Regel eine ausdrückliche Lehre, die die Zuhörer zu einem besseren, d. h. sittlicheren Lebenswandel anhalten sollte.

1 Stelle die Informationen zur Moritat/zum Bänkellied in einem kleinen Schaubild (z. B. einer Mindmap) zusammen. Betrachte dazu auch die Abbildung.

2 Gib die Lehre am Ende der Moritat von Sabinchen mit eigenen Worten wieder.

3 Sucht weitere Moritaten mit ähnlichen Inhalten. Nutzt dabei verschiedene Möglichkeiten der Recherche (z. B. in der Bücherei oder im Internet). Vielleicht kennen eure Eltern oder Großeltern auch weitere Moritaten.

4 Zeichne zu einer Moritat deiner Wahl zu einigen ausgewählten Strophen passende Bilder. Besprecht eure Ergebnisse anschließend in der Klasse. Bedenkt dabei, dass diese Bilder den Inhalt einfach, aber eindringlich verdeutlichen sollen.

5 Bänkelsänger, die von Ort zu Ort ziehen, gibt es heute nur noch gelegentlich auf mittelalterlichen Jahrmärkten. Wie werden heutzutage außergewöhnliche Neuigkeiten und Nachrichten verbreitet?

6 Schreibt Zeitungsberichte zu der Moritat von Sabinchen. Entscheidet euch, ob ihr euren Text sachlich oder reißerisch formulieren möchtet. Vergleicht eure Beispiele in der Klasse.

7 Stellt in Kleingruppen die Informationen zur Moritat/zum Bänkelsang, ausgewählte Beispiele und eure eigenen Zeichnungen auf Wandplakaten zusammen und präsentiert sie im Klassenraum.

„Tand, Tand ist das Gebilde ...“ – Historische Balladen

■ **Theodor Fontane** wurde 1819 in Neuruppin bei Berlin geboren. Er machte nach der Schulzeit zunächst eine Lehre als Apothekergehilfe, arbeitete später dann aber als Zeitungsreporter und Theaterkritiker. Erst in seinen letzten Jahren konnte er sich seinen Wunsch erfüllen, als freier Schriftsteller zu leben. Er ist durch seine Romane, aber auch durch seine Balladen berühmt geworden. Theodor Fontane starb 1898 in Berlin. ■

Theodor Fontane (1819–1898)

Die Brück' am Tay (28. Dezember 1879)

When shall we three meet again?
(Macbeth)

„Wann treffen wir drei wieder zusamm?“
„Um die siebente Stund' am Brückendamm.“
„Am Mittelpfeiler.“
„Ich lösch die Flamm.“
„Ich mit.“
„Ich komme vom Norden her.“
„Und ich vom Süden.“
„Und ich vom Meer.“
„Hei, das gibt einen Ringelreihn,
Und die Brücke muss in den Grund hinein.“
„Und der Zug, der in die Brücke tritt
Um die siebente Stund'?“
„Ei, der muss mit.“
„Muss mit.“
„Tand, Tand
Ist das Gebilde von Menschenhand!“

Auf der Norderseite, das Brückenhaus –
Alle Fenster sehen nach Süden aus,
Und die Brücknersleut ohne Rast und Ruh
Und in Bangen sehen nach Süden zu,
Sehen und warten, ob nicht ein Licht
Übers Wasser hin „Ich komme“ spricht,
„Ich komme, trotz Nacht und Sturmesflug,
Ich, der Edinburger Zug.“

Und der Brückner jetzt: „Ich seh einen Schein
Am anderen Ufer. Das muss er sein.
Nun, Mutter, weg mit dem bangen Traum,
Unser Johnie kommt und will seinen Baum,
Und was noch am Baume von Lichtern ist,
Zünd alles an wie zum heiligen Christ,
Der will heuer zweimal mit uns sein –
Und in elf Minuten ist er herein.“

Und es war der Zug. Am Süderturm
Keucht er vorbei jetzt gegen den Sturm,
Und Johnie spricht: „Die Brücke noch!
Aber was tut es, wir zwingen es doch.
Ein fester Kessel, ein doppelter Dampf,
Die bleiben Sieger in solchem Kampf,
Und wie's auch rast und ringt und rennt,
Wir kriegen es unter, das Element.

Und unser Stolz ist unsre Brück';
Ich lache, denk ich an früher zurück,
An all den Jammer und all die Not
Mit dem elend alten Schifferboot;
Wie manche liebe Christfestnacht
Hab ich im Führerhaus zugebracht
Und sah unsrer Fenster lichten Schein
Und zählte und konnte nicht drüben sein."

Auf der Norderseite, das Brückenhaus –
Alle Fenster sehen nach Süden aus,
Und die Brücknersleut ohne Rast und Ruh
Und in Bangen sehen nach Süden zu;
Denn wütender wurde der Winde Spiel,
Und jetzt, als ob Feuer vom Himmel fiel',
Erglüht es in niederschießender Pracht
Überm Wasser unten ... Und wieder ist Nacht.

„Wann treffen wir drei wieder zusamm?"
„Um Mitternacht am Bergeskamm."
„Auf dem hohen Moor, am Erlenstamm."
„Ich komme."
„Ich mit."
„Ich nenn euch die Zahl."
„Und ich die Namen."
„Und ich die Qual."
„Hei! Wie Splitter brach das Gebälk entzwei!"
„Tand, Tand
Ist das Gebilde von Menschenhand."

(1880)

1 Verschafft euch einen Überblick über den Text der Strophen zwei bis sechs, indem ihr ihn gliedert. Fasst den Inhalt der einzelnen Strophen jeweils kurz und informativ zusammen. Berücksichtigt dabei auch die unterschiedlichen Perspektiven, aus denen die Ereignisse erzählt werden.

2 Welche Wirkung hat es, dass die Ereignisse aus verschiedenen Perspektiven wiedergegeben werden?

3 Beschreibt, welche Atmosphäre in den einzelnen Strophen vorherrscht. Sucht passende Textstellen, die eure Aussagen belegen. Berücksichtigt dabei auch sprachliche Besonderheiten wie Personifikationen, Alliterationen usw.

4 Viele Verse beginnen mit der Konjunktion „und". Wenn Wörter am Anfang unterschiedlicher Verse oder Sätze wiederholt werden, spricht man von einer Anapher. Welche Wirkung erhält der Text durch die Anapher „und"?

5 Bei dem Text handelt es sich um eine Ballade. Eine Ballade erzählt in Gedichtform eine in sich abgeschlossene Geschichte. Häufig ist ein klarer Spannungsaufbau erkennbar und es ist wörtliche Rede (Dialoge und Monologe) enthalten. Weist diese Merkmale an der Ballade von Theodor Fontane nach.

6 Schaut euch die erste und die letzte Strophe noch einmal genauer an. Wer könnten die Sprecher sein? Welche Bedeutung könnten die Stimmen für das Geschehen und damit für das Verständnis der Ballade haben? Versucht, die beiden Strophen möglichst anschaulich vorzutragen.

7 Was ist eures Erachtens nach die zentrale Aussage des Textes? Versucht in diesem Zusammenhang, den Begriff „Tand" zu klären. Ihr könnt auch in einem Herkunftswörterbuch nachschauen und die unterschiedliche Bedeutung zu verschiedenen Zeiten feststellen.

8 Tragt die gesamte Ballade mit verteilten Rollen vor. Achtet besonders darauf, die jeweilige Atmosphäre deutlich werden zu lassen.

9 Gebt das Geschehen in Form einer kleinen Reihe von Bildern wieder.

Vielfach haben die Balladendichter tatsächliche Begebenheiten aufgegriffen. Dabei handelte es sich um bedeutsame Ereignisse, hervorragende Taten oder große Unglücksfälle. Die Realität diente ihnen dabei stets als Vorlage, mit der sie sich in künstlerischer Form auseinandersetzten. Oftmals wurden die tatsächlichen Ereignisse dabei verändert. Auch dem Inhalt der Ballade von Theodor Fontane liegt ein historisches Ereignis zugrunde.

10 Lest den Zeitungsartikel und stellt in Form einer Tabelle gegenüber, welche Fakten Theodor Fontane übernommen und welche Veränderungen er vorgenommen hat.

Übernahmen	Veränderungen
...	...

11 Überlegt, welche Wirkung durch diese Veränderungen hervorgerufen wird. Wie verändert sich dadurch die Textaussage?

Züricher Freitagszeitung, 2. Januar 1880

Während eines furchtbaren Windsturmes brach am 29. nachts die große Eisenbahnbrücke über den Taystrom in Schottland zusammen, im Moment, als der Zug darüberfuhr. 90 Personen, nach anderen 300, kamen dabei ums Leben; der verunglückte Zug hatte nämlich sieben Wagen, die fast alle voll waren; und er stürzte über 100 Fuß hoch ins Wasser hinunter. Alle 13 Brückenspannungen sind samt den Säulen, worauf sie standen, verschwunden. Die Öffnung der Brücke ist eine halbe englische Meile lang. Der Bau der Brücke hat seinerzeit 350 000 Pfund Sterling gekostet, und sie wurde im Frühjahr 1878 auf ihre Festigkeit hin geprüft. Bis jetzt waren alle Versuche zur Auffindung der Leichen oder des Trains vergeblich.

Die drei Kilometer lange Brücke über den Fluss Tay vor ihrer Zerstörung

Theodor Fontane (1819–1898)

John Maynard

John Maynard!
„Wer ist John Maynard?“
„John Maynard war unser Steuermann,
Aus hielt er, bis er das Ufer gewann,
Er hat uns gerettet, er trägt die Kron’,
Er starb für uns, unsre Liebe sein Lohn.
John Maynard.“

Die „Schwalbe“ fliegt über den Eriesee,
Gischt schäumt um den Bug wie Flocken von Schnee;
Von Detroit fliegt sie nach Buffalo –
Die Herzen aber sind frei und froh,
Und die Passagiere mit Kindern und Fraun
Im Dämmerlicht schon das Ufer schaun,
Und plaudernd an John Maynard heran
Tritt alles: „Wie weit noch, Steuermann?“
Der schaut nach vorn und schaut in die Rund’:
„Noch dreißig Minuten ... Halbe Stund’.“

Alle Herzen sind froh, alle Herzen sind frei –
Da klingt’s aus dem Schiffsraum her wie Schrei,
„Feuer!“ war es, was da klang,
Ein Qualm aus Kajüt’ und Luke drang,
Ein Qualm, dann Flammen lichterloh,
Und noch zwanzig Minuten bis Buffalo.

Und die Passagiere, buntgemengt,
Am Bugspriet stehn sie zusammengedrängt,
Am Bugspriet vorn ist noch Luft und Licht,
Am Steuer aber lagert sich’s dicht,
Und ein Jammern wird laut: „Wo sind wir? wo?“
Und noch fünfzehn Minuten bis Buffalo. –

Der Zugwind wächst, doch die Qualmwolke steht,
Der Kapitän nach dem Steuer späht,
Er sieht nicht mehr seinen Steuermann,
Aber durchs Sprachrohr fragt er an:
„Noch da, John Maynard?“
„Ja, Herr. Ich bin.“
„Auf den Strand! In die Brandung!“
„Ich halte drauf hin.“
Und das Schiffsvolk jubelt: „Halt aus! Hallo!“
Und noch zehn Minuten bis Buffalo. – –

„Noch da, John Maynard?“ Und Antwort schallt’s
Mit ersterbender Stimme: „Ja, Herr, ich halt’s!“
Und in die Brandung, was Klippe, was Stein,
Jagt er die „Schwalbe“ mitten hinein.
Soll Rettung kommen, so kommt sie nur so.
Rettung: der Strand von Buffalo!

Das Schiff geborsten. Das Feuer verschwelt.
Gerettet alle. Nur *einer* fehlt!

Alle Glocken gehn; ihre Töne schwell’n
Himmelan aus Kirchen und Kapell’n,
Ein Klingen und Läuten, sonst schweigt die Stadt,
Ein Dienst nur, den sie heute hat:
Zehntausend folgen oder mehr,
Und kein Aug’ im Zuge, das tränenleer.

Sie lassen den Sarg in Blumen hinab,
Mit Blumen schließen sie das Grab,
Und mit goldner Schrift in den Marmorstein
Schreibt die Stadt ihren Dankspruch ein:
„Hier ruht John Maynard! In Qualm und Brand
Hielt er das Steuer fest in der Hand,
Er hat uns gerettet, er trägt die Kron’,
Er starb für uns, unsre Liebe sein Lohn.
John Maynard.“
(1847)

1 Berichte deinem Tischnachbarn oder deiner Tischnachbarin mündlich von den dramatischen Ereignissen auf dem Eriesee.

2 Zeichne eine Spannungskurve und ordne dabei den einzelnen Abschnitten passende Textstellen zu.

3 Untersuche, wodurch die Steigerung der Spannung sprachlich deutlich gemacht wird.

4 Im Mittelteil der Ballade wird vom drohenden Unglück berichtet. Wie wird der Höhepunkt sprachlich ausgestaltet?

5 Versucht, die dramatischen Ereignisse durch einen Vortrag mit verteilten Rollen deutlich zu machen.

Hinweise zur Vorbereitung des Vortrags findet ihr auf S. 51.

6 „Er hat uns gerettet, er trägt die Kron'" – Ist John Maynard ein Held? Klärt im Gespräch in der Klasse, was eurer Meinung nach dazu gehört, ein Held zu sein. Nennt aktuelle Beispiele und vergleicht eure Ergebnisse mit der Ballade.

7 Versetze dich in die Rolle eines Überlebenden des Unglücks und schreibe einen Augenzeugenbericht. Du kannst aber auch einen ausführlichen Zeitungsbericht oder eine spannende Erzählung schreiben.

Die Hintergründe

Theodor Fontanes Ballade bezieht sich auf ein Unglück, das sich am 9. August 1841 abends, kurz nach 20.00 Uhr, auf dem Eriesee ereignete. Der mit über 200 Passagieren besetzte Raddampfer „Erie" war auf der Fahrt von Buffalo nach Chicago am Abend kurz nach acht Uhr in Brand geraten.
Der Kapitän befahl daraufhin seinem Steuermann Luther Fuller, das Schiff an Land zu setzen. Die meisten der Passagiere kamen bei dem Unglück ums Leben, der Steuermann verließ bis zum Schluss seinen Posten nicht und überlebte mit schweren Brandwunden. Er erholte sich allerdings seelisch von dem furchtbaren Unglück nicht mehr, verfiel dem Alkohol und starb als Trinker in einem Armenhaus. Den Namen „John Maynard" hatte der Steuermann erstmals in einem Text, der in einer Zeitung erschienen war, erhalten.

8 Vergleiche diese Informationen über die historischen Ereignisse mit den Angaben in Fontanes Ballade.

9 Leite aus den Veränderungen die Aussageabsicht der Ballade ab.

■ **Detlev von Liliencron** ist ein deutscher Dichter. Er wurde 1844 in Kiel geboren. Nach seiner Schulausbildung begann er eine Militärkarriere, musste aber 1875 wegen Teilnahme an Glücksspielen und Schulden den Militärdienst quittieren. 1878 wurde er dann Amtsvorsteher auf der Insel Pellworm, wo auch sein berühmtestes Gedicht, die Ballade „Trutz', Blanke Hans" entstand. Wegen weiterer Schulden musste Liliencron auch den Verwaltungsdienst verlassen. Mithilfe von Freunden lebte er bis zu seinem Tod 1909 in Rahlstedt bei Hamburg als freier Schriftsteller. ■

Detlev von Liliencron (1844–1909)

Trutz[1], Blanke Hans[2]

Heute bin ich über Rungholt gefahren,
die Stadt ging unter vor sechshundert Jahren.
Noch schlagen die Wellen da wild und empört
wie damals, als sie die Marschen[3] zerstört.
Die Maschine des Dampfers schütterte, stöhnte,
aus den Wassern rief es unheimlich und höhnte:
Trutz, Blanke Hans!

Von der Nordsee, der Mordsee, vom Festland geschieden,
liegen die friesischen Inseln im Frieden,
und Zeugen weltenvernichtender Wut,
taucht Hallig[4] auf Hallig aus fliehender Flut.
Die Möwe zankt schon auf wachsenden Watten,
der Seehund sonnt sich auf sandigen Platten.
Trutz, Blanke Hans!

Mitten im Ozean schläft bis zur Stunde
ein Ungeheuer, tief auf dem Grunde.
Sein Haupt ruht dicht vor Englands Strand,
die Schwanzflosse spielt bei Brasiliens Sand.
Es zieht, sechs Stunden, den Atem nach innen
und treibt ihn, sechs Stunden, wieder von hinnen.
Trutz, Blanke Hans!

Doch einmal in jedem Jahrhundert entlassen
die Kiemen gewaltige Wassermassen.
Dann holt das Untier tiefer Atem ein
und peitscht die Wellen und schläft wieder ein.
Viel Tausend Menschen im Nordland ertrinken,
viel reiche Länder und Städte versinken.
Trutz, Blanke Hans!

1 **trutzen:** Widerstand leisten, sich nachhaltig wehren
2 **Blanke Hans:** „Blanker Hans" ist ein bildhafter Ausdruck für die tobende Nordsee bei Sturmfluten.
3 **Marsch:** vor Küsten angeschwemmter fruchtbarer Boden
4 **Hallig:** kleine Insel, die bei einer Sturmflut überschwemmt wird, sodass nur die Warften aus dem Wasser ragen. Warften sind Erhöhungen, auf denen die Wohnhäuser stehen.

Rungholt ist reich und wird immer reicher,
kein Korn mehr fasst selbst der größeste Speicher.
Wie zur Blütezeit im alten Rom
staut hier alltäglich der Menschenstrom.
Die Sänften tragen Syrer und Mohren,
mit Goldblech und Flitter in Nasen und Ohren.
Trutz, Blanke Hans!

Auf allen Märkten, auf allen Gassen
lärmende Leute, betrunkene Massen.
Sie ziehn am Abend hinaus auf den Deich:
„Wir trutzen dir, Blanker Hans, Nordseeteich!"
Und wie sie drohend die Fäuste ballen,
zieht leis aus dem Schlamm der Krake die Krallen.
Trutz, Blanke Hans!

Die Wasser ebben, die Vögel ruhen,
der liebe Gott geht auf leisesten Schuhen,
der Mond zieht am Himmel gelassen die Bahn,
belächelt den protzigen Rungholter Wahn.
Von Brasilien glänzt bis zu Norwegs Riffen
das Meer wie schlafender Stahl, der geschliffen.
Trutz, Blanke Hans!

Und überall Friede, im Meer, in den Landen.
Plötzlich, wie Ruf eines Raubtiers in Banden:
Das Scheusal wälzte sich, atmete tief
und schloss die Augen wieder und schlief.
Und rauschende, schwarze, langmähnige Wogen
kommen wie rasende Rosse geflogen.
Trutz, Blanke Hans!

Ein einziger Schrei – die Stadt ist versunken,
und Hunderttausende sind ertrunken.
Wo gestern noch Lärm und lustiger Tisch,
schwamm andern Tags der stumme Fisch. – – –
Heut bin ich über Rungholt gefahren,
die Stadt ging unter vor sechshundert Jahren.
Trutz, Blanke Hans?

(1882/83)

1 Das lyrische Ich erzählt von einer Schifffahrt durch die Nordsee, die es tagsüber gemacht hat. Worüber hat es sich Gedanken gemacht während der Fahrt?

2 Stellt zusammen, wie das lyrische Ich das Meer darstellt. Deutet dabei die vielen sprachlichen Bilder und achtet auf die Kontraste der Darstellung.

3 Was erfährt der Leser/die Leserin oder der Hörer/die Hörerin der Ballade über die versunkene Stadt Rungholt?
Ihr könnt zur Bearbeitung dieser Aufgabenstellung eine kleine Spielszene entwerfen: Einige Rungholter Bürger stehen am Abend am Deich (vgl. V. 38) und sprechen zusammen über sich, die Stadt und das Meer. Schreibt das Gespräch auf und lest es mit verteilten Rollen.

4 Am Ende jeder Strophe heißt es: „Trutz, Blanke Hans!“ Versucht, diesen Ausruf in unsere Sprache zu übertragen. Was ist damit gemeint?

5 Am Ende der letzten Strophe steht nach „Trutz, Blanke Hans“ ein Fragezeichen statt des Ausrufezeichens. Welche Haltung der Natur und dem Menschen gegenüber wird dadurch deutlich?

6 Vergleicht die Ballade von Detlev von Liliencron mit der Ballade „Die Brück’ am Tay“ von Theodor Fontane (S. 195). Wählt als Vergleichspunkte die Naturauffassung und das Verhalten der Menschen.

Auch diese Ballade beruht auf historischen Begebenheiten, wie der folgende Sachtext deutlich macht.

Versunkene Städte. Rungholt – das deutsche Atlantis

In Nordfriesland ist jeder mit dem Rungholt-Mythos vertraut: dem sagenhaft reichen Ort, den schließlich das Meer verschlang, weil seine Bewohner maßlos wurden. Vieles davon ist erfunden, doch die Geschichten enthalten einen wahren Kern.

Am 15. Januar 1362, dem Tag des heiligen Marcellus – begann der Untergang. Eine verheerende Sturmflut überschwemmte die Nordseeküste, der Wind trieb immer mehr Wasser nach. Wo es Deiche gab, brachen sie reihenweise. Erst nach drei Tagen zog sich das Meer zurück. Schätzungen zufolge starben während der Katastrophe etwa 100 000 Menschen und 30 Ortschaften verschwanden unter Wasser. Die Sturmflut verschob die Küstenlinie landeinwärts. Zuvor besiedeltes Gebiet liegt seitdem unter Wasser, Schlick und Sand begraben. Zu den verschwundenen Gemeinden zählt auch das sagenumwobene Rungholt. Seine Geschichte verarbeitete Detlev von Liliencron, der auf der Nordseeinsel Pellworm lebte, zu einem Gedicht:

„Rungholt ist reich und wird immer reicher,
Kein Korn mehr fasst selbst der größte Speicher.
Wie zur Blütezeit im alten Rom
staut hier täglich der Menschenstrom.
Die Sänften tragen Syrer und Mohren,
Mit Goldblech und Flitter in Nase und Ohren.“

Ob ihres Reichtums wurden die Bewohner der Sage zufolge immer übermütiger und schließlich gotteslästerlich. Einige Strophen weiter beschreibt Liliencron dann den Untergang:

„Ein einziger Schrei – die Stadt ist versunken,
Und Hunderttausende sind ertrunken.“

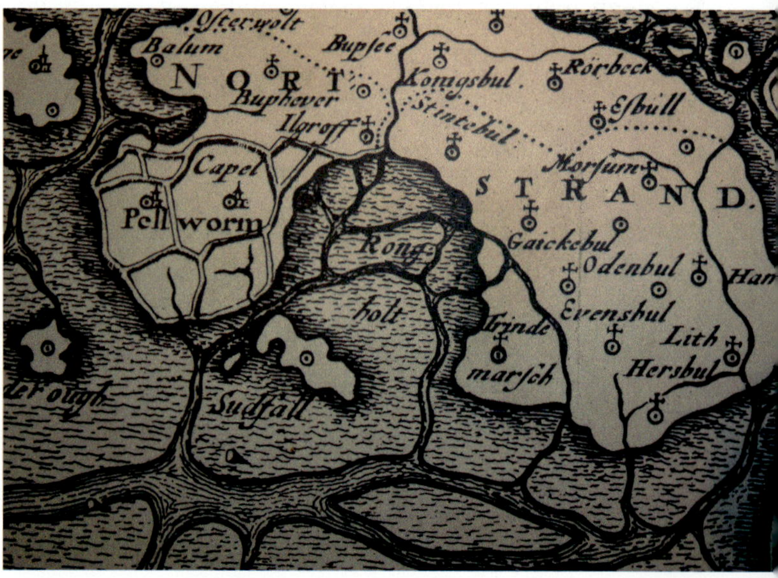

Das Gebiet der Insel Alt-Nordstrand auf einer Karte von Johannes Blaeu von 1662. Rungholt (Rongholt) ist im Wasser südlich der Insel eingezeichnet.

Liliencron verfasste das Gedicht 1882. Die Marcellusflut hatte sich das Land aber mehr als 500 Jahre früher geholt. Über die Jahrhunderte schmückten die Überlieferer das Drama um Rungholt aus. Dass all die Geschichten einen wahren Kern haben und es einen Ort dieses Namens wirklich gab, dessen sind sich Archäologen aufgrund alter Schriften sicher.
Im 16. Jahrhundert setzte die Geschichtsschreibung ein. Ein Dokument von 1551 lokalisiert den Ort zwischen Pellworm und Illgroff, eine Schrift aus dem Jahr 1577 erwähnt den Ortsnamen. Außerdem, berichtet Ulf lckerodt vom Archäologischen Landesamt Schleswig-Holstein, existieren historische Landkarten, auf denen der Ort verzeichnet ist. Allerdings haben diese Karten nicht den Anspruch auf kartografische Exaktheit. Sie bilden zeitlich versetzt eine historische Überlieferung ab.

Die freigespülte mittelalterliche Siedlung
„Im 12. Jahrhundert war das Gebiet östlich von Pellworm besiedelt. Im Zentrum der Siedlungen gab es um 1300 eine Kirche sowie Kapellen im Umland“, berichtet lckerodt. „Die Region scheint zu Reichtum gekommen zu sein. Basis war der Export landwirtschaftlicher Güter bis nach Flandern.“
Wissenschaftler gehen davon aus, dass Rungholt mit Umgebung maximal 500 Höfe umfasste. „Wenn man das als Grundlage nimmt“, erklärt der Archäologe, „könnten dort etwa 3 000 Menschen gelebt haben.“ Allerdings existieren keine wissenschaftlichen Hinweise darauf, dass der Ort so reich gewesen sein könnte, wie die Legende es will.
Rungholt hatte seine beste Zeit hinter sich, lange bevor die Marcellusflut kam. Die herrschaftlichen Verhältnisse änderten sich, der Handel nahm ab, die Pest wütete unter den Bewohnern und ließ wenig Arbeitskräfte zurück. Wenige Jahre später kam schließlich die Sturmflut, die alles mit sich riss.
Bis heute ist es ein Rätsel, wo genau sich Rungholt befand. Zwar verzeichnen die historischen Landkarten den Ort – doch sie wurden erst nach der Marcellusflut gezeichnet, als Rungholt längst im Wasser verschwunden war.

Die Arbeit eines Besessenen
Eine Fundstelle wird für am wahrscheinlichsten gehalten: 1921 unternahm der Landwirt Andreas Busch am nordwestlichen Ufer der Hallig Nordstrand einen Ausflug ins Watt. Vor ihm ragten etwa 70 Zentimeter weit Pfähle einer Entwässerungsschleuse aus dem Watt. Er konnte auch ehemalige Ackerflächen erkennen. Die freigespülte mittelalterliche Siedlung musste Rungholt sein, war Busch fest überzeugt.
Das Erlebnis im Watt machte den Landwirt zum Besessenen. So oft wie möglich unternahm er Exkursionen dorthin und untersuchte die Umgebung. Forscher werden vermutlich nie beweisen können, dass Busch recht hatte – doch die Mehrzahl der Archäologen ist von seiner Arbeit überzeugt und hält den Punkt nordwestlich der Hallig Südfall für die Stelle, an der einst Rungholt stand.
(Focus online, 15.8.2012)

1 Versucht, die Lage des Ortes Rungholt zu lokalisieren. Nutzt dazu einen modernen Atlas und die in dem Zeitungsartikel abgedruckte historische Karte.

2 Vergleicht die Informationen zu der Stadt Rungholt und ihren Untergang in dem Zeitungsartikel mit denen der Ballade. Stellt Gemeinsamkeiten und Unterschiede heraus.

3 Seht euch noch einmal die erste Strophe und die letzten drei Strophen der Ballade an. Sie bilden einen Rahmen für die eigentliche Handlung. Ermittelt die genaue Funktion dieses Rahmens.

4 Der Verfasser der Ballade und die Verfasserin des Zeitungsartikels verfolgen unterschiedliche Absichten mit ihren Texten. Stellt einmal diese unterschiedlichen Absichten gegenüber.

„O schaurig ist's …" – Schauerballaden

■ **Annette von Droste-Hülshoff** gilt als eine der bedeutendsten deutschen Schriftstellerinnen. Sie wurde 1797 auf der westfälischen Burg Hülshoff bei Münster geboren. Ihr größter Wunsch war es, als freie Schriftstellerin selbstständig zu leben. Dies war ihr aber allein schon aus gesundheitlichen Gründen nicht möglich. Trotzdem schrieb sie sehr viel und hatte auch intensiven Kontakt mit Schriftstellern, Philosophen und Gelehrten. Ihre bekanntesten Werke sind die Novelle „Die Judenbuche" und die Ballade „Der Knabe im Moor". Annette von Droste-Hülshoff starb 1848 in Meersburg am Bodensee. ■

Annette von Droste-Hülshoff (1797–1848)

Der Knabe im Moor

O schaurig ist's übers Moor zu gehn,
wenn es wimmelt vom Heiderauche[1],
sich wie Phantome[2] die Dünste drehn
und die Ranke häkelt am Strauche,
unter jedem Tritte ein Quellchen springt,
wenn aus der Spalte es zischt und singt,
o schaurig ist's übers Moor zu gehn,
wenn das Röhricht[3] knistert im Hauche!

Fest hält die Fibel das zitternde Kind
und rennt, als ob man es jage;
hohl über die Fläche sauset der Wind –
was raschelt drüben am Hage[4]?
Das ist der gespenstische Gräberknecht,
der dem Meister die besten Torfe verzecht;
hu, hu, es bricht wie ein irres Rind!
Hinducket das Knäblein zage.

Vom Ufer starret Gestumpf hervor,
unheimlich nicket die Föhre,
der Knabe rennt, gespannt das Ohr,
durch Riesenhalme wie Speere;
und wie es rieselt und knittert darin!
Das ist die unselige Spinnerin,
das ist die gebannte[5] Spinnlenor',
die den Haspel[6] dreht im Geröhre[7]!

Voran, voran! nur immer im Lauf,
voran, als woll es ihn holen!
Vor seinem Fuße brodelt es auf,
es pfeift ihm unter den Sohlen
wie eine gespenstige Melodei;
das ist der Geigemann ungetreu,
das ist der diebische Fiedler Knauf,
der den Hochzeitheller[8] gestohlen!

---

1 **Heiderauche:** Rauch, der beim Abbrennen der Heideflächen entstand
2 **Phantome:** Trugbilder
3 **Röhricht:** Schilfdickicht
4 **Hag:** Hecke, Gebüsch
5 **gebannt:** aus der Gemeinschaft ausgeschlossen
6 **Haspel:** Vorrichtung am Spinnrad, die das Garn von Spulen auf einen Rahmen strahlenförmig aufwickelt
7 **Geröhre:** Schilfrohr
8 **Hochzeitheller:** Im 19. Jahrhundert wurden anlässlich einer Hochzeit als besonderes Geschenk Münzen mit dem Bild des Brautpaares geprägt.

Da birst das Moor, ein Seufzer geht
hervor aus der klaffenden Höhle;
weh, weh, da ruft die verdammte Margret:
„Ho, ho, meine arme Seele!“
Der Knabe springt wie ein wundes Reh;
wär nicht Schutzengel in seiner Näh,
seine bleichenden Knöchelchen fände spät
ein Gräber im Moorgeschwele[1].

Da mählich gründet der Boden sich,
und drüben, neben der Weide,
die Lampe flimmert so heimatlich,
der Knabe steht an der Scheide.
Tief atmet er auf, zum Moor zurück
noch immer wirft er den scheuen Blick:
Ja, im Geröhre war's fürchterlich,
O schaurig war's in der Heide!

---

[1] **Moorgeschwele:** Dunst über dem Moor

1 Macht euch den Inhalt der Ballade klar. Stellt euch dazu vor, der Knabe erzähle am nächsten Tag seinem besten Freund oder seiner besten Freundin von diesem Erlebnis. Schlüpft zu zweit in die Rollen der beiden. Bedenkt, dass der Freund oder die Freundin auch Fragen stellen kann, wenn etwas unverständlich ist.

2 „O schaurig war's“ heißt es am Ende der Ballade. Wie wird dieses sprachlich deutlich gemacht? Bearbeitet in Gruppen einzelne Strophen, indem ihr genau das Wortmaterial untersucht. Nehmt auch den folgenden Werkzeugkasten zu Hilfe.

So gehst du vor

Einen Balladenauszug beschreiben und deuten

Wenn du die Wirkung eines Textes oder Textauszugs herausarbeiten willst, ist es notwendig, das Wortmaterial genau zu beschreiben. Dabei kannst du bei einem Balladenauszug z. B. folgende Bereiche genau untersuchen:

1. Der Klang der Wörter
Werden lange oder kurze, dunkle oder helle Vokale verwendet? Wird mit Lautmalerei, also mit Wörtern, deren Inhalt du bei der Aussprache bereits hörst (knistern, brodeln, ...), gearbeitet?

2. Der Satzbau
Werden kurze oder lange oder unvollständige Sätze formuliert? Welche Satzarten überwiegen?

3. Sprachbilder
Arbeitet der Autor oder die Autorin mit Vergleichen („wie Phantome“), Metaphern („irres Rind“) oder Personifikationen („vom Ufer starret Gestumpf hervor“)?

4. Weitere sprachliche Mittel
Dazu gehören Alliterationen (Wörter beginnen mit dem gleichen Anlaut), Anaphern (mehrere Verse oder Sätze beginnen mit dem gleichen Wort), Interjektionen (Ausrufe bzw. Empfindungswörter wie „O“, „Ach“, ...) und Wortwiederholungen.
Überlege nun, was durch die besondere sprachliche Gestaltung zum Ausdruck gebracht wird und welche Wirkungen erzeugt werden.

3 Gebt den Spannungsverlauf mithilfe einer Spannungskurve wieder. Zeichnet anschließend zu den einzelnen Strophen jeweils kleine Bilder, die ihr in die Spannungskurve einkleben könnt.

4 Sprecht darüber, welche Einstellung des Menschen zur Natur in der Ballade deutlich wird. Bezieht dabei auch ein, welche Bedeutung die „heimatlich" flimmernde Lampe hat (vgl. V. 43).

5 In der Ballade werden einige Ereignisse nur angedeutet. Versuche, dir auszumalen, wie es jeweils dazu gekommen sein könnte, und schreibe eine spannende Erzählung dazu auf. Bedenke dabei, dass die Menschen vor 200 Jahren oft noch sehr abergläubisch waren.

6 **Durchstarten! So kannst du weiterarbeiten:** Eine Schauerballade bietet sich geradezu für einen Vortrag an. Damit der Vortrag gut klappt, musst du die Ballade nicht nur mehrmals lesen, sondern auch einige Markierungen am und im Text vornehmen.

Tipps dazu findest du auf S. 51.

7 Du kannst den Vortrag auch weiter ausschmücken, den Balladentext mit geeigneten Geräuschen und Stimmen untermalen und eine Tonaufnahme anfertigen. Zur Vorbereitung ist es sinnvoll, auf einer Kopie des Textes oder einer darübergelegten Folie eine genaue Übersicht nach folgendem Muster zu erstellen. Deiner Fantasie sind keine Grenzen gesetzt.

Voran, voran! nur immer im Lauf,	
voran, als woll es ihn holen!	– rufende Stimmen: „Komm zu mir ...!"
Vor seinem Fuße brodelt es auf,	– brodelnder Wassertopf
es pfeift ihm unter den Sohlen	– mehrstimmiges Pfeifen
wie eine gespenstige Melodei;	– ein paar Töne einer Geige
das ist der Geigenmann ungetreu,	
das ist der diebische Fiedler Knauf,	– schauerliches Lachen
der den Hochzeitheller gestohlen!	

Besonders wirkungsvoll ist der Vortrag, wenn du das Gedicht auswendig vortragen kannst.

■ **Heinrich Heine** gilt als einer der bedeutendsten deutschen Dichter. Er wurde 1797 als Sohn eines jüdischen Kaufmanns geboren. Nach einer kaufmännischen Lehre absolvierte er in Düsseldorf ein Jurastudium. Um der ständigen Herabsetzung als Jude zu entgehen, ließ er sich 1825 protestantisch taufen, wodurch sich seine beruflichen Chancen jedoch nicht verbesserten. 1831 ging er als politischer Korrespondent der „Allgemeinen Zeitung" nach Paris, da er hier den scharfen Zensurbestimmungen in Deutschland entkommen konnte. 1843 reiste er noch einmal inkognito nach Deutschland, um seine Mutter zu besuchen. Die Erlebnisse dieser Reise verarbeitete er in dem Versepos „Deutschland. Ein Wintermärchen". Die letzten acht Jahre seines Lebens war Heinrich Heine aufgrund einer Erkrankung an das Bett, seine „Matratzengruft" gefesselt. 1856 starb er in Paris. Die Ballade „Belsazar" gehört zu den bekanntesten deutschen Gedichten. ■

Heinrich Heine (1797–1856)

Belsazar

Die Mitternacht zog näher schon;
In stummer Ruh lag Babylon.

Nur oben in des Königs Schloss,
Da flackert's, da lärmt des Königs Tross.

Dort oben in dem Königssaal
Belsazar hielt sein Königsmahl.

Die Knechte saßen in schimmernden Reihn
Und leerten die Becher mit funkelndem Wein.

Es klirrten die Becher, es jauchzten die Knecht;
So klang es dem störrigen Könige recht.

Des Königs Wangen leuchten Glut;
Im Wein erwuchs ihm kecker Mut.

Und blindlings reißt der Mut ihn fort;
Und er lästert die Gottheit mit sündigem Wort.

Und er brüstet sich frech, und lästert wild;
Der Knechtenschar ihm Beifall brüllt.

Der König rief mit stolzem Blick;
Der Diener eilt und kehrt zurück.

Er trug viel gülden Gerät auf dem Haupt;
Das war aus dem Tempel Jehovahs[1] geraubt.

Und der König ergriff mit frevler Hand
Einen heiligen Becher, gefüllt bis am Rand.

Und er leert ihn hastig bis auf den Grund
Und rufet laut mit schäumendem Mund:

„Jehovah! dir künd ich auf ewig Hohn –
Ich bin der König von Babylon!"

Doch kaum das grause Wort verklang,
Dem König ward's heimlich im Busen bang.

Das gellende Lachen verstummte zumal;
Es wurde leichenstill im Saal.

Und sieh! und sieh! an weißer Wand
Da kam's hervor wie Menschenhand;

Und schrieb, und schrieb an weißer Wand
Buchstaben von Feuer, und schrieb und schwand.

Der König stieren Blicks da saß,
Mit schlotternden Knien und totenblass.

Die Knechtenschar saß kalt durchgraut,
Und saß gar still, gab keinen Laut.

Die Magier kamen, doch keiner verstand
Zu deuten die Flammenschrift an der Wand.

Belsazar ward aber in selbiger Nacht
Von seinen Knechten umgebracht.

---

[1] **Jehova:** hebräischer Name für Gott

1 Versucht zu klären, warum Belsazar am Ende von seinen Knechten umgebracht wird. Die Antwort fällt euch leichter, wenn ihr zunächst den Verlauf des Königsmahls gliedert und mit eigenen Worten wiedergebt.

2 Stellt zusammen, welche Charaktermerkmale Belsazar besitzt.

Die Geschichte von König Belsazar findet sich auch im Alten Testament der Bibel wieder. Heinrich Heine hat diese Geschichte gekannt und als Vorlage für seine Ballade genutzt.

Belsazars Gastmahl (Daniel 5, 1-30)

1 König Belsazar machte ein herrliches Mahl für seine tausend Mächtigen und soff sich voll mit ihnen.

2 Und als er betrunken war, ließ er die goldenen und silbernen Gefäße herbringen, die sein Vater Nebukadnezar aus dem Tempel zu Jerusalem weggenommen hatte, damit der König mit seinen Mächtigen, mit seinen Frauen und mit seinen Nebenfrauen daraus tränke.

3 Da wurden die goldenen und silbernen Gefäße herbeigebracht, die aus dem Tempel, aus dem Hause Gottes zu Jerusalem, weggenommen worden waren: Und der König, seine Mächtigen, seine Frauen und Nebenfrauen tranken daraus.

4 Und als sie so tranken, lobten sie die goldenen, silbernen, ehernen, eisernen, hölzernen und steinernen Götter.

5 Im gleichen Augenblick gingen hervor Finger wie von einer Menschenhand, die schrieben gegenüber dem Leuchter auf die getünchte Wand in dem königlichen Saal. Und der König erblickte die Hand, die da schrieb.

6 Da entfärbte sich der König, und seine Gedanken erschreckten ihn, sodass er wie gelähmt war und ihm die Beine zitterten.

7 Und der König rief laut, dass man die Weisen, Gelehrten und Wahrsager herbeiholen solle. Und er ließ den Weisen von Babel sagen: Welcher Mensch diese Schrift lesen kann und mir sagt, was sie bedeutet, der soll mit Purpur gekleidet werden und eine goldene Kette um den Hals tragen und der Dritte in meinem Königreich sein.

8 Da wurden alle Weisen des Königs hereingeführt, aber sie konnten weder die Schrift lesen noch die Deutung dem König kundtun.

9 Darüber erschrak der König Belsazar noch mehr und verlor seine Farbe ganz, und seinen Mächtigen wurde angst und bange.

10 Da ging auf die Worte des Königs und seiner Mächtigen die Königinmutter in den Saal hinein und sprach: Der König lebe ewig! Lass dich von deinen Gedanken nicht so erschrecken, und entfärbe dich nicht!

11 Es ist ein Mann in deinem Königreich, der den Geist der heiligen Götter hat. Denn zu deines Vaters Zeiten fand sich bei ihm Erleuchtung, Klugheit und Weisheit wie der Götter Weisheit. Und dein Vater, der König Nebukadnezar, setzte ihn über die Zeichendeuter, Weisen, Gelehrten und Wahrsager,

12 weil ein überragender Geist bei ihm gefunden wurde, dazu Verstand und Klugheit, Träume zu deuten, dunkle Sprüche zu erraten und Geheimnisse zu offenbaren. Das ist Daniel, dem der König den Namen Beltschazar gab. So rufe man nun Daniel; der wird sagen, was es bedeutet.

13 Da wurde Daniel vor den König geführt. Und der König sprach zu Daniel: Bist du Daniel, einer der Gefangenen aus Juda, die der König, mein Vater, aus Juda hergebracht hat?

14 Ich habe von dir sagen hören, dass du den Geist der heiligen Götter habest und Erleuchtung, Verstand und hohe Weisheit bei dir zu finden sei.

15 Nun hab ich vor mich rufen lassen die Weisen und Gelehrten, damit sie mir diese Schrift lesen und kundtun sollen, was sie bedeutet; aber sie können mir nicht sagen, was sie bedeutet.

16 Von dir aber höre ich, dass du Deutungen zu geben und Geheimnisse zu offenbaren vermagst. Kannst du nun die Schrift lesen und mir sagen, was sie bedeutet, so sollst du mit Purpur gekleidet werden und eine goldene Kette um deinen Hals tragen und der Dritte in meinem Königreich sein.

17 Da fing Daniel an und sprach vor dem König: Behalte deine Gaben und gib dein Geschenk ei-

nem andern; ich will dennoch die Schrift dem König lesen und kundtun, was sie bedeutet.

18 Mein König, Gott der Höchste hat deinem Vater Nebukadnezar Königreich, Macht, Ehre und Herrlichkeit gegeben.

19 Und um solcher Macht willen, die ihm gegeben war, fürchteten und scheuten sich vor ihm alle Völker und Leute aus so vielen verschiedenen Sprachen. Er tötete, wen er wollte; er ließ, leben, wen er wollte; er erhöhte, wen er wollte; er demütigte, wen er wollte.

20 Als sich aber sein Herz überhob und er stolz und hochmütig wurde, da wurde er vom königlichen Thron gestoßen und verlor seine Ehre

21 und wurde verstoßen aus der Gemeinschaft der Menschen, und sein Herz wurde gleich dem der Tiere, und er musste bei dem Wild hausen und fraß Gras. [...]

23 Du hast dich gegen den Herrn des Himmels erhoben, und die Gefäße seines Hauses hat man vor dich bringen müssen, und du, deine Mächtigen, deine Frauen und deine Nebenfrauen, ihr habt daraus getrunken; dazu hast du die silbernen, goldenen, ehernen, eisernen, hölzernen, steinernen Götter gelobt, die weder sehen noch hören noch fühlen können. Den Gott aber, der deinen Odem und alle deine Wege in seiner Hand hat, hast du nicht verehrt.

24 Darum wurde von ihm diese Hand gesandt und diese Schrift geschrieben.

25 So aber lautet die Schrift, die dort geschrieben steht: **Mene mene tekel u-phar-sin**.

26 Und sie bedeutet dies: Mene, das ist, Gott hat dein Königtum **gezählt** und beendet.

27 **Tekel**, das ist, man hat dich auf der Waage **gewogen** und zu leicht befunden.

28 **u-phar-sin**, das ist, dein Reich ist zerteilt und den Medern und **Persern** gegeben.

29 Da befahl Belsazar, dass man Daniel mit Purpur kleiden sollte und ihm eine goldene Kette um den Hals geben:
und er ließ von ihm verkünden, dass er der Dritte im Königreich sei.

30 Aber in derselben Nacht wurde Belsazar, der König der Chaldäer, getötet.

3 Vergleicht die Vorlage aus dem Alten Testament mit der Ballade auf S. 207. Als mögliche Vergleichspunkte bieten sich der Handlungsverlauf, die Bedeutung der Inschrift und die Rolle der beteiligten Personen sowie das Verhalten und der Charakter Belsazars an. Legt eine Tabelle nach folgendem Muster an und tragt eure Ergebnisse stichwortartig ein.

Vergleichspunkte	Bibeltext	Ballade
Handlungsverlauf	...	...
Bedeutung der Inschrift	...	
Rolle der beteiligten Personen		
Verhalten Belsazars		
Charakter Belsazars		

4 Wertet eure Tabelle aus: Welche Konsequenzen ergeben sich daraus für die Aussage von Bibeltext und Ballade?

5 Erstellt ausgehend von einer inhaltlichen Gliederung der Ballade eine Spannungskurve.

6 Untersucht, welche Atmosphäre im ersten Inhaltsabschnitt der Ballade herrscht (V. 1–10). Achtet dabei insbesondere darauf, wann die Handlung spielt, welche Rolle Licht und Schatten spielen, wann es ruhig oder laut ist und wie die hellen und dunklen Vokale verteilt sind.

7 Untersucht, ob sich die Ergebnisse auch auf die anderen Abschnitte übertragen lassen.

8 Überlegt gemeinsam, wie ihr die Ballade anschaulich vortragen könnt: Welche unterschiedlichen Sprecher könntet ihr auftreten lassen? Welche Geräusche könnten eingebracht werden? Nehmt verschiedene Inszenierungen auf und vergleicht sie miteinander.

Rembrandt: Belschazar sieht die Schrift an der Wand (um 1635)

9 **Durchstarten! So kannst du weiterarbeiten:**
Der Maler Rembrandt hat ebenfalls die Geschichte des Königs Belsazar verarbeitet.

a Was steht im Mittelpunkt des Bildes? Auf welche Passagen der Ballade bzw. der Bibel bezieht sich die Darstellung?

b Du kannst auch eine genaue Beschreibung des Bildes anfertigen.

Tipps und Hinweise zur Bildbeschreibung findest du auf S. 63.

Johann Wolfgang von Goethe (1749–1832)

Der Zauberlehrling

■ **Johann Wolfgang von Goethe** gilt vielen Menschen als der bedeutendste deutsche Dichter. Er wurde 1749 in Frankfurt am Main geboren. Er besuchte keine Schule, sondern erhielt Privatunterricht, wobei er mehrere Sprachen lernte. 1765 ging er auf Wunsch seines Vaters zum Jurastudium nach Leipzig, beschäftigte sich aber viel lieber mit dem Schreiben literarischer Texte. In Deutschland und Europa bekannt wurde er durch sein Schauspiel „Götz von Berlichingen mit der eisernen Faust" und den Briefroman „Die Leiden des jungen Werthers". 1775 folgte Goethe der Einladung des damaligen Erbprinzen Carl August von Sachsen-Weimar-Eisenach, lebte fortan in Weimar und wurde wichtigster Minister im Kabinett des mittlerweile Fürst gewordenen Carl August. Nach einer zweijährigen Italienreise legte er seine politischen Ämter nieder und widmete sich nur noch der Literatur und der wissenschaftlichen Forschung. Seit 1794 war er eng befreundet mit Friedrich Schiller, sie besprachen gemeinsam ihre literarischen Pläne und wetteiferten vor allem beim Schreiben von Balladen. In diesem freundschaftlichen Konkurrenzkampf entstanden die Balladen „Der Zauberlehrling" und „Erlkönig". Goethe starb 1832 in Weimar. ■

Hat der alte Hexenmeister
Sich doch einmal wegbegeben!
Und nun sollen seine Geister
Auch nach meinem Willen leben.
Seine Wort und Werke
Merkt ich und den Brauch,
Und mit Geistesstärke
Tu ich Wunder auch.

Walle! walle
Manche Strecke,
Dass, zum Zwecke,
Wasser fließe
Und mit reichem, vollem Schwalle
Zu dem Bade sich ergieße.

Und nun komm, du alter Besen,
Nimm die schlechten Lumpenhüllen!
Bist schon lange Knecht gewesen:
Nun erfülle meinen Willen!
Auf zwei Beinen stehe,
Oben sei ein Kopf,
Eile nun und gehe
Mit dem Wassertopf!

Walle! walle
Manche Strecke,
Dass, zum Zwecke,
Wasser fließe
Und mit reichem, vollem Schwalle
Zu dem Bade sich ergieße.

Seht, er läuft zum Ufer nieder!
Wahrlich! ist schon an dem Flusse,
Und mit Blitzesschnelle wieder
Ist er hier mit raschem Gusse.
Schon zum zweiten Male!
Wie das Becken schwillt!
Wie sich jede Schale
Voll mit Wasser füllt!

Stehe! stehe!
Denn wir haben
Deiner Gaben
Vollgemessen! –
Ach, ich merk es! Wehe! wehe!
Hab ich doch das Wort vergessen!

Ach, das Wort, worauf am Ende
Er das wird, was er gewesen!
Ach, er läuft und bringt behände!
Wärst du doch der alte Besen!
Immer neue Güsse
Bringt er schnell herein,
Ach, und hundert Flüsse
Stürzen auf mich ein!

Nein, nicht länger
Kann ichs lassen:
Will ihn fassen!
Das ist Tücke!
Ach, nun wird mir immer banger!
Welche Miene! welche Blicke!

O, du Ausgeburt der Hölle!
Soll das ganze Haus ersaufen?
Seh ich über jede Schwelle
Doch schon Wasserströme laufen.
Ein verruchter Besen,
Der nicht hören will!
Stock, der du gewesen,
Steh doch wieder still!

Willst am Ende
Gar nicht lassen?
Will dich fassen,
Will dich halten
Und das alte Holz behände
Mit dem scharfen Beile spalten!

Seht, da kommt er schleppend wieder!
Wie ich mich nun auf dich werfe,
Gleich, o Kobold, liegst du nieder;
Krachend trifft die glatte Schärfe.
Wahrlich! brav getroffen!
Seht, er ist entzwei!
Und nun kann ich hoffen,
Und ich atme frei!

Wehe! wehe!
Beide Teile
Stehn in Eile
Schon als Knechte
Völlig fertig in die Höhe!
Helft mir, ach! ihr hohen Mächte!

Holzstich von C. Dietrich nach einer Zeichnung von Flinzer zum Zauberlehrling

Und sie laufen! Nass und nässer
Wirds im Saal und auf den Stufen:
Welch entsetzliches Gewässer!
Herr und Meister, hör mich rufen! –
Ach, da kommt der Meister!
Herr, die Not ist groß!
Die ich rief, die Geister,
Werd ich nun nicht los.

„In die Ecke,
Besen! Besen!
Seids gewesen!
Denn als Geister
Ruft euch nur, zu seinem Zwecke,
Erst hervor der alte Meister.“

(1797)

1 „Die ich rief, die Geister, Werd ich nun nicht los.“ – Erkläre, was diese Verse deiner Meinung nach bedeuten, indem du das Geschehen mit eigenen Worten wiedergibst.

2 Erläutere die besondere Bedeutung der eingerückten Verse im Gesamtzusammenhang der Ballade.

3 Wie tritt der Zauberlehrling am Anfang und am Ende der Ballade auf? Überlegt, welche Körperhaltung, Gestik und Mimik am besten passen würden, und stellt sein Auftreten jeweils in einem Standbild dar. Belegt eure Einschätzung mit Aussagen aus der Ballade.

4 Wie verändert sich das Auftreten des Zauberlehrlings zwischen Anfang und Ende? Verdeutlicht die einzelnen Stufen des Wandels, indem ihr mehrere Standbilder nebeneinander aufstellt. Besprecht in der Klasse, welche Veränderungen von Standbild zu Standbild jeweils deutlich werden.

5 Was haltet ihr von folgenden Schüleräußerungen zum Verhalten des Zauberlehrlings?

- Der Zauberlehrling ist dumm, weil er sich mit Dingen beschäftigt, die ihn nichts angehen und von denen er nichts versteht.
- Dem Zauberlehrling geht zwar einiges schief, aber wenn man keinen Mut hat, kann man auch keine neuen Erfahrungen machen.

6 Bereitet einen Vortrag mithilfe des Werkzeugkastens auf S. 51 vor. Notiert außerdem neben dem Text (auf einer Kopie oder Folie), in welcher Stimmung sich der Zauberlehrling jeweils befindet. Nutzt auch die Mimik zum Ausdruck dieser Stimmungen.

7 Begleitet den Balladenvortrag mit einer pantomimischen Darstellung. Im Werkzeugkasten unten findet ihr Hilfen.

8 Formuliert die Thematik der Ballade. Klärt, ob das Thema auch heute noch aktuell ist.

9 **Durchstarten! So könnt ihr weiterarbeiten:** Vielleicht habt ihr selbst schon einmal „Geister" gerufen, die ihr nicht mehr loswerden konntet:

- Ihr habt heimlich etwas unternommen und konntet die Folgen nicht mehr bannen ...
- Ihr habt jemandem helfen wollen, dabei aber alles nur noch schlimmer gemacht ...
- Ihr habt eine Aufgabe übernommen, die Verantwortung drohte euch aber über den Kopf zu wachsen ...

Berichtet darüber oder schreibt eine spannende Erzählung.

So gehst du vor

Die Pantomime

Bei einer Pantomime kommt es darauf an, durch möglichst deutliche und ausdrucksstarke **Mimik** und **Gestik** die Handlung, aber auch Gedanken und Gefühle deutlich zu machen.
Zur Vorbereitung musst du dir genau überlegen und entsprechend notieren, welche Personen im Einzelnen handeln, was sie dabei denken und fühlen. In einem zweiten Schritt musst du dir überlegen, wie du dies möglichst gut sichtbar mimisch und gestisch umsetzen kannst. Achte dabei darauf, dass alles für den Zuschauer einfach und eindeutig verständlich ist.
Teste deine Überlegungen, indem du einen Probedurchlauf unternimmst, und verbessere eventuell deine Planung.
Für die Aufführung deiner Pantomime solltest du den Raum entsprechend herrichten (neutraler Hintergrund, gute Ausleuchtung etc.) und auch deine Kleidung passend auswählen (schwarze Kleidung, weiße Handschuhe, weiß geschminktes Gesicht).

Johann Gottfried Flegel (1815–1881) nach einer Zeichnung von Adrian Ludwig Richter, 19. Jahrhundert: Erlkönig

Johann Wolfgang von Goethe (1749–1832)

Erlkönig[1]

Wer reitet so spät durch Nacht und Wind?
Es ist der Vater mit seinem Kind;
Er hat den Knaben wohl in dem Arm,
Er fasst ihn sicher, er hält ihn warm.

Mein Sohn, was birgst du so bang dein Gesicht? –
Siehst Vater, du den Erlkönig nicht?
Den Erlenkönig mit Kron und Schweif? –
Mein Sohn, es ist ein Nebelstreif. –

„Du liebes Kind, komm, geh mit mir!
Gar schöne Spiele spiel ich mit dir;
Manch bunte Blumen sind an dem Strand,
Meine Mutter hat manch gülden Gewand."

Mein Vater, mein Vater, und hörest du nicht,
Was Erlenkönig mir leise verspricht? –
Sei ruhig, bleibe ruhig, mein Kind;
In dürren Blättern säuselt der Wind. –

„Willst, feiner Knabe, du mit mir gehn?
Meine Töchter sollen dich warten[2] schön;
Meine Töchter führen den nächtlichen Reihn
Und wiegen und tanzen und singen dich ein."

Mein Vater, mein Vater, und siehst du nicht dort
Erlkönigs Töchter am düstern Ort? –
Mein Sohn, mein Sohn, ich seh es genau:
Es scheinen die alten Weiden so grau. –

„Ich liebe dich, mich reizt deine schöne Gestalt;
Und bist du nicht willig, so brauch ich Gewalt."
Mein Vater, mein Vater, jetzt fasst er mich an!
Erlkönig hat mir ein Leids getan! –

Dem Vater grauset's, er reitet geschwind,
Er hält in den Armen das ächzende Kind,
Erreicht den Hof mit Mühe und Not;
In seinen Armen das Kind war tot.

(1782)

---

[1] Beim „Erlkönig" handelt es sich um eine fehlerhafte Übertragung des dänischen Wortes „ellerkonge" („Elfenkönig").

[2] **warten:** pflegen

1 „In seinen Armen das Kind war tot." – Erläutere, wie es zum Tod des Kindes kommt, indem du den Handlungsverlauf mit eigenen Worten wiedergibst. Mache dabei deutlich, wer jeweils spricht.

2 Versuche zu erklären, warum Vater und Sohn ganz unterschiedlich wahrnehmen, was um sie herum geschieht.

3 „Dem Vater grauset's" – Wie wird dieses Grausen auch sprachlich deutlich gemacht? Suche passende Textbelege.

Hilfen erhältst du auch im Werkzeugkasten auf S. 55.

4 Lerne das Gedicht für einen Vortrag auswendig. Nutze die Hinweise im Werkzeugkasten unten.

So gehst du vor

Einen Text auswendig lernen

Jeder Mensch prägt sich neue Informationen auf unterschiedliche Art und Weise ein. Manche nehmen die Informationen eher visuell (durch das Sehen) auf, andere eher akustisch (durch das Hören). Häufig ist eine Kombination aus Hören und Sehen am erfolgreichsten.

Zum Lernen eines Gedichts kannst du verschiedene Möglichkeiten nutzen:

- Fertige eine Tonaufnahme des Gedichts an und höre sie dir mehrmals täglich an.
- Schreibe den Gedichttext mehrmals ab. Wiederhole dies bei besonders schwierigen Textstellen.
- Merke dir zunächst den ersten Vers jeder Strophe.
- Lerne jeden Tag einen neuen Vers oder eine neue Strophe.
- Präge dir im Gedächtnis zu den einzelnen Strophen oder Versen bestimmte Bilder ein, die dir beim Erinnern helfen (z. B. „Pferd" für die erste Strophe).

5 Bereitet eine Erzählpantomime der Ballade vor. Die Pantomime könnt ihr auch gut bei einem Balladenabend vorführen. Hinweise dazu erhaltet ihr im Werkzeugkasten auf S. 213.

Das musst du lernen und wissen

Die Ballade

Als Ballade (von ital. „ballata" = Tanzlied) wird seit dem 18. Jahrhundert ein zumeist langes und häufig sehr regelmäßig angelegtes Erzählgedicht bezeichnet.

In historischen Balladen wird das Verhalten vorbildlicher Menschen bei der Bewältigung gefahrvoller Herausforderungen geschildert. In den naturmagischen Balladen wird von häufig schauerlichen Begegnungen der Menschen mit unfassbaren Mächten erzählt.

In der Literatur unterscheidet man drei große Bereiche, man spricht auch von Großgattungen: die **Lyrik**, die **Epik** und die **Dramatik**. Dementsprechend unterscheidet man **lyrische Texte** (Gedichte, Lieder, ...), **epische Texte** (Erzählungen, Romane) und **dramatische Texte** (Theaterstücke).

In einer Ballade finden sich häufig Elemente aus diesen drei Bereichen:

1. **Lyrik:** Die äußere Form des Textes ist wie bei vielen Gedichten sehr regelmäßig (Strophenform, festes Metrum, Reimschema, ...).
2. **Epik:** Wie bei einer Erzählung wird eine abgeschlossene Geschichte wiedergegeben.
3. **Dramatik:** Wie bei einem Theaterstück wird in Dialogen und Monologen gesprochen. Außerdem ist oft ein dramatischer Verlauf, der als Spannungsbogen dargestellt werden kann, erkennbar.

Weil eine Ballade Elemente aus diesen drei Bereichen enthält, hat der berühmte deutsche Dichter Johann Wolfgang von Goethe (1749–1832) die Ballade als „Ur-Ei" der Dichtung bezeichnet.

Wie ihr bereits bei den vorgestellten und von euch bearbeiteten Moritaten und Balladen gesehen habt, kann man sich auf vielerlei Arten mit diesen Texten auseinandersetzen.

1. Ein Balladen-Vortragsabend

Eine Möglichkeit ist die Gestaltung eines Vortragsabends durch die ganze Klasse: Zunächst muss ein Thema festgelegt oder eine Autorin bzw. ein Autor ausgewählt werden. Sobald dies geschehen ist, werden in Kleingruppen mehrere Balladen zum Vortrag vorbereitet. Möglicherweise könnt ihr auch die Musiklehrerin oder den Musiklehrer für euer Vorhaben gewinnen und die Balladen musikalisch untermalen. Oder ihr gestaltet im Kunstunterricht passende Plakatwände, die das Geschehen der Balladen illustrieren.

Checkliste

Damit nichts schiefgehen kann, empfiehlt es sich, vorher eine Checkliste anzulegen, in der alle notwendigen Punkte der Vorbereitung und Durchführung eines Vortragsabends festgehalten werden:

- Balladen aussuchen (Autor oder Thema festlegen), Balladentexte zum Vortrag vorbereiten,
- Absprachen mit Musiklehrer oder Kunstlehrer treffen, Termin festlegen, Einladungen zum Vortragsabend erstellen und verteilen, Raum für den Vortrag auswählen und herrichten,
- evtl. Getränke und Knabbereien besorgen,
- …

2. Moritaten selbst verfassen

Täglich finden sich Meldungen über Straftaten im Radio, im Fernsehen oder in Zeitungen. Sucht euch eine Meldung heraus und verarbeitet sie nach dem Muster, das ihr im ersten Kapitel kennengelernt habt, zu einer Moritat. Schreibt euren Text auf und fertigt passende Bildtafeln dazu an. Bei einem Vortrag könnt ihr den Text sprechen. Vielleicht verhilft euch euer Musiklehrer oder eure Musiklehrerin auch zu einer einfachen Melodie.
Auch diese Moritaten könnt ihr auf einem Vortragsabend vorstellen, sie in eurer Schülerzeitung abdrucken oder – für die Computerexperten unter euch – zu einer PowerPoint-Präsentation weiterverarbeiten.

3. Ein Lieblingsballadenbuch der Klasse erstellen

Jede Schülerin und jeder Schüler sucht sich eine Ballade aus, die ihr bzw. ihm besonders gut gefällt. Ihr solltet euch untereinander absprechen, damit Dopplungen vermieden werden. Jeder von euch erstellt dann ein oder zwei Blätter, auf denen der Text der Ballade zu finden ist. Hinzu kommen passende Illustrationen, die entweder aus Büchern, Zeitschriften oder dem Internet stammen oder selbst gemalt bzw. gezeichnet sind. Diese Einzelblätter werden anschließend zu einem Buch zusammengefasst und – mit einem schön gestalteten Deckblatt und einem Inhaltsverzeichnis versehen – gebunden.

4. Historische Balladen entschlüsseln

Neben den im Buch behandelten Balladen gibt es zahlreiche andere Balladen mit historischem Hintergrund. In Büchereien findet ihr häufig entsprechende Balladensammlungen. Sucht die euch am interessantesten erscheinenden Beispiele heraus und recherchiert die tatsächlichen Hintergründe. Macht euch dabei auch jeweils klar, ob und wie die historische Vorlage verändert wurde und welche Wirkung dies hat. Eure Ergebnisse könnt ihr anschließend auf Plakatwänden zusammenstellen und in der Klasse oder an anderer Stelle in der Schule präsentieren. Vielleicht gibt es auch eine Homepage eurer Schule, auf der ihr eure Ergebnisse veröffentlichen könnt.

Dies sind einige Vorschläge für historische Balladen:
Johann Wolfgang von Goethe: Totentanz
Friedrich Schiller: Der Ring des Polykrates
Joseph Viktor von Scheffel: Die Teutoburger Schlacht
Friedrich Rückert: Barbarossa
Theodor Fontane: Archibald Douglas
Theodor Fontane: Gorm Grymme
Ferdinand Freiligrath: Prinz Eugen, der edle Ritter

5. Eine Ballade eurer Wahl in ein Theaterstück umsetzen

Einen Vorschlag dazu für eine moderne Ballade findet ihr auf S. 296 f.

Kleine Übungen zur Lernkontrolle

Du hast in dieser Einheit viel über Balladen gelernt. Hier kannst du noch einmal selbstständig eine Ballade untersuchen. Die Arbeitsaufträge helfen dir dabei.

Eduard Mörike (1804–1875)

Die traurige Krönung

Es war ein König Milesint,
Von dem will ich euch sagen:
Der meuchelte sein Bruderskind,
Wollte selbst die Krone tragen.
Die Krönung ward mit Prangen[1]
Auf Liffey-Schloß begangen.
O Irland! Irland! warest du so blind?

Der König sitzt um Mitternacht
Im leeren Marmorsaale,
Sieht irr in all die neue Pracht,
Wie trunken von dem Mahle;
Er spricht zu seinem Sohne:
„Noch einmal bring die Krone!
Doch schau, wer hat die Pforten aufgemacht?"

Da kommt ein seltsam Totenspiel,
Ein Zug mit leisen Tritten,
Vermummte Gäste groß und viel,
Eine Krone schwankt inmitten;
Es drängt sich durch die Pforte
Mit Flüstern ohne Worte;
Dem Könige, dem wird so geisterschwül.

Und aus der schwarzen Menge blickt
Ein Kind mit frischer Wunde;
Es lächelt sterbensweh und nickt,
Es macht im Saal die Runde,
Es trippelt zu dem Throne,
Es reichet eine Krone
Dem Könige, des Herze tief erschrickt.

Darauf der Zug von dannen strich,
Von Morgenluft berauschet,
Die Kerzen flackern wunderlich,
Der Mond am Fenster lauschet;
Der Sohn mit Angst und Schweigen
Zum Vater tät sich neigen –
Er neiget über eine Leiche sich.

(1882)

---

[1] **mit Prangen:** auf prachtvolle Weise

1 Begründe, was deiner Meinung nach an den folgenden Aussagen über die Ballade richtig ist und was nicht zutrifft:

a) In der Ballade „Die traurige Krönung" von Eduard Mörike geht es um einen Jungen, der sich an seinem Mörder, der sein eigener Onkel ist, rächt und ihn umbringt.

b) In der Ballade „Die traurige Krönung“ von Eduard Mörike geht es um einen irischen König, der vor Schreck stirbt, weil er Gespenster zu sehen glaubt.

c) In der Ballade „Die traurige Krönung“ von Eduard Mörike geht es darum, dass ein irischer König seinen Neffen tötet, weil er selbst König werden will.

2 In jeder Strophe, bis auf die letzte, wird die Krone erwähnt. Schreibe für jede Strophe kurz auf, welche Rolle die Krone spielt. Erläutere dann, warum die Krone in der letzten Strophe nicht mehr erwähnt wird.

3 Stelle Charaktereigenschaften von König Milesint zusammen. Schreibe auf, wodurch diese Charaktereigenschaften in der Ballade deutlich werden.

4 Eduard Mörike hat in der Ballade zwei Begriffe neu gebildet: „Totenspiel“ (V. 15) und „geisterschwül“ (V. 21). Erkläre aus dem Zusammenhang, was die Begriffe deiner Meinung nach bedeuten.

5 Was spricht dafür, dass das Erscheinen der „vermummte(n) Gäste“ (V. 17) nur in der Fantasie des Königs stattfindet? Wie ist es aber sprachlich dargestellt?

6 Wie verstehst du den Titel der Ballade „Die traurige Krönung“? Ist das nicht ein Widerspruch: „traurige Krönung“?

7 Das lyrische Ich spricht in der ersten Strophe den Leser an: „Von dem will ich euch sagen“ (V. 2). Warum erzählt das lyrische Ich die Geschichte?

8 Formuliere selbst einen Satz, der das Thema der Ballade zusammenfasst. Beginne den Satz mit: In der Ballade „Die traurige Krönung“ von Eduard Mörike aus dem Jahr 1882 geht es um .../Die Ballade „Die traurige Krönung“ von Eduard Mörike aus dem Jahr 1882 handelt von ...

9 Gib den Inhalt der Ballade in Form einer kleinen Reihe von Bildern wieder.

Den Inhalt wiedergeben

Es ist häufig notwendig, den Inhalt eines Textes, eines ganzen Buches oder auch eines Films kurz zusammenzufassen. In diesem Kapitel lernt ihr, wie man eine Inhaltsangabe für eine Geschichte, ein ganzes Buch oder einen Film verfasst und welche Arbeitsschritte man dazu durchführen muss.

1. Den Inhalt einer Erzählung wiedergeben

Die Schülerinnen und Schüler der Klasse 7b wollen am PC eine Klassenzeitung erstellen. Sie haben schon lustige Sprüche von Lehrern und Witze gesammelt. Sie wollen auch über das vergangene Sportfest und den Sieg ihrer Klasse beim Fußballturnier berichten. Außerdem ist der Abdruck einer kurzen Geschichte mit einer heiteren oder merkwürdigen Begebenheit geplant. Sabrina und Stephan haben den Auftrag, nach solchen Geschichten zu suchen und diese in der nächsten Stunde vorzustellen. Nach längerer Suche sind sie bei dem Dichter Johann Peter Hebel fündig geworden, der viele sogenannte Anekdoten[1] geschrieben hat.
Da sich Sabrina und Stephan noch nicht sicher sind, welche der zahlreichen Erzählungen sie auswählen sollen, wollen sie in der Klasse mehrere in Form einer Inhaltsangabe vorstellen. In die engere Auswahl haben sie die Erzählung „Der geheilte Patient“ genommen.

Johann Peter Hebel

Johann Peter Hebel (1760 – 1826)

Der geheilte Patient

Reiche Leute haben trotz ihrer gelben Vögel[2] doch manchmal auch allerlei Lasten und Krankheiten auszustehen, von denen gottlob! der arme Mann nichts weiß; denn es gibt Krankheiten, die nicht in der Luft stecken, sondern in den vollen Schüsseln und Gläsern und in den weichen Sesseln und seidenen Betten, wie jener reiche Amsterdamer ein Wort davon reden kann. Den ganzen Vormittag saß er im Lehnsessel und rauchte Tabak, wenn er nicht zu faul war, oder hatte Maulaffen feil zum Fenster hinaus, aß aber zu Mittag doch wie ein Drescher, und die Nachbarn sagten manchmal: „Windet's draußen oder schnauft der Nachbar so?“ Den ganzen Nachmittag aß und trank er ebenfalls, bald etwas Kaltes, bald etwas Warmes, ohne Hunger und ohne Appetit, aus lauter langer Weile, bis an den Abend, also, dass man bei ihm nie recht sagen konnte, wo das Mittagessen aufhörte und wo das Nachtessen anfing. Nach dem Nachtessen legte er sich ins Bett und war so müd, als wenn er den ganzen Tag Steine abgeladen oder Holz gespalten hätte. Davon bekam er zuletzt einen dicken Leib, der so unbeholfen war wie ein Maltersack[3]. Essen und Schlaf wollte ihm nimmer schmecken, und er war lange Zeit, wie es manchmal geht, nicht recht gesund und nicht recht krank; wenn man aber ihn selber hörte, so hatte er 365 Krankheiten, nämlich alle Tage eine andere. Alle Ärzte, die in Amsterdam sind, mussten ihm raten. Er verschluckte ganze Feuereimer voll Mixturen und ganze

---

1 **Anekdote:** kurze, witzige Erzählung, die das Charakteristische eines Menschen oder einer Situation darstellt
2 **gelbe Vögel:** Gemeint sind Geldstücke.
3 **Malten:** altes Getreidemaß

Schaufeln voll Pulver und Pillen wie Enteneier so groß, und man nannte ihn zuletzt scherzweise nur die zweibeinige Apotheke. Aber alles Doktern half ihm nichts, denn er folgte nicht, was ihm die Ärzte befahlen, sondern sagte: „Foudre[1], wofür bin ich ein reicher Mann, wenn ich soll leben wie ein Hund, und der Doktor will mich nicht gesund machen für mein Geld?“ Endlich hörte er von einem Arzt, der hundert Stunden weit weg wohnte, der sei so geschickt, dass die Kranken gesund werden, wenn er sie nur recht anschaue, und der Tod geh' ihm aus dem Weg, wenn er sich sehen lasse. Zu dem Arzt fasste der Mann ein Zutrauen und schrieb ihm seinen Umstand. Der Arzt merkte bald, was ihm fehle, nämlich nicht Arznei, sondern Mäßigkeit und Bewegung, und sagte: „Wart', dich will ich bald kuriert haben.“ Deswegen schrieb er ihm ein Brieflein folgenden Inhalts: „Guter Freund, Ihr habt einen schlimmen Umstand; doch wird Euch zu helfen sein, wenn Ihr folgen wollt. Ihr habt ein bös Tier im Bauch, einen Lindwurm mit sieben Mäulern. Mit dem Lindwurm muss ich selber reden, und Ihr müsst zu mir kommen. Aber fürs Erste, so dürft Ihr nicht fahren oder auf dem Rösslein reiten, sondern auf des Schuhmachers Rappen, sonst schüttelt Ihr den Lindwurm, und er beißt Euch die Eingeweide ab, sieben Därme auf einmal ganz entzwei. Fürs andere dürft Ihr nicht mehr essen als zweimal des Tages einen Teller voll Gemüs, mittags ein Bratwürstlein dazu und nachts ein Ei und am Morgen ein Fleischsüpplein mit Schnittlauch drauf. Was Ihr mehr esset, davon wird nur der Lindwurm größer, also, dass er Euch die Leber verdruckt, und der Schneider hat Euch nimmer viel anzumessen, aber der Schreiner. Dies ist mein Rat, und wenn Ihr mir nicht folgt, so hört Ihr im andern Frühjahr den Kuckuck nimmer schreien. Tut, was Ihr wollt!“ Als der Patient so mit ihm reden hörte, ließ er sich sogleich den andern Morgen die Stiefel salben und machte sich auf den Weg, wie ihm der Doktor befohlen hatte. Den ersten Tag ging es so langsam, dass perfekt eine Schnecke hätte können sein Vorreiter sein, und wer ihn grüßte, dem dankte er nicht, und wo ein Würmlein auf der Erde kroch, das zertrat er. Aber schon am zweiten und am dritten Morgen kam es ihm vor, als wenn die Vögel schon lange nimmer so lieblich gesungen hätten wie heut, und der Tau schien ihm so frisch und die Kornrosen im Feld so rot, und alle Leute, die ihm begegneten, sahen so freundlich aus, und er auch; und alle Morgen, wenn er aus der Herberge ausging, war's schöner, und er ging leichter und munterer dahin, und als er am achtzehnten Tage in der Stadt des Arztes ankam und den andern Morgen aufstand, war es ihm so wohl, dass er sagte: „Ich hätte zu keiner ungeschicktern Zeit können gesund werden als jetzt, wo ich zum Doktor soll. Wenn's mir doch nur ein wenig in den Ohren brauste oder das Herzwasser lief mir.“ Als er zum Doktor kam, nahm ihn der Doktor bei der Hand und sagte ihm: „Jetzt erzählt mir denn noch einmal von Grund aus, was Euch fehlt.“ Da sagte er: „Herr Doktor, mir fehlt gottlob nichts, und wenn Ihr so gesund seid wie ich, so soll's mich freuen.“ Der Doktor sagte: „Das hat Euch ein guter Geist geraten, dass Ihr meinem Rat gefolgt habt. Der Lindwurm ist jetzt abgestanden. Aber Ihr habt noch Eier im Leib. Deswegen müsst Ihr wieder zu Fuß heimgehen und daheim fleißig Holz sägen, dass es niemand sieht, und nicht mehr essen, als Euch der Hunger ermahnt, damit die Eier nicht ausschlupfen, so könnt Ihr ein alter Mann werden“, und lächelte dazu. Aber der reiche Fremdling sagte: „Herr Doktor, Ihr seid ein feiner Kauz, und ich versteh' Euch wohl“, und hat nachher dem Rat gefolgt und 87 Jahre, 4 Monate, 10 Tage gelebt, wie ein Fisch im Wasser so gesund, und hat alle Neujahr dem Arzt 20 Dublonen[2] zum Gruß geschickt.

[1] **Foudre** (franz.): Donnerschlag
[2] **Dublone:** alte spanische Goldmünze

1 Beschreibt die Hauptperson des Textes, den reichen Amsterdamer, näher.

2 Wie kommt es, dass sich der Patient nach der Ankunft bei dem berühmten Arzt gar nicht mehr krank fühlt?

3 Benennt die Stelle im Text, an der deutlich wird, dass der reiche Mann den Arzt durchschaut und seinen Rat verstanden hat.

4 Obwohl die Erzählung schon über 200 Jahre alt ist, glauben Sabrina und Stephan, dass sie auch heute noch aktuell ist. Seht ihr das auch so?

5 Nachdem Sabrina und Stephan die Erzählung mehrfach gelesen haben, beginnen sie mit ihrer Inhaltsangabe. Dabei wollen sie am Anfang die wichtigsten Angaben zusammenfassen. Welche der folgenden Möglichkeiten haltet ihr für besonders geeignet? Warum sind die anderen Anfänge nicht so gelungen? Begründet eure Meinung.

a) In der Geschichte geht es um einen reichen Mann, der viel isst und trinkt und dabei immer fetter wird. Deswegen sucht er bei verschiedenen Ärzten Hilfe.

b) Die um 1800 entstandene Anekdote „Der geheilte Patient“ von Johann Peter Hebel erzählt von einem reichen Amsterdamer Bürger, der den ganzen Tag untätig herumsitzt und viel isst und trinkt, sodass er sich schließlich krank fühlt. Durch den klugen Rat eines Arztes wird er aber am Ende geheilt.

c) Die Geschichte erzählt von einem Mann, der sehr reich ist und es sich deshalb leisten kann, den ganzen Tag nur mit Essen und Trinken zu verbringen. Doch dabei wird er immer unbeholfener und unzufriedener, bis er schließlich verschiedene Ärzte aufsucht, um sich heilen zu lassen. Geschrieben ist die Geschichte von Johann Peter Hebel.

So gehst du vor

Die Einleitung einer Inhaltsangabe

Der einleitende Teil einer Inhaltsangabe

- nennt Textsorte, Autor, Titel und evtl. die Entstehungszeit,
- gibt eine Kurzinformation über den Inhalt des Textes,
- gibt einen Ausblick auf den Ausgang (das Ende) der Handlung.

6 Bevor Sabrina und Stephan ihre Inhaltsangabe fortsetzen, verschaffen sie sich einen Überblick über den Gesamttext und gliedern ihn in einzelne Sinnabschnitte. Macht das ebenso und verseht jeden Abschnitt mit einer eigenen Überschrift.

7 Danach versuchen die beiden, jeden Sinnabschnitt mit eigenen Worten möglichst knapp zusammenzufassen. Allerdings sind die einzelnen Abschnitte durcheinandergeraten. Bringt die Abschnitte in eine sinnvolle Reihenfolge und formuliert einen kurzen Schlussteil.

■ Am ersten Tag seiner Wanderung kommt er nur langsam vorwärts und er ist schlecht gelaunt. Von Tag zu Tag fällt ihm die Reise aber leichter, und als er am achtzehnten Tag bei dem Arzt ankommt, fühlt er sich eigentlich gesund und muss dem Arzt gegenüber gestehen, dass es ihm an nichts fehle.

- Weil der Arzt sofort erkennt, dass es dem Mann vor allem an Bewegung fehlt, teilt er ihm in seinem Antwortschreiben mit, er habe einen bösen Lindwurm im Bauch. Um von dem Tier befreit werden zu können, müsse der Patient zu ihm kommen, und zwar zu Fuß, damit der Lindwurm nicht durch Schütteln gereizt werde und das Innere des Patienten zerstöre. Außerdem müsse er unterwegs eine strenge Diät einhalten, damit der Lindwurm nicht noch größer werde.
- Schließlich setzt er seine Hoffnung auf einen berühmten Arzt, der allerdings 100 Stunden entfernt wohnt. Ihm schildert er in einem Brief seine Beschwerden.
- Schließlich teilt ihm der Doktor mit, dass der Lindwurm abgestorben sei, warnt aber vor dessen Eiern, die noch im Körper des Mannes seien. Er rät ihm daher, auch den Heimweg zu Fuß zurückzulegen und zu Hause täglich Holz zu sägen. Am Ende des Gesprächs versichert der Reiche dem Arzt, dass er jetzt verstanden habe, worum es eigentlich gehe.
- Am Anfang besucht der reiche Bürger viele Ärzte und schluckt Unmengen von Medikamenten, die ihm aber nicht helfen, weil er nicht einsehen will, dass er vor allem seine Lebensweise ändern müsste.
- Da der reiche Patient überzeugt ist, dass dies seine einzige Überlebenschance ist, macht er sich am nächsten Morgen sofort auf den Weg.

8 Die Inhaltsangabe von Sabrina und Stephan ist deutlich kürzer als die Vorlage. Wo haben die beiden Kürzungen vorgenommen, was haben sie ganz weggelassen?

9 An einigen Stellen ihrer Inhaltsangabe haben sie Begründungen für das Verhalten der Personen gegeben. Sucht dafür Beispiele aus dem Text heraus. An welchen Formulierungen ist erkennbar, dass es sich um Begründungen handelt?

10 Wie versuchen Sabrina und Stephan, den zeitlichen Zusammenhang der Handlungsschritte wiederzugeben? Achtet auf die Zeitangaben im Text.

11 Obwohl die Geschichte von Johann Peter Hebel in der Vergangenheit erzählt wird, geben die beiden die Geschehnisse im Präsens wieder. Habt ihr dafür eine Erklärung? Wie würde die Inhaltsangabe im Präteritum wirken? Probiert das mit einem Textabschnitt aus.

So gehst du vor

Der Hauptteil einer Inhaltsangabe

- Im Hauptteil der Inhaltsangabe wird die Handlung möglichst knapp, aber übersichtlich und nachvollziehbar dargestellt.
- Die wichtigsten Geschehnisse werden in ihrem zeitlichen und ursächlichen Zusammenhang wiedergegeben.
- Dabei beschränkt man sich auf das Wesentliche, auf die Darstellung von Einzelheiten wird verzichtet.
- Der Sachverhalt soll mit eigenen Worten wiedergegeben werden.
- Gefühle und persönliche Wertungen werden nicht wiedergegeben. Die Tempusform der Inhaltsangabe ist das Präsens.

12 In Sabrinas und Stephans Inhaltsangabe gibt es keine wörtliche Rede. Warum haben sie wohl darauf verzichtet? Wie haben sie die direkte Rede ersetzt? Sucht Beispiele aus der Inhaltsangabe heraus.

Sabrina und Stephan haben die direkte Rede in die **indirekte Rede** umgeformt.
Das ist nur eine Möglichkeit, den Inhalt der direkten Rede wiederzugeben. Manchmal kann man den Inhalt auch umschreiben, weil die indirekte Rede gelegentlich etwas steif klingt. Seht euch dazu das folgende Beispiel aus dem Text an.

Direkte Rede:	Der Arzt schreibt: „Ihr müsst zu mir kommen."
Indirekte Rede:	Der Arzt schreibt ihm, er müsse zu ihm kommen.
Umschreibung:	Der Arzt fordert den Patienten auf, zu ihm zu kommen.

13 Versucht, die indirekte Rede der folgenden Sätze zu umschreiben.

- Der Arzt sagt, er dürfe nicht fahren oder reiten.
- Der Arzt meint, er dürfe nicht mehr so viel essen.
- Er schreibt ihm, er müsse seinen Rat befolgen.

Näheres zur indirekten Rede erfahrt ihr auf S. 233 ff.

Bei der Suche nach lustigen Geschichten sind Sabrina und Stephan auf die Erzählung „Achmed, der Narr" von Herbert Birken gestoßen. Die Geschichte scheint ihnen gut zu der vorherigen von Johann Peter Hebel zu passen und sie wollen sie der Klasse mit einer Inhaltsangabe vorstellen.

Herbert Birken

Achmed, der Narr

Wohlgefällig ließ der Sultan sein Auge auf dem neuen Leibdiener ruhen und befahl ihm: „Geh, Achmed, und bereite mir ein Frühstück!" Achmed gehorchte und tat, wie sein Herr ihm befohlen. Doch als der Sultan in sein Frühstückszimmer kam, begann er, gewaltig zu schreien und seinen neuen Diener zu schelten: „Achmed, du verflixter Schlingel, ich werde dich in den Kerker werfen lassen! Soll das etwa mein Frühstück sein?" Und was hatte Achmed auf dem kostbaren Frühstückstisch bereitgestellt: eine Tasse Kaffee, drei Reisbrotfladen und etwas Honig, genau das, was er selbst zu frühstücken gewohnt war. Und weiter nichts. „Wenn ich ein Frühstück bestelle", belehrte ihn der Sultan, „hat Folgendes da zu sein: Kaffee, Mokka, Tee und Schokolade, Reisbrot, Maisbrot, Weizenbrot und Haferschleim, Butter, Sahne, Milch und Käse, Schinken, Wurst, Eier und Gänseleber, Trüffeln, Oliven, Feigen und Datteln, Honig, Marmelade, Gelee und Apfelmus, Pfirsiche, Orangen, Zitronen und Nüsse, weißer Pfeffer, roter Pfeffer, gelber Pfeffer, Knoblauch und Zwiebeln, Rosinen, Mandeln und Kuchen. Verstanden?"
„Verzeiht, o Herr, dem niedrigsten Eurer Knechte", rief Achmed und gelobte des Langen und Breiten Besserung.
Hussein der Siebente, der sich selber für einen gütigen und gerechten Herrscher hielt, ließ

Gnade vor Recht ergehen und verzieh seinem Diener. Am Nachmittag befahl er: „Achmed, geh und richte mir ein Bad!“ Achmed gehorchte und tat, wie sein Herr ihm befohlen. Doch als der Sultan in sein Badezimmer kam, begann er, gewaltig zu schreien und seinen neuen Diener zu schelten: „Achmed, du verflixter Schlingel, ich werde dich in den Kerker werfen lassen! Soll das etwa mein Bad sein!?“ Und wie hatte Achmed dem Sultan das Bad bereitet? So, wie er selber zu baden gewohnt war: Lauwarmes Wasser war in dem kostbaren Marmorbecken, daneben lagen ein Stück Seife und ein Handtuch. Und weiter nichts.

„Wenn ich ein Bad bestelle“, belehrte ihn der Sultan, „hat Folgendes da zu sein: heißes Wasser, laues Wasser und kaltes Wasser, Ambra, Moschus und Lavendel, Seife, Creme und Eselsmilch, Tücher, Laken und Decken, Rasierzeug, Kämme und Scheren, der Bader, der Friseur, Kosmetiker, Masseure und Musikanten. Verstanden?!“ „Verzeiht, o Herr, dem niedrigsten eurer Knechte“, rief Achmed und gelobte des Langen und Breiten Besserung.

Hussein der Siebente, der sich selber für einen gütigen und gerechten Herrscher hielt, ließ Gnade vor Recht ergehen und verzieh seinem neuen Diener. Am anderen Morgen, gleich in der Frühe, rief der Sultan den Leibdiener an sein Lager. „Oh, Achmed“, jammerte er, „ich bin krank, sehr krank und habe arge Schmerzen! Geh schnell und hole mir einen Arzt!“

Achmed sah voller Mitgefühl auf den großmächtigen Herrscher, der sich auf den kostbaren Kissen hin und her wälzte. Er überlegte, was er wohl tun würde, wenn er selbst krank wäre, aber da fiel ihm ein, was für Lehren er gestern erhalten hatte. Er gelobte, alles Nötige zu besorgen, und lief eilig von dannen.

Vergeblich wartete der Sultan auf seine Rückkehr. Er wartete eine ganze Stunde und noch eine Viertelstunde. Kein Achmed erschien, und auch kein Doktor. Sicher hatte der neue Diener wieder Unsinn angestellt, anstatt seine Befehle zu befolgen. Nun, diesmal wollte er ihn ganz bestimmt in den Kerker werfen lassen.

In gewaltigem Zorn rannte er im Zimmer auf und ab. Da kam Achmed, völlig außer Atem und in Schweiß gebadet, hereingestürzt. „Achmed, du verflixter Schlingel!“, schrie der Sultan. „Ich werfe dich ...“

Doch der Diener unterbrach seinen Herrn: „Mein Herr und Gebieter, es ist alles besorgt: Wundarzt, Feldscher[1], Bader, Zahnarzt, Nervenarzt und Wurzelhexe sind im Serail[2], der Iman[3] wartet mit dem heiligen Öl, die letzte Fußwaschung ist bestellt, Blumen und Kränze werden geflochten, Musikanten und Klageweiber sind angetreten, der Muezzin[4] ruft vom Minarett[5], das Grab ist geschaufelt, und der Leichenwagen steht vor der Tür.“

Als der Sultan das hörte, musste er so fürchterlich lachen, dass ihm sein dicker Bauch wackelte und die Tränen ihm aus den Augen schossen; er konnte sich gar nicht wieder beruhigen. Weil aber das Lachen eine gute Medizin ist, hatte er seine Krankheit ganz und gar vergessen und lachte sich über den Streich seines Dieners völlig gesund.

Hussein der Siebente, der sich selber für einen gütigen und gerechten Herrscher hielt, erkannte die weise Lehre, die ihm sein Sklave gegeben hatte, und ernannte Achmed zu seinem Hofnarren. Er sollte immer um seinen Herrn sein und ihn mit Späßen aller Art erfreuen, aber auch Rat und Auskunft erteilen, wenn der Sultan in schwierigen Angelegenheiten seinen Narren befragen wollte.

1 **Feldscher:** anderes Wort für Wundarzt
2 **Serail:** Palast des Sultans
3 **Iman:** Vorbeter in der Moschee
4 **Muezzin:** Gebetsrufer
5 **Minarett:** Moscheeturm

1 Stellt Gemeinsamkeiten und Unterschiede zwischen dieser Geschichte und der Geschichte von Johann Peter Hebel (S. 221 f.) heraus.

2 Verfasst eine Inhaltsangabe der Erzählung „Achmed, der Narr“. Die folgenden Stichwörter können euch bei der Formulierung der **Einleitung** hilfreich sein:

- Textsorte, Autor, Titel
- Kurzinformation zum Inhalt:
  Diener Achmed kann seinem Herrn nichts recht machen.
  Sultan erkennt am Ende die Weisheit seines Dieners.
  Achmed wird sein Berater.

Bevor ihr den **Hauptteil** der Inhaltsangabe schreibt, solltet ihr den Text in einzelne Abschnitte gliedern. Fasst dann die einzelnen Sinnabschnitte mit eigenständigen Formulierungen zusammen. Fügt anschließend die Abschnitte zu einer kompletten Inhaltsangabe zusammen.
So könnte euer Hauptteil anfangen:

Die Erzählung beginnt damit, dass Achmed, der neue Diener des Sultans, das Frühstück für den Herrscher bereiten soll ...

3 **Durchstarten! So könnt ihr weiterarbeiten:**

a Sicher kennt ihr Geschichten von Till Eulenspiegel. Verfasst zu der folgenden Episode eine Inhaltsangabe.
Nennt auch hier wieder zunächst Textsorte, Autor und Titel sowie den Sachverhalt, um den es geht.
Gliedert den Text und fasst die einzelnen Abschnitte mit eigenen Worten knapp zusammen.

Hermann Bote (1460–1520)

Till Eulenspiegel

Die 60. Historie sagt, wie Eulenspiegel in Dresden ein Schreinerknecht wurde und nicht viel Dank verdiente.

Alsbald zog Eulenspiegel aus dem Lande Hessen nach Dresden vor dem Böhmerwald an der Elbe und gab sich als Schreinergeselle aus. Dort nahm ihn ein Schreiner auf, der einen Gesellen zur Aushilfe benötigte. Denn seine Gesellen hatten ausgedient und waren auf Wanderschaft gegangen.
Nun fand in der Stadt eine Hochzeit statt; zu der war der Schreiner eingeladen. Da sprach der Schreiner zu Eulenspiegel: „Lieber Geselle, ich muss zur Hochzeit gehn und werde heute bei Tage nicht mehr wiederkommen. Sei tüchtig, arbeite fleißig und bringe die vier Bretter für den Schreibtisch auf das Genaueste zusammen in den Leim.“ Eulenspiegel sagte: „Ja, welche Bretter gehören zusammen?“ Der Meister legte ihm die Bretter aufeinander, die zusammengehörten, und ging mit seiner Frau zur Hochzeit.

Der brave Geselle Eulenspiegel, der sich allezeit mehr befleißigte, seine Arbeit verkehrt zu tun, als richtig, fing an und durchbohrte die schön gemaserten Tischbretter, die ihm sein Meister aufeinandergelegt hatte, an drei oder vier Enden. Dann schlug er Holzpflöcke hindurch und verband sie so miteinander. Danach siedete er Leim in einem großen Kessel und steckte die Bretter da hinein. Schließlich trug er sie oben ins Haus, legte sie dort ans offene Fenster, damit der Leim an der Sonne trocknete, und machte zeitig Feierabend.
Abends kam der Meister von der Hochzeit, hatte viel getrunken und fragte Eulenspiegel, was er den Tag über gearbeitet habe. Eulenspiegel sagte: „Lieber Meister, ich habe die vier Tischbretter auf das Genaueste zusammen in den Leim gebracht und zu einer guten Zeit Feierabend gemacht.“ Das gefiel dem Meister wohl, und er sagte zu seiner Frau: „Das ist ein rechter Geselle, behandle ihn gut, den will ich lange behalten.“ Und damit gingen sie schlafen.
Am nächsten Morgen, als der Meister aufgestanden war, hieß er Eulenspiegel den Tisch bringen, den er fertig gemacht habe. Da kam Eulenspiegel mit seiner Arbeit vom Dachboden herunter. Als der Meister sah, dass ihm der Schalk die Bretter verdorben hatte, sprach er: „Geselle, hast du auch das Schreinerhandwerk gelernt?“ Eulenspiegel antwortete, warum er danach frage. „Ich frage darum, weil du mir so gute Bretter verdorben hast.“ Eulenspiegel sagte: „Lieber Meister, ich habe getan, wie Ihr mich hießet. Ist es verdorben, dann ist das Eure Schuld.“ Der Meister wurde zornig und sprach: „Du bist ein Schalksnarr, darum hebe dich hinweg aus meiner Werkstatt, ich habe von deiner Arbeit keinen Nutzen.“ Also schied Eulenspiegel von dannen und verdiente keinen großen Dank, obwohl er alles das tat, was man ihn hieß.

b Der folgende Text ist bereits eine fertige Inhaltsangabe.
Versucht, mithilfe der Inhaltsangabe eine Erzählung zu schreiben.
Lest eure Fassungen der Klasse vor und vergleicht sie miteinander.
Stellt ihr große Abweichungen fest? Vergleicht eure Fassungen auch mit dem Originaltext.

Inhaltsangabe

Die um 1800 entstandene Anekdote „Der listige Quäker[1]“ von Johann Peter Hebel erzählt, wie sich ein Quäker, der von einem dreisten Räuber zum Tausch ihrer Pferde gezwungen worden ist, durch eine List sein Pferd zurückholt.
An einem Abend reitet der Quäker mit seinem schönen Pferd nach Hause und wird dabei von einem Räuber angehalten. Dieser zwingt den Quäker mit vorgehaltener Pistole, dessen prachtvolles Pferd mit seinem eigenen, das völlig abgemagert ist und keine Zähne mehr im Maul hat, zu tauschen. Weil der Quäker um sein Leben fürchtet, gibt er dem Räuber sein gutes Pferd und führt stattdessen das dürre Tier am Halfter nach Hause. Kurz vor Erreichen der Stadt sagt er dem Pferd, es solle allein nach Hause gehen, es werde den Stall seines Herrn schon finden. Daraufhin folgt er dem Pferd, bis es vor dem Haus seines Herrn stehen bleibt. In der Stube trifft der Quäker auch tatsächlich den Räuber, der sich gerade den Ruß aus dem Gesicht entfernt, und fordert ihn auf, den Tausch rückgängig zu machen. Zu guter Letzt verlangt der Quäker von dem Räuber noch zwei Taler „Rittlohn“, denn er habe mit dem Pferd zu Fuß gehen müssen. Dem Räuber, so in die Enge getrieben, bleibt nichts anderes übrig, als den Forderungen des listigen Quäkers nachzukommen.

[1] **Quäker:** Angehöriger einer religiösen Gemeinschaft

2. Den Inhalt eines Buches vorstellen

Einige Schüler der 7b haben die Idee, in der Klassenzeitung auch Jugendbücher vorzustellen. Svenja hat drei Bücher mitgebracht und schlägt vor, als Inhaltsangabe den jeweiligen Klappentext von der Rückseite des Buches zu nehmen.

Andreas Schlüter

Achtung, Zeitfalle!

Ben, Frank, Miriam und Jennifer sind auf Klassenfahrt in Florenz. Als ihr Erzrivale Kolja im Palazzo Pitti plötzlich spurlos verschwindet, folgen ihm die vier Freunde und gelangen in das Florenz des 16. Jahrhunderts! Was zunächst wie eine Zeitreise aussieht, stellt sich dann aber als eine computeranimierte Cyberspacewelt heraus. Vor allem Computerfreak Ben ist total fasziniert von dieser technischen Meisterleistung. Doch irgendetwas geht hier nicht mit rechten Dingen zu: Jemand scheint es auf sie abgesehen zu haben! Nur raus hier heißt da die Devise, wo aber ist der Weg zurück in die reale Welt?

Henning Mankell

Die Reise ans Ende der Welt

Solange er zurückdenken kann, hat Joel mit seinem Papa Samuel, einem wortkargen Holzfäller, der früher Seemann war, in diesem gottverlassenen Nest hoch oben im Norden gelebt. Jetzt ist er fünfzehn und es ist Zeit, dass er seine Mama Jenny kennenlernt, die ihn verlassen hat, als er noch ganz klein war, und die inzwischen in Stockholm leben soll. Früher, wenn Joel nach seiner Mama gefragt hat, hat Samuel immer nur den Kopf geschüttelt und gesagt, er wüsste nicht, wo sie sei. Plötzlich hat Mama Jenny eine Adresse. Und weil das so ist, beschließen Joel und sein Papa, sie zu besuchen. Einen Tag und eine Nacht sind Joel und Samuel unterwegs, aber die Strecke, die sie zurücklegen, ist mehr als die Bewältigung der geografischen Entfernung: Joels innere Reise ins Land der Erwachsenen. Warum ist Mama Jenny damals einfach fortgegangen? Was geschieht, wenn er sie nach all den Jahren endlich wiedertrifft? Und was wird aus ihm, jetzt, wo er die Schule beendet hat? Wird Samuel wieder zur See fahren und ihn mitnehmen?

Myron Levoy

Ein Schatten wie ein Leopard

Ramon Santiago will ein Macho sein. Wenn er sein Messer blitzschnell zückt, fühlt sich der schmächtige Puertoricaner in den Straßen New Yorks stark. Sein Vater und Harpos Gang sollen stolz auf ihn sein. Doch dann bringt der Überfall auf den alten Maler Glasser seine Wunschträume durcheinander. Ramon beginnt nachzudenken – und entdeckt ganz allein wer er eigentlich ist. Aber damit ist Harpos Gang überhaupt nicht einverstanden ...

1 Welches Buch spricht euch aufgrund des Klappentextes am meisten an? Begründet eure Meinung. Welchen Einfluss auf eure Entscheidung hat der vordere Buchdeckel?

2 Weist Unterschiede zwischen den drei Klappentexten nach.

3 Wodurch unterscheiden sich die Klappentexte von den Inhaltsangaben, die ihr bisher kennengelernt habt?

4 Einige Mitschülerinnen und Mitschüler möchten von Svenja noch weitere Informationen zu den Büchern haben. Was würdet ihr noch wissen wollen?

5 Auf Nachfrage erklärt Svenja: „An Mankells Buch hat mir besonders gefallen, dass Joel seinen eigenen Weg geht. Er sucht und findet seine Mutter und schafft es, seinen Traum zu verwirklichen, zur See zu fahren." Sollte man Svenjas Erklärung eurer Meinung nach in eine Buchvorstellung mit aufnehmen? Begründet eure Meinung.

So gehst du vor

Den Inhalt eines Buches wiedergeben

- Wenn man den Inhalt eines Buches wiedergibt, muss man genau überlegen, für wen man den Inhalt zusammenfasst.
  - Für einen zukünftigen Leser darf man vom Handlungsverlauf auf keinen Fall zu viel wiedergeben, da das Buch ansonsten uninteressant würde.
  - Für jemanden, der das Buch jedoch nicht mehr lesen möchte, kann man auch den gesamten Handlungsverlauf wiedergeben.
- Zu einer Buchvorstellung gehört neben der Wiedergabe des Inhalts, dass man die Besonderheiten des Buches nennt, seine Meinung zum Buch äußert und begründet, warum man es empfiehlt oder ablehnt.

6 Stellt der Klasse Bücher vor, die euch besonders gefallen.

Ausführliche Hinweise dazu findet ihr auch auf S. 103 f.

3. Den Inhalt eines Films wiedergeben

Max und Alina aus der 7b haben vor einiger Zeit den Film „Das Wunder von Bern" gesehen. Sie schlagen vor, nicht nur Bücher, sondern auch einen Film in der Klassenzeitung vorzustellen. Ganz begeistert erzählen sie sofort von ihren Eindrücken.

MAX: Ich fand den Film ganz toll. Es geht da um den elfjährigen Matthias, der ist total fußballbegeistert und lernt den Nationalspieler Helmut Rahn kennen. Als der dann 1954 zur WM in die Schweiz fährt, will Matthias natürlich mitkommen. Aber sein Vater ist dagegen und schlägt ihn sogar mit einem Gürtel. Aber Matthias schafft es am Ende trotzdem, zum Endspiel nach Bern zu kommen. Bei den Spielen denkt man wirklich, man wäre live dabei. Wie die das im Film nachgestellt haben, ist einfach toll. Die Atmosphäre kommt unheimlich gut rüber. Auch die einzelnen Spieler der damaligen Nationalmannschaft lernt man genau kennen. Besonders spannend ist natürlich das Endspiel in Bern, das Deutschland ja bekanntlich gegen den Favoriten Ungarn gewonnen hat.

ALINA: Mir hat der Film gut gefallen. Man kann sich richtig gut vorstellen, wie es im Ruhrgebiet nach dem Krieg ausgesehen hat. Ich verstehe auch, dass der Matthias, das ist die Hauptperson in dem Film, erst mal gar keine Beziehung zu seinem Vater hat. Der ist nämlich aus der Kriegsgefangenschaft zurückgekehrt und sieht seinen Sohn zum ersten Mal. Es ist ja verständlich, dass der Vater am Anfang viele Probleme hat und immer so aggressiv reagiert. Am schlimmsten war für Matthias, dass der Vater seine beiden Kaninchen geschlachtet hat. Aber schön finde ich, dass sich die beiden am Ende besser verstehen und schließlich versöhnen.

1 Wie kommt es, dass Max und Alina so unterschiedlich von ihren Eindrücken berichten?

2 Versucht, aus beiden Äußerungen zu erschließen, worum es in dem Film geht.

3 An welchen Stellen geben die beiden Fakten wieder, wo bewerten sie den Film?

4 Was könnte man für eine Inhaltsangabe in der Klassenzeitung übernehmen, was müsste man streichen?

5 Welche weiteren Informationen wären für die anderen Schüler noch wichtig?

In einer Vorankündigung heißt es über den Film:

Sönke Wortmann ist zurück! Sein Film ist rund und dauert 118 Minuten – von denen keine zu viel ist. „Das Wunder von Bern" erzählt vom sagenhaften Sieg der deutschen Mannschaft bei der Fußball WM 1954 und schildert zugleich die schwierige Gefühlslage Deutschlands in der Nachkriegszeit. Wortmann verknüpft das historische Ereignis mit einem Familiendrama und zieht dabei alle Register: Das Ergebnis ist hochprofessionell und sehr emotional.

6 Vergleicht den Text der Vorankündigung mit den Aussagen von Max und Alina. Welche Gemeinsamkeiten bzw. Unterschiede stellt ihr fest?

7 Was haltet ihr von Alinas letztem Satz: „Aber schön finde ich, dass sich die beiden am Ende besser verstehen und schließlich versöhnen.“?

So gehst du vor

Den Inhalt eines Films wiedergeben

Wenn man den Inhalt eines Films zusammenfasst, muss man überlegen, für wen man das tut. Wenn jemand den Film noch sehen möchte, darf man ihm nicht das Ende verraten.

Die Vorstellung eines Films kann man mit persönlichen Eindrücken und einer abschließenden Wertung verbinden.

Tipps, wie man eine Filmkritik schreibt, bekommt ihr auch im Kapitel „Jenseits der Stille“ auf S. 330 ff.

8 **Durchstarten! So könnt ihr weiterarbeiten:**

a Stellt Filme, die euch besonders gefallen haben, mit einer Inhaltsangabe vor.

b Entwerft für einen oder mehrere Filme Filmplakate, die ihr in der Klasse aufhängt.

c Zu dem Text „Eingekleidete Aufgaben“ von Judith Kerr (S. 275 ff.) lässt sich gut eine Inhaltsangabe erstellen.

d Auch von einer Ballade kann man gut eine Inhaltsangabe anfertigen. Schaut im Textartenverzeichnis nach.

e Mithilfe des Kapitels „Den Inhalt eines Textes wiedergeben“ (S. 347 ff.) könnt ihr noch einmal üben und wiederholen.

Das musst du lernen und wissen

Die Inhaltsangabe

Mit einer Inhaltsangabe will man jemanden knapp und präzise über den Inhalt eines Textes, Buches oder Films informieren.
In der **Einleitung** nennt man Autor, Titel und Textart und gibt einen möglichst kurzen Handlungsüberblick. Einen guten Einleitungssatz zu schreiben ist nicht leicht, denn um einen knappen Handlungsüberblick geben zu können, muss man den gesamten Text verstanden haben. Daher ist es ratsam, den Einleitungssatz erst zu schreiben, nachdem man sich gründlich mit dem Text beschäftigt hat.
Im **Hauptteil** werden die wichtigsten Geschehnisse (Personen, Ort, Zeitpunkt, wichtige Handlungsschritte) mit eigenen Worten wiedergegeben. Auf die Darstellung von Einzelheiten wird dabei verzichtet, man beschränkt sich auf das Wesentliche. Wie ausführlich dieser Teil der Inhaltsangabe ist, richtet sich vor allem danach, für wen sie bestimmt ist.
Die Geschehnisse werden in ihrem ursächlichen und zeitlichen Zusammenhang dargestellt. Das erreicht man am besten durch Satzgefüge, die Begründungen für die erzählten Ereignisse angeben (z. B.: **Weil** der Quäker um sein Leben fürchtet, gibt er dem Räuber sein gutes Pferd.), und durch Hinweise, die den zeitlichen Zusammenhang deutlich machen (z. B.: **Daraufhin** folgt er dem Pferd ...).
Bei der Vorstellung eines Buches oder eines Films kann man die Inhaltsangabe mit einer persönlichen Wertung verbinden.
Die **Sprache** der Inhaltsangabe ist bestimmt durch ihre informierende Absicht: Sie ist sachlich und enthält keine Gefühlsäußerungen. Die direkte Rede wird durch die indirekte Rede oder eine Umschreibung ersetzt.
Das **Tempus** der Inhaltsangabe ist das Präsens.

4. Die indirekte Rede

Aussagearten (Modi)

In der Klasse 7b ist eine lebhafte Diskussion über die Klassenzeitung entbrannt:

NORMAN: Mir macht es richtig Spaß, Artikel für die Klassenzeitung zu schreiben. Das ist wenigstens nicht langweilig.

LUISA: Aber man muss oft warten. Wenn wir mehr Computer hätten, kämen wir schneller voran.

OLGA: Herr Wellenkrüger meint auch, die Eingabe der Texte dauere ziemlich lange. So viele Stunden habe er gar nicht eingeplant.

MICHAEL: Und dabei haben wir die Texte noch nicht einmal überarbeitet.

NORMAN: Der oberschlaue Nils meint ja, das sei unnötig, er schreibe nämlich fehlerfrei. Das hätte er wohl gern. Sein Text über das Sportfest war voller Rechtschreibfehler.

NILS: Sei doch still! Du schreibst auch nicht besser.

OLGA: Wenn wir bessere Computerprogramme hätten, wären wir schon lange fertig.

MICHAEL: Daran liegt es bestimmt nicht. Das Computerprogramm ist für unsere Zwecke gut geeignet.

1 Schaut euch die unterstrichenen Verben genauer an. Wie verändern sie jeweils die Aussage des Satzes?

2 Durch welche Äußerung drückt der Sprecher/die Sprecherin aus,

- dass etwas wirklich ist oder gewesen ist,
- dass er/sie die Meinung eines anderen wiedergibt,
- dass etwas nur gedacht oder gewünscht ist,
- dass zu etwas aufgefordert wird?

3 Ordnet auch die nicht unterstrichenen Verben zu.

Der Modus der Verben	
Modus (Aussageweise) Plural: Modi	Mit den Aussageweisen des Verbs (Modi) kann ein Sprecher/ Schreiber seine Aussage färben, verändern, kennzeichnen.
Indikativ (Wirklichkeitsform)	Mit dem Indikativ stellt man einen Sachverhalt als tatsächlich und wirklich dar. *Heute scheint die Sonne.*
Konjunktiv I (Möglichkeitsform)	Den Konjunktiv I verwendet man zur Kennzeichnung der indirekten Rede. Dabei gibt ein Sprecher das wieder, was ein anderer gesagt hat. Manchmal verwendet man den Konjunktiv I auch, um eine Aufforderung oder Bitte auszudrücken. *Paul sagt, er fahre morgen weg.* *Man nehme etwas Mehl.*
Konjunktiv II (Form des Nicht-Möglichen)	Mit dem Konjunktiv II stellt man eine Aussage als nicht möglich, als irreal oder als Wunsch dar. *Wenn ich Millionär wäre, bräuchte ich nicht mehr zu arbeiten.*
Imperativ (Befehlsform)	Den Imperativ braucht man, um eine Bitte, eine Aufforderung oder einen Befehl auszusprechen. *Geht jetzt nach Hause!*

4 Bestimmt in den folgenden Sätzen die Modusformen der unterstrichenen Verben.

- Ich <u>hätte</u> ihm das Buch nicht <u>leihen</u> <u>dürfen</u>.
- Damit <u>habe</u> ich einen Fehler <u>gemacht</u>.
- Ich habe mehrfach zu ihm gesagt: „<u>Gib</u> mir bitte das Buch zurück."
- Nun behauptet er, er <u>habe</u> es gar nicht von mir <u>bekommen</u>.
- Er sagt, er <u>besitze</u> selbst genug Bücher.
- Morgen <u>leihe</u> ich mir in der Bibliothek ein neues Buch <u>aus</u>.
- Unser Deutschlehrer meint, das Referat <u>sei</u> nicht sehr <u>umfangreich</u>.
- Wenn ich mehr Zeit <u>hätte,</u> <u>könnte</u> ich noch weitere Literatur zum Thema <u>lesen</u>.
- Mein Freund sagt, das Thema <u>interessiere</u> ihn sehr.
- Er <u>würde</u> gern mehr darüber <u>erfahren</u>.

Der Konjunktiv I zur Kennzeichnung der indirekten Rede

Bei der Diskussion über die Klassenzeitung (S. 233) hat Michael am Ende die folgende Aussage getroffen:

1 Stellt euch vor, ihr solltet Michaels Aussage wiedergeben. Macht dabei deutlich, dass es sich um die Äußerung einer anderen Person handelt. Probiert verschiedene Möglichkeiten aus.

Es gibt verschiedene Möglichkeiten der Redewiedergabe:

a) Die Aussagen einer anderen Person können durch die direkte (die wörtliche) Rede wiedergegeben werden:
Daniel sagt: „Man muss etwas gegen die Gewalt tun."

b) Die Aussagen können auch durch die indirekte (nicht wörtliche) Rede wiedergegeben werden. Der Sprecher benutzt dabei den Konjunktiv I, um zu verdeutlichen, dass er lediglich die Äußerung einer anderen Person wiedergibt: Daniel sagt, man müsse etwas gegen die Gewalt tun.
Wird die indirekte Rede mit der Konjunktion *dass* eingeleitet, kann man im mündlichen Sprachgebrauch auch den Indikativ verwenden: Daniel sagt, dass man etwas gegen die Gewalt tun muss.

c) Häufig kann man statt der indirekten Rede auch eine sinngemäße Umschreibung wählen: Daniel fordert uns auf, etwas gegen die Gewalt zu tun.

2 Welche Veränderungen bei der Umwandlung von direkter in die indirekte Rede fallen euch noch auf? Die folgende Skizze kann euch helfen.

Direkte Rede	→ Modusverschiebung Personenverschiebung →	Indirekte Rede
Indikativ: Er sagte: „**Ich** gehe zum Basketballtraining."		Konjunktiv: Er sagte, **er** gehe zum Basketballtraining.

3 Ordnet die folgenden Sätze den verschiedenen Arten (a, b oder c) der Redewiedergabe zu:

- Sie meint, das Theaterstück sei sehr interessant gewesen.
- Marius sagt: „Am liebsten spiele ich Fußball."
- Philipp denkt, sein Verhalten im Spiel sei nicht richtig gewesen.
- Er bittet seine Schwester, morgen zu kommen.
- Stephen findet, dass sein Aufsatz zu schlecht beurteilt worden ist.
- Kai sagte: „Gestern ist mir mein Fahrrad gestohlen worden."
- Petra behauptet, es nicht getan zu haben.

4 Setzt den folgenden Bericht in die indirekte Rede. Benutzt dabei möglichst den Konjunktiv I.

Mein Name ist Holger Kernhoff.
Ich bin 37 Jahre alt und von Beruf Busfahrer.
Eigentlich finde ich meinen Beruf schön, aber manchmal nervt mich der viele Verkehr.
In meiner Freizeit gehe ich angeln.
Erst letzte Woche habe ich einen großen Karpfen erwischt.
Meine Frau ist aus dem Staunen gar nicht herausgekommen.
Wenn ich nicht angle, lese ich.
Ich interessiere mich vor allem für Kriminalromane.

So könnt ihr beginnen:
Holger Kernhoff erzählt, er sei 37 Jahre alt und von Beruf Busfahrer.
Eigentlich finde er seinen ...

Die Bildung des Konjunktivs I

Der Konjunktiv I wird von den entsprechenden Formen des Indikativ Präsens abgeleitet:

Anzahl	Person	Indikativ Präsens	Konjunktiv I
Singular	1. 2. 3.	ich gehe du gehst er, sie, es geht	ich geh-e du geh-est er, sie, es geh-e
Plural	1. 2. 3.	wir gehen ihr geht sie gehen	wir geh-en ihr geh-et sie geh-en

1 In welchen Personalformen sind Indikativ und Konjunktiv nicht voneinander zu unterscheiden?

Um dennoch deutlich zu machen, dass es sich bei einer Aussage um die indirekte Rede handelt, benutzt man in diesen Fällen Ersatzformen aus dem Konjunktiv II.

Anzahl	**Person**	**Indikativ Präsens**	**Konjunktiv I**	**Konjunktiv II**
Singular	1. 2. 3.	ich gehe du gehst er, sie, es geht	ich (gehe) → du gehest er, sie, es gehe	ich ginge
Plural	1. 2. 3.	wir gehen ihr geht sie gehen	wir (gehen) → ihr gehet sie (gehen) →	wir gingen sie gingen

2 In der 1. Person Singular und in der 1. und 3. Person Plural sind also Ersatzformen notwendig. Erprobt das mit anderen Verben, indem ihr die Tabelle in euer Heft übernehmt, aber andere Verben einsetzt.

Der Konjunktiv II, der vom Indikativ Präteritum abgeleitet wird (ich kam – ich käme), wirkt manchmal etwas ungebräuchlich oder geziert. In der Alltagssprache greift man deswegen häufig auf eine Umschreibung mit *würde* zurück.

Beispiel: Er sagte, sie **genössen** den Urlaub in vollen Zügen.
Er sagte, sie **würden** den Urlaub in vollen Zügen **genießen**.

3 Bildet zu den folgenden Personalformen zunächst den Konjunktiv I. Entscheidet dann, ob Indikativ und Konjunktiv I identisch sind und ihr daher eine Ersatzform aus dem Konjunktiv II verwenden müsst. Übertragt dazu die Tabelle in euer Heft.

Indikativ Präsens	**Konjunktiv I**	**Ersatzform aus dem Konjuktiv II**
du spielst wir kommen ihr lauft sie lachen du schreibst ihr bringt ich nehme sie geben du sparst ihr lest ich rufe	du spielest wir kommen ihr laufet …	Ersatzform **nicht** nötig Ersatzform nötig: wir kämen …

Diesen Brief hat Sven, der vor einiger Zeit die Schule gewechselt hat, an seinen alten Klassenkameraden Sören geschrieben.

Lieber Sören,

meine neue Schule gefällt mir gut. Der Klassenraum ist hell und freundlich und an den Wänden hängen viele Bilder. Die neuen Mitschüler sind sehr nett. Wenn ich ein Problem habe, kommen sie und bieten ihre Hilfe an. Mein Deutschlehrer ist zwar streng, aber er gibt nicht so viel Hausaufgaben auf. Im Unterricht lesen wir zurzeit ein Jugendbuch. Es heißt „Die Reise ans Ende der Welt" und ist von Henning Mankell geschrieben. Darin geht es um einen 15-jährigen Jungen, der sich auf die Suche nach seiner Mutter macht. Das Buch ist zwar nicht besonders spannend, aber trotzdem ganz interessant. Was lest ihr denn gerade? Schreib doch mal zurück.

Viele Grüße
Sven

4 Sören erzählt der Klasse am nächsten Tag von Svens Brief. Formt entsprechend um:

Sven hat mir geschrieben, seine neue Schule gefalle ihm gut. Der Klassenraum ...

Vorzeitigkeit bei der indirekten Rede

Liegt das Geschehen, das in der indirekten Rede wiedergegeben wird, zeitlich vor dem, was im Hauptsatz ausgedrückt wird, so muss der Konjunktiv I der Vergangenheit gewählt werden. Für den Konjunktiv I gibt es nur eine Vergangenheitsform. Sie wird gebildet aus dem Hilfsverb *haben* oder *sein* und dem Partizip II.

Indikativ:	Alina sagt: „Ich bin gestern ins Kino gegangen. Vorher hatte ich noch schnell meine Hausaufgaben erledigt."
Konjunktiv:	Alina sagt, sie **sei** gestern ins Kino gegangen. Vorher **habe** sie noch schnell ihre Hausaufgaben **erledigt**.

1 Gebt die folgenden Aussagen in indirekter Rede wieder:

- Lena sagt: „Letzte Nacht hatte ich einen bösen Traum."
- David sagt: „Der Schneetag unserer Schule war toll."
- Maik sagt: „Ich habe lange mit dem Gedanken gespielt, einem Schwimmverein beizutreten."
- Constanze sagt: „Heute habe ich den ganzen Tag lang mein Zimmer aufgeräumt."
- Melanie sagt: „Das neue Buch von Cornelia Funke hat mir gut gefallen."
- Ralf sagt: „Ich konnte nicht zur Party kommen, weil ich krank war."
- Jens sagt: „Von dem Spiel waren wir sehr enttäuscht."

Beispiel:
Lena sagt, letzte Nacht habe sie einen bösen Traum gehabt.

Nachzeitigkeit bei der indirekten Rede

Liegt das Geschehen, das in der indirekten Rede wiedergegeben wird, zeitlich nach dem, was im Hauptsatz ausgedrückt wird, so muss der Konjunktiv I der Zukunft gewählt werden. Der Konjunktiv für die Nachzeitigkeit setzt sich zusammen aus dem Konjunktiv I des Hilfsverbs *werden* und dem Infinitiv:

Indikativ: Alina sagt: „Morgen werde ich mit Peter ins Kino gehen."
Konjunktiv: Alina sagt, sie **werde** morgen mit Peter ins Kino **gehen**.

Auch hier gilt: Wenn die Konjunktivform der Indikativform gleicht, muss eine Ersatzform genommen werden:

Alina und Peter sagen, sie **würden** (statt *werden*) morgen ins Kino gehen.

1 Gebt die Aussagen in der indirekten Rede wieder:

- Patrick sagt: „Morgen werde ich zu meiner Tante nach Hamburg fahren."
- Andreas sagt: „In zehn Jahren werdet ihr reich sein."
- Franziska sagt: „Ihr werdet euch bestimmt gut erholen."
- Franz sagt: „Die Borussia wird mit allen Stars auflaufen."
- Sabrina und Anna sagen: „Nach dem Schulabschluss werden wir gemeinsam eine Lehre machen."

Beispiel: Patrick sagt, morgen werde er zu seiner Tante nach Hamburg fahren.

2 **Durchstarten! So könnt ihr weiterarbeiten:**

a Formt die direkte Rede der Fabel „Löwe, Esel und Fuchs" in die indirekte Rede um.

Löwe, Esel und Fuchs

Löwe, Esel und Fuchs gingen gemeinsam auf die Jagd. Als sie reiche Beute gemacht hatten, sagte der Löwe zum Esel: „Du musst für die Verteilung der Beute sorgen." Der Esel machte drei Teile und sagte dann dem Löwen: „Davon kannst du dir deinen Teil aussuchen." Da war der Löwe so böse, dass er ihn auffraß und nun dem Fuchs den Auftrag zur Teilung gab. Der legte alles zusammen auf einen riesigen Haufen und sagte zum Löwen: „Das alles soll dir gehören." Für sich selbst hatte er nur ein paar Knochen zurückbehalten. Darauf fragte ihn der Löwe: „Wer hat dich gelehrt, so zu teilen?" „Das war das Missgeschick des Esels", antwortete der Fuchs.

(nach Äsop)

b In der Fabel von dem Hund und dem Schaf kommt nur indirekte Rede vor. Ersetzt sie durch die direkte.

Der Hund und das Schaf

Ein Hund brachte vor Gericht vor, er habe dem Schaf Brot geliehen; das Schaf leugnete alles, der Kläger aber berief sich auf drei Zeugen, die er auch vorbrachte. Der erste dieser Zeugen, der Wolf, behauptete, er wisse gewiss, dass der Hund dem Schaf Brot geliehen habe; der zweite, der Habicht, sagte, er sei dabei gewesen; der dritte, der Geier, sagte, das Schaf sei ein unverschämter Lügner. So verlor das Schaf den Prozess, musste alle Kosten tragen und zur Bezahlung des Hundes Wolle von seinem Rücken hergeben.

c Vergleicht eure Fassungen mit der Vorlage. Welche gefallen euch jeweils besser? Begründet eure Meinung.

Auf der Kirmes ist es bei einem Karussellbetrieb zu einem Unfall gekommen. Ein Schausteller berichtet:

„An den Sicherheitsvorkehrungen kann es nicht liegen, die sind sehr streng und werden ständig vom TÜV überprüft. Die Sicherheit der Karussells liegt auch im Interesse der Schausteller. Es gibt zwar immer wieder einmal kleinere Unfälle, aber ein Unfall diesen Ausmaßes ist einmalig. Bevor man sichere Aussagen machen kann, muss die Polizei den genauen Hergang rekonstruieren. Es spricht aber vieles dafür, dass menschliches Versagen vorliegt."

d In einem Zeitungsbericht werden die Aussagen des Schaustellers in der indirekten Rede wiedergegeben. Verfasst diesen Bericht.

Der Tierpfleger einer Seehundstation erzählt einem Reporter von seiner Arbeit:

„Wenn eine Robbe noch ganz klein ist, hält sie sich bei Flut am Rücken der Mutter fest. Dazu kann sie ihre langen Krallen gut gebrauchen.

Die kleinen Robben können zwar schon gut schwimmen, aber sie ermüden schnell. Wenn es Sturm oder hohe Wellen gibt, rutscht manche kleine Robbe von Mutters Rücken ab und manchmal findet die Mutter ihr Kind nicht wieder. Die kleine Robbe treibt dann irgendwo an den Strand. Da liegt sie nun ohne Mutter, bei der sie Milch trinken könnte. Hungrig und allein fängt sie an zu heulen, so laut sie nur kann. Gestern hatten wir so einen schweren Sturm, da klingelt das Telefon bei uns den ganzen Tag. Das ist heute schon unser viertes Findelkind."

e Der Reporter berichtet später von seinem Gespräch mit dem Tierpfleger. Dabei gibt er die direkte Rede in der indirekten wieder. Schreibt den Bericht. Der Anfang ist schon gemacht:

Der Tierpfleger erzählte, wenn eine Robbe noch ganz klein sei, halte sie sich am Rücken der Mutter fest. Dazu könne ...

Erich Kästner (1899–1974)

Münchhausen – Die fantastischen Lügengeschichten

Das Pferd auf dem Kirchturm

Meine erste Reise nach Russland unternahm ich mitten im tiefsten Winter. Denn im Frühling und im Herbst sind die Straßen und Wege in Polen, Kurland und Livland vom Regen so zerweicht, dass man stecken bleibt, und im Sommer sind sie knochentrocken und so staubig, dass man vor lauter Husten nicht vorwärts kommt. Ich reiste also im Winter und, weil es am praktischsten ist, zu Pferde. Leider fror ich jeden Tag mehr, denn ich hatte einen zu dünnen Mantel angezogen, und das ganze Land war so zugeschneit, dass ich oft genug weder Weg noch Steg sah, keinen Baum, keinen Wegweiser, nichts, nichts, nur Schnee. Eines Abends kletterte ich, steif und müde, von meinem braven Gaul herunter und band ihn, damit er nicht fortliefe, an einer Baumspitze fest, die aus dem Schnee

herausschaute. Dann legte ich mich nicht weit davon, die Pistolen unterm Arm, auf meinen Mantel und nickte ein. Als ich aufwachte, schien die Sonne. Und als ich mich umgeschaut hatte, rieb ich mir erst einmal die Augen. Wisst ihr, wo ich lag? Mitten in einem Dorf, und noch dazu auf dem Kirchhof! [...]

f Stellt euch vor, ihr hättet Münchhausens Geschichte mit angehört und würdet sie nun jemand anderem erzählen. Formt die Erzählung in die indirekte Rede um. Vergleicht anschließend die Wirkung des Textes in direkter und indirekter Rede:

Münchhausen erzählte, seine erste Reise nach Russland habe er mitten im tiefsten Winter unternommen ...

Die Redakteure der Schülerzeitung haben eine Umfrage zum Thema „Hausaufgaben" gemacht:

JASMIN (Klasse 5): „Hausaufgaben sind für mich eine Belastung. Direkt nach dem Essen habe ich noch keine Lust dazu. Ich spiele dann erst und mache andere Sachen. Aber dabei muss ich ständig an meine Hausaufgaben denken. Das ist ein ganz schöner Druck. Richtig wohl fühle ich mich erst, wenn ich alles für die Schule erledigt habe. Manchmal muss ich sogar noch nach dem Abendessen etwas machen, weil ich am Nachmittag noch nicht alles geschafft habe."

FABIAN (Klasse 6): Hausaufgaben sind für mich kein Problem. Wenn ich aus der Schule komme, esse ich und fange danach gleich mit den Aufgaben an. Normalerweise brauche ich nicht länger als eine Stunde, dann bin ich fertig. Nur mittwochs, da habe ich nachmittags Fußballtraining, mache ich die Hausaufgaben später. Beim Vokabellernen hilft mir meine Mutter. Meistens hört sie mir die Vokabeln vor dem Abendessen ab."

g Die Stellungnahmen von Jasmin und Fabian sollen in der Schülerzeitung in der indirekten Rede wiedergegeben werden:

Jasmin aus der Klasse 5 meint, Hausaufgaben seien für sie eine Belastung. Direkt nach dem Essen ...

5. Kleine Übungen zur Lernkontrolle

Ingrid Kötter (geb. 1934)

Nasen kann man so und so sehen (1984)

Es ist fast 20 Uhr, als Onkel Thomas aus Kanada zu Besuch kommt. Er will sofort Irina begrüßen.

„Warte einen Augenblick!“, bittet die Mutter. „Irina ist jetzt vierzehn. Das ist ein schwieriges Alter. Um 20 Uhr ist eine Klassenfete. Mal will sie hingehen, dann wieder nicht. Sie hat eine fürchterliche Laune.“

Irina steht in ihrem Zimmer vor dem Spiegel.

In letzter Zeit steht sie oft dort.

Mürrisch betrachtet sie ihr Gesicht von allen Seiten. „Diese Nase!“, flüstert sie. „Diese entsetzlich große Nase! Eine Nase wie Manuela müsste man haben.“

Alle Jungen in Irinas Klasse sind hinter Manuela mit der niedlichen Stupsnase und dem albernen Gekicher her.

Mit verbissenem Gesicht kratzt Irina an einem Pickel herum, befühlt eingehend ihre Nase und stöhnt. An manchen Tagen ist es wie verhext. Da kommt einfach alles zusammen: zwei neue Pickel, davon einer mitten auf der großen Nase, die dadurch natürlich erst recht unangenehm auffällt. Und dann noch Onkel Thomas. Irina hat ihn mindestens drei Jahre nicht gesehen. Onkel Thomas ist Mutters jüngster Bruder. Er ist 23 Jahre alt, lebt in Kanada und hat die dämliche Angewohnheit, Irina bei jedem Wiedersehen hochzuheben und abzuküssen.

„Ich mag die Küsserei nicht“, sagte Irina zu ihrem Spiegelbild, geht zur Zimmertür und will sie abschließen. Das macht sie in letzter Zeit oft, wenn Besuch kommt, den sie nicht ausstehen kann.

„Sei nett zu meinem Lieblingsbruder! Er kommt extra aus Kanada“, hat die Mutter gesagt.

Irina denkt an den schlaksigen, pickeligen Jüngling und denkt: Von mir aus kann er vom Mond kommen. Sie will den Schlüssel im Schloss herumdrehen. – Zu spät! Onkel Thomas steckt seinen Kopf zur Tür herein: „Hallo, kann ich reinkommen?“ Schon ist er im Zimmer.

Sieht echt gut aus, der Typ. Hat mächtig breite Schultern gekriegt. Und dann der Bart! Mensch, hat der sich verändert. Er hebt Irina nicht hoch. Er küsst sie nicht ab. Er sieht mit ihr zusammen in den Spiegel, staunt, haut ihr kräftig auf die Schulter und sagt: „Meine Güte, du bist ja eine richtig hübsche junge Dame geworden!“

„Ach was! Quatsch keinen Käse!“, sagt die junge Dame und hält ihr Gesicht ganz dicht vor die Spiegelscheibe. „Sieh dir diese Pickel an und dann meine Nase!“

„Pickel hatte ich in deinem Alter auch“, sagt Onkel Thomas. „Siehst du noch welche? Und was deine Nase betrifft, tröste dich! Du bist erst vierzehn. Du und deine Nase, ihr wachst ja noch.“

Irina reißt entsetzt die Augen auf. „Wächst noch? Meine Nase? – Alles! Bloß das nicht!" Sie betrachtet sich im Spiegel. Ihre Augen füllen sich mit Tränen.
„Na, na!", sagt Onkel Thomas „ich finde deine Nase ja schon fast richtig, aber noch ein wenig zu klein."
„Zu klein?????" Irina wischt sich eine Träne ab und sieht ungläubig in den Spiegel.
„Na ja", meint Onkel Thomas. „Man kann Nasen so und so sehen. Es kommt wohl auf den Betrachter an."

1 Erklärt, was mit der Überschrift „Nasen kann man so und so sehen" gemeint sein könnte und warum Irina so mürrisch ist?

2 Ein Schüler hat angefangen, von der Erzählung eine Inhaltsangabe anzufertigen:

In der Geschichte geht es um Irina, die mit ihrer Nase nicht zufrieden war. Deswegen überlegt sie auch, ob sie zu einer Klassenfete gehen soll. Zu allem Überfluss kommt auch noch ihr Onkel Thomas aus Kanada zu Besuch, den sie drei Jahre nicht gesehen hat. Um ihm nicht zu begegnen, will sie gerade ihr Zimmer abschließen, da steht er schon vor ihr mit den Worten: „Hallo, kann ich reinkommen?" ...

Schaut euch noch einmal den „Leuchtturm" auf S. 232 an und überprüft, was der Schüler in seiner Inhaltsangabe nicht beachtet hat.
Überarbeitet die Inhaltsangabe entsprechend und führt sie zu Ende.

3 In der Inhaltsangabe soll die direkte Rede durch die indirekte ersetzt werden. Für den Anfang der Kurzgeschichte (Z. 3 f.) gibt es drei Möglichkeiten:

a) Die Mutter bittet Onkel Thomas, dass er einen Augenblick wartet. Sie erklärt ihm, dass Irina jetzt vierzehn und in einem schwierigen Alter ist.
b) Irinas Mutter bittet Onkel Thomas, er solle einen Augenblick warten. Weiter sagt sie zu ihm, Irina sei vierzehn und dieses Alter sei schwierig.
c) Irinas Mutter bittet den Onkel, einen Augenblick zu warten, und weist auf Irinas schwieriges Alter hin.

Was hat sich jeweils gegenüber dem Originaltext verändert? Ordnet den drei Möglichkeiten folgende Begriffe zu:
- Umschreibung
- indirekte Rede
- dass-Satz

4 Formt auch den letzten Satz von Onkel Thomas „Man kann Nasen so und so sehen. Es kommt wohl auf den Betrachter an." entsprechend den drei Möglichkeiten um: Onkel Thomas meint, ...

Richtig zu schreiben kann man lernen

Bestimmt schreibt ihr jetzt schon viel mehr Wörter richtig als z. B. am Anfang der 5. Klasse. Und doch gibt es sicher immer wieder Wörter, bei denen ihr unsicher seid, wie sie geschrieben werden. In diesem Kapitel erhaltet ihr noch einmal wichtige Tipps, die euch helfen, in der Rechtschreibung sicherer zu werden. Weiterhin lernt ihr, wie man die Rechtschreibhilfe eines Textverarbeitungsprogramms nutzen kann. Zum Schluss erhaltet ihr noch Tipps, wie ihr gezielt an Fehlerschwerpunkten arbeiten könnt.

1 Dieses Lernplakat hängt noch vom letzten Schuljahr im Klassenraum der 7b. Überlegt, mit welchen Tipps ihr die richtige Schreibweise der folgenden Wörter herausfinden könnt:

- Majonese oder Majonäse?
- das schwimmen oder das Schwimmen?
- Gemäuer oder Gemeuer?
- Spaß oder Spass?

Tipps: Richtig schreiben

Tipp 1: Schlag im Wörterbuch nach, wenn du unsicher bist.

Tipp 2: Sieh genau hin und präge dir die Schreibung fest ein (Merkwörter).

Tipp 3: Erkläre die Schreibweise.

Tipp 4: Sprich deutlich, höre genau hin.

Tipp 5: Wende Regeln und grammatisches Wissen an.

1. Mit dem Wörterbuch arbeiten

Phantombild – Pianist

das **Phan|tom|bild** (nach Zeugenaussagen gezeichnetes Porträt)
der **Pha|rao** (ägyptischer König im Altertum); des Pha|ra|os; die Pha|ra|o|nen
das **Pha|ra|o|nen|grab**
der **Pha|ri|sä|er** (Angehöriger einer streng gesetzesfrommen altjüdischen Partei; selbstgerechter Heuchler); des Pharisäers; die Pharisäer
pha|ri|sä|er|haft (hochmütig, heuchlerisch)
das **Pha|ri|sä|er|tum;** des Pharisäertums
die **Phar|ma|in|dus|t|rie** (Arzneimittelindustrie)
die **Phar|ma|ko|lo|gie** (Arzneimittelkunde)
phar|ma|zeu|tisch; pharmazeutisch-technische Assistentin (*Abkürzung:* PTA)
die **Phar|ma|zie** (Lehre von der Arzneimittelzubereitung)
die **Pha|se** (Abschnitt einer Entwicklung); die Phasen
pha|sen|wei|se (zeitweise, manchmal); ein phasenweise gutes Spiel
phatt [fɛt] (*Jugendsprache:* hervorragend); phatte Beats
die **Phi|l|ip|pi|nen** (Inselgruppe und Staat in Südostasien) *Plural*
der **Phi|l|ip|pi|ner;** des Philippiners; die Philippiner
die **Phi|l|ip|pi|ne|rin;** die Philippinerinnen
phi|l|ip|pi|nisch
der **Phi|lo|soph;** des Phi|lo|so|phen; die Phi|lo|so|phen
die **Phi|lo|so|phie**
phi|lo|so|phie|ren; du philosophierst; sie philosophierte; sie hat philosophiert; philosophier[e] nicht so viel!
die **Phi|lo|so|phin;** die Philosophinnen
phi|lo|so|phisch
das **Phleg|ma** (Ruhe, Geistesträgheit, Schwerfälligkeit); des Phlegmas
der **Phleg|ma|ti|ker;** des Phlegmatikers; die Phlegmatiker
die **Phleg|ma|ti|ke|rin;** die Phlegmatikerinnen
phleg|ma|tisch; ein phlegmatischer Mensch
Phnom Penh [pnɔm ˈpɛn] (Hauptstadt Kambodschas)
die **Pho|bie** (krankhafte Angst); die Pho|bi|en
das **Phon** *oder* **Fon** (Maßeinheit für die Lautstärke); des Phons *oder* Fons; die Phons *oder* Fons; ABER: 50 Phon *oder* Fon

> In den aus dem Griechischen stammenden Wörtern mit *phon* kann nach neuer Rechtschreibung das *ph* grundsätzlich durch *f* ersetzt werden. Neben *Phonotechnik* ist jetzt also auch *Fonotechnik*, neben *Phonzahl* auch *Fonzahl* usw. möglich.

die **Pho|ne|tik** *oder* **Fo|ne|tik** (Lehre von der Lautbildung)
pho|ne|tisch *oder* **fo|ne|tisch**
die **Pho|no|thek** *oder* **Fo|no|thek** (Archiv mit Beständen an Tonbändern, Schallplatten und CDs)
das **Phos|phat** (Salz der Phosphorsäure); des Phosphats *oder* Phos|pha|tes; die Phos|pha|te
phos|phat|hal|tig
der **Phos|phor** (ein chemisches Element; *Zeichen:* P); des Phosphors
phos|pho|res|zie|rend (nach Bestrahlung im Dunkeln von selbst leuchtend); phosphoreszierende Ziffern
der **Pho|to|graph** *vergleiche:* **Fo|to|graf**
die **Pho|to|gra|phie** *vergleiche:* **Fo|to|gra|fie**
die **Pho|to|gra|phin** *vergleiche:* **Fo|to|gra|fin**
die **Pho|to|vol|ta|ik** *vergleiche:* **Fo|to|vol|ta|ik**
die **Phra|se** (Redewendung; nichtssagende Redensart); Phrasen dreschen
phra|sen|haft
der **pH-Wert** (*Chemie:* Zahl, die angibt, wie stark eine Lösung basisch od. sauer ist)
die **Phy|sik** (eine Naturwissenschaft)
phy|si|ka|lisch; physikalische Gesetze
der **Phy|si|ker;** des Physikers; die Physiker
die **Phy|si|ke|rin;** die Physikerinnen
der **Phy|sio|the|ra|peut**
die **Phy|sio|the|ra|peu|tin**
die **Phy|sio|the|ra|pie** (Heilbehandlung mit Licht, Luft, Wasser, Bestrahlungen, Massage)
phy|sisch (körperlich); physische Belastung
der **Pi|a|nist** (ausgebildeter Klavierspieler);

a b c d e f g h i j k l m n o **p** Pia q r s t u v w x y z

311

1 Sucht die Fremdwörter mit folgenden Bedeutungen heraus und schreibt sie in euer Heft. Markiert den Buchstaben, dessen Zahl in der Klammer angegeben ist. Zusammen ergeben die Buchstaben die Bezeichnung für einen chemischen Stoff.

- chemisches Element (1)
- Abschnitt einer Entwicklung (2)
- Maßeinheit für die Lautstärke (3)
- Angehöriger einer streng gesetzesfrommen altjüdischen Partei (6)
- ägyptischer König im Altertum (1)
- Naturwissenschaft (2)
- nichtssagende Redensart (4)
- Arzneimittelindustrie (12)

2 Tragt zusammen, welche Informationen ihr noch über die acht Wörter aus diesem Wörterbuchauszug erhaltet.

3 Erstelle anhand dieses Wörterbuchauszugs selbst ein ähnliches Rätsel wie in Aufgabe 1 (mit Lösungswort) und lass es deinen Nachbarn oder deine Nachbarin lösen.

pos|sier|lich *drollig*
Post die; -, *nur Sg.*
pos|ta|lisch *die Post betreffend*
Post|amt das; -(e)s, -äm|ter
Post|bo|te der; -n, -n
Pos|ten der; -s, -; auf Posten stehen
Pos|ter der *oder:* das; -s, - *oder:* -s; *Plakat für Dekorationszwecke*
Post|kar|te die; -, -n
post|la|gernd
Post|leit|zahl die; -, -en; *Abk.:* PLZ
Post|schließ|fach das; -(e)s, -fä|cher
Post|spar|buch das; -(e)s, -bü|cher
pos|tum, post|hum *nach dem Tod (des Autors) veröffentlicht*
post|wen|dend
Post|wert|zei|chen das; -s, -
Post|wurf|sen|dung die; -, -en
Pot das; -s, -s; <ugs.> *Marihuana*
po|tent
Po|ten|tat der; -en, -en; *Machthaber*
po|ten|ti|al = potenzial
Po|ten|ti|al = Potenzial
po|ten|ti|ell = potenziell
Po|tenz die; -, -en **1.** *Leistungsfähigkeit, Macht* **2.** *Zeugungsfähigkeit* **3.** <Math.> *Produkt gleichartiger Faktoren;* eine Zahl in die dritte Potenz erheben: *sie dreimal mit sich selbst multiplizieren*
po|ten|zi|al, po|ten|ti|al *als Möglichkeit vorhanden*

> **Potenzial/Potential:** Die eingedeutschte Schreibweise *Potenzial* ist ebenso zulässig wie die fremdsprachige Form *Potential.* Dies gilt auch für die entsprechenden Adjektive: *potenziell/potentiell.*

Po|ten|zi|al, Po|ten|ti|al das; -(e)s, -e; *Leistungsfähigkeit*
po|ten|zi|ell, po|ten|ti|ell *möglich, denkbar;* er ist der potenzielle *oder:* potentielle Täter
po|ten|zie|ren *steigern, erhöhen;* sie hat ihr Wissen potenziert
Pot|pour|ri [-pur-] das; -s, -s; *buntes Allerlei*
Pots|dam *Landeshauptstadt von Brandenburg*
Pott der; -(e)s, Pöt|te **1.** <norddt.> *Topf;* ein Pott Erbsensuppe **2.** *altes Schiff*
pott|häss|lich
Pou|lar|de [pu-, frz.] die; -, -n; *junges Masthuhn*
Pow|er *auch:* **Po|wer** [pauə(r), engl.] die; -, *nur Sg.;* <ugs.> *Kraft, Stärke*
Pow|er|frau *auch:* **Po|wer|frau** [pauə(r)-] die; -, -en; <ugs.>
pow|ern *auch:* **po|wern** [pauə(r)n] er/sie hat gepowert; <ugs.> *sich durchsetzen, Macht zeigen*
Pow|er|play *auch:* **Po|wer|play** [pauə(r)plɛı, engl.] *Druck, größter Einsatz einer Sportmannschaft*
P2P *Abk. für* Peer-to-Peer
PR *Abk. für* Public Relations
Prä|am|bel die; -, -n; *Einleitung*
Pracht die; -, *nur Sg.*
präch|tig
Pracht|stück das; -(e)s, -e
pracht|voll
Prä|di|kat das; -(e)s, -e **1.** *Beurteilung, Bewertung* **2.** <Gramm.> *Satzaussage*
Prä|fix [auch: prɛː-] das; -(e)s, -e; *Vorsilbe*
Prag *Hauptstadt Tschechiens*
prä|gen; er hat Münzen geprägt; dieses Erlebnis hat sich mir ins Gedächtnis geprägt
prä|gnant *auch:* **präg|nant** *kurz und treffend*
prah|len er/sie hat geprahlt
Prahl|hans der; -es, -hän|se
Prak|tik die; -, -en **1.** *Ausübung* **2.** *Verfahren* **3.** *Pl.; Machenschaften;* üble Praktiken
Prak|ti|kant der; -en, -en
Prak|ti|kan|tin die; -, -nen
Prak|ti|ker der; -s, -
Prak|ti|kum das; -s, -ka *oder:* -ken
prak|tisch; praktischer Arzt; praktisches Jahr
prak|ti|zie|ren er/sie hat praktiziert
Prä|lat der; -en, -en; *geistl. Würdenträger*
Pra|li|ne die; -, -n
Pra|li|nee das; -s, -s; *österr. für* Praline
prall
pral|len er/sie ist geprallt
Prä|mie [-mjə] die; -, -n **1.** *Belohnung* **2.** *regelmäßig zu zahlende Gebühr*
Prä|mi|en|spa|ren das; -s, *nur Sg.*
prä|mie|ren; er hat die Besten prämiert
pran|gen es hat geprangt
Pran|ger der; -s, -; *Schandpfahl;* <übertr.> jemanden an den Pranger stellen: *öffentlich bloßstellen*
Pran|ke die; -, -n **1.** *Tatze (von großen Raubtieren)* **2.** <scherzhaft> *derbe Hand*
Prä|pa|rat das; -(e)s, -e; *etwas kunstgerecht Zubereitetes*
prä|pa|rie|ren; er hat den Vogel präpariert; sie hat sich für die Prüfung präpariert
Prä|po|si|ti|on die; -, -en; *Verhältniswort*
Prä|rie die; -, -n; *Grassteppe*

2. Merkwörter

Einige verflixte Konsonanten – der *ks*-Laut

1 Sprecht die Wörter deutlich aus und vergleicht ihre Schreibweise. Was stellt ihr fest?

Achse • Axt • Klecks • links • mittags

2 Bei welchen Wörtern könnt ihr die Schreibweise erklären?

In dem folgenden Bild sind sieben Nomen/Substantive dargestellt, in denen der ks-Laut mit **x** geschrieben wird.

3 Findet die Begriffe heraus und schreibt sie auf. Schreibt dann die Wörter so untereinander, dass das Wort *Experte* entsteht, wenn man von jedem Lösungswort einen Buchstaben markiert.

4 Findet Wortverwandte zu folgenden Wörtern und schreibt sie auf.

Beispiel: biegst: biegen, Bogen

längst • liegst • unterwegs • wenigstens • lügst • hoffnungsvoll

5 Mit welchem Tipp kannst du dir hier auch helfen?

6 Findet in dem Wörterversteck acht Wörter mit **chs** und schreibt sie auf.

L	H	G	T	O	P	E	R	O	H
W	E	C	H	S	E	L	N	C	Ö
K	E	Ö	Ä	A	T	Z	J	H	S
W	I	L	A	C	H	S	E	S	E
A	D	L	Ö	Ä	I	G	B	E	C
C	E	B	G	H	H	J	Ü	Ö	H
H	C	F	U	C	H	S	C	A	S
S	H	M	D	V	G	H	H	H	O
E	S	Ä	D	R	T	B	S	S	T
N	E	T	F	G	G	Z	E	L	O

Noch ein merkwürdiger Laut – *kw*, geschrieben *qu*

1 Schreibe die folgenden Sätze in dein Heft. Die fehlenden Wörter musst du ergänzen; sie werden alle mit **qu** geschrieben.

- Ein Behältnis für Fische nennt man ein ___.
- Frösche rufen nicht, sie ___.
- Ein ziemlich glibberiges Meerestier ist die ___.
- Wenn vier Musiker zusammen spielen, dann bilden sie ein ___.
- Den Ursprungsort eines Flusses nennt man die ___.
- Wenn man heftig in die Bremsen tritt, dann ___ die Reifen.

2 Bildet wie in Aufgabe 1 Sätze mit diesen Wörtern. Ihr könnt die Wörter auch auslassen und sie von eurem Tischnachbarn oder eurer Tischnachbarin eintragen lassen.

> quieken • Qual • Qualm • Quarz • Quiz • quatschen • Quark

Mit *v* geschrieben – aber als *w* gesprochen

1 Schreibe folgende Wörter in alphabetischer Reihenfolge in dein Heft.

> November • Vase • Violine • Vegetarier • nervös • privat

2 Nach welchen Wörtern wird hier gesucht? Schreibe sie in dein Heft. Ein Tipp: Sie haben alle ein **v**, das wie **w** gesprochen wird.

- Sie muss man lernen, wenn man eine Sprache beherrschen will.
- Ein Kleidungsstück, das man über den Kopf anzieht.
- Diesen Planeten nennt man auch den Morgenstern und Abendstern.
- Die Chinesen haben es erfunden, man braucht es zum Schießen.
- Wenn du zu schnell in sie hineinfährst, fliegst du aus ihr heraus.

3. Die Schreibweise erklären

-ig oder *-lich*?

Die Verpackung ist äußerst aufwändig gestaltet und daher besonders hochwertig!

Unser Angebot ist einzigartig!

Sichern Sie sich langjährig Ihren Vorteil!

Unsere Beiträge sind unglaublich günstig!

IN JEDEM SUPERMARKT ERHÄLTLICH!

SPAREN SIE RICHTIG!

So wird es bei Ihnen zu Hause festlich!

1 Schreibe in zwei Spalten die Adjektive mit **-ig** und **-lich** jeweils untereinander.

2 Überlegt, wie ihr sicher unterscheiden könnt, ob **-ig** oder **-lich** geschrieben werden muss.

3 Übernimm die folgende Tabelle in dein Heft, forme die Wörter aus dem Wortspeicher in Adjektive um und ordne sie in die Tabelle ein. Verlängere die Adjektive und füge ein Nomen/Substantiv hinzu.

Abend • Fleiß • Ärger • Farbe • Nebel • Freund • Langeweile • Wille • Freude • Herz • Eile • Grund

-ig	-lich
eilig – eine eilige Angelegenheit	gründlich – eine gründliche Reinigung
...	...

Stadt oder *statt*?

1 Versucht zu klären, wann *-stadt* und wann *statt* geschrieben wird.

die Großstadt • die Gaststätte • die Stadtmauer • stattfinden • Städtefreundschaft • statthaft

2 Schreibt die Sätze in euer Heft und ergänzt entweder **dt** oder **tt**.

- Zwischen Deutschland und Frankreich gibt es viele Stä_epartnerschaften.
- In vielen alten Stä_en kann man heute noch die Sta_mauern sehen.
- Das Open-Air-Konzert kann heute wegen des Unwetters nicht sta_finden.
- Es ist nicht sta_haft, Hunde auf den Wochenmarkt mitzunehmen.
- Das Sta_theater spielt heute ein wunderschönes Weihnachtsmärchen.
- Vor allem zur Urlaubszeit sind die Raststä_en an den Autobahnen überfüllt.

4. Deutlich sprechen und genau hinhören

Pf/pf oder *F/f* – das ist hier die Frage

1 Je zwei Wörter hören sich zwar ähnlich an, unterscheiden sich aber bei deutlicher Aussprache. Schreibe sie jeweils untereinander und sprich sie deutlich aus.

er fand • die Pflege • das Pfand • die Pforte • der Flegel • der Pflug • die Pfeile • der Pfarrer • der Flug • fort • der Fahrer • die Feile

2 In dem Wörterversteck findest du fünf Wörter mit **Pf/pf** und fünf Wörter mit **F/f**. Schreibe sie heraus.

P	F	L	A	S	C	H	E	S	Ü
F	A	S	T	E	N	A	Ä	C	F
L	T	E	S	D	F	P	J	H	R
A	T	H	N	K	L	F	I	N	Ü
S	F	I	N	S	T	E	R	U	C
T	E	D	Ä	Ö	M	L	H	P	H
E	R	F	R	E	C	H	D	F	T
R	G	F	B	K	D	R	C	E	E
A	D	H	H	Ü	P	F	E	N	K
F	P	F	O	T	E	S	G	E	Ö

3 Übertrage die folgende Tabelle in dein Heft und schreibe die Wörter in alphabetischer Reihenfolge in die Spalten.

Pf/pf	F/f
...	...

Pferdeäpfel • fühlen • pflastern • fertig • Pflug • fast • Pfund • faul • fürstlich • Feinkostladen • Pfeife • fort • Pfennig • Futter • fasten • fünf • für • klopfen • rufen • pflegen • Faust • fantastisch • Pfeile • fliegen • Pfannkuchen • pfropfen • Pflaumenkuchen • formen • pflichtbewusst • Fenster • pfeilschnell • funken • Pfefferminze • flöten • Pflanzenöl • Fenchel

4 Verwende wie in dem Beispiel möglichst viele Wörter aus Aufgabe 3 für lustige Sätze.

Beispiel:
Fahrschullehrer **F**ranz beabsichtigt, in Zukunft einen Kurs für **Pf**erde**f**uhrwerke anzubieten.

5. Regeln und grammatisches Wissen anwenden

Ein altes, immer neues Problem: *das* oder *dass*?

1 Ein Schüler hat diese beiden Lernkarten zur Schreibung von *das* und *dass* erstellt. Nennt weitere Beispiele.

2 Vielleicht erinnert ihr euch noch an die „Eselsbrücke" aus dem vorigen Schuljahr:

„Wenn man dieser/diese/dieses oder welcher welche/welches einsetzen kann, ..."

Setzt die Eselsbrücke fort.

3 Übertrage die Sätze in dein Heft. Schreibe hinter den Satz, um welche Wortart es sich bei dem unterstrichenen Wort handelt.

- <u>Das</u> Füttern der Tiere im Zoo ist streng verboten.
- Das Mädchen, <u>das</u> seine Hand durch das Gitter streckte, wurde von dem Affen gebissen.
- Viele Menschen glauben nicht, <u>dass</u> es den Tieren schadet, wenn man ihnen Süßigkeiten gibt.
- ___ Raubtierhaus wurde letztes Jahr renoviert.
- Viele Seehunde sind daran gestorben, ___ sie Münzen verschluckt haben, die Besucher in das Becken geworfen haben.
- Das Aquarium, ___ letztes Jahr neu gebaut wurde, ist zu einer Hauptattraktion für die Besucher geworden.
- ___ Futter für die Tiere muss sorgfältig ausgesucht werden.
- Es ist wichtig, ___ die Gehege gründlich gereinigt werden.
- Das Männchen, ___ sehr aggressiv ist, wird in einem eigenen Gehege gehalten.
- Viele Tiere können im Zoo so gehalten werden, ___ sie sich wohlfühlen.
- Die Lebensbedingungen sind im Zoo oft so, ___ die Tiere älter werden als in freier Wildbahn.
- Viele Zoos gehen heute dazu über, ___ sie nur solche Tiere halten, denen eine artgerechte Lebensweise geboten werden kann.
- ___ entspricht auch den Bestimmungen des Tierschutzes.

4 Schreibe den folgenden Text in dein Heft. Entscheide, ob du *dass* oder *das* einsetzen musst. Schreibe jeweils hinter das eingesetzte Wort, ob es sich um einen Artikel (Art.), ein Relativpronomen (Rel.), ein Demonstrativpronomen (Dem.) oder eine Konjunktion (Konj.) handelt.

Michael Ende (1929–1995)

Momo beherrscht eine seltsame Kunst

Was die kleine Momo konnte wie kein anderer, war zuhören. ___ ist doch nichts Besonderes, wird vielleicht mancher Leser sagen, zuhören kann doch jeder. Aber ___ ist ein Irrtum. Wirklich zuhören, ___ können nur ganz wenige Menschen. Und so wie Momo sich auf ___ Zuhören verstand, war es ganz und gar einmalig. Momo konnte so zuhören, ___ dummen Leuten plötzlich sehr gescheite Gedanken kamen. Nicht etwa, ___ sie etwas sagte oder fragte, was den anderen auf solche Gedanken brachte, nein, sie saß nur da und hörte einfach zu, mit aller Aufmerksamkeit und aller Anteilnahme. Dabei schaute sie den anderen mit ihren großen, dunklen Augen an und der Betreffende fühlte, wie in ihm auf einmal Gedanken auftauchten, von denen er nie geahnt hatte, ___ sie in ihm steckten.
Sie konnte so zuhören, ___ ratlose oder unentschlossene Leute auf einmal ganz genau wussten, was sie wollten. Oder ___ Schüchterne sich plötzlich frei und mutig fühlten. Oder ___ Unglückliche und Bedrückte zuversichtlich und froh wurden. So konnte Momo zuhören.

Szenenbild aus dem Film „Momo", 1986

5 Diktiert euch gegenseitig die folgenden Kurztexte:

- Wusstest du, dass „Momo" ein weiblicher Vorname, aber auch das japanische Wort für Pfirsich ist?
- Dass das Mädchen Momo über eine besondere Gabe verfügt, erfährt der Leser des Romans schon sehr früh.
- Das italienische Fernsehen strahlte 2003 eine Zeichentrickserie aus, die das Buch von Michael Ende zur Grundlage hatte.
- Die Serie wurde jedoch nicht so bekannt wie das 1986 entstandene Filmwerk. Das war nämlich so beliebt, dass einige Kinos wochenlang ausverkauft waren.

6. Die Rechtschreibhilfe eines Textverarbeitungsprogramms nutzen

Die Schülerinnen und Schüler der Klasse 7b haben im Rahmen einer Gruppenarbeit zur Vorstellung von Büchern eine Inhaltsangabe zu einem Jugendroman geschrieben. Sie haben sehr lange an den Formulierungen gefeilt und nun auch den Text mit einem Textverarbeitungsprogramm in den Computer eingegeben. Folgendes Bild erhalten sie auf dem Bildschirm:

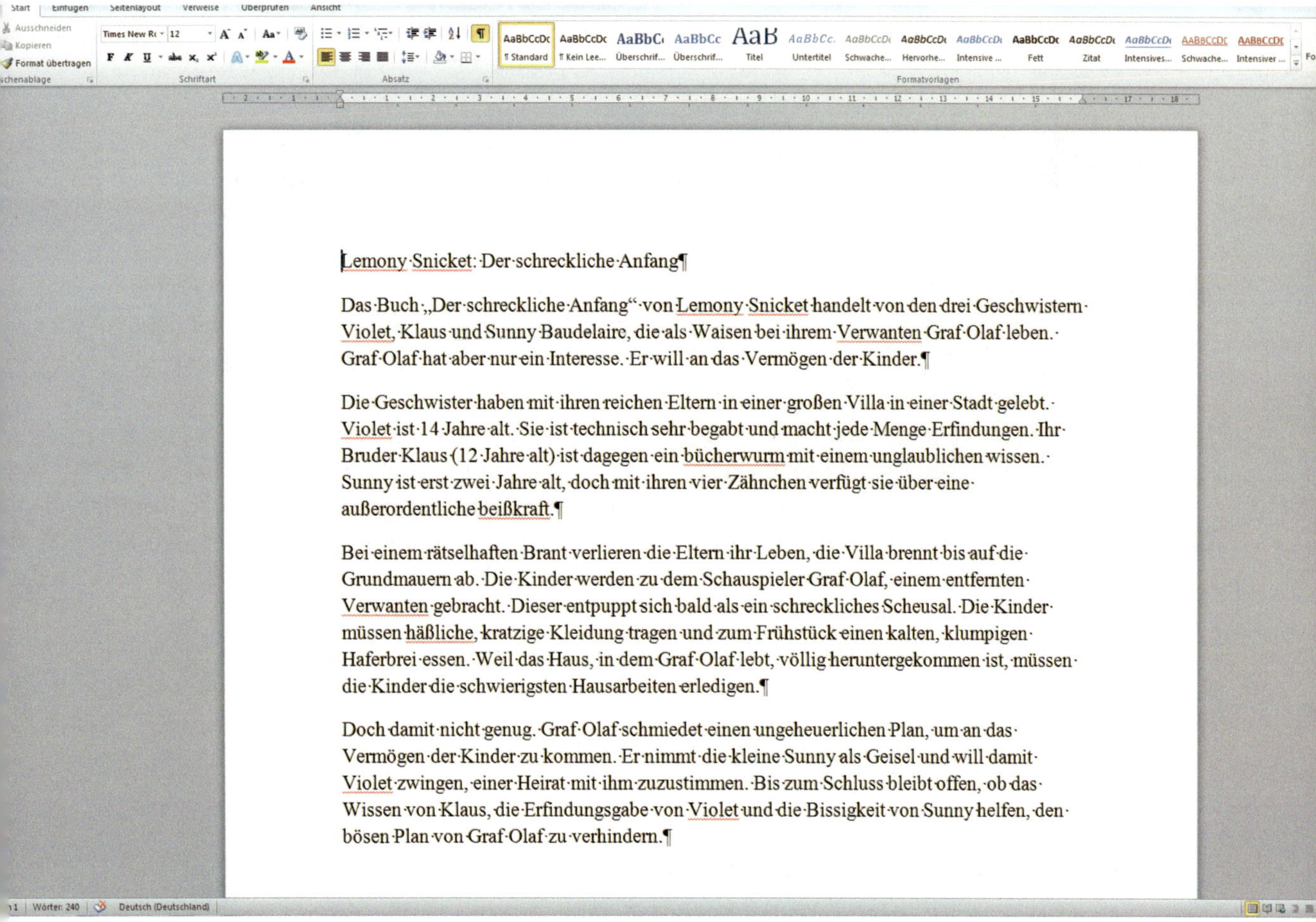

Lemony Snicket: Der schreckliche Anfang

Das Buch „Der schreckliche Anfang" von Lemony Snicket handelt von den drei Geschwistern Violet, Klaus und Sunny Baudelaire, die als Waisen bei ihrem Verwanten Graf Olaf leben. Graf Olaf hat aber nur ein Interesse. Er will an das Vermögen der Kinder.

Die Geschwister haben mit ihren reichen Eltern in einer großen Villa in einer Stadt gelebt. Violet ist 14 Jahre alt. Sie ist technisch sehr begabt und macht jede Menge Erfindungen. Ihr Bruder Klaus (12 Jahre alt) ist dagegen ein bücherwurm mit einem unglaublichen wissen. Sunny ist erst zwei Jahre alt, doch mit ihren vier Zähnchen verfügt sie über eine außerordentliche beißkraft.

Bei einem rätselhaften Brant verlieren die Eltern ihr Leben, die Villa brennt bis auf die Grundmauern ab. Die Kinder werden zu dem Schauspieler Graf Olaf, einem entfernten Verwanten gebracht. Dieser entpuppt sich bald als ein schreckliches Scheusal. Die Kinder müssen häßliche, kratzige Kleidung tragen und zum Frühstück einen kalten, klumpigen Haferbrei essen. Weil das Haus, in dem Graf Olaf lebt, völlig heruntergekommen ist, müssen die Kinder die schwierigsten Hausarbeiten erledigen.

Doch damit nicht genug. Graf Olaf schmiedet einen ungeheuerlichen Plan, um an das Vermögen der Kinder zu kommen. Er nimmt die kleine Sunny als Geisel und will damit Violet zwingen, einer Heirat mit ihm zuzustimmen. Bis zum Schluss bleibt offen, ob das Wissen von Klaus, die Erfindungsgabe von Violet und die Bissigkeit von Sunny helfen, den bösen Plan von Graf Olaf zu verhindern.

1 Sicherlich fallen euch die roten Unterschlängelungen unter einigen Wörtern auf. Versucht, euch gegenseitig zu erklären, was diese Unterschlängelungen zu bedeuten haben.

2 Man kann sich von dem Programm auch Vorschläge für eine andere Schreibweise der markierten Wörter machen lassen. Entdeckt ihr das Icon, auf das man klicken muss, um diese Vorschläge zu erhalten? Wie müsst ihr vorgehen, um das Wort „bücherwurm" zu überprüfen?

Für das im Text markierte Wort „bücherwurm“ erhält man folgendes Bild:

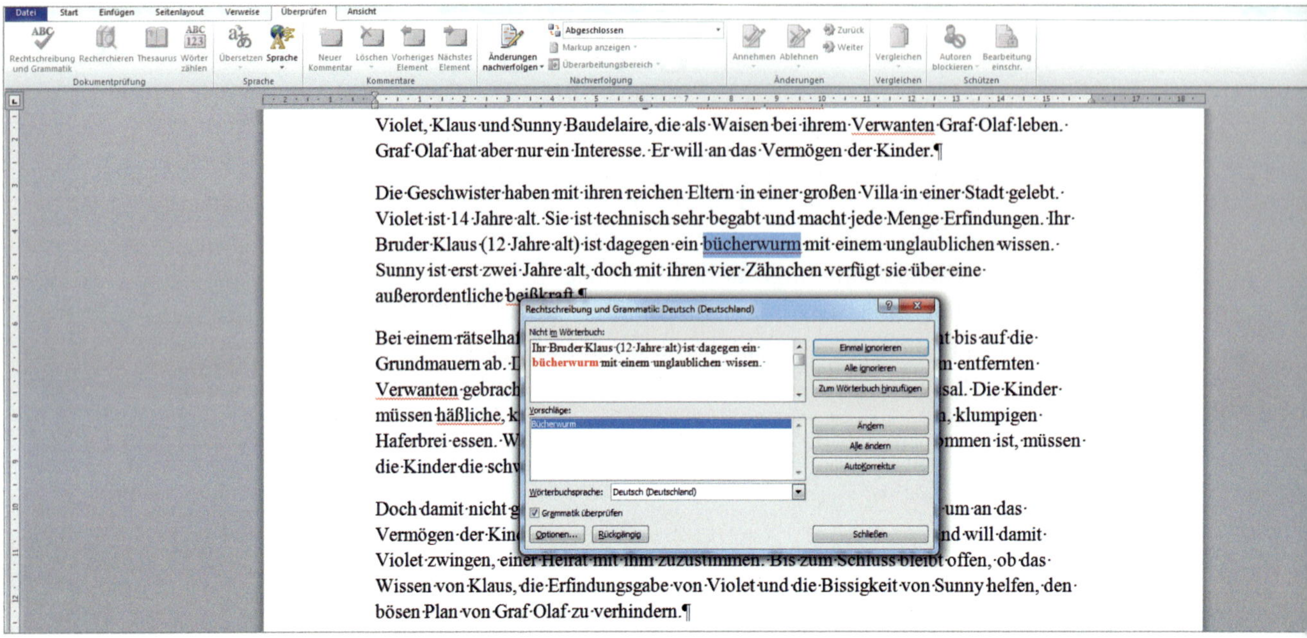

3 Macht Vorschläge, wie ihr nun weiter vorgehen würdet. Überlegt dazu, was die Aufschriften auf den Schaltknöpfen rechts bedeuten könnten. Wenn ihr an einem Computer arbeiten könnt, dann probiert die unterschiedlichen Möglichkeiten aus.

4 Probiert die Rechtschreibkontrolle auch bei den anderen unterschlängelten Wörtern aus. Für welche Wörter macht das Programm keinen Vorschlag?

5 Max ist in der Rechtschreibung besonders fit. Er entdeckt in der Zeile 6 einen Rechtschreibfehler, den das Programm offensichtlich nicht erkannt hat. Findet den Fehler und versucht, eine Erklärung zu finden, warum das Programm diesen Fehler nicht bemerkt hat.

6 Überlegt euch weitere Beispiele für Fehler, die das Programm möglicherweise nicht entdeckt.

7 Erarbeitet einen Kurzvortrag mit dem Thema: Einführung in die Rechtschreibhilfe eines Textverarbeitungsprogramms.

Das musst du lernen und wissen

Rechtschreibkontrolle in einem Textverarbeitungsprogramm

Alle gängigen Textverarbeitungsprogramme bieten eine Rechtschreibkontrolle an. Sie ist nützlich, um Rechtschreibfehler (insbesondere Tippfehler) aufzuspüren. Allerdings können die Programme nicht zwischen einem Verb oder Adjektiv und seiner Nominalisierung/Substantivierung unterscheiden (leben – das Leben; schön – das Schöne). Deshalb ist es notwendig, den Text trotz der Rechtschreibhilfe nochmals sorgfältig zu lesen.

7. An Fehlerschwerpunkten arbeiten

Fehler in der Rechtschreibung und Zeichensetzung erscheinen meistens bei ganz besonderen Schwierigkeiten. Ausführlich beschäftigt habt ihr euch bisher mit folgenden Fragen:

1. Wird ein Wort groß- oder kleingeschrieben?
2. Wird der Konsonant nach einem kurzem Vokal verdoppelt oder nicht?
3. Schreibt man einen langen Vokal mit oder ohne Dehnungszeichen?
4. Schreibt man **s**, **ss** oder **ß**?
5. Wie unterscheidet man gleich oder ähnlich klingende Laute?
6. Wann schreibt man getrennt und wann zusammen?
7. Wo wird ein Komma gesetzt?

1 Zu diesen Rechtschreibschwierigkeiten findet ihr auch in diesem Buch Tipps und Übungen. Sucht zu jeder Frage das entsprechende Kapitel heraus.

2 Der Schüler, der die folgende Inhaltsangabe verfasst hat, ist aus Zeitgründen nicht mehr dazu gekommen, seinen Text auf Rechtschreib- und Zeichensetzungsfehler zu kontrollieren. Stellt fest, welche Schwierigkeiten er bei der Rechtschreibung und Zeichensetzung hat.

Inhaltsangabe zu „Die Maske des Roten Todes“

Die Erzählung „Die Maske des Roten Todes“ von Edgar Allan Poe handelt davon dass sich eine vornehme Gesellschaft vergeblich bemüht, einer im land wütenden Seuche zu entkommen. Die Erzählung spielt zu einer Zeit in der eine Seuche die der Rote Tod genannt wird im land von Prinz Prospero wütet. Dieser zieht sich mit seinem Hofstaat in eine Abtei zurück um der Pest zu entkommen. Während die Menschen in seinem Land unter der Pest leiden feiert Prinz Prospero rauschende feste.

Auf einem dieser Feste erscheint plötzlich nachdem die Uhr zu mitternacht geschlagen hat eine als tod maskierte Gestalt in einem mit blut verschmierten gewand und mit roten flecken auf der Stirn. Allen anwesenden ist klar, das die maskierte Gestalt den Roten Tod darstellen will.

Prinz Prospero ist sehr wütend über diese Verkleidung. Er folgt der Gestalt durch mehrere zimmer.

Als er seinen Dolch zückt um die maskierte Gestalt zu erstechen, dreht diese sich um. Prinz Prospero schreit auf, läßt den Dolch fallen und sinkt sterbend zu boden.

Einige der anwesenden Gäste wollen die verkleidete Gestalt ergreifen doch mit grausen müssen sie feststellen, das sich in den Leinentüchern und hinter der Leichenmaske keine menschliche Gestalt verbirgt. Die Menschen erkennen, das es der Rote Tod selbst ist, und einer nach dem anderen stirbt.

3 Macht Vorschläge, wie der Schüler seine Fehler sinnvoll berichtigen kann.

4 Diktiert euch gegenseitig die folgende Inhaltsangabe ohne Angabe der Zeichensetzung. Kontrolliert euren Text dann auf Rechtschreib- und Zeichensetzungsfehler. Versucht zu ermitteln, ob ihr bestimmte Fehlerschwerpunkte erkennen könnt.

5 Macht auch hier Vorschläge für eine sinnvolle Berichtigung.

Inhaltsangabe zu „Das Bettelweib von Locarno"

Die Erzählung „Das Bettelweib von Locarno" von Heinrich von Kleist handelt von einem Spuk auf einem Schloss in der Nähe der italienischen Stadt Locarno. Der Schlossherr ist über diesen Spuk, der Gewissensbisse über eine begangene Untat in ihm auslöst, so entsetzt, dass er das Schloss in Brand setzt und dabei umkommt.

Die Erzählung beginnt damit, dass einer alten, kranken Bettlerin von der Schlossherrin aus Mitleid ein Strohbett in dem Schloss angeboten wird. Als der Marchese von der Jagd zurückkommt und die alte Frau in einem Zimmer entdeckt, befiehlt er ihr, aufzustehen und hinter den Ofen zu gehen. Dabei stürzt die alte Frau so unglücklich, dass sie den Weg zwar noch hinter den Ofen schafft, dort aber unter Stöhnen und Ächzen stirbt.

Einige Jahre später will der Schlossherr das Schloss verkaufen, weil er in Geldschwierigkeiten geraten ist. Ein Ritter, der Interesse für das Schloss zeigt, übernachtet in dem Zimmer, in dem die alte Frau gestorben ist. Entsetzt berichtet er dem Ehepaar von einem Spuk: Eine unsichtbare Gestalt sei nach einem Geräusch, als ob jemand vom Stroh aufstehe, mit deutlich hörbaren Schritten durch das Zimmer hinter den Ofen gegangen und habe dort gestöhnt und geächzt. Der Ritter reist ab, ohne das Schloss zu kaufen. Ebenso reisen mehrere andere Käufer ab, nachdem sie eine Nacht in dem Zimmer verbracht haben.

Schließlich beabsichtigt das Ehepaar, dem Spuk selbst auf den Grund zu gehen. Gemeinsam mit ihrem Haushund übernachten sie in dem Zimmer. Um Mitternacht hören sie nun die unheimlichen Geräusche und auch der Hund knurrt, als ob ein Mensch auf ihn zuginge. Doch niemand ist zu sehen. Die Schlossherrin verlässt voller Panik das Schloss. Der Marchese aber steckt das Zimmer in Brand und kommt dabei ums Leben.

8. Kleine Übungen zur Lernkontrolle

Wörter mit ks-Laut

1 In dem Wörterversteck findest du 13 Wörter mit dem ks-Laut, geschrieben aber mit *ch*, *ks*, *x*, *gs*. Schreibe sie heraus.

B	C	A	C	H	S	E	H	O	W
K	F	N	P	W	M	X	E	B	E
K	L	G	R	I	L	C	N	L	C
E	I	S	A	Ö	Ö	T	G	I	H
K	E	T	X	I	W	E	S	N	S
S	G	Ü	I	D	A	X	T	K	E
G	S	F	S	T	C	T	S	S	L
H	T	T	S	N	H	C	D	N	K
E	X	T	R	A	S	H	T	D	S
T	R	I	N	K	S	T	U	E	B

das oder *dass*?

2 Entscheide in den folgenden Sätzen, ob du *das* oder *dass* einsetzen musst. Schreibe die Sätze in dein Heft.

- Ich habe ein Buch gelesen, ___ über versunkene Städte berichtet.
- ___ Buch informiert über Städte, die vor langer Zeit einmal existiert haben.
- Viele Menschen glauben, ___ es die sagenhafte Stadt Atlantis wirklich einmal gegeben hat.
- ___ ist aber bislang nicht durch Ausgrabungen belegt worden.
- Wahrscheinlich ist, ___ es sich bei den Erzählungen über diese Stadt um einen Mythos handelt.

Fehler entdecken

3 In dem folgenden Text haben sich sieben Fehler eingeschlichen. Schreibe den Text in der richtigen Fassung in dein Heft.

Niemant kann sagen, ob es Atlantis wirklich gegeben hat. Schon vor mehr als 2000 Jahren hat das rätselraten begonnen. So gab es schon viele versuche, die Überreste der verschwundenen Statt zu finden. Bislang konnte es aber nicht bewiesen werden, das es die Insel gegeben hat. Aber umgekehrt hat auch niemand beweisen können, das Atlantis nicht existiert hat. Deshalb regt dieser vermeintliche Ort immer wieder die Pfantasie der Menschen an.

Experimente beschreiben, mal so, mal so – Aktiv und Passiv

Spannende Experimente und verblüffende Tricks lernt ihr in diesem Kapitel kennen. Ihr erfahrt auch, wie ihr diese Versuche (und andere Vorgänge) so beschreibt, dass andere sie nachvollziehen und daher ebenfalls durchführen können.
Außerdem lernt ihr, wann es bei einer solchen Vorgangsbeschreibung sinnvoll ist, statt der „üblichen" Aktivformen der Verben das Passiv zu verwenden – und wann man das besser sein lässt. Natürlich erfahrt ihr auch, wie diese Passivformen gebildet werden.

1 Ihr kennt sicherlich selbst einige interessante Experimente. Erzählt sie euren Mitschülern.

2 Worauf muss man eurer Meinung nach achten, wenn man jemanden über ein Experiment oder einen Trick informieren will?

1. Spannende Experimente, verblüffende Tricks – Vorgänge beschreiben

Starke Eierschalen

Beim Abendessen erzählt Niklas seinen Eltern, welchen verblüffenden Trick ihm sein Freund Simon an diesem Nachmittag gezeigt hat:

„Von wegen zerbrechlich wie eine Eierschale! Simon hat mir heute gezeigt, wie stark Eierschalen wirklich sind. Dafür hat er auf vier halbe Eierschalen ein Buch nach dem anderen gestapelt. Erst beim neunten Buch ist eine der Schalen zerbrochen. Wir haben nachher den Bücherstapel auf die Waage gelegt und festgestellt, dass die Schalen ein Gewicht von 3,8 kg getragen haben. Wissenschaftler des Ontario Science Centre haben sogar nachgewiesen, so hat Simon erzählt, dass ein einziges Ei einen 90 kg schweren Menschen tragen kann. Das Besondere an Eierschalen ist nämlich ihre Kuppelform: Das Gewicht, das auf der Spitze der Kuppel lastet, wird über die Wände auf die große Grundfläche übertragen.

Bei den Eiern muss man das dicke Ende vor dem Versuch mit Kreppband umkleben und dann die überstehende Eierschale vorsichtig abschneiden, damit man eine Fläche mit glatten Rändern erhält. Das Kreppband und eine Schere muss man sich natürlich vorher besorgen, das hatte Simon nämlich auch erst vergessen. Zum Glück kam sein Vater gerade nach Hause, der ist Heimwerker und hat deshalb immer Kreppband in seinem Werkzeugkasten. Und die Eier hatte seine Mutter vorher aufgeschlagen und zum Backen gebraucht. Ihr Kuchen schmeckt aber immer total vertrocknet, als würde sie den in der Sandkiste backen.

Die vier halben Eierschalen muss man dann mit den offenen Seiten nach unten auf einen Tisch legen, dabei müssen sie die Form eines Rechtecks bilden. Dann kann man die Bücher darauf stapeln. Deshalb haben auch viele Gebäude kuppelförmige Dächer.“

1 Was wisst ihr noch aus dem letzten Schuljahr darüber, wie man Vorgänge beschreibt?

2 Niklas ist von diesem Experiment so begeistert, dass er es gerne aufschreiben möchte. Er hat nämlich die Idee, eine Sammlung von Tricks und Experimenten anzulegen, mit denen er seine Freunde verblüffen kann. Was ist Niklas an seiner mündlichen Beschreibung des Eiertricks nicht gut gelungen? Was müsste er verbessern, um den Text in seine Sammlung aufnehmen zu können?

3 Worauf müsst ihr achten, wenn ihr einen Vorgang so beschreiben wollt, dass auch andere ihn nachvollziehen können? Sammelt Tipps für eine Vorgangsbeschreibung. Dafür könnt ihr zunächst in Partner- oder Gruppenarbeit eure Tipps zusammentragen und diese dann an der Tafel oder auf einem Lernplakat sammeln.

4 Bei welchen Gelegenheiten braucht man Vorgangsbeschreibungen? Welchen Zweck erfüllen sie?

Einen anderen verblüffenden Trick hat Niklas nur stichwortartig aufgeschrieben, weil er gerade wenig Zeit hatte:

Die rollende Dose

Material: große Dose mit Deckel (z. B. Kaffeedose), Hammer, dicker Nagel, Schere, Gummiband, große Schraubenmutter (oder anderes Gewicht)

Herstellung der „Zauberdose“:

- je zwei Löcher in Deckel und Boden der Dose schlagen bzw. schneiden (genau gegenüberliegend)
- Gummiband durch Löcher in Dosenboden fädeln
- Gummiband durch Doseninneres nach außen ziehen
- Gummiband einige cm über Dosenrand abschneiden
- etwa in der Mitte der Dose Gummiband verkreuzen oder zusammenbinden
- an dieser Stelle Schraubenmutter (oder anderes Gewicht) anbinden
- die losen Enden des Gummibandes durch die Löcher im Dosendeckel fädeln
- die Dose mit dem Deckel verschließen
- Gummiband strammziehen und Enden fest miteinander verknoten

Vorführen des Tricks:

- Dose auf den Boden legen und wegrollen
- Dose rollt „von selbst“ zurück (auch bergauf)

5 Habt ihr die Anweisungen auf diesem Stichwortzettel verstanden und könnt ihr euch vorstellen, wie die „Zauberdose“ gebaut und der Trick vorgeführt wird? Wenn euch einige Einzelheiten noch nicht klar sind, könnt ihr sie sicher gemeinsam klären. Nehmt dabei auch die Abbildung zu Hilfe.

6 Sucht nach einer Erklärung für das Phänomen der „rollenden Dose“: Bewegt sie sich wirklich aus eigenem Antrieb?

7 Verfasst mithilfe dieser stichwortartigen Anleitung eine ausformulierte Vorgangsbeschreibung. Berücksichtigt dabei die von euch in Aufgabe 3 gesammelten Tipps.

8 Stellt euch gegenseitig eure Beschreibungen vor. Überprüft gemeinsam, ob die Texte wirklich so vollständig und verständlich sind, dass man ohne Schwierigkeiten eine „rollende Dose“ konstruieren und vorführen kann.

9 Versucht, das auf der Abbildung dargestellte Experiment zu beschreiben. Nutzt dabei die Hinweise und Tipps aus dem Werkzeugkasten. Ihr könnt euch bei der Beschreibung des Versuchs auch an der Reihenfolge orientieren, die ihr aus dem naturwissenschaftlichen Unterricht kennt (benötigte Materialien, Durchführung, Beobachtung, Auswertung).

So gehst du vor

Die Vorgangsbeschreibung

Wenn du einen Vorgang beschreiben willst, der immer in der gleichen Weise abläuft, solltest du darauf achten, die **einzelnen Schritte vollständig** und **in der richtigen Reihenfolge** darzustellen. Jeder Zuhörer oder Leser muss den Vorgang genau nachvollziehen können.
Vorgangsbeschreibungen braucht man z. B. für Experimente, Kunststücke und Zaubertricks, Kochrezepte, Bastelanleitungen, Reparaturanweisungen, Bedienungsanleitungen, Spielbeschreibungen oder Turnübungen.
Dabei kann es sinnvoll sein, zuerst anzugeben, welche **Werkzeuge, Materialien** oder **Zutaten** man braucht. Wichtig können auch genaue **Mengen-, Zeit- oder Maßangaben** sein. Oft ist es angebracht, **Fachausdrücke** zu verwenden.
Eine Vorgangsbeschreibung sollte **sachlich** sein. Da es sich um wiederholbare Vorgänge handelt, steht sie meist im **Präsens**.

10 **Durchstarten! So könnt ihr weiterarbeiten:**
Sucht selbst interessante Experimente und beschreibt sie euren Mitschülern. Ihr könnt auch eine Sammlung mit den besten Versuchen anlegen, die ihr dann mit Bildern illustriert und als Heft gestaltet.

2. Beschreiben, mal so, mal so – Aktiv und Passiv

Kann man Töne sehen?

Wer diese Frage beantworten will, muss sich zuerst einige Materialien besorgen: Er braucht einen Luftballon, eine Schere, eine Konservendose ohne Deckel und Boden, Gummiband, Klebestreifen, Klebstoff, eine kleine Spiegelscherbe (mit etwa 0,5 cm Kantenlänge) und eine Taschenlampe.

Der Schüler, der das Experiment durchführen will, muss zunächst folgende Vorbereitungen treffen: Er muss als Erstes vom Luftballon den Hals abschneiden und den übrigen Teil straff über die Öffnung der Blechdose ziehen. Dann muss er den Ballon mit Gummiband befestigen und an den Kanten mit Klebeband festkleben, damit er nicht abrutschen kann. Darauf klebt der Experimentierende das Spiegelstückchen mit Klebstoff auf den gespannten Ballon nahe an den Dosenrand, sodass die Spiegelseite oben ist.

Anschließend legt der Schüler (oder die Schülerin) die Dose ganz ruhig auf einen Tisch und befestigt sie, damit sie nicht wegrollen kann. Danach muss der Durchführende die Taschenlampe so auf das Spiegelstückchen richten, dass der Spiegel als Reflexion einen Lichtfleck an die Wand (oder auf ein Stück Pappe als „Leinwand") wirft. Wenn der Experimentierende jetzt durch das offene Ende in die Dose hineinruft, bewegt sich der Lichtfleck an der Wand.

1 Versucht zu erklären, wie dieses Experiment funktioniert. Inwiefern werden bei diesem Versuch Töne sichtbar gemacht?

2 Was könnte man an der Versuchsbeschreibung noch verbessern?

Niklas hat selbst einige Sätze noch einmal überarbeitet:

Wer diese Frage beantworten will, muss sich zuerst einige Materialien besorgen.	–	Zuerst müssen einige Materialien besorgt werden.
Der Schüler, der das Experiment durchführen will, muss zunächst folgende Vorbereitungen treffen.	–	Zunächst werden folgende Vorbereitungen getroffen.
Der Experimentierende befestigt den Ballon mit Gummiband.	–	Der Ballon wird mit Gummiband befestigt.

3 Erklärt, was Niklas in den überarbeiteten Sätzen geändert hat. Achtet dabei auch auf die Verbformen.

4 Was wird durch die Veränderungen bewirkt?

5 Versucht, auch die folgenden Sätze in ähnlicher Weise zu verändern. Schreibt sie dafür in euer Heft und überarbeitet sie dann.

- Niklas kauft zunächst einen Luftballon, Gummiband und Klebstoff.
- Danach klebt der Experimentierende das Spiegelstückchen auf den Ballon.
- Anschließend legt der Schüler (oder die Schülerin) die Dose ganz ruhig auf einen Tisch und befestigt sie.
- Dann muss derjenige, der den Versuch durchführt, eine Taschenlampe auf das Spiegelstückchen richten.
- Anschließend verdunkelt der Experimentierende sorgfältig das Zimmer.
- Das Spiegelstückchen wirft einen Lichtfleck an die Wand.

REGEL

Aktiv und Passiv (Genus Verbi)

Wenn bei einer Handlung der **Handelnde** oder **Ausführende** im Mittelpunkt steht, benutzt man meistens das **Aktiv**.

Beispiel: **Niklas** löst absichtlich den Feueralarm aus.

Wenn aber stattdessen der **Vorgang** oder das **Geschehen** selbst im Mittelpunkt steht, kann man auch das **Passiv** verwenden. Dabei kann der Verursacher genannt werden, er kann aber auch verschwiegen werden.

Beispiel:
Aktiv: Der Schüler besorgt zuerst einige Materialien.
Passiv: Zuerst werden einige Materialien (vom Schüler) besorgt.

Durch die Verwendung des Passivs können Texte, die überflüssige Täterangaben enthalten, verkürzt werden.

Der sonnenbetriebene Wasserreiniger

In den Sommerferien schreibt Niklas einen Brief an seinen Freund Simon, der gerade für einige Wochen bei seinen Großeltern an der Nordsee ist:

„Gestern wurde mir eine besonders schwere Aufgabe gestellt: Weil das Trinkwasser in Fluffys Hundenapf immer wieder von meiner kleiner Schwester Nadine mit Sandkistensand verschmutzt wurde, hat meine Mutter mich beauftragt, einen Wasserreiniger zu erfinden. Nach langem Grübeln und Blättern in meinen Experimentierbüchern habe ich die Lösung gefunden! In einem Buch wird folgendes Experiment beschrieben: Zunächst werden einige Materialien besorgt: eine große Schüssel oder Wanne, ein Glas, zwei kleine Steine, ein Stück Frischhaltefolie, das groß genug ist, um den Schüsselrand zu bedecken, und Klebeband.

Die Schüssel wird etwa fünf Zentimeter hoch mit schmutzigem Wasser gefüllt und dann an einen sonnigen Platz gebracht. Danach wird das Glas aufrecht in die Mitte der Schüssel ins Wasser gestellt und mit einem Stein beschwert. Über die Schüssel wird die Klarsichtfolie gezogen und mit Klebestreifen am Rand befestigt. Der Stein wird schließlich genau über dem Glas in die Mitte der Plastikfolie gelegt. Im Laufe des Tages bilden sich kleine Tröpfchen mit sauberem Wasser auf der Innenseite der Folie und fallen in das Glas.

Das Experiment wurde natürlich gleich mit Fluffys Hundenapf ausprobiert. Es hat zwar sehr lange gedauert, bis ein paar Schluck Wasser ge-

reinigt wurden, sodass Fluffy zunächst aus einem Eimer trinken musste. Aber funktioniert hat es!“

1 Versucht zu erklären, wie der „sonnenbetriebene Wasserreiniger“ funktioniert.

2 Sucht aus dem gesamten Text alle Verben heraus, die im Passiv stehen, und sammelt sie an der Tafel oder in eurem Heft.

3 Bestimmt dann die Zeitstufe der herausgesuchten Passivformen. Welche beziehen sich auf die Gegenwart (Präsens), welche auf die Vergangenheit (Präteritum)?

4 Tragt die Passivformen anschließend in eurem Heft in eine Tabelle ein:

Tempusformen des Passivs: Präsens und Präteritum	
Zeit	**Passivform**
Präsens	werden besorgt …
Präteritum	wurde gestellt …

5 Versucht auch, die Zeitstufe der folgenden Sätze zu bestimmen. Nehmt dabei den Regelkasten unten zu Hilfe.

- Weil Fluffys Trinkwasser verschmutzt worden war, wurde der „sonnenbetriebene Wasserreiniger“ in Auftrag gegeben.
- Obwohl die Aufgabe eigentlich nur im Scherz gestellt worden war, wurde sie von Niklas sehr ernst genommen.
- Bei jedem Experiment werden alle Vorbereitungen von Niklas sehr sorgfältig getroffen.
- Die schwierige Aufgabe ist von Niklas so erfolgreich gelöst worden, dass er jetzt häufig auf seinen Einfallsreichtum angesprochen wird.
- Fluffy wurde wieder regelmäßig mit Wasser versorgt.
- Niklas ist für seinen „sonnenbetriebenen Wasserreiniger“ von seiner Mutter ganz besonders gelobt worden.
- Auch von seinen Freunden ist die Erfindung sehr bewundert worden.
- Allerdings wird Niklas auch von einigen Mitschülern beneidet oder verspottet.

REGEL

Die Bildung der Passivformen

Das Passiv wird gebildet durch eine konjugierte (gebeugte) **Form des Verbs *werden*** und das **Partizip II** eines Verbs (z. B. besorgt, gelaufen, aufgestellt).

	Aktiv	**Passiv**
Präsens	Ich **baue** ein Flugzeug.	Ein Flugzeug **wird** (von mir) **gebaut**.
Präteritum	Ich **baute** ein Flugzeug.	Ein Flugzeug **wurde** (von mir) **gebaut.**
Perfekt	Ich **habe** ein Flugzeug **gebaut**.	Ein Flugzeug **ist** (von mir) **gebaut worden**.
Plusquamperfekt	Ich **hatte** ein Flugzeug **gebaut**.	Ein Flugzeug **war** (von mir) **gebaut worden.**
Futur I	Ich **werde** ein Flugzeug **bauen**.	Ein Flugzeug **wird** (von mir) **gebaut werden.**

- Während des Experiments wurde er von seiner Schwester misstrauisch beobachtet.
- Sicherlich werden von Niklas und Simon noch viele Experimente durchgeführt werden.

6 Formt die folgenden Passivsätze wieder ins Aktiv um. Schreibt dafür beide Fassungen in euer Heft.

- Niklas wurde von seiner Mutter beauftragt.
- Das Trinkwasser war von seiner Schwester verschmutzt worden.
- Die Lösung wurde von Niklas gefunden.
- Zunächst werden von ihm einige Materialien besorgt.
- Die Schüssel wird von ihm mit Wasser gefüllt.
- Das Experiment wurde von Niklas sofort ausprobiert.
- Der fleißige Bastler ist danach von seiner Mutter ganz besonders gelobt worden.
- Auch von seinen Freunden ist die Erfindung sehr bewundert worden.
- Sicherlich werden von ihm noch viele Experimente durchgeführt werden.

7 **Durchstarten! So könnt ihr weiterarbeiten:** Legt wie in dem Regelkasten auf S. 264 eine Tabelle an und bildet zu folgendem Satz die unterschiedlichen Formen:

Max besucht Lisa.

Wie lässt sich ein Eiswürfel mit einem Streichholz heben?

Niklas bietet Simon eine Wette an: Er will einen Eiswürfel mithilfe eines Streichholzes heben. Simon unternimmt sofort diesen Versuch, der aber immer wieder scheitert. Nicht einmal mit mehreren Streichhölzern kann er den Eiswürfel anheben, weil ihm dieser andauernd wieder wegrutscht.
Schließlich zeigt Niklas ihm den Trick: Er füllt ein Gefäß mit Wasser und legt dann einen Eiswürfel hinein. Danach legt er das Streichholz vorsichtig auf den Würfel und streut etwas Salz darauf. Weil Salzwasser bei einer niedrigeren Temperatur friert als normales Wasser, schmilzt das Eis an der Oberfläche des Würfels. Darauf friert das Streichholz schnell wieder am Eiswürfel fest. Niklas nimmt das Streichholz vorsichtig an beiden Enden und hebt den Eiswürfel hoch.

1 Schreibt den Text in euer Heft und formt dabei die unterstrichenen Sätze ins Passiv um.

2 Untersucht anhand der umformulierten Sätze, welche Satzglieder von der Umwandlung ins Passiv jeweils betroffen sind. Versucht dann, eine Regel dafür aufzustellen, welche Satzglieder bei der Umformung ins Passiv verändert werden müssen.

3 Vergleicht den umformulierten Text mit dem Original. Untersucht, ob die Umformung ins Passiv bei jedem Satz sinnvoll ist.

REGEL

Umformung vom Aktiv ins Passiv

Bei der Umformung vom Aktiv ins Passiv wird das **Akkusativobjekt des Aktivsatzes** (Frage: Wen oder was?) zum **Subjekt des Passivsatzes** (Frage: Wer oder was?).

Akkusativobjekt / *Subjekt*
Beispiel: Niklas besorgt einige Materialien. ➔ Einige Materialien werden (von Niklas) besorgt.

4 Durchstarten! So könnt ihr weiterarbeiten: Schreibt die folgenden Sätze in euer Heft. Unterstreicht dann alle Subjekte mit einem roten Stift und alle Akkusativobjekte mit einem blauen. Formt danach die Sätze ins Passiv um und unterstreicht wieder alle Subjekte mit einem roten Stift.

- Niklas liest viele Experimentierbücher.
- Niklas' Mutter stellt den zwei Jungen viele Aufgaben.
- Immer wieder plündern die beiden ihre Sparschweine.
- Mit dem Geld kaufen sie Materialien für ihre Versuche.
- Die beiden erfinderischen Jungen führten letztes Jahr unzählige Versuche durch.
- Dabei gewannen sie wertvolle Erkenntnisse.
- Schon in der Sandkiste hatten sie die kunstvollsten Burgen gebaut.

Heimlich um die Ecke sehen: Das Periskop

Ein Periskop ein Gerät (sein), mit dem man um eine Ecke oder über eine Mauer (sehen können). Ein Periskop auch (benötigen), wenn der Kommandant eines Unterseeboots (sehen wollen), was über der Wasseroberfläche (geschehen). So ein Periskop (bauen):
Zunächst einige Materialien (besorgen), und zwar zwei kleine, viereckige Spiegel, ein Stück von einem starken Karton (ca. 30 cm x 30 cm), Klebeband, Lineal, Geodreieck und Schere. Als Erstes der Karton durch drei Linien gleichmäßig in vier Streifen (teilen). Dann in den zweiten und vierten Streifen ein großes Viereck als späteres „Guckloch“ (ausschneiden). Das eine Viereck nahe dem oberen Rand (ausschneiden), das andere in der gleichen Entfernung zum unteren Rand (sich befinden). In die beiden anderen Streifen je zwei Schlitze (schneiden), die genau auf der Höhe der viereckigen Löcher (liegen). Diese Streifen einen Winkel von genau 45 Grad mit den Seiten des Kartons (bilden müssen). Danach der Karton zu einem röhrenförmigen Gebilde (falten) und mit Klebeband (festkleben). In die schrägen Schlitze die beiden Spiegel (stecken) und ebenfalls (festkleben). Dabei der eine Spiegel nach oben und der andere nach unten (wenden), sodass die beiden Spiegelseiten einander (gegenüberliegen). Nun das Periskop fertig (sein).

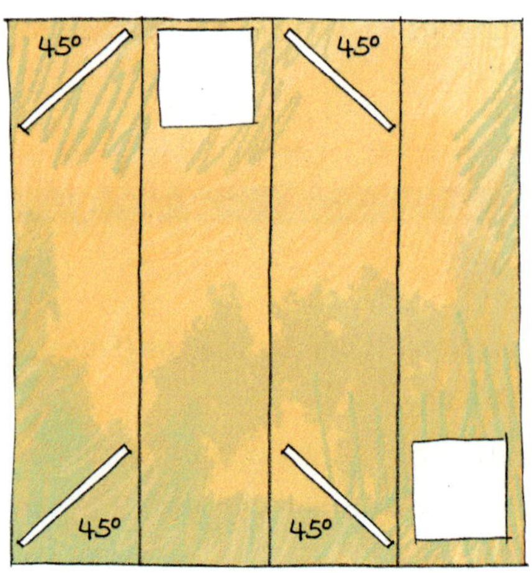

1 Schreibe den Text ab und setze dabei die eingeklammerten Infinitive in einer konjugierten Form ein. Entscheide dabei selbst, in welchen Fällen die Aktivform passend ist und wann sich eher die Passivform anbietet.

2 Vergleicht eure Ergebnisse. Begründet dabei jeweils die Entscheidung für das Aktiv oder Passiv.

3 Durchstarten! So könnt ihr weiterarbeiten:

a Untersucht die Verwendung von Passivformen in der Zeitung. Besorgt euch dafür jeweils ein Exemplar einer Tageszeitung. Sucht möglichst viele Verben im Passiv heraus und beantwortet dann folgende Fragen:

- Gibt es bestimmte Sparten oder Seiten (z. B. Titelblatt, Politik, Wirtschaft, Sport), in denen besonders viele Passivformen verwendet werden?
- Kommen die Passivformen in einigen Textsorten (z. B. Nachricht, Bericht, Reportage, Kommentar) häufiger vor als in anderen?
- An welchen Stellen der Texte (z. B. Schlagzeile, Vorspann/Lead, eigentlicher Text) lassen sich besonders viele Verben im Passiv finden?
- Lässt sich erkennen, warum die Passivformen jeweils verwendet wurden (z. B. um den Text zu kürzen, um Wiederholungen zu vermeiden, weil der Handelnde unwichtig oder unbekannt ist)?

b Vergleicht anschließend eure Ergebnisse. Wenn ihr verschiedene Tageszeitungen untersucht habt, achtet darauf, ob ihr Unterschiede bei der Verwendung der Passivformen feststellen könnt.

Das musst du lernen und wissen

Aktiv und Passiv (Genus Verbi)

Wenn bei einer Handlung der **Handelnde** oder **Ausführende** im Mittelpunkt steht, benutzt man meistens das **Aktiv**.

Beispiel: *Niklas* gewinnt den Experimentierwettbewerb.

Steht aber stattdessen der **Vorgang** oder das **Geschehen** selbst im Mittelpunkt, kann man auch das **Passiv** verwenden. Wenn der Täter unbekannt ist oder man ihn nicht nennen möchte, braucht man ihn nicht mit anzugeben (**„täterloses Passiv"**).

Beispiel: Zuerst werden einige Vorbereitungen getroffen.

Oft finden sich aber auch in Passivsätzen Angaben über handelnde Personen (**„täterabgewandtes Passiv"**).

Beispiel: Gestern wurde Niklas *von seiner Mutter* mit einer Erfindung beauftragt.

Das Passiv wird gebildet durch eine konjugierte (gebeugte) **Form des Verbs *werden*** und das **Partizip II** eines Verbs (z. B. besorgt, gelaufen, aufgestellt).
Bei der Umformung vom Aktiv ins Passiv wird das **Akkusativobjekt des Aktivsatzes** (Frage: Wen oder was?) zum **Subjekt des Passivsatzes** (Frage: Wer oder was?).

Akkusativobjekt *Subjekt*
Beispiel: Niklas besorgt einige Materialien. → Einige Materialien werden (von Niklas) besorgt.

Durch die Verwendung des Passivs können Texte, die überflüssige Täterangaben enthalten, verkürzt werden. Andererseits können Texte mit vielen Passivformen auch recht lang und umständlich wirken. Daher bietet sich eine Umformung ins Passiv nicht immer an.

3. Kleine Übungen zur Lernkontrolle

1 Zeichne die folgende Tabelle in dein Heft und trage die fehlenden Ausdrücke ein.

	Aktiv	**Passiv**
Präsens	Marie baut einen Drachen.	
Präteritum		
Perfekt		
Plusquamperfekt	Marie hatte einen Drachen gebaut.	
Futur I		Der Drachen wird von Marie gebaut werden.

2 Vervollständige die folgenden beiden Sätze.

- Bei der Umformung vom Aktiv ins Passiv wird das Akkusativobjekt des Aktivsatzes zum [redacted] des Passivsatzes.
- Bei der Umformung vom [redacted] ins Aktiv wird das [redacted] des Passivsatzes zum Akkusativobjekt des [redacted].

3 Handelt es sich bei den folgenden Sätzen um ein täterloses (1) oder täterabgewandtes (2) Passiv? Schreibe die Sätze in dein Heft und trage die richtige Ziffer (1 oder 2) in die jeweilige Klammer ein.

- Wasser und Honig werden in einen kleinen Topf gegeben. (?)
- Die Hausfassade wurde von einem Künstler neu gestaltet. (?)
- Der Dieb ist endlich von der Polizei gefasst worden. (?)
- Zuvor war die Bank mehrere Male überfallen worden. (?)

4 Unterstreiche im folgenden Text die Sätze, die eine Passivform enthalten.

Nichts für Falschspieler

Wusstest du, dass in Münzautomaten sogenannte Münzprüfer eingebaut wurden, die Metallplättchen, fremde Währungen oder Knöpfe erkennen und aussortieren? Mithilfe eines Magnets wird zunächst geprüft, ob der eingeworfene Gegenstand die richtige Metallmischung (Legierung) hat. Anschließend wird die eingeworfene Münze auf Gewicht und Größe überprüft. Erst wenn alles stimmt, wird das Gerät, in das die Münze geworfen wurde, aktiv.

5 Einige Schüler der Klasse 7c haben in einer Zeitschrift folgende Anleitung gefunden. Beschreibe den Vorgang in einem zusammenhängenden Text. Erkläre abschließend, warum man den Vogel in dem Käfig sieht.

Einen Vogel mit Pappdeckeln „fangen“

Material:
- 2 Pappdeckel
- 1 Holzstäbchen
- Klebstoff/Klebestift
- Buntstift

Ablauf:

1. Schritt:
- Pappdeckel bemalen (Vogel und Käfig)

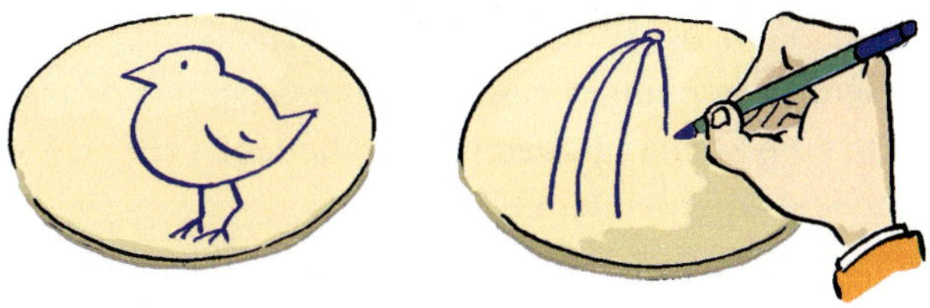

2. Schritt
- Holzstäbchen zwischen bemalte Pappdeckel kleben

3. Schritt
- Stab schnell drehen

Darüber möchte ich gern beschwichtigen –

„Darüber möchte ich gern sprechen." Vielleicht hast du diesen Satz in der letzten Zeit so oder so ähnlich selbst verwendet. Wenn man in eine schwierige Situation geraten ist, ist es wichtig, dass man jemanden hat, mit dem man darüber sprechen kann. Oft hilft es schon, ein Problem im Gespräch loszuwerden. Und vielleicht weiß dein Gesprächspartner oder deine Gesprächspartnerin einen guten Rat und kann dich trösten. In diesem Kapitel werden zunächst einige Möglichkeiten gezeigt, mit einem Problem umzugehen und Lösungen zu finden.
Außerdem lernt ihr, wie ihr in einem Gespräch oder auch in schriftlicher Form eure Meinung überzeugend darlegen könnt. Man spricht dabei auch von argumentieren.

sprechen: Mut machen – argumentieren

1 Wer ist für euch ein wichtiger Gesprächspartner, wenn es euch nicht so gut geht?

2 Wann habt ihr den Satz „Darüber möchte ich gern mit dir sprechen“ oder einen ähnlichen Satz in der letzten Zeit gebraucht? Um welche Situation ging es? Konnte euch euer Gesprächspartner helfen? Erzählt davon.

3 Es gibt auch Menschen, die über Probleme nicht gern sprechen. Welche Gründe könnte das haben?

4 Bestimmt erinnert ihr euch an ein Gespräch, in dem ihr eine andere Meinung vertreten habt als euer Gesprächspartner. Worum ging es in diesem Gespräch? Wie verlief das Gespräch und wie endete es?

5 Was ist manchmal so schwierig daran, wenn in Gesprächen unterschiedliche Meinungen aufeinandertreffen?

1. „Muss das gerade heute sein?“ – Eine Problemsituation erleben

LEHRERIN: (*betritt mit Klassenarbeiten den Klassenraum der 7a*) Guten Morgen.

KLASSE: Morgen.

ANNA: (*leise zu Lilia*) Muss das denn gerade heute sein?

LEHRERIN: (*legt Hefte etwas lauter als gewöhnlich auf den Tisch*) Es ist nicht schwer zu erkennen, womit ich die letzten drei Abende zugebracht habe. Besonders erfreulich war das nicht.

MAX: (*leise*) Hat die 'ne Laune.

LEHRERIN: Vier Wochen haben wir uns mit dem Thema beschäftigt. Ich muss schon sagen, ich bin ganz schön enttäuscht.

MARIE: War aber auch ziemlich schwer, die Arbeit.

DENNIS: Und viel zu lang. Hat kaum einer die letzte Aufgabe geschafft. Nur Lilia …

MARIE: … und die ist ja auch super in Mathe.

LEHRERIN: Viel zu lang? Das kann nun wirklich nicht sein. Gerade gestern habe ich die Arbeit als Übung in eurer Parallelklasse schreiben lassen. Fast alle sind fertig geworden. Nicht nur die Mathematikgenies.

LILIA: Bei einer Übungsarbeit ist man auch nicht so aufgeregt wie bei einer richtigen Klassenarbeit.

LEHRERIN: Ihr seid doch nicht mehr in der Klasse 5. In der 7 sollte man sich langsam daran gewöhnt haben, eine Klassenarbeit zu schreiben. Oder?

JONAS: (*leise zu Jannis*) Hat die 'ne Ahnung. Mir wird bei 'ner Klassenarbeit immer richtig schlecht. Ich brauch nur den Aufgabenzettel zu sehen.

LEHRERIN: Ihr passt einfach nicht richtig auf, wenn etwas erklärt wird. So ist es!

Jannis: (*leise zu Jonas*) Stimmt gar nicht!

Jonas (*leise zu Jasmin*): Das sehe ich auch so. Aber ich glaube, im Moment kann man mit ihr darüber nicht reden.

Lehrerin: Jetzt will ich erst einmal die Hefte loswerden. Schaut euch eure Arbeit in Ruhe an. Wir besprechen dann die einzelnen Aufgaben.

Anna: (*leise zu Lilia*) Wenn ich wieder 'ne Fünf habe, darf ich bestimmt nicht bei dir schlafen, am Wochenende. Und die Party fällt auch ins Wasser. Die regen sich immer so auf, meine Eltern.

Lilia: Warte doch erst einmal ab.

1 Sprecht über die Atmosphäre, in der dieses Gespräch abläuft, und über die Stimmung der Gesprächsteilnehmer. Sucht nach geeigneten Textstellen, die eure Aussagen belegen.

2 Welche Gründe könnte es für das Verhalten der Lehrerin geben? Wie bewertet ihr dieses Verhalten?

3 Versucht zu erklären, welche Bedeutung es für den Ablauf des Gesprächs hat, dass eine Lehrerin und eine Schülergruppe beteiligt sind. Was wäre bei einem Gespräch, das nur von Schülern geführt wird, anders?

4 Sprecht und spielt das Gespräch. Überlegt, wie ihr durch Gestik, Mimik und Betonungen die einzelnen Aussagen verdeutlichen könnt. Probiert unterschiedliche Möglichkeiten aus.

5 Daran, dass die Mathematikarbeit nicht so gut ausgefallen ist, ist zunächst nichts zu ändern. Wie könnte die Lehrerin die Stunde nach der Begrüßung auf andere Weise beginnen, und zwar so, dass Max nicht sagt: „Hat die 'ne Laune." Schreibt unterschiedliche Möglichkeiten auf und tragt sie der Klasse vor.

6 Bei der Unterrichtsvorbereitung am Nachmittag erinnert sich die Lehrerin an das Gespräch und an die Äußerungen der Schülerinnen und Schüler. Sie beschließt, am folgenden Tag noch einmal mit der Klasse zu reden. Worüber könnte die Lehrerin nachdenken? Schreibt ihre Gedanken in Form eines inneren Monologs auf. So könnt ihr beginnen:

„Na ja, ich war heute Morgen ja doch ganz schön wütend ..."

7 Auf welche Lösung des Problems könnten sich die Lehrerin und die Klasse am folgenden Tag in einem Gespräch verständigen? Schreibt ein solches Gespräch auf. Sprecht und spielt es.

2. „Das kriegen wir bestimmt hin!“ – Trösten und Mut machen

Annas Arbeit ist, wie sie es befürchtet hat, tatsächlich mangelhaft. Darüber ist sie verständlicherweise traurig, was man ihr auch ansieht.

1 Wie würdet ihr als Mitschüler oder Mitschülerin auf Annas Problem reagieren?

In der Pause kommt es zu einem Gespräch zwischen einigen Schülerinnen und Schülern der 7a.

Leon: (*zu Anna*) Was ist denn mit dir los?

Lilia: Mensch, kannst du dir das nicht denken?

Leon: Auch 'ne Fünf?

Anna: (*nickt traurig*)

Marie: Da bist du nicht die Einzige. War aber auch verflixt schwer, die Arbeit.

Leon: Stell dich doch nicht so an, Anna. Eine Fünf ist doch wirklich nicht schlimm, da brauchste nicht gleich loszuheulen.

Nils: Ganz genau. „Besser 'ne Fünf als gar keine persönliche Note“, sagt mein großer Bruder immer.

Lilia: Der muss es ja wissen. – Leon, tu nicht so cool. Wer war denn die Heulboje, als er den Basketball vor den Kopf bekommen hat, gestern?

Leon: Das tat ja auch richtig weh!

Dennis: Die vorletzte Mathearbeit war bei mir auch daneben ... kenne das Gefühl. Diesmal hab ich mit meinem Patenonkel vorher geübt. Der hatte mir das angeboten.

Laura: Und?

Dennis: Vier plus. Mit mehr Zeit wäre es mindestens eine Drei geworden.

ANNA: Ich hab so viel geübt vorher. Morgens habe ich mir noch einmal alle Formeln angeschaut ...

MARIE: ... und bei der Arbeit war alles weg. Genau wie bei mir.

DENNIS: Ich glaub, es ist auch viel besser, wenn man vorher an was ganz anderes denkt. Sagt zumindest mein Patenonkel ...

LEON: ... und der weiß schließlich immer alles.

ANNA: Jetzt darf ich am Wochenende bestimmt nicht bei Lilia schlafen – und die Party fällt dann auch ins Wasser.

MARIE: Find ich gemein!

LILIA: Ich kann ja gleich mitkommen, zu euch nach Haus. Das kriegen wir bestimmt hin. Ich hab sogar schon eine Idee. Aber vorher holen wir uns noch ein Eis bei Venezia.

LEON: Da komm ich selbstverständlich mit.

MARIE: Du bist echt super!

2 Wie reagieren die einzelnen Schülerinnen und Schüler auf Annas Problem? Versucht die Reaktionen zu benennen, z. B.:

- das Problem herunterspielen,
- auf eigene Erfahrungen hinweisen,
- ...

3 Welche Verhaltensweisen und Äußerungen könnten eurer Meinung nach Anna bei ihrem Problem helfen, welche sind weniger oder gar nicht hilfreich? Nennt weitere Möglichkeiten, dem Mädchen zu helfen.

Judith Kerr (geb. 1923)
Eingekleidete Aufgaben

■ Auch im folgenden Gespräch geht es um ein Problem und um den Versuch, Lösungen dafür zu finden. Das Gespräch stammt aus dem Jugendbuch „Als Hitler das rosa Kaninchen stahl" von Judith Kerr. Hauptperson ist das Mädchen Anna, das nach der Machtergreifung durch die Nationalsozialisten im Jahre 1933 mit seinem Bruder und den Eltern Deutschland verlassen muss, weil sie Juden sind. Über die Schweiz und Frankreich gelangt die Familie schließlich nach England. Der folgende Auszug spielt in Frankreich. Anna und ihr Bruder Max sind gezwungen, die französische Sprache zu erlernen, um weiterhin eine Schule besuchen zu können. Dieses ist trotz ihrer verständnisvollen Lehrerin Madame Socrate mit erheblichen Schwierigkeiten verbunden. Vor allem Anna nimmt sich die Situation sehr zu Herzen. ■

Eines Tages kam Mama ins Zimmer, als sie über ihren Aufgaben saß.
„Bist du bald fertig?", fragte Mama. „Noch nicht", sagte Anna, und Mama trat zu ihr und schaute in ihr Heft.
Es waren Rechenaufgaben, und alles, was Anna geschrieben hatte, war: „Eingekleidete Aufgaben" und das Datum.
Sie hatte mit dem Lineal ein Kästchen um die Wörter „Eingekleidete Aufgaben" gezogen und dieses Kästchen mit einer Wellenlinie in roter Tinte umgeben. Dann hatte sie die Wellenlinie

mit Pünktchen verziert und drumherum eine Zickzacklinie gemalt und diese wieder mit blauen Pünktchen verziert.

Zu all dem hatte sie beinahe eine Stunde gebraucht. Bei diesem Anblick explodierte Mama. „Kein Wunder, dass du mit deinen Aufgaben nicht fertig wirst. Du schiebst sie immer wieder auf, bis du zu müde bist, noch einen Gedanken zu fassen. Auf diese Weise wirst du überhaupt nichts lernen!" Dies war so genau, was Anna selber dachte, dass sie in Tränen ausbrach.

„Ich strenge mich doch an", schluchzte sie, „aber ich kann es einfach nicht. Es ist zu schwer! Ich versuche und versuche, und es hat keinen Sinn!"

Und bei einem neuen Ausbruch tropften die Tränen auf die Überschrift „Eingekleidete Aufgaben", sodass das Papier Blasen warf. Die Wellenlinie verlief und vermischte sich mit dem Zickzack.

„Natürlich kannst du es", sagte Mama und griff nach dem Buch. „Sieh mal, ich helfe dir ..."

Aber Anna schrie ganz heftig: „Nein!", und stieß das Buch weg, dass es über die Tischkante rutschte und zu Boden fiel.

„Nun, offenbar bist du heute nicht in der Lage, Aufgaben zu machen", sagte Mama, nachdem sie einen Augenblick geschwiegen hatte. Sie ging aus dem Zimmer.

Anna fragte sich gerade, was sie tun sollte, als Mama im Mantel zurückkam. „Ich muss noch Kabeljau zum Abendessen kaufen", sagte sie, „am besten gehst du ein bisschen mit an die frische Luft." Sie liefen, ohne zu sprechen, nebeneinander die Straße hinunter. Es war kalt und dunkel, und Anna trottete, die Hände in den Manteltaschen, neben Mama her und fühlte sich ganz leer. Sie taugte nichts. Sie würde nie richtig Französisch lernen. Sie war wie Grete[1], die nie hatte lernen können, aber anders als Grete konnte sie nicht in ihr eigenes Land zurückkehren. Bei diesem Gedanken kamen ihr wieder die Tränen, und Mama musste sie am Arm packen, damit sie nicht in eine alte Dame hineinlief.

Das Fischgeschäft war ziemlich weit entfernt in einer belebten, hell erleuchteten Straße. Nebenan war eine Konditorei, in deren Schaufenster cremige Köstlichkeiten ausgestellt waren, die man entweder mitnehmen oder an einem der kleinen Tische drinnen verzehren konnte. Anna und Max hatten den Laden oft bewundert, hatten aber nie einen Fuß hineingesetzt, weil es zu teuer war. Diesmal war Anna zu elend zumute, um auch nur hineinzuschauen, aber Mama blieb an der schweren Glastür stehen.

„Wir wollen hier hineingehen", sagte sie zu Annas Überraschung und schob sie durch die Tür. Eine Welle warmer Luft und ein köstlicher Geruch nach Schokolade und Gebäck schlug ihnen entgegen.

„Ich trinke eine Tasse Tee, und du kannst ein Stück Kuchen haben", sagte Mama, „und dann reden wir mal miteinander." „Ist es nicht zu teuer?", fragte Anna mit dünnem Stimmchen. „Ein Stück Kuchen können wir uns schon leisten", sagte Mama, „du brauchst dir ja keins von den ganz riesigen auszusuchen, sonst bleibt uns vielleicht nicht genug Geld für den Fisch."

Anna wählte ein Törtchen, das mit süßem Kastanienpüree und Schlagsahne gefüllt war, und sie setzten sich an eins der Tischchen. „Sieh mal", sagte Mama, als Anna die Gabel in ihr Gebäckstück bohrte, „ich verstehe ja, wie schwer es für dich in der Schule ist, und ich weiß, dass du dir Mühe gegeben hast. Aber was sollen wir denn machen? Wir leben in Frankreich, und du musst Französisch lernen."

„Ich werde so müde", sagte Anna, „und es wird schlechter statt besser mit mir. Vielleicht gehöre ich zu den Menschen, die keine Fremdsprachen lernen können."

Mama geriet in Harnisch.

„Unsinn!", sagte sie. „In deinem Alter gibt es so etwas überhaupt nicht."

Anna probierte ein Stückchen von ihrem Kuchen. Er war köstlich.

„Willst du mal probieren?", fragte sie. Mama schüttelte den Kopf.

„Du bist bis jetzt gut vorangekommen", sagte sie nach einer Weile. „Jeder bestätigt mir, dass

---

[1] **Grete**: eine Hausangestellte der Familie

deine Aussprache vollendet ist, und dafür, dass wir erst ein Jahr hier sind, hast du schon eine Menge gelernt."

„Es kommt mir nur so vor, als käme ich jetzt nicht mehr weiter", sagte Anna.

„Aber du kommst weiter!", sagte Mama.

Anna blickte auf ihren Teller.

„Schau mal", sagte Mama, „es geht nicht immer alles so, wie man es erwartet. Als ich Musik studierte, mühte ich mich manchmal wochenlang mit einem Stück ab, ohne etwas zu erreichen – und dann ganz plötzlich, genau als ich das Gefühl hatte, dass es ganz hoffnungslos sei, wurde mir die ganze Sache klar, und ich begriff nicht, warum ich es vorher nicht eingesehen hatte. Vielleicht ist es mit deinem Französisch so ähnlich."

Anna sagte nichts. Sie hielt das nicht für wahrscheinlich. Dann schien Mama einen Entschluss zu fassen.

„Ich will dir sagen, was wir machen", sagte sie, „es sind nur noch zwei Monate bis Weihnachten. Willst du es noch einmal versuchen? Wenn du dann Weihnachten wirklich das Gefühl hast, dass du es nicht schaffst, wollen wir uns etwas anderes überlegen. Ich weiß nicht genau was, denn wir haben kein Geld für eine Privatschule, aber ich verspreche dir, ich überlege mir etwas. Ist es jetzt in Ordnung?"

„In Ordnung", sagte Anna.

Der Kuchen war wirklich ganz vorzüglich, und als sie das letzte bisschen Kastanienpüree vom Löffel geleckt hatte, kam sie sich nicht mehr so sehr wie Grete vor. Sie blieben noch ein Weilchen an dem kleinen Tisch sitzen, weil es so angenehm war, hier zu sein.

„Wie schön, wenn man mit seiner Tochter zum Tee ausgehen kann", sagte Mama schließlich und lächelte.

Anna erwiderte ihr Lächeln.

Die Rechnung war höher, als sie erwartet hatten, und nun hatten sie doch nicht mehr genug Geld für den Fisch, aber Mama kaufte stattdessen Muscheln. Die schmeckten ebenso gut. Am Morgen gab sie Anna ein Briefchen für Madame Socrate, um das Fehlen der Hausaufgabe zu erklären, aber sie musste noch etwas anderes hineingeschrieben haben, denn Madame Socrate sagte, Anna solle sich wegen der Schule keine Sorgen machen, und sie fand auch wieder Zeit, ihr während der Mittagspause zu helfen.

Danach schien die Arbeit nicht mehr ganz so schwer. Immer, wenn sie drohte sie zu überwältigen, dachte Anna daran, dass sie sich nicht ewig würde anstrengen müssen, und dann stellte sich für gewöhnlich heraus, dass sie es doch schaffte.

(1973)

1 Bereitet in kleineren Gruppen einen szenischen Lesevortrag vor, bei dem mit unterschiedlichen Sprechern gearbeitet wird. Tauscht euch in der Gruppe darüber aus, wie einzelne Aussagen wirkungsvoll gelesen werden können.

2 Beschreibt Annas Situation. Mit welchen Problemen hat sie zu kämpfen? Wie ist ihre seelische Verfassung? Sucht geeignete Textstellen, die eure Aussagen belegen.

3 Auf welche unterschiedliche Weise reagiert die Mutter auf Annas Probleme? Achtet auch darauf, wie die Mutter jeweils spricht. Welche Reaktionen bewirken bei Anna eine Veränderung? Was hilft ihr offensichtlich nicht?

4 **Durchstarten! So könnt ihr weiterarbeiten:**

a Stellt euch vor, ihr wäret eine Mitschülerin oder ein Mitschüler von Anna. Versucht, dem Mädchen mithilfe eines Briefes Mut zu machen.

b Erfindet selbst Gesprächssituationen, in denen es darum geht, auf Probleme einer Person einzugehen bzw. diese Person zu trösten, z. B.:

- der verpatzte Turnwettkampf
- Streit mit dem Freund oder der Freundin
- der Tod eines Haustieres

Bildet Gruppen, überlegt zunächst, um welche Problemsituation es gehen soll und wer an dem Gespräch beteiligt ist. Schreibt euer Gespräch auf und spielt es den anderen vor. Diskutiert anschließend gemeinsam, ob die gefundenen Hilfen tatsächlich geeignet sind.

Marianne Kreft (geb. 1939)

Sabine

Wenn Sabine Hunger hat, dann sagt sie:
Ich habe Hunger.
Wenn Sabine Durst hat, dann sagt sie:
Ich habe Durst.
Wenn Sabine Bauchweh hat, dann sagt sie:
Ich habe Bauchweh.
Dann bekommt sie zu essen,
zu trinken und auch
eine Wärmflasche auf den Bauch.
Und wenn Sabine Angst hat,
dann sagt sie nichts.
Und wenn Sabine traurig ist,
dann sagt sie nichts.
Und wenn Sabine böse ist,
dann sagt sie nichts.
Niemand weiß,
warum Sabine Angst hat.
Niemand weiß,
warum Sabine traurig ist.
Niemand weiß,
warum Sabine böse ist.
Niemand kann Sabine verstehen,
und niemand kann Sabine helfen,
weil Sabine
nicht über Sabine spricht.

1 Was hat das Gedicht mit dem Thema dieses Kapitels zu tun?

2 Auf welches Problem verweist das Gedicht? Wozu fordert es auf?

3 Nicht immer gelingt es, in einem Gespräch seine Probleme loszuwerden. Man kann auch Tagebuch schreiben, Gedichte oder Geschichten verfassen. Sprecht darüber, warum gerade das *Aufschreiben* der Probleme für einen Menschen wichtig sein kann.

4 Vielleicht schreiben einige von euch regelmäßig ihre Erlebnisse in ein Tagebuch. Was ist das Besondere an einem Tagebuch?

5 Durchstarten! So kannst du weiterarbeiten:

a Wie könnte Anna aus der Erzählung von Judith Kerr ihre Probleme in ihrem Tagebuch festgehalten haben? Verfasse zunächst einen Eintrag, in dem sie ihre Probleme beschreibt. Verfasse einen weiteren Eintrag, in dem sie den Tag mit der Mutter beschreibt. Was hat sich geändert? Wie blickt Anna in die Zukunft?

b Im Folgenden findest du ein Gerüst für ein mögliches Gedicht, welches du vervollständigen kannst. Notiere auch eine passende Überschrift.

...
Wenn ich Probleme habe,
Wünsche ich mir nicht,
Dass ...
Dass ...
Dass ...
Dass ...

Wenn ich Probleme habe,
Wünsche ich mir,
Dass ...
Dass ...
Dass ...
Dass ...

Das wünsche ich mir.

Das musst du lernen und wissen

Miteinander sprechen – trösten und Mut machen

Du kannst einem Menschen, der eine schwierige Situation erlebt, im Gespräch und auf andere Weise helfen, wenn du z. B.

- ihm Zeit gibst, über sein Problem zu sprechen,
- ihm zuhörst,
- das Problem ernst nimmst und mit ihm die Bedeutung besprichst,
- ihm durch Gesten deine Freundschaft zeigst,
- von eigenen Erfahrungen mit ähnlichen Problemen berichtest,
- ihm etwas schenkst,
- ihn durch Aktivitäten von dem Problem ablenkst,
- ...

Natürlich hängt es von der konkreten Situation und dem Betroffenen ab, welche Möglichkeiten helfen und welche weniger geeignet sind.

3. „Ich sag's lieber gleich!" – Eine unangenehme Situation entlasten

Anna und Lilia sind bei Annas Wohnung angelangt. Die Mutter lässt die beiden hinein. Der Vater ist gerade damit beschäftigt, das Mittagessen zuzubereiten.

MUTTER: Hallo Anna, hallo Lilia! Das ist ja schön, dass du uns mal wieder besuchst. Ihr kommt spät. Du weißt doch, unsere Mittagspause ist so kurz.

ANNA: Tut mir leid.

LILIA: Wir müssen uns wohl etwas verquatscht haben, auf dem Weg von der Schule. Ich musste auch noch zu Hause anrufen.

ANNA: Kann Lilia bei uns essen?

VATER: Klar, die Suppe wird verlängert.

MUTTER: Was gab's denn auf dem Rückweg von der Schule so Wichtiges zu besprechen?

ANNA: Ich sag's lieber gleich. Ich hab die Mathearbeit daneben.

LILIA: War nicht die einzige Fünf. Sechs Arbeiten waren mangelhaft. Die Arbeit war auch viel zu lang ...

ANNA: ... und viel zu schwer.

MUTTER: Ihr habt doch wohl nicht nur sechs Schüler in eurer Klasse, oder?

VATER: Ich wusste es doch! Kannst du dich noch an unseren Streit erinnern, in der letzten Woche? Wer war denn der Meinung, es reicht, in null Komma nichts seine Hausaufgaben zu machen?

ANNA: Du hast ja recht. Aber an dieser Fünf kann ich jetzt auch nichts mehr ändern.

VATER: Sehr tröstlich!

LILIA: Aber wir haben uns was Gutes ausgedacht.

MUTTER: Bin ich ja mal gespannt.

ANNA: Lilia will mir nämlich helfen.

LILIA: Dennis' vorletzte Arbeit war auch mangelhaft.

ANNA: Ihm hat jemand geholfen. Diese Arbeit ist viel besser ausgefallen, fast 'ne Drei.

MUTTER: Hab verstanden. Samstagnacht wollt ihr anfangen mit den Matheübungen.

LILIA: Genau! Das heißt, natürlich nicht in der Nacht. Aber am Nachmittag.

ANNA: Und am Sonntagmorgen auch noch 'ne Stunde.

VATER: Wer's glaubt, ... Ihr wollt doch nur das Wochenende retten.

ANNA: Wir üben ganz bestimmt. Ihr könnt ja bei Lilias Eltern anrufen.

MUTTER: Na gut, aber die nächste Arbeit muss besser werden, sonst fällt der Turnwettkampf ins Wasser.

LILIA: Es klappt bestimmt, Sie werden es ja sehen.

VATER: Nun aber los, kommt zum Essen. Vielleicht habt ihr ja noch etwas Erfreulicheres zu erzählen.

ANNA: (*leise*) Geschafft!

1 Geht es auch in dieser Gesprächssituation darum, zu trösten und zu helfen? Welche Absicht verfolgen Anna und Lilia?

2 Die beiden müssen damit rechnen, dass Annas Eltern nicht gerade erfreut sind über die Nachricht von der schlechten Mathematikarbeit. Beschreibt, mit welchen „Strategien" die Mädchen den Eltern begegnen.

3 Wie bewertet ihr das Verhalten der Mädchen?

4 Schreibt ein Gespräch auf, das Lilia und Anna auf dem Rückweg von der Schule geführt haben und in dem sie sich darüber unterhalten, was sie Annas Eltern sagen wollen. Sprecht und spielt dieses Gespräch.

5 **Durchstarten! So könnt ihr weiterarbeiten:** Erfindet weitere Situationen, in denen es darum geht, jemandem etwas mitzuteilen, worüber dieser nicht gerade begeistert ist, z. B.:

- dem Nachbarn von dem Fußball, der die Riesensonnenblume umgeknickt hat,
- dem Hausmeister von dem abgebrochenen Wasserhahn,
- ...

Überlegt euch Strategien, mit denen ihr den zu erwartenden Zorn oder Unmut eures Gesprächspartners in Grenzen halten könnt. Schreibt mögliche Gespräche auf. Sprecht und spielt sie.

Das musst du lernen und wissen

Miteinander sprechen – beschwichtigen

Manchmal bist du aufgefordert, jemandem etwas mitzuteilen, über das er eventuell sehr zornig oder ungehalten sein könnte. Dann ist es wichtig, dass du versuchst, im Gespräch die Situation etwas zu entlasten. Man spricht dabei auch von beschwichtigen. Du kannst z. B.

- einen günstigen Ort und Zeitpunkt für ein Gespräch aussuchen,
- deinem Gegenüber die Wahrheit direkt sagen oder aber vorsichtig nach und nach,
- Wiedergutmachung versprechen,
- Lösungen vorschlagen, damit das Ereignis nicht noch einmal eintritt,
- ...

4. „Ich bin der Meinung, dass …“ – Argumentieren

Anna hat „eine gute Idee“, wie sie meint. In der Nähe ihres Elternhauses hat eine neue Sportschule eröffnet. Sie hat davon in der Zeitung gelesen und interessiert sich ganz besonders für die neu zu gründende Karatesportgruppe für Kinder und Jugendliche. Ihr Problem ist, dass sie gerade erst mit dem Fußball aufgehört hat, weil ihr alles zu viel geworden ist. Wie soll sie ihre Eltern davon überzeugen, dennoch etwas Neues anzufangen? Am Sonntagmorgen kommt es beim Frühstück zu einem Gespräch.

1 Was haltet ihr von Annas Idee? Wie würdet ihr an ihrer Stelle vorgehen?

Unterschiedliche Meinungen

ANNA: Ihr habt doch bestimmt letzte Woche in der Zeitung gelesen, dass eine neue Sportschule eröffnet hat, drüben am Berliner Ring.

VATER: Sportschule?

MUTTER: Hab ich gelesen. Die machen doch auch diese große Werbekampagne im „Radio Hochstift“.

ANNA: Genau – und die machen eine neue Sportgruppe auf und suchen noch Kinder und Jugendliche.

VATER: Du hast doch gerade erst mit dem Fußball aufgehört!

ANNA: Das hat mir ja auch keinen Spaß mehr gemacht, weil ich so oft auf der Ersatzbank gesessen habe.

MAX: Im Gegensatz zu mir. Einen super Torwart kann man nicht auf die Ersatzbank setzen.

VATER: Worum geht es denn überhaupt?

ANNA: Die machen eine Karategruppe auf ...

MAX: (*zieht den Kopf ein und hält sein Frühstücksbrett fest*) Auweia! Karate?

ANNA: ... und da möchte ich so gerne mitmachen.

MUTTER: Karate ist doch ein Kampfsport. Das ist viel zu gefährlich. Ich habe mal einen Film gesehen, da haben sich die Männer blutige Nasen geschlagen und noch viel mehr. Am Ende lagen alle am Boden.

MAX: Und die hauen mit ihren Köpfen Bretter und Steine durch. Wofür braucht man das eigentlich? Es gibt doch Hammer, Meißel und Säge.

ANNA: Max, du hast doch keine Ahnung und willst immer mitreden. Genau das Gegenteil ist der Fall. In so einer Gruppe lernt man bestimmte Techniken, die so ausgeführt werden, dass sie ihr Ziel nicht treffen. So bekommt man ganz viel Körperbeherrschung und lernt, sich zu konzentrieren. Das ist doch woanders auch wichtig, zum Beispiel in der Schule. Außerdem ...

VATER: Nun mal langsam. Das ist doch eine private Sportschule, und private Sportschulen kosten sehr viel Geld. Die werden nämlich nicht – wie ein Sportverein – vom Staat gefördert. Erinnere dich mal an die Ballettkurse, die du vor ein paar Jahren gemacht hast.

MUTTER: Und wie teuer die Schuhe und die Ballettkleidung waren!

ANNA: Einen Karateanzug müsste ich schon haben. Ich habe doch bald Geburtstag ...

MAX: Ich weiß schon, wie dann die Torte geteilt wird, mit der Handkante.

ANNA: Du könntest mich ruhig etwas unterstützen.

MAX: Na gut. Ich hab mal gelesen, dass Karatekämpfer nicht nur ihren Gegner gut behandeln, sondern auch in der Gruppe und dem Leiter gegenüber sehr höflich sind. Die begrüßen sich zu Beginn und verabschieden sich am Schluss in ganz besonderer Weise. Und Erwachsene müssen ganz besonders respektiert werden!

ANNA: Außerdem wird dort ganz viel Wert auf Ausdauer-, Kraft- und Beweglichkeitstraining gelegt. Es wird nicht nur gekämpft. Dr. Werner hat doch letztens gesagt, ich wachse so schnell, und ich sollte etwas mehr Sport machen, das sei genau das Richtige!

MAX: Der Berliner Ring ist doch gleich in der Nähe, das ist doch ideal. Zum Ballett musste sie doch immer einer hinfahren. Da kann sie doch mit dem Fahrrad fahren.

ANNA: In der Schule bieten sie ab dem nächsten Jahr Selbstverteidigungskurse für Mädchen an. Das ist bestimmt so etwas Ähnliches. Unsere Sportlehrerin hat gesagt, dass wir Mädchen dadurch Selbstbewusstsein bekommen, und das ist doch gut, wenn man selbstbewusst ist.

MAX: Gibt es das auch für Jungen?

ANNA: Davon hast du doch genug, vom Selbstbewusstsein, meine ich.

VATER: Darf ich auch noch mitreden? Das kommt alles ein bisschen schnell. Ich bin doch sehr skeptisch, ob das sinnvoll ist, Anna!

(nach einer kleinen Pause)

MUTTER: Woher weißt du eigentlich so viel über das Thema Karate, Anna?

ANNA: Ihr kennt doch Leonas. Das ist der Junge, der mich morgens manchmal abholt, und wir gehen dann gemeinsam zur Schule. Der war schon einmal in einer Karategruppe und will nun in der neuen Sportschule wieder anfangen. Der hat mir das alles erzählt und mich gefragt, ob ich nicht ...

MAX: Ach soooooo! Alles klar!

ANNA: Du bist unmöglich!

MAX: Unmöglich nicht, aber dein lieber Bruder.

2 Lest das Gespräch mit verteilten Rollen.

3 Wie reagieren Annas und Max' Eltern auf den Wunsch des Mädchens.

4 Welche zwei grundsätzlichen Meinungen treffen in diesem Gespräch aufeinander? Welche Gründe werden von den beiden „Parteien" genannt, um die unterschiedlichen Meinungen zu stützen. Legt eine Tabelle an und tragt die unterschiedlichen Begründungen – man spricht dabei auch von Argumenten – ein. Formuliert auch die Meinung und die Gegenmeinung und tragt sie in die obere Zeile ein.

5 Fallen euch weitere Argumente ein, mit der die Meinung oder die Gegenmeinung gestützt werden könnte? Tragt sie ein.

	Meinung	**Gegenmeinung**
Argument 1	...	...
Argument 2	...	...
...	...	...

6 An welchen Stellen beziehen sich die Gesprächspartner unmittelbar auf ein zuvor genanntes Argument? Wo wird ein neues angeführt?

7 In einem Gespräch, in dem unterschiedliche bzw. gegensätzliche Meinungen aufeinandertreffen, kommt es oft darauf an, dass sich die Gesprächspartner am Ende einigen, indem sie aufeinander zugehen und einen sogenannten Kompromiss finden, der beiden „Parteien" gerecht wird. Bildet Gruppen und überlegt, wie ein solcher Kompromiss aussehen könnte. Setzt das Gespräch in diesem Sinne anstelle der kleinen Pause fort. Den Schlussteil könnt ihr beibehalten.

8 Untersucht nun die einzelnen Argumente genauer. Die Familienmitglieder nennen nicht nur ihre Argumente, sondern sie versuchen, diese so auszuführen, dass sie besonders überzeugend erscheinen. Beschreibt, wie sie dabei vorgehen.

9 Gibt es Argumente, die euch besonders überzeugend erscheinen? Begründet eure Meinung.

10 Stellt euch vor, Max würde folgende Meinung äußern: „Du solltest die Finger von Karate lassen, weil das für Mädchen nichts ist!" Auf diese Weise würde er eine Meinung äußern und ein Argument nennen. Warum wirkt die Aussage nicht überzeugend?

Das musst du lernen und wissen

Argumentieren

Argumentieren bedeutet, dass jemand eine **Meinung** äußert und diese mit unterschiedlichen **Begründungen (Argumente)** abstützt. Treffen in einem Gespräch gegensätzliche Meinungen aufeinander, spricht man auch von Meinung und Gegenmeinung und von Argument und Gegenargument.
So wie die geäußerte Meinung durch Argumente abgestützt wird, müssen auch die Argumente selbst wiederum abgestützt werden, damit sie überzeugend wirken.
Dabei gibt es verschiedene Möglichkeiten:

- Du nennst Beispiele, mit denen du ein Argument abstützt.
- Du weist auf eigene Erfahrungen hin.
- Du berufst dich auf Experten, sogenannte Autoritäten.
- Du weist darauf hin, dass das Argument von allen anerkannt wird.

Diese Möglichkeiten werden auch **Belege** genannt. Du **belegst** also **ein Argument**, indem du eine oder mehrere dieser Möglichkeiten verwendest.

11 Erkläre mit eigenen Worten die folgende Abbildung.

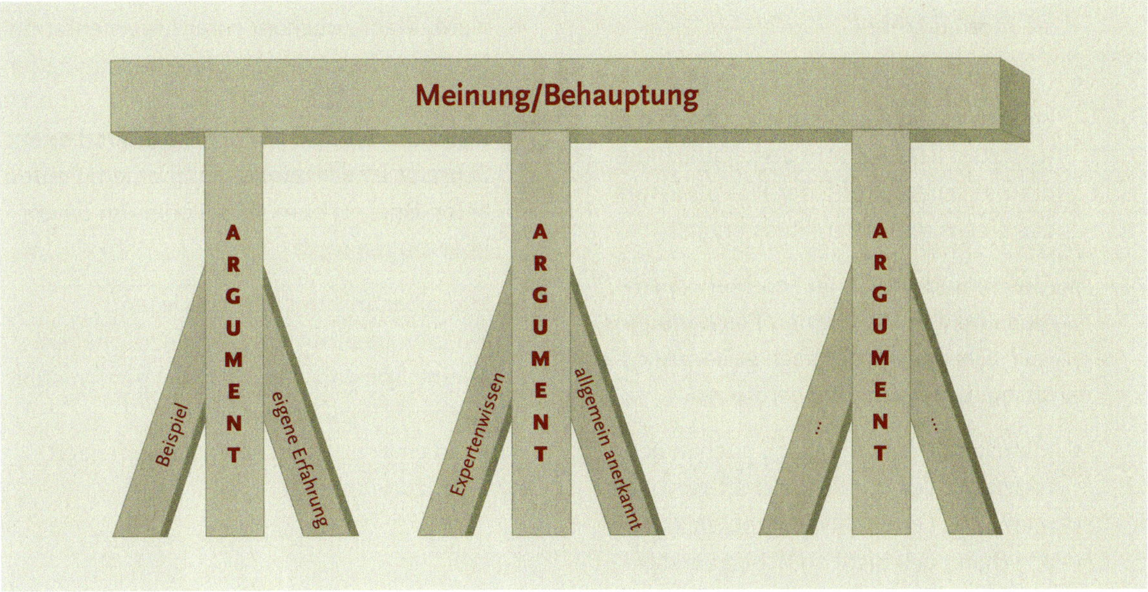

Übungen zum Argumentieren

1 Schreibe die folgenden Aussagen in dein Heft. Markiere anschließend die geäußerte Meinung rot, das jeweilige Argument grün und die verwendeten Belege blau. Achtung! Die geäußerte Meinung muss nicht immer am Anfang stehen.

- Ich bin der Meinung, dass Hausaufgaben auch weiterhin aufgegeben werden sollten, weil man auf diese Weise den in der Schule gelernten Stoff festigen kann. Ich selbst habe im letzten Halbjahr meine Hausaufgaben besonders gründlich gemacht und mich in einigen Fächern deutlich verbessert.
- Der ADAC hat eine Untersuchung in Auftrag gegeben. Danach ist die Gefahr lebensbedrohlicher Kopfverletzungen bei einem Fahrradunfall erheblich geringer, wenn man einen Helm trägt. Deshalb sollten Kinder und auch Erwachsene immer einen Kopfschutz tragen, wenn sie Fahrrad fahren.
- Dieses Buch kann ich auf jeden Fall empfehlen, weil es sehr spannend ist. So wird zum Beispiel sehr anschaulich die dramatische Rettung der Hauptperson aus einem reißenden Fluss erzählt.
- Älteren und gebrechlichen Menschen muss man im Bus seinen Platz anbieten, weil sich das ganz einfach gehört und sie unsere Unterstützung verdienen.
- Manchmal sollte man sich auch in den Ferien mit der Schule beschäftigen, weil man dann Lernstoff wiederholen kann, den man noch nicht so richtig verstanden hat. Als ich z. B. im letzten Schuljahr Probleme mit der Rechtschreibung hatte, habe ich mit einem Computerprogramm geübt und mich deutlich verbessert.
- Eigentlich dienen die Ferien jedoch der Erholung, weil die Schulzeit anstrengend genug ist. In einem Artikel der Zeitschrift „Kind und Eltern“ wird darauf hingewiesen, dass zu viele Kinder aufgrund der Belastung in der Schule regelrechte Stresssymptome zeigen.

2 Welche Art von Beleg wird in den Beispielen jeweils verwendet? Tauscht euch darüber mit eurem Sitznachbarn oder eurer Sitznachbarin aus.

3 Was ist eure Lieblingsbeschäftigung in der Freizeit? Habt ihr ein besonderes Hobby? Betreibt ihr eine bestimmte Sportart? Bereitet einen kleinen mündlichen Vortrag vor, mit dem ihr eure Mitschülerinnen und Mitschüler davon überzeugen wollt, ebenfalls dieser Freizeitbeschäftigung nachzugehen. Überlegt euch mehrere Argumente und gestaltet diese überzeugend, indem ihr sinnvolle Belege heranzieht. Macht euch zu eurer Argumentation Notizen, die euch bei eurem Vortrag helfen.

4 **Durchstarten! So könnt ihr weiterarbeiten:** Schreibt einer Freundin oder einem Freund einen Brief, in dem ihr sie oder ihn davon überzeugen wollt,

- ein bestimmtes Buch zu lesen,
- einen bestimmten Film anzuschauen,
- eine Sportart, die ihr selbst gern ausübt, ebenfalls zu betreiben,
- an einer gemeinsamen Ferienfreizeit teilzunehmen.

5. Kleine Übungen zur Lernkontrolle

Trösten und Mut machen

1 Leonas hat sich beim Fußballspielen das Knie aufgeschlagen und blutet. Schreibe die folgenden Reaktionen einiger Mitschüler in dein Heft. Begründe jeweils, welche Reaktionen hilfreich sind und welche nicht.

- Lukas: „Ich bin gleich zurück, ich hole nur den Verbandskasten."
- Nico: „Nun hör mal auf zu heulen. Ein Indianer kennt keinen Schmerz!"
- Jannis: „Trink erst einmal auf den Schreck einen Schluck Mineralwasser. Das hilft."
- Jonas: „Leonas, das tut ganz schön weh. Vor zwei Wochen habe ich das Gleiche erlebt."
- Leo: „Wenn wir nicht bald weiterspielen, wird es dunkel."

2 Du warst mit deinem Freund oder deiner Freundin im Schwimmbad. Als ihr wieder herauskommt, stellt ihr fest, dass sein bzw. ihr Fahrrad gestohlen worden ist. Schreibe einige mögliche Aussagen auf, die deiner Meinung nach in einer derartigen Situation hilfreich sein können.

Beschwichtigen

3 Du hast aus Versehen deinen Fußball in den Garten eures Nachbarn geschossen und dabei ist eine Scheibe des Gewächshauses zerbrochen. Wie kannst du vorgehen, um die Situation zu entlasten? Schreibe stichwortartig einige Beschwichtigungsstrategien auf.

Argumentieren

4 Im Folgenden findest du einige Meinungsäußerungen. Schreibe sie in dein Heft und ergänze jeweils ein Argument und mögliche Belege.

- Man sollte nicht seine ganze Freizeit vor dem Computer zubringen.
- Lesen ist ein tolles Hobby.
- Kinder in unserem Alter sollten die Erlaubnis erhalten, in den Ferien mit ihren Freunden eine mehrtägige Radtour zu unternehmen.
- Schülerinnen und Schüler sollten selbst darüber entscheiden dürfen, welche Bücher im Deutschunterricht gelesen werden.

Wir sprechen und Theater erleben,

„Die ganze Welt ist eine Bühne", hat der berühmte englische Theaterdichter William Shakespeare (1564–1616) einmal gesagt. Auf den (Bühnen-)Brettern, die die Welt bedeuten, spielen noch heute viele Menschen Theater. In diesem Kapitel lernt ihr, welche Geschichte das Theaterspielen hat und wer im Theater was macht. Schließlich könnt ihr selbst Theaterdichter und Regisseur werden und Spielszenen auf die Bühne bringen.

Innenansicht des Swan Theatre (London, 1596)

Schlussapplaus bei einer Theateraufführung der Friedrich-von-Spee-Gesamtschule, Paderborn

spielen Theater – gestern und heute

Masken-
bildnerin

1 Wer von euch war schon einmal im Theater oder hat vielleicht schon einmal in einem Stück mitgewirkt? Berichtet davon.

2 Ihr geht bestimmt gern ins Kino. Was ist eurer Meinung nach der Unterschied zwischen einem Kino- und einem Theaterbesuch?

3 Schaut euch die Bilder auf dieser Doppelseite genau an. Welche Gesichtspunkte des Themas Theater werden jeweils angesprochen?

4 Kennt ihr besondere Berufe, die an der Entstehung eines Theaterstücks beteiligt sind?

Aufführung des Stücks „Herr der Diebe“ von Cornelia Funke, Theatergruppe des Julius-Echter-Gymnasiums in Elsenfeld

1. Vorhang auf! Theatergeschichte(n)

Noch bevor es eigene Theaterstätten gab, begingen Menschen aller Kulturen den Wechsel der Jahreszeiten oder die Feldernte mit religiösen Festspielen: Dies ist der Ursprung des Schauspiels. Für den europäischen Kulturraum ist Griechenland die Wiege des modernen Theaters. Die Theatergeschichte ergibt ein buntes Bild unterschiedlicher Theaterformen und Spielweisen. Dabei können alte Traditionen heute noch Anregungen für zeitgenössisches Theaterspiel geben, auch in der Schule.

Emanuele Luzzati/Eberhard Spangenberg

Wo das Theater herkommt

Die ersten Theater entstanden vor 2500 Jahren in Griechenland. Man suchte sich dafür Plätze aus, die von Natur aus gut zum Theaterspielen geeignet waren. Zum Beispiel so zwischen Hügel eingebettet, dass sich daraus ganz natürlich die Zuschauerplätze ergaben. Die Sitzreihen brauchten nur aus dem Hügel herausgegraben zu werden. Als Bühne diente eine runde, aus Lehm gestampfte Fläche in der Mitte.

Später begannen die Griechen mit dem Bau von Theatern. Die Zuschauerplätze waren Felsblöcke zwischen Stützmauern und waren im Halbrund um die Bühne (Orchéstra) gefügt. Im Hintergrund stand ein Zelt oder Gebäude aus Holz (Skené), in dem die Schauspieler ihre Kostüme aufbewahrten. Die Römer machten es den Griechen nach: Nach dem griechischen Grundriss bauten sie einen halbrunden oder runden Zuschauerraum. Mit dem Untergang des Römischen Reiches ging auch das römische Theater zugrunde. Erst viele Jahre später, im Mittelalter, begann man wieder, Theater zu spielen. Zuerst in den Kirchen, wo man Geschichten aus der Bibel zum Gottesdienst nachspielte, und später außerhalb der Kirchen auf den Plätzen der Dörfer und Städte. Dort spielte man, auf verschiedene Spielpodeste verteilt, auch weltliche Themen. In Italien entstand daraus die Commedia dell'Arte[1]. Wandernde Komödianten zogen von Ort zu Ort. Sie hatten keinen festen Text, sondern hinter der Kulisse einen Zettel, auf dem die Handlung und die Auftritte festgelegt waren. Als Wandertheater musste sich die Commedia dell'Arte mit einfachen Mitteln begnügen. Die Bretterbühne war klein, der Hintergrund auf Stoff gemalt. In den Stegreifstücken kamen immer wieder die gleichen Typen vor, die durch ihre Herkunft aus den verschiedenen italienischen Provinzen charakterisiert waren. So ent-

Antikes Theater von Taormina (Sizilien) aus dem 3. Jh. v. Chr.

[1] **Commedia dell'Arte:** ital.: la commedia (Theater), l'arte (Handwerk, Beruf)

Mittelalterliche Bühne auf einem Marktplatz

Guckkastenbühne

standen festgelegte Figuren mit typischen Masken und Namen wie Pantalone, Balanzone, Pulcinella und Harlekin.

Im Jahr 1576 wurde bei London das erste feste Theaterhaus Englands eröffnet. Es war nach dem Vorbild der Wirtshaushöfe gebaut, in denen man bisher gespielt hatte. In einem offenen Hof stand die Bühne mit einem vieleckigen Grundriss (vgl. die Abbildung auf S. 288 oben). Um den erhoben sich überdachte Galerien und Balkone. Darauf und um die Bühne herum saßen die Zuschauer. Mit Balkonen, Nischen, Vorhängen und Falltüren schuf man sich einen vielseitigen Spielraum. Es war das Theater William Shakespeares (1564–1616).

Im 18. und 19. Jahrhundert setzten sich die festen Theaterhäuser durch. Und mit ihnen die „Guckkastenbühne“. Die Bühne ist dabei wie ein Zimmer, in dem eine Wand weggelassen ist. Durch den Vorhang, der diesen Einblick eröffnet oder verschließt, wird dieser Effekt des „Guckkastens“ noch verstärkt. Erst im letzten Jahrhundert hat man damit begonnen, auf diese festgefahrene Theaterform zu verzichten und den Theaterbau zu verändern. In kargen, modernen Theaterräumen erproben Schauspieler und Regisseure neue Stücke und Ausdrucksmöglichkeiten. Sie setzen sich mit den Problemen unserer Zeit auseinander. Und viele gehen, um Theater zu machen, wieder auf die Straße unter den freien Himmel, wo das Theater herkommt.

1 Lies den Text sorgfältig durch und kläre mit deinem Sitznachbarn oder deiner Sitznachbarin Aussagen, die du nicht verstehst.

2 Schreibe anschließend für deinen Sitznachbarn oder deine Sitznachbarin 5–10 Fragen auf. Tauscht diese Fragen aus und beantwortet sie euch gegenseitig.

3 Gliedere den Text in überschaubare und inhaltlich eindeutig voneinander abgegrenzte Abschnitte. Formuliere für jeden Abschnitt eine kurze Überschrift und gib die Zeilennummern für die einzelnen Teile an.

4 Verwende deine Gliederung für einen kurzen mündlichen Vortrag, mit dem du die wesentlichen Aussagen des Textes zusammenfasst.

5 Ihr könnt auch in Gruppen ein Lernplakat zum Thema „Die Geschichte des Theaters" erstellen. Nutzt neben den Informationen aus dem Text auch weitere Materialien (vor allem Abbildungen) aus dem Internet oder aus Lexika.

6 Die Begriffe des antiken Theaters wie „Orchéstra", „Skené" oder „Théatron" (Sitzreihen im Theaterrund) sind euren Ohren nicht fremd, allerdings bedeuten sie heute etwas anderes. Vergleicht diese neuen Bedeutungen mit dem Ursprung der Begriffe. Findet mögliche Gründe für den Bedeutungswandel.

7 **Durchstarten! So kannst du weiterarbeiten:** Auf Reisen in Mittelmeerländer kann man häufig solche alten, verfallenen Theater wie das auf der Abbildung auf S. 290 bewundern. Vielleicht hast du ja im letzten Sommerurlaub so einen Ort in Italien oder Griechenland besucht, einige Bilder gemacht und Informationen gesammelt. Bereite, wenn du möchtest, einen kleinen Vortrag vor, in dem du von deinen Erlebnissen berichtest.

Die Bühne

Theater – das sind nicht nur die Schauspieler und das Stück, das vor einem Publikum aufgeführt wird. Für das Gelingen einer Theateraufführung ist die Arbeit hinter der Bühne genauso wichtig wie die Leistung der Schauspieler.

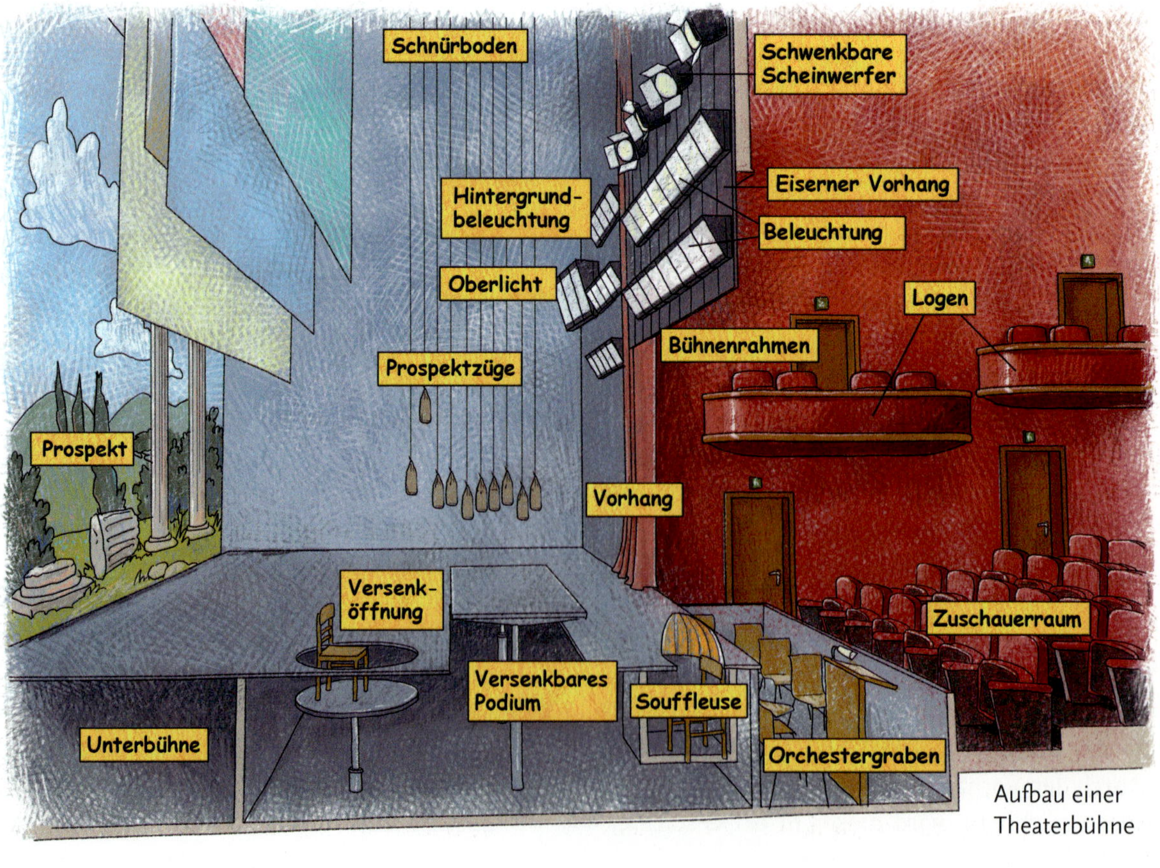

Aufbau einer Theaterbühne

1 Wie ist eine Theaterbühne häufig aufgebaut? Beschreibe den Bühnenaufbau auf dem Bild auf S. 292. Beachte dazu auch die folgenden Erklärungen.

Prospekte sind großflächige Bilder, die den Hintergrund für einzelne Szenen darstellen sollen, z. B. Landschaften oder Zimmer. Sie werden von den **Bühnenmalern** hergestellt. Auf der Bühne hängen sie an langen Stangen, den sogenannten **Prospektzügen**. Mit Drahtseilen werden diese Züge vom Schnürboden heruntergelassen.

Regine Schulz/Brigitte Walzer

Wer macht was im Theater?

Zuerst werden die Rollen an die Schauspieler verteilt, damit sie den Text lernen. Jede Rolle verlangt vom Schauspieler etwas anderes, denn er stellt jedes Mal einen anderen Menschen oder eine Theaterfigur dar, in die er sich für die Zeit des Spiels verwandelt. Er muss lachen und weinen können, froh oder zornig sein, manchmal muss er Verse sprechen oder singen, sich tänzerisch bewegen, temperamentvoll fechten oder wie tot umfallen. Er setzt seine Stimme und seinen Körper ein. Dazu muss er die Mimik, das ist der Gesichtsausdruck, und die Gestik, die Gebärdensprache, beherrschen.
Die Regisseurin ist die künstlerische Leiterin der Aufführung. Bei den Leseproben am Tisch teilt sie das Stück des Dichters in Abschnitte oder Szenen auf. Sie werden einzeln auf der Bühne geprobt. Damit die Zuschauer eine spannende Geschichte erleben können, hat sich die Regisseurin vorher ausgedacht, wie die Schauspieler das Stück spielen sollen.
Die Bühnenbildnerin hat aufgezeichnet, wie das Bühnenbild und die Kostüme aussehen sollen.
Nach diesen Ideen wird in den Theaterwerkstätten gebaut und die Beleuchtung vorbereitet. In der Schneiderei werden die von den Kostümbildnern entworfenen Kostüme genäht und die Maskenbildner knüpfen Perücken und Bärte. Weil der Schauspieler pünktlich zu seinem Stichwort auf der Bühne sein muss, überwacht die Inspizientin[1] an einem Pult hinter der Bühne den Ablauf des Spiels und ruft die Spieler über die Lautsprecher zum Auftritt.
Der Souffleur flüstert – unhörbar für die Zuschauer, aber deutlich genug für die Schauspieler – den gesamten Text mit. Er ist der gute Geist, der verhindert, dass ein Schauspieler im Text stecken bleibt.
Nach den einzelnen Abschnitten probt die Regisseurin das gesamte Stück. Wichtig ist, dass das Spiel der Darsteller, das Bühnenbild, das Licht und die Musik zusammenpassen. Jetzt tragen die Schauspieler schon ihre Kostüme und Perücken. Auf der Generalprobe wird es spannend, nun muss alles klappen, denn am nächsten Tag kommt das Publikum zur ersten Vorstellung.
Das ist die Premiere.

[1] **Inspizient** (lat.: inspiciens): Mitarbeiter eines Theaters, der für den reibungslosen Ablauf der Aufführung sorgt

1 Der Text ist klar gegliedert und leicht zu verstehen. Welches Gliederungsprinzip haben die Autorinnen gewählt, um diese Wirkung zu erzielen?

2 Welche Schritte der Theaterarbeit von der Rollenverteilung bis zur Premiere werden im Text genannt? Entwirf eine Tabelle, in der du die wichtigsten Phasen festhältst.

Phase (Bezeichnung)	Beschreibung
...	...

3 Markiere mit verschiedenen Farben (auf Folie oder einer Kopie) die Begriffe, die im Text zur Beschreibung der einzelnen Aufgabenfelder im Theater benutzt werden. Achte darauf, nur die Wörter bzw. Sätze zu unterstreichen, die möglichst klare Sachinformationen enthalten. Halte dein Ergebnis als Mindmap fest.

4 Informiert euch mithilfe eines Theaterlexikons oder einer Internetsuchmaschine (z. B. www.google.de) über weitere Theaterberufe wie Beleuchter, Bühnenmaler, Maskenbildner, Regieassistent, Requisiteur, Tonmeister etc. Welche dieser Aufgaben sind auch für das Schultheater wichtig?

5 Stellt in einem Kurzvortrag je ein Aufgabenfeld im Theater vor. Vielleicht habt ihr auch Bilder gefunden, die ihr vorzeigen könnt. Macht euch zuvor Stichpunkte (z. B. auf Karteikarten als Spickzettel) und übt euren Vortrag vor Eltern oder Freunden, damit ihr vor der Klasse möglichst frei sprechen könnt.

6 Fertigt aufgrund der von euch gesammelten und vorgestellten Informationen ein kleines „Lexikon" der Theaterberufe an. Falls ihr später selbst eine Aufführung plant, könnt ihr dieses Lexikon zu Rate ziehen, um die notwendigen Aufgaben unter euch zu verteilen.

7 Als Schüler stehen euch sicherlich nicht die Möglichkeiten eines professionellen Theaterbetriebs zur Verfügung. Diskutiert, wie ihr in kleinerem Rahmen, z. B. im Klassenraum, trotzdem zu guten Ergebnissen kommen könnt.

Peter Lewis

Lampenfieber garantiert – die Premiere

■ Über ein halbes Jahr lang hat der Theaterkritiker Peter Lewis ein englisches Theaterensemble begleitet. In seinem Buch „Wie eine Theatergruppe arbeitet" (1978) gewährt er einen lebendigen Einblick in den Theateralltag vom Vorsprechen neuer Schauspieler bis hin zur Premiere eines Stücks. Er erzählt von der Arbeit an der Tragödie „Hamlet" (1602/04), dem wohl berühmtesten Stück des Dramatikers William Shakespeare. ■

Die Premiere fängt ganz harmlos an. Eine Stunde, ehe der Vorhang hochgeht, fegen zwei Bühnenarbeiter die Bühne. Staubwolken wirbeln in dem Lichtkreis hoch, der Hamlet und Laertes[1] umschließt, die unter den kritischen Augen des Fechtmeisters noch einmal den Zweikampf proben. Abgesehen von dieser Probe ist der Hamlet-Darsteller Derek Jacobi schon seit halb sechs in der Garderobe gewesen – zwei Stunden, ehe der Vorhang aufgeht. Zwei Nächte hindurch hat er kein Auge zugetan und heute Nachmittag ratterte draußen ein Presslufthammer. „Heute Nacht ist mir das ganze Stück immer wieder durch den Kopf gegangen – Auftritte, Abgänge, Streichungen. Ich bin einfach außerstande, richtig zu essen, und lebe im Augenblick nur von Stärkungsmitteln. Ich bin schrecklich müde, aber wenn man hierherkommt, findet man seine Energie irgendwie wieder. Man muss es schaffen, zu spielen, ohne sich völlig kaputtzumachen – wie, das muss ich noch herausfinden. Aber wenn man nicht alles gibt, kann aus der Aufführung nichts werden." „Noch eine halbe Stunde", tönt es über Lautsprecher im Bühnenhaus. „Noch eine halbe Stunde, meine Damen und Herren, bitte!" Und viel zu schnell, so scheint es, kommt der Ruf:
„Noch eine Viertelstunde." Frisch frisierte Perücken werden von Maskenbildner Robert Gardner aufgesetzt. Man hört, wie der Trompeter sich

[1] **Hamlet, Laertes:** Hauptfiguren des Dramas „Hamlet"

warm spielt. „Noch fünf Minuten, bitte“, ertönt die Grabesstimme über den Garderobenlautsprecher; im Hintergrund vernimmt man gedämpft das Geräusch der Platz nehmenden Zuschauer; es klingt wie fernes Meeresrauschen. Jeder Schauspieler kommt sich in diesem Augenblick nackt, den Blicken aller preisgegeben und verwundbar vor. Jeder hat seine eigene Methode, mit seinen Ängsten fertigzuwerden. Aberglaube ist unter Schauspielern weit verbreitet – wie in jedem risikoreichen Beruf; unter Rennfahrern, Stierkämpfern und Spielern. Schauspieler stellen Maskottchen auf den Schminktisch.

„Fertig machen für die erste Szene, bitte“, kommt es im Flüsterton über den Lautsprecher. Die meisten stehen bereits in den Kulissen oder tigern dort aufgeregt auf und ab. Von Ferne hört man, wie im Zuschauerraum verkündet wird: „Bitte Platz nehmen, meine Damen und Herren. Der Vorhang geht in einer Minute auf.“

Während die Lichter erlöschen, geht ein Spotlight an, das einen Lichtkreis auf die Mitte der Rampe wirft; die ersten unheimlichen Klänge der Musiker sind zu hören, und die Köpfe der Zuschauer tauchen auf. Es sieht aus wie Reihen von Pflastersteinen im Mondlicht. Rauch wölkt aus einem Rauchkanister; die wartenden Wachen packen ihre Langspieße und stoßen vor auf den vernebelten Bühnenraum. Das Stück beginnt.

1 Wie in einer Reportage wird in dem Text nicht vorrangig nüchtern und sachlich berichtet, sondern spannend und anschaulich erzählt. Die Leser erhalten das Gefühl, ganz nah am Geschehen zu sein. Weise am Text nach, wie der Autor seine Leser in den Bann zieht.

2 Du hast sicherlich schon einmal selbst Lampenfieber gehabt. Erzähle von dieser Situation und davon, wie du dir Mut gemacht hast.

3 Wie nimmt der Zuschauer die Augenblicke unmittelbar vor und nach Aufführungsbeginn wahr? Versuche, aus der Perspektive der Zuschauer die Wirkung des Stücks zu beschreiben. Der Text enthält am Ende einige Hinweise, auf die du aufbauen kannst.

Das musst du lernen und wissen

Das Theater

Das Theater hat seinen Ursprung in **religiösen Feiern** der Antike. In **Griechenland** entstanden die ersten Theaterbauten, deren Bestandteile u. a. Orchéstra (Bühne), Skené (Bühnenhaus) und Théatron (Theaterrund) waren. Diese **Begriffe** haben sich bis heute erhalten, besitzen jedoch zum Teil eine neue Bedeutung, die sich von ihrem Ursprung herleiten lässt. Während im **Mittelalter** Theater vorrangig im **kirchlichen Rahmen** zur Belehrung der Gläubigen gespielt wurde, entstanden allmählich **freie Formen** mit **weltlichen** Themen, wie das Improvisationstheater der italienischen **Commedia dell'Arte** oder das englische Theater der Epoche **von William Shakespeare**. Heute ist die sogenannte **Guckkastenbühne** eine übliche Theaterform.
In einem professionellen Theaterbetrieb gibt es eine Vielzahl von **Theaterberufen**, wie Maskenbildner, Regisseur, Requisiteur oder Beleuchter. Einige dieser Aufgaben sind auch von Bedeutung, wenn in der Schule ein Theaterstück aufgeführt werden soll.

2. Kaspar Hauser – Ein Theaterstück schreiben, inszenieren und aufführen

Die Textgrundlage

■ Mit dem folgenden Lied, aus dem ihr ein Theaterstück machen sollt, bezieht sich der Sänger und Liedermacher Reinhard Mey auf die historische Figur des Kaspar Hauser, der angeblich am 30.4.1812 geboren und am 17.12.1833 in Ansbach nach einem Attentat gestorben ist. ■

Kaspar Hauser, Stahlstich um 1850
von Friedrich Wagner (1803–1876)

Reinhard Mey (geb. 1942)
Kaspar

Sie sagten, er käme von Nürnberg her
und er spräche kein Wort.
Auf dem Marktplatz standen sie um ihn her
und begafften ihn dort.
Die einen raunten: „Er ist ein Tier."
Die anderen fragten: „Was will der hier?
Und dass er sich doch zum Teufel scher'!
So jagt ihn doch fort!
So jagt ihn doch fort!"

Sein Haar hing in Strähnen und wirre,
sein Gang war gebeugt.
„Kein Zweifel, seht, dieser arme Irre
ward vom Teufel gezeugt."
Der Pfarrer reichte ihm einen Krug
voll Milch; er sog in einem Zug.
„Er trinkt nicht vom Geschirre,
den hat die Wölfin gesäugt!
Den hat die Wölfin gesäugt!"

Mein Vater, der in unserem Orte
Schulmeister war,
trat zu ihm hin trotz böser Worte
rings aus der Schar.
Er sprach zu ihm ganz ruhig, und –
der Stumme öffnete den Mund
und stammelte die Worte:
„Heiße Kaspar,
heiße Kaspar."

Mein Vater brachte ihn ins Haus.
„Heiße Kaspar."
Meine Mutter wusch seine Kleider aus
und schnitt ihm das Haar.
Sprechen lehrte mein Vater ihn,
Lesen und Schreiben, und es schien,
was man ihn lehrte, sog er in sich auf.
Wie gierig er war,
wie gierig er war.

Zur Schule gehörte derzeit
noch das Hüttinger Feld.
Kaspar und ich, wir pflügten zu zweit,
bald war alles bestellt.
Wir hegten und pflegten jeden Keim,
brachten im Herbst die Ernte ein,
von den Leuten vermaledeit,
von den Hunden verbellt,
von den Hunden verbellt.

Ein Wintertag – der Schnee lag frisch.
Es war Januar.
Meine Mutter rief uns: „Kommt zu Tisch!
Das Essen ist gar!"
Mein Vater sagte: „... Appetit."
Ich wartete auf Kaspars Schritt,
mein Vater fragte mürrisch:
„Wo bleibt Kaspar?
Wo bleibt Kaspar?"

Wir suchten und wir fanden ihn
auf dem Pfad bei dem Feld.
Der Neuschnee wehte über ihn,
sein Gesicht war entstellt.
Die Augen angstvoll aufgerissen,
sein Hemd war blutig und zerrissen.
Erstochen hatten sie ihn,
dort auf dem Hüttinger Feld,
dort auf dem Hüttinger Feld.

Der Polizeirat aus der Stadt
füllte ein Formular.
„Gott nehm' ihn hin in seiner Gnad",
sagte der Herr Vikar.
Das Hüttinger Feld liegt lang schon brach,
nur manchmal bell'n mir noch die Hunde nach.
Dann streu' ich ein paar Blumen auf den Pfad
Für Kaspar.
Für Kaspar.

(EMI Nobile Musikverlag GmbH, Hamburg)

1 Verschafft euch zunächst einen Überblick über den Inhalt der Ballade, indem ihr zu den einzelnen Strophen jeweils eine Überschrift formuliert.

Näheres zur Textart Ballade erfahrt ihr auf S. 215.

2 Listet die verschiedenen Personen auf und kennzeichnet mithilfe eines Schaubildes ihre Einstellung gegenüber dem Fremden. Überlegt, wie ihr die Personen gruppieren und ihre Einstellung gegenüber Kaspar grafisch verdeutlichen könnt.

Hilfen dazu erhaltet ihr auf S. 336.

3 Beschreibt im Einzelnen, wie diese unterschiedliche Haltung sprachlich zum Ausdruck gebracht wird. Besonders genau untersuchen könnt ihr z. B. die erste Strophe, aber natürlich auch andere.

4 Sprecht den Text mit verteilten Rollen. Überlegt zuvor, wie die einzelnen Textteile gelesen werden sollten.

5 Woran wird deutlich, dass es sich um einen Liedtext handelt? Was für eine Melodie erwartet ihr? Hört euch das Lied „Kaspar" von Reinhard Mey an und vergleicht es mit euren Erwartungen.

6 Sammelt mithilfe von Lexika oder des Internets Informationen zum historischen Kaspar Hauser. Geeignete Internetadressen sind z. B. www.wasistwas.de oder www.kindernetz.de (Suchmaschinen). Zuvor könnt ihr auch einige Fragen formulieren, auf die ihr euch eine Antwort wünscht, z. B.:

- Welche Vermutungen gibt es über die Herkunft von Kaspar Hauser?
- Was passierte mit ihm, nachdem er auf dem Marktplatz erschienen ist?
- Wer kümmerte sich um ihn?
- ...

7 Bearbeitet die gefundenen Texte so, dass ihr eine Mindmap erstellt und mit ihrer Hilfe zunächst die wichtigsten Informationen mündlich vortragt. Schreibt anschließend einen Sachtext über Kaspar Hauser, der z. B. in einem Jugendlexikon stehen könnte.

8 Vergleicht die Sachtexte mit der Ballade von Reinhard Mey. Welche Gemeinsamkeiten stellt ihr fest? In welchen Punkten ist der Autor von den geschichtlichen Fakten abgewichen? Welche Gründe könnte es dafür geben?

9 **Durchstarten! So kannst du weiterarbeiten:**
Recherchiere im Internet, in welcher Form der Ort Ansbach an Kaspar Hauser erinnert.

Von der Vorlage zum Theaterstück

1 Nun geht es darum, aus der Ballade ein Theaterstück zu schreiben. Sprecht zunächst darüber, warum sich diese Ballade gut eignet, um daraus ein Theaterstück zu verfassen.

2 Schaut noch einmal in die Inhaltsübersicht, die ihr am Anfang angelegt habt, und überlegt, in wie viele Szenen die Handlung aufgeteilt werden kann. Formuliert für die Szenen jeweils eine passende Überschrift.

Die folgende Szene haben Schülerinnen und Schüler einer Klasse 7 geschrieben. Es handelt sich dabei um die einzige Szene, an der sehr viele Schauspielerinnen und Schauspieler beteiligt sind. Vielleicht könnt ihr diese Szene in mehreren großen Gruppen proben.

Auf dem Marktplatz

Darsteller in der Reihenfolge ihres Auftritts:
Kaspar, Kind 1, Frau 1, Mann 1, Frau 2 mit zwei Kindern, Mann 2, Schmied, Bäcker, Pfarrer, Frau 3, Sohn des Schulmeisters, Schulmeister

Rolle/Sprecher	Text	Sprech- und Spielanweisung
		• grelles Licht auf der Bühne
		• Verschiedene Gruppen stehen auf der Bühne, sprechen miteinander, ohne dass herauszuhören ist, was sie sagen.
		• Kaspar erscheint im Hintergrund, geht gebeugt und unsicher, schaut sich um, bleibt in der Mitte stehen, schaut nach unten, ist ungepflegt und schmutzig.
Kind 1:	Mama, guck mal da, was ist denn das?	• Kind 1 sieht ihn zuerst, stößt seine Mutter an.
Frau 1:	Oh Gott, ein wildes Tier!	• spricht entsetzt
Mann 1:	Ich glaube, das ist ein Mensch!	• geht um Kaspar herum, fassungslos, streicht sich besorgt ums Kinn
Frau 2:	Schnell Kinder, hinter euren Vater!	• zwei Kinder laufen hinter Mann 2
Schmied:	In unserer Stadt gibt es nur anständige Leute!	• energisch, aufgebracht
Bäcker:	Geh doch hin, wo der Pfeffer wächst!	• zeigt die Faust in Richtung Kaspar, andere nicken
Mann 2:	Hol einer den Pfarrer, der weiß, was zu tun ist!	• Eines der Kinder läuft von der Bühne, kehrt mit dem Pfarrer zurück.
Pfarrer:	Brüder und Schwestern, was ist hier los?	• drängt sich vor
Mann 2:	Schaut doch selbst!	• Der Pfarrer erschrickt, zögert, bekreuzigt sich, ruft ein Kind und flüstert ihm etwas ins Ohr.
Frau 3:	Herr Pfarrer, was soll'n wir nur mit ihm machen?	• Das Kind kehrt mit Krug und Becher zurück.
Pfarrer:	Hier, mein Sohn, trink.	• Der Pfarrer reicht ihm Becher und Krug, Kaspar greift hastig mit beiden Händen nach dem Krug, trinkt ihn in einem Zug aus, verschüttet dabei einiges.

Rolle/Sprecher	Text	Sprech- und Spielanweisung
Leute:	Seht mal! Oh Gott! Wie ein Tier! Ekelhaft! Weg hier! Verjagen müsste man ihn!	• tuscheln, gehen um Kaspar herum
Pfarrer:	Dieses arme Geschöpf Gottes hat den Segen der Kirche noch nicht erfahren, wie es scheint. Es ist völlig verwildert aufgewachsen. Ist es nicht so, mein Sohn?	• feierlich zunächst zu den Leuten gewandt, kopfschüttelnd, dann mit Blick zu Kaspar, der ängstlich vor dem Pfarrer zurückweicht
Sohn:	Papa, wollen wir ihn nicht bei uns aufnehmen?	• Sohn und Schulmeister kommen von hinten nach vorn.
Schulmeister:	Ja, mein Sohn, das ist wirklich menschlich gehandelt, und christlich! Wer bist du? Hast du Hunger? Mir kannst du vertrauen, ich tue dir nichts! Wie soll ich dich nennen?	• schaut zunächst den Sohn an, dann den Pfarrer, dann Kaspar, spricht beruhigend und mit längeren Pausen zu ihm, legt ihm vorsichtig die Hand auf die Schulter, stellt sich zwischen Kaspar und die Menge
Kaspar:	Heiße Kaspar! Heiße Kaspar!	• schaut fragend, ängstlich, spricht zögernd und gebrochen, greift die Hand des Schulmeisters, sie gehen fort
Mann 2:	Bist du des Wahnsinns?	• ruft entrüstet hinter ihm her
Mann 1:	Aber mit unseren Kindern geht der nicht zur Schule!	• ruft entrüstet hinter ihm her, gestikuliert
Frau 2:	Der ist verrückt!	• spricht das Publikum an
		• Ende der ersten Szene

3 Beschreibt, wie die Schülerinnen und Schüler ihren Text angelegt haben. Welche Aufgaben haben die einzelnen Spalten?

4 Wenn ein Theatertext in dieser Weise aufbereitet ist, spricht man von einem „Regiebuch“. Könnt ihr diesen Begriff erklären?

5 Bildet nun selbst Schreibgruppen, teilt die verschiedenen Szenen auf die Gruppen auf und erfindet passende Texte. Am besten arbeitet ihr dabei mit dem Textverarbeitungsprogramm eures Computers (Tabellenfunktion). Zwischendurch solltet ihr die Texte mit verteilten Rollen lesen und den anderen Gruppen vortragen. Auf diese Weise kann man am einfachsten feststellen, wie die einzelnen Aussagen wirken. Überarbeitet gegebenenfalls eure Texte.

So gehst du vor

Einen Text zu einem Theaterstück umschreiben

Viele Erzähltexte und Balladen eignen sich dazu, sie zu einem **Theaterstück umzuschreiben**. Dabei könnt ihr folgendermaßen vorgehen:

1. Gliedert den Text so, dass aus den einzelnen Abschnitten Szenen entstehen können. Gebt den Szenen eine Überschrift.
2. Schreibt nun in Gruppen zu den Szenen einen geeigneten Text auf. Verwendet dabei die Form eines Regiebuchs.

Rolle/Sprecher	Text	Sprech- und Spielanweisung
...	...	...

3. Sprecht eure Textfassung mehrfach mit verteilten Rollen und überprüft die Wirkung. Verändert gegebenenfalls einzelne Aussagen. Wenn ihr mit dem Textverarbeitungsprogramm eures Computers arbeitet, geht das besonders einfach.

Von den Proben zur Aufführung

1 Wenn ihr euch in eurer Gruppe auf eine Textfassung geeinigt habt, solltet ihr die Rollen verteilen. Denkt daran, dass nicht nur Schauspieler benötigt werden!

2 Versucht zunächst, zu eurer Szene ein Standbild zu bauen, das den zentralen Inhalt verdeutlicht. Sprecht darüber, welche Bedeutung ein solches Standbild innerhalb der Probenarbeit haben kann.

Wie man ein Standbild baut, könnt ihr auf S. 93 nachlesen.

3 Nun könnt ihr auch bereits auf einer „Bühne“ proben. Dazu reicht eine freie Fläche im Klassenraum oder auf dem Flur aus. Achtet darauf, dass ihr so steht und euch bewegt, dass die möglichen Zuschauer viel sehen können. Hier könnt ihr noch mit dem Text in der Hand spielen. Später solltet ihr ihn jedoch auswendig lernen.

4 Parallel dazu können einige aus eurer Gruppe sich als Requisiteur, Maskenbildner oder Kostümbildner betätigen. Listet die Gegenstände auf, die ihr benötigt. Das Aussehen der Figuren könnt ihr „planen“, indem ihr sogenannte Figurinen zeichnet. Das sind einfache Zeichnungen, die über die Kleidung, die Haare und Einzelheiten zur Maske Auskunft geben. Nehmt die Figurinen mit in euer Regiebuch auf.

5 Wenn ihr mit Lichteffekten arbeiten wollt, dann solltet ihr diese ebenfalls in eurem Regiebuch vermerken.

6 Überlegt euch auch, mit welchen Musikstücken ihr den Übergang von einer zur nächsten Szene gestalten könntet.

7 Macht euch in der Klasse Gedanken über das Bühnenbild. Das gilt vor allem für ein mögliches Hintergrundbild, das während der Aufführung aller Szenen stehen bleiben kann. Vielleicht könnt ihr auch ein großes Spruchband herstellen, das im Hintergrund die Aufführung begleitet.

8 Wer von euch ist künstlerisch besonders begabt? Es fehlt noch ein Einladungsplakat für eine mögliche Aufführung!

9 Überlegt euch abschließend, wie ihr euer Publikum mit dem historischen Hintergrund eures Stückes vertraut machen könnt. Dabei können euch die Mindmaps und Sachtexte, die ihr verfasst habt, helfen.

… und weitere Ideen

Zuvor habt ihr einige Möglichkeiten kennengelernt, aus der Ballade ein Theaterstück zu schreiben, dieses zu inszenieren und eine Aufführung zu gestalten. Hier findet ihr noch weitere Ideen, wie ihr mit der Ballade von Reinhard Mey arbeiten könnt.

1 Stellt euch vor, ihr könntet die Figuren, die mitspielen, als neutrale Beobachter ansprechen. Was würdet ihr z. B. den Menschen auf dem Marktplatz sagen? Schreibt eine kurze Ansprache, die ihr in euer Theaterstück einbauen könnt.

2 Übt gemeinsam mit eurer Musiklehrerin oder eurem Musiklehrer das Lied ein, sodass ihr es gesungen vortragen und mit Instrumenten begleiten könnt. Vielleicht könnt ihr den Vortrag auch in euer Theaterstück einfügen. Im Folgenden findet ihr die Noten dazu.

Text und Musik: Reinhard Mey, EMI Nobile Musikverlag GmbH, Hamburg)

3 Ihr könnt das Lied auch wie die Bänkelsänger früher vortragen, indem ihr großformatige Bildtafeln dazu erstellt. Zeichnet die einzelnen Schauplätze auf weißem Tonpapier auf. Die Figuren könnt ihr passend dazu aus Pappe als Stabpuppen herstellen.
Um welche Schauplätze geht es auf den folgenden Bildtafeln, die Schüler einer Klasse 7 hergestellt haben? Welche Figuren sind dargestellt?

4 Erstellt Text- und Bildcollagen, die deutlich machen, was die Menschen heute erleben, die von ihren Mitmenschen als Fremde wahrgenommen werden. Überlegt, welche Appelle eure Collagen enthalten könnten.

5 Schreibt den Liedtext in eine Erzählung um. Dabei könnt ihr natür-
lich auch die Informationen zum historischen Kaspar Hauser einfließen lassen.

3. Komisches und Nachdenkliches – Theaterszenen

Loriot (1923–2011)

Der Lottogewinner

■ Der Rentner Erwin Lindemann sitzt im Lehnstuhl seines bescheidenen Wohnzimmers. Den größten Teil des Raumes nimmt ein Fernsehteam ein. Kamera, Scheinwerfer und Mikrofon sind auf Lindemann gerichtet. ■

KAMERAMANN: (*hält den Belichtungsmesser an das Gesicht des Rentners*) Gib noch was drauf ... noch ... Stop ... (*geht zur Kamera*) ... und mit der Kamera etwas näher ran ...

REGISSEUR: Also, Herr Lindemann, Sie wissen ja, um was es sich handelt. Ein kleiner Film für den Kulturbericht der Abendschau. Sie sagen uns kurz, wie Sie heißen ...

LINDEMANN: Lindemann ...

REGISSEUR: Richtig ... und daß Sie 500 000 D-Mark im Lotto gewonnen haben ... und was Sie damit machen wollen. Wir probieren es jetzt mal ... ohne Kamera ... bitte sehr ...

LINDEMANN: ... Ja ... eben ... daß ich Erwin Lindemann heiße ...

REGISSEUR: Im ganzen Satz ... *Ich ... heiße ... Erwin ... Lindemann ...*

LINDEMANN: Ich ... heiße ... Erwin ... Lindemann, bin Rentner und 66 Jahre ... mit meinem Lottogewinn von 500 000 D-Mark mache ich erstmal eine Reise nach Island ... dann fahre ich mit meiner Tochter nach Rom und besuche eine Papstaudienz ... und im Herbst eröffne ich dann in Wuppertal eine Herren-Boutique.

REGISSEUR: Ge ... nau ... so! Können wir?

KAMERAMANN: Wir können ... Ton ab!

TONMEISTER: Läuft!

KAMERAMANN: Klappe!

KAMERAASSISTENT: Lottogewinner, die erste ... (*schlägt Klappe*)

LINDEMANN: (*erschrickt*)

REGISSEUR: Bitte, Herr Lindemann ... genau wie eben ... und ganz entspannt ...

LINDEMANN: Ja, ich heiße Erwin Lindemann, bin Rentner, 66 Jahre, und mit meinem Lottogewinn von 500 000 D-Mark ...

KAMERAMANN: Aus ... Das geht mit dem Licht so nicht ... Geh mal mit dem Halb-K.W. noch weiter rüber ...

BELEUCHTER: (*verstellt den Scheinwerfer*)

KAMERAMANN: Gut! ... Wir können ... Ton ab!

TONMEISTER: Läuft!

KAMERAMANN: Klappe!

KAMERAASSISTENT: Lottogewinner, die zweite ... (*schlägt Klappe*)

REGISSEUR: Bitte!

LINDEMANN: (*hat die Tätigkeit des Teams irritiert verfolgt*) Ich heiße Erwin Lindemann, ich bin 500 000 Jahre ... halt ... falsch ...

REGISSEUR: Ganz ruhig ... gleich nochmal ... ohne Klappe ...

LINDEMANN: Ich heiße Erwin Lindemann ... ich bin Rentner und 66 Jahre ...
(*das Licht geht aus*)
... mit meinem Lottogewinn von 500 000 D-Mark mache ich erstmal eine Reise nach Island, dann fahre ich mit meiner Tochter nach Rom und besuche eine Papstaudienz, und im Herbst eröffne ich dann in Wuppertal eine Herren-Boutique ...

REGISSEUR: Aus! ... Was ist denn das nun wieder?!

BELEUCHTER: Guck mal nach der Sicherung ...

TONMEISTER: Der Ton läuft!

KAMERAMANN: Kamera auch! ... Und die Birnen?

BELEUCHTER: Weiß nicht ... sind noch zu heiß ... ah! Der Stecker is' raus!
(*das Licht geht an*)

LINDEMANN: War es so richtig?

REGISSEUR: Hervorragend ... aber wir hatten da ein Problem ... bitte noch einmal, Herr Lindemann ... und ganz locker ...

TONMEISTER: Ton läuft!

KAMERAMANN: Klappe!

KAMERAASSISTENT: Lottogewinner, die dritte ... (*schlägt Klappe*)

REGISSEUR: (*gibt Lindemann ein Zeichen*)

LINDEMANN: Ich heiße Erwin Lindemann, bin Rentner, 66 Jahre und ... und ein Lottogewinn von 500 000 D-Mark. Erstmal mache ich mit meiner Wupper ... äh mit meiner Tochter eine Reise nach Wuppertal und eröffne dann in ... Island eine Herren-Boutique ...

REGISSEUR: Aus! ... Entschuldigen Sie, wenn ich Sie unterbreche, aber Sie planten doch erst eine Reise nach Island und wollten *dann* mit Ihrem Fräulein Tochter nach Rom zur Papstaudienz, und im Herbst eröffnen Sie eine *Herren*-Boutique in *Wuppertal* ...

LINDEMANN: Jawohl ...

REGISSEUR: Na, dann erzählen Sie das doch einfach ... Also neue Klappe ...

TONMEISTER: Ton läuft!

KAMERAMANN: Klappe!

KAMERAASSISTENT: Lotto, die vierte ... (*schlägt Klappe*)

REGISSEUR: Bitte!

LINDEMANN: Ich heiße Erwin Lottemann ...

REGISSEUR: Aus! ... Wie heißen Sie?!

LINDEMANN: Lottemann ... äh ... Lindemann!

REGISSEUR: Bitte neue Klappe ...

KAMERAASSISTENT: Lotto, die fünfte ... (*schlägt Klappe*)

REGISSEUR: Bitte!

LINDEMANN: Ich heiße Lindemann, bin seit 66 Jahren Rentner ...

REGISSEUR: (*schlägt sich aufs Knie*) Aus!

LINDEMANN: ... und habe 500 000 D-Mark gemacht mit meiner Tochter in Wuppertal ... nee!

REGISSEUR: Herr Lindemann ...

LINDEMANN: Jetzt weiß ich ...

REGISSEUR: Klappe!

KAMERAASSISTENT: Lotto, die sechste ... (*schlägt Klappe*)

REGISSEUR: Bitte!

LINDEMANN: Ich heiße Erwin ...

KAMERAMANN: Halt ... Mikro im Bild ...

REGISSEUR: Gleich weiter ... ohne Klappe ...

KAMERAASSISTENT: Wir haben noch 5 Meter!

REGISSEUR: Bitte!

LINDEMANN: Ich heiße ... na! ... Erwin ... ich heiße Erwin und bin Rentner. Und in 66 Jahren fahre ich nach Island ... und da mache ich einen Gewinn von 500 000 D-Mark ... und im Herbst eröffnet dann der Papst mit meiner Tochter eine Herren-Boutique in Wuppertal ...

REGISSEUR: Danke ... das war's.

(Aus lizenzrechtlichen Gründen folgt dieser Text nicht der reformierten Rechtschreibung.)

1 Lest den Text mit verteilten Rollen und belegt im Einzelnen, wie seine komische Wirkung zustande kommt. Nehmt dazu den Werkzeugkasten auf S. 307 zu Hilfe.

So gehst du vor

Komik in einem Text untersuchen

Eine komische Wirkung wird häufig dadurch erzeugt, dass sich innerhalb einer Handlung etwas ereignet, was nicht zu den Erwartungen des Betrachters passt und ihn zum Lachen reizt. Man unterscheidet in der Literatur folgende Arten von Komik:

1. **Situationskomik:**
   Figuren, die von ihrem Wesen her nicht unbedingt komisch wirken, werden von anderen in einer Situation zu einem Verhalten gebracht, dass man über sie lachen muss.
2. **Charakter- oder Figurenkomik:**
   Figuren werden von einem Autor oder einer Autorin so angelegt, dass sie zum Lachen herausfordern. Dieses kann z. B. geschehen, indem bestimmte Schwächen in besonderer Weise hervorgehoben werden.
3. **Sprachkomik:**
   Ein Sachverhalt wird z. B. durch Übertreibungen so dargestellt, dass der Leser lachen muss. Auch die Sprechweise einer Person kann so sein, dass sie komisch wirkt.

Wenn ihr komische Elemente in einem Text untersucht, werdet ihr feststellen, dass die einzelnen Arten nicht immer scharf voneinander getrennt werden können.

2 Bereitet in Gruppen eine Aufführung der Szene von Loriot vor. Folgendes müsst ihr zuvor besprechen:

- Wer übernimmt welche Rolle?
- Welche Requisiten benötigt ihr? Wer besorgt sie? Legt eine Liste an.
- Wer kümmert sich um die Kostüme und die Maske?
- Wie könnte man mit einfachen Mitteln ein Bühnenbild andeuten?
- Wenn ihr in der Klasse spielt, lässt sich auch die Tafel einbeziehen.

3 Probt das Stück mehrmals und sprecht über Verbesserungsmöglichkeiten. Achtet vor allem auf Gestik, Mimik und richtige Betonungen. Einige Tipps des Autors findet ihr in den Regieanweisungen.

4 Natürlich könnt ihr auch weitere Szenen des Komikers Loriot heranziehen und in gleicher Weise verfahren.

Bertolt Brecht (1898 – 1956)

Der Ingwertopf

KUNG: Ich bin Kung, der Sohn Kungs, des Soldaten. Mein Vater ist arm gestorben, und meine Mutter erzieht mich in Abscheu gegen alles Gewalttätige. Ich bin sehr kräftig für mein Alter und könnte alle meine Schulkameraden im Nu auf den Rücken legen, aber meine Mutter sagt, es kommt nicht auf die Muskelkraft, sondern auf die Kraft des Verstandes an. Sie hat mir gesagt, daß es keine Geister gibt, keinen schwarzen Mann und keinen Drachen. Ist hier jemand, der an Geister glaubt? An Drachen? Ich weiß alle fünf Gründe, warum es keine solchen Dinge geben kann. Aber jetzt kommen meine Spielkameraden. Wir spielen vornehmlich Schule.

Drei Spielkameraden treten auf. Der größte trägt einen Ball.

DER GRÖSSTE: Kung, komm mit, Ball spielen!

DER MITTLERE: Yen hat den Ball denen von der Münzgasse genommen. Sie sind ihm nachgerannt, aber er kann viel schneller rennen. Wenn du mitkommst zum Spielen, macht es nichts, wenn sie uns erwischen, denn du bist der Stärkste.

Kung: Ich dachte, wir wollten Schule spielen.

Der Mittlere: Aber jetzt haben wir doch den Ball.

Kung: Aber ich habe auch die Bank und den Tisch für die Schule aufgebaut, wie ihr seht.

Der Mittlere: Wir wollen darüber abstimmen. Kommt!

Sie treten beiseite.

Der Mittlere: Ballspielen ist viel lustiger, aber er ist stark. Er würde auch mit uns zusammen fertig werden.

Der Kleinste: Aber er rauft nie.

Der Grösste: Er ist nur so sehr auf sein Schulespielen aus, daß er das vielleicht einmal vergißt, daß er nie rauft.

Kung: In unserer heutigen Schulstunde würde es sich um das schickliche Ausessen eines Ingwertopfes handeln, den ich von meiner Mutter bekommen habe.

Der Kleinste: Oh.

Der Mittlere: Das ist etwas anderes. Das letztemal war es das Grüßen, das hat gar keinen Sinn.

Kung: Das Grüßen müßte aber zuerst wiederholt werden, weil es beim Betreten der Schule stattfindet.

Der Grösste: Ich bin immer noch für Ballspielen.

Der Mittlere: Nein, es wird Schule gespielt. Ausessen eines Ingwertopfes.

Sie gehen wieder hinaus und treten wieder ein, sich verbeugend vor Kung. Auch Kung verbeugt sich. Die drei setzen sich auf die Bank, Kung setzt sich hinter den Tisch.

Kung: Meine jungen Freunde, wir fahren heute fort in unserem Kursus über schickliches Benehmen. Ich habe das letztemal bemerkt, daß die Hirsefladen, die ich am Schluß der Stunde austeilte, so gierig verschlungen wurden, daß das Grüßen, welches wir geübt hatten, wieder vergessen wurde. Es ist das also unser neues Thema. *Er steht auf.* Ich bin jetzt der große sagenhafte König Yen. Ihr seid meine Generäle. Ihr kehrt von einer Schlacht zurück, die ihr gewonnen habt, und zwar dadurch, daß ihr die Kriegskunst studiert habt. Ich empfange euch sehr gnädig und biete euch als Zeichen meiner Anerkennung den königlichen Ingwertopf an. Tritt vor, General Fu! *Er deutet auf den Größten, welcher vortritt und den Ingwertopf überreicht bekommt.* Bediene dich, General!

Der Größte faßt gierig hinein und schoppt sich soviel wie möglich in den Mund.

Kung: (*ihm den Topf wegnehmend*) Schlecht, sehr schlecht. Aber ich sage noch nicht, warum. *Er wendet sich an den Mittleren.* Nun zu dir, General Tao. Auch dir überreiche ich den königlichen Ingwertopf. Gleichzeitig beobachte ich dich scharf, vergiß das nicht.

Der Mittlere nimmt den Topf in Empfang und bedient sich ebenso gierig.

Kung: Schlimm, schlimm. Ich sehe leider, daß ihr im anständigen Benehmen noch sehr weit zurück seid. *Zum Kleinsten:* Hast du bemerkt, wie gierig sie nach dem Topf gegriffen haben? Und wie häßlich das aussah? Als ob Hunde nach einem Knochen schnappten. *Der Kleinste nickt und greift eifrig nach dem Topf, den Kung vor sich hin hält.* Ich will euch sagen, wie ihr den königlichen Topf entgegennehmen müßt, wenn ihr Anstand zeigen wollt. Feinstes Anstandsgefühl ist nötig, damit in würdiger Zurückhaltung gegessen werden kann. *Zum Kleinsten:* Halt du den Topf! *Da er gierig danach greift:* Nein, mit beiden Händen, da jetzt du der große sagenhafte König Yen bist, während ich den General Go darstelle. *Der Kleinste hält den Topf.* Zuerst verbeuge ich mich. So. Dann weise ich mit beiden Händen das Geschenk zurück. So. Damit habe ich angedeutet, daß ich das Geschenk für zu groß halte. Da jedoch der König Yen mir den Topf zum zweiten Mal anbietet, nehme ich ihn entgegen, nachdem ich mich noch einmal verbeugt habe, um zu zeigen, daß ich den Topf nur nehme, um ihm zu gehorchen. Aber wie nehme ich nun den

Topf entgegen? Gierig? Wie ein Schwein eine Eichel überfällt? Nein. Ruhig und würdig – *er tut es* –, beinahe gleichgültig, wenn auch mit großer Wertschätzung. Ich greife lässig hinein, wie greife ich hinein?

DER KLEINSTE: Lässig.

KUNG: Und mit zwei Fingern nehme ich das kleinste Stückchen heraus, das ich finden kann, und führe es lächelnd in den Mund. *Er tut es.* Habt ihr alles genau gesehn, oder soll ich alles wiederholen?

DER MITTLERE: Nein. Laß uns noch einmal probieren.

KUNG: Ja, ihr habt noch viel zu lernen. General Fu, bediene dich!

Der Größte fischt sich wieder gierig einen großen Brocken Ingwer.

KUNG: Falsch! Wo ist die abweisende Geste, wo die Verbeugung des Gehorchens, wo das Lächeln der Wertschätzung?

DER GRÖSSTE: Der Ingwer ist zu gut, Kung. Es geht nicht. Laß es mich noch einmal versuchen.

DER MITTLERE: Nein, jetzt komme ich, du lernst es nicht. *Er vollführt hastig die verlangten Gesten, greift verhältnismäßig gleichgültig nach dem Topf.*

KUNG: Besser.

DER MITTLERE: (*sich ein enormes Stück fischend und in den Mund stopfend*) Es ist sehr schwer.

DER KLEINSTE: Aber er hat schrecklich viel genommen.

KUNG: Ja, das war noch falsch.

DER MITTLERE: Ein zweites Mal könnte ich es noch besser machen, Kung. Besonders das Herausfischen eines kleineren Stücks. *Er greift noch einmal hinein und fischt ein kleineres Stück.*

KUNG: (*nimmt den Topf*) Jetzt kommt Li dran. General Go, bediene dich aus dem königlichen Topf.

Der Kleinste macht schnell die Geste der Abweisung, sodann die Verbeugung. Die beiden anderen lachen.

KUNG: Lacht nicht! Ihr bringt ihn in Verwirrung. Die Verbeugung war sehr gut. Weiter!

DER KLEINSTE: (*nimmt den Topf entgegen, sieht hinein, sieht dann auf die beiden Lachenden und fragt*): Ich hab vergessen, was jetzt kommt, Kung.

KUNG: Jetzt kommt das schickliche Hineingreifen, Li.

Der Kleinste greift sehr lässig hinein und bringt nichts hervor.

KUNG: Sehr gut! Aber du hast ja gar nichts gefischt! Das ist ausgezeichnet, noch besser, als ich es zeigte! General Go, ich bin zufrieden, sehr zufrieden, ich ernenne dich zum Marschall und Vorbild aller meiner Generäle. Ich habe nicht die geringste Gier bei dir entdeckt, nur Würde und Anstand.

Die beiden Größeren lachen, nehmen den Ball und laufen hinaus.

(*ihnen kopfschüttelnd nachschauend*) Sie haben sehr schlecht abgeschnitten. Du sollst zur Belohnung für dein schickliches Benehmen den Rest des Ingwers bekommen, Li. *Er blickt in den Topf.* Aber er ist ja leer.

Der Kleinste nickt traurig.

Das ist mir unangenehm, Li. Ich sehe, daß für dich nichts mehr da war, als die andern den Anstand probiert hatten. Leider kann ich jetzt auch dich nicht mehr aus vollem Herzen loben, Li, auch dich nicht. Denn woher kann ich wissen, ob deine Selbstbeherrschung ausgereicht hätte, wenn sie sich noch gelohnt hätte? Ich fürchte, es sind zwei Dinge nötig, damit würdige Zurückhaltung beim Ausessen eines Ingwertopfes bewahrt werden kann: erstens feines Anstandsgefühl, zweitens ein voller Topf. Der Ingwer hier hat nicht ausgereicht. Es müßte mehr im Topf sein.

Beide gehen nach vorn und singen zu einer Musik:

Zu wenig Ingwer,
Zu wenig Anstand!
Würde ist etwas Schönes,
Ingwer ist etwas Süßes.

(Aus lizenzrechtlichen Gründen folgt dieser Text nicht der reformierten Rechtschreibung.)

1 Fasst den Inhalt der Szene mit eigenen Worten zusammen.

2 Sprecht darüber, welche Absicht Kung hat.

3 Mit welchen unterschiedlichen Mitteln versucht er, seine Absicht durchzusetzen? Wie reagieren die anderen darauf?

4 Wie verhalten sich der Größte und der Mittlere während des Schulespiels? Was bedeutet dieses für den Kleinsten?

5 Auch Kung lernt im Verlauf des Spiels etwas. Sucht Textstellen, die dies belegen, und sprecht über diese Lehre.

6 Der Autor Bertolt Brecht hat sich in vielen Gedichten, Erzählungen und Theaterstücken vor allem auch für die Armen und gesellschaftlich weniger Angesehenen eingesetzt. Sprecht darüber, ob diese Absicht auch auf den vorliegenden Text zutrifft. Überlegt, welche Lehre dem Zuschauer oder der Zuschauerin vermittelt werden soll. Ihr könnt diese Lehre auch in Gedichtform formulieren und das Lied am Ende des Stücks auf diese Weise erweitern.

Bertolt Brecht (1898–1956)

7 Kung tritt zu Beginn allein auf und beginnt mit einem Text, der nicht an seine Mitspieler gerichtet ist. Der Fachausdruck dafür ist Monolog. Welche Aufgabe könnte dieser Monolog haben? Sprecht und spielt ihn. Achtet auf sinnvolle Betonungen, Gestik und Mimik. Probiert verschiedene Möglichkeiten aus.

8 Das Stück enthält mehrere Rollenwechsel. Listet auf, welche Rollen die einzelnen Spieler im Verlauf der Handlung übernehmen.

9 Besonders schwierig zu spielen ist der Teil, in dem Kung den Mitspielern zeigt, wie sie den Ingwertopf entgegennehmen sollen. Stellt zusammen, welche Handlungen Kung im Einzelnen verlangt.

10 Versucht nun, das Stück zu spielen. Stellt dazu auch die notwendigen Requisiten zusammen. Sicher habt ihr auch Ideen für geeignete Kostüme.

11 Die Verse am Schluss können gesprochen werden. Schön wäre es jedoch auch, wenn sich jemand eine passende Melodie ausdenken würde.

4. Kleine Übungen zur Lernkontrolle

Die Geschichte des Theaters

1 Beantworte die folgenden Fragen zur Geschichte des Theaters.

- Wann entstanden die ersten Theater?
- Wo entstanden sie?
- Wo wurde das erste feste Theaterhaus eröffnet?
- Was versteht man unter einer „Guckkastenbühne“?
- Wie nennt man die erste Aufführung eines Theaterstücks?

Theaterberufe

2 Beantworte auch die folgenden Fragen zu den Theaterberufen.

- Welche Aufgabe hat die Souffleuse in einem Theater?
- Wie nennt man die großflächigen Bilder, die den Hintergrund für einzelne Szenen darstellen sollen.
- Von wo werden diese Bilder heruntergelassen?
- Wer ist in einem Theater für das Licht zuständig?
- Wie nennt man den künstlerischen Leiter oder die künstlerische Leiterin einer Theateraufführung?
- Wer ist für das Schminken und für die Perücken der Schauspielerinnen und Schauspieler zuständig?
- Diese Person sorgt dafür, dass alle zur richtigen Zeit auf die Bühne gerufen werden.

Theater spielen

3 Beschreibe mit eigenen Worten, wie ein Regiebuch aufgebaut ist und welche Aufgaben es hat.

4 Welche Arten von Komik unterscheidet man in der Literatur und damit auch in Theaterstücken?

5 Welche Art von Komik liegt bei dem folgenden Beispiel vor? Ein Maler trägt eine Leiter auf der Schulter. Er wird von hinten angesprochen und dreht sich mit der Leiter, sodass er einen Farbeimer von seinem Gerüst wirft. Erschrocken dreht er sich erneut um und trifft dabei die Person, die ihn angesprochen hat.

Informiere mich, berichte
Mit Gliedsätzen/

Bereits im letzten Schuljahr habt ihr gelernt, was ein Gliedsatz bzw. Nebensatz ist und woran man ihn erkennen kann. Erinnert ihr euch?
In diesem Kapitel erfahrt ihr, welche unterschiedlichen Arten von Gliedsätzen/Nebensätzen es in der deutschen Sprache gibt und wie man die einzelnen Arten einsetzen kann.
Mit Gliedsätzen/Nebensätzen könnt ihr eure geschriebenen Texte eleganter und informativer gestalten. Das gilt z. B. für die Inhaltsangaben, über die ihr etwas im Kapitel „Den Inhalt wiedergeben“ (S. 220 ff.) erfahrt.
Am Ende dieses Kapitels lernt ihr noch wichtige Regeln zur Zeichensetzung kennen.

2.7.20..

Heute war ein besonders lustiger Tag. Bevor nämlich unser Lehrer zum Wecken kam, waren wir Jungen aus Haus 5 bereits aufgestanden und hatten uns im Aufenthaltsraum versteckt. Als Herr Bergmeier die Tür öffnete, blieb ihm der erste Ton seines schrägen Morgenliedes im Hals stecken. Niemand war da. Er erschrak sich so, dass er ganz blass wurde …

davon, beschreib es mir … – Nebensätzen arbeiten

„Und vergiss den Kopfstand nicht, wenn's aufhört zu schneien."

Ein Hut, dessen Krempe bereits mit Schnee bedeckt ist, …

Ein Mann, dessen Kopf in einem Schüttelglas steckt, …

Die Häuserfront, die sich in der rechten Bildhälfte befindet, …

Die Schneelandschaft, die im Wesentlichen aus zwei Tannen besteht, …

Seine Frau, von der nur der Kopf aus der Tür herausschaut, ruft ihm nach: „Und vergiss …"

1 Tragt zusammen, was ihr noch aus dem letzten Schuljahr über Gliedsätze/Nebensätze wisst.

2 Was ist der Unterschied zwischen einer Satzreihe und einem Satzgefüge?

1. „... weil wir da ohne Lehrer wohnen." – Adverbialsätze

Die Klasse 7c des Heinrich-Heine-Schulzentrums plant eine einwöchige Fahrt zu einer Sportschule. Vorher gibt es noch sehr viel zu besprechen.

LEHRER: Ich habe bei der Sportschule in Hachen angerufen. Vom 1.–7. April ist noch etwas frei. Wir können also dorthin fahren. Müssen uns aber selbst verpflegen. Sind denn nun alle damit einverstanden?

EVA: Ich finde die Idee mit der Sportschule gut, weil wir da ohne Lehrer in unseren eigenen Holzhäusern wohnen.

MAX: Genau; meine Mutter hat gesagt, ich solle ruhig mitfahren, damit ich mal lerne, allein fertig zu werden. Oder möchte mir einer von euch das Bett beziehen?

MARIE: Da unser lieber Max sonst nicht gerade der Fleißigste ist, kann er ja jeden Tag die Kartoffeln schälen!

MAX: Protest!

LEHRER: Nun mal etwas ernster. Wir haben nicht so viel Zeit, darüber zu reden, weil ich noch die Hausaufgaben besprechen will.

JULIA: Fahren wir mit dem Bus oder mit dem Zug?

TOM: Ich bin für Zugfahren, weil man dann besser lesen und Karten spielen kann.

EVA: Wir müssen aber auch auf den Preis achten.

LEHRER: Wer kann sich denn mal nach den Fahrpreisen erkundigen?

LENA: Falls die Auskunft am Bahnhof nach der Schule besetzt ist, will ich das gerne tun.

PAUL: Ich hab noch eine gute Idee. Wir können doch eine Zeitung über die Fahrt machen. Jeder schreibt etwas und später kopieren wir alles, damit alle ein Exemplar bekommen.

MAREN: Typisch Paul; du bist auch für jede Arbeit zu haben, obwohl die Idee vielleicht gar nicht so schlecht ist.

PAUL: Es muss ja nicht jeder etwas schreiben. Wenn wir Gruppen bilden und mit dem PC arbeiten, macht das bestimmt viel Spaß. Gibt es in Hachen eigentlich auch ein Internet-Café?

LEHRER: Das gibt es sogar in der Sportschule.

EVA: Werden die Gruppen für die Häuser gebildet, nachdem wir angekommen sind?

LEHRER: Das sollten wir tun, bevor wir losfahren.

1 Beschreibt kurz die Gesprächssituation:

- Wer ist daran beteiligt?
- Wann und wo findet das Gespräch statt?
- Was sind Anlass und Thema des Gesprächs?
- Welche Absichten äußern die Gesprächsteilnehmer?

2 Aus dem 6. Schuljahr kennt ihr bereits den Begriff des Gliedsatzes/Nebensatzes. Welcher Teil des folgenden Satzgefüges wird als Gliedsatz/Nebensatz dem Hauptsatz untergeordnet? Kennzeichnet auch das Bindewort (Konjunktion).

> Ich finde die Idee gut, weil wir da ohne Lehrer in unseren Holzhäusern wohnen.

3 Was wird inhaltlich in dem Gliedsatz/Nebensatz ausgedrückt?

4 Die Schülerinnen und Schüler in dem Gespräch verwenden in ihren Aussagen weitere Gliedsätze/Nebensätze. Sprecht darüber, was diese Gliedsätze/Nebensätze jeweils inhaltlich zum Ausdruck bringen, z. B. Begründung, Zeitpunkt, Bedingung, ...

5 Anstelle eines Satzgefüges könnte man in dem Gespräch an einigen Stellen auch eine Satzreihe mit zwei Hauptsätzen formulieren. Versucht es. Wodurch wird bei einer Satzreihe die inhaltliche Beziehung der Hauptsätze (Begründung, Zeitpunkt, Zweck, ...) verdeutlicht?

REGEL

Hauptsatz und Gliedsatz/Nebensatz (Satzgefüge) werden oft durch eine **unterordnende Konjunktion** miteinander verbunden.

Beispiel: Ich beeile mich, **weil** der Bus bereits vor der Schule steht.

Hauptsatz und Hauptsatz (Satzreihe) können durch eine **nebenordnende Konjunktion** miteinander verbunden werden.

Beispiel: Ich beeile mich, **denn** der Bus steht bereits vor der Schule.

Über die Wortart Konjunktion erfahrt ihr mehr auf S. 356 f.

6 Im Folgenden sind einfache Hauptsätze aufgelistet, die adverbiale Bestimmungen (Umstandsbestimmungen) als Satzglieder enthalten. Schreibt die Sätze ab, unterstreicht die adverbialen Bestimmungen und überlegt, was jeweils inhaltlich zum Ausdruck kommt.

- Nach unserer Ankunft empfing uns der Leiter der Sportschule.
- Leon schleuderte vor Übermut seine Reisetasche auf das Rasengelände.
- Zunächst gab es einige Probleme bei der Häuserverteilung und bei der Einteilung des Spüldienstes.
- Trotz genauer Anweisungen durch seine Mutter benötigte Max eine halbe Stunde für das Beziehen der Betten.
- Aus Spaß hatte Lukas ihm einen Knoten in sein Bettlaken gemacht.
- Die Schüler in Haus 7 mussten sich wegen des Tischdienstes besonders beeilen.
- Den anderen wurde von einer Sportlehrerin vor dem Essen die ganze Anlage gezeigt.
- Unter der Voraussetzung der Zustimmung ihres Lehrers wollte sie am Abend noch mit den Schülerinnen und Schülern eine Stunde Abenteuerturnen durchführen.
- Die ganze Klasse klatschte vor Begeisterung.

7 Versucht nun, wie in dem Beispiel aus den einfachen Satzgliedern Gliedsätze/Nebensätze zu bilden. Achtet darauf, die passenden Konjunktionen zu finden, damit sich der Sinn der Aussagen nicht ändert. Könnt ihr entscheiden, welche Form euch besser gefällt? Begründet im Einzelfall eure Entscheidung.

adverbiale Bestimmung
Beispiel: **Wegen der drängenden Zeit** müssen wir uns beeilen.
Adverbialsatz
Weil die Zeit drängt, müssen wir uns beeilen.

REGEL

Adverbiale Bestimmungen können die Form eines einfachen Satzgliedes haben. Sie können aber auch die Form eines Gliedsatzes/Nebensatzes haben. In diesem Fall nennt man die Gliedsätze/Nebensätze **Adverbialsätze**.

8 Im Folgenden findest du mehrere Satzreihen. Bilde aus den Satzreihen Satzgefüge mit einem Hauptsatz und einem Adverbialsatz. Überlege, mit welchen Konjunktionen du Haupt- und Adverbialsatz verbinden kannst, damit der Sinn der Aussagen erhalten bleibt. Probiere unterschiedliche Möglichkeiten aus und vergleiche sie. Unterstreiche anschließend die Hauptsätze, versieh die Gliedsätze/Nebensätze mit einer Wellenlinie und kreise die unterordnenden Konjunktionen ein.

- Beim Essen wurde es sehr laut; deshalb bat der Küchenchef um etwas mehr Rücksicht.
- Eigentlich war Paul schon satt; aber er nahm sich zum dritten Mal von den leckeren Bratkartoffeln.
- Zu viel durfte er nicht essen; schließlich musste er für das Abenteuerturnen fit bleiben.
- Die Schülerinnen und Schüler verließen den Essraum; vorher musste jedoch noch das Geschirr zurückgebracht werden.
- Anschließend holten alle schnell ihr Sportzeug; denn keiner wollte zu spät zum Abenteuerturnen kommen.
- Erst zogen sich alle um, dann trafen sie sich in der Turnhalle.
- Die Sportlehrerin ließ die Klasse zunächst einige Runden laufen; die Schülerinnen und Schüler sollten sich nämlich aufwärmen.

Marie hat für die Klassenzeitung einen vorläufigen Bericht über das Abenteuerturnen am Abend geschrieben.

Erster Abend – Abenteuerturnen

Der erste Abend brachte bereits einen Höhepunkt unserer Klassenfahrt. In der Turnhalle durften wir an einer Stunde Abenteuerturnen teilnehmen. Die Leitung hatte die Diplomsportlehrerin der Sportschule, Frau Berger. Vorher hatten wir zu Abend gegessen. Wir zogen uns in den Umkleidekabinen um. Anschließend trafen wir uns in der Hallenmitte. Die Geräte waren alle schon aufgebaut. Eine Bahn mit übergroßen Weichbodenmatten führte durch die ganze Halle. Die Matten waren hochgestellt. Trotzdem fielen sie nicht um; sie hatten nämlich einen verstärkten Kern. An der Hallendecke war eine große Schaukel angebracht. Darauf konnten gleichzeitig sechs Schülerinnen oder Schüler sitzen. Von der Tribüne führte eine Strickleiter zu einem Klettergerüst.
Zuerst mussten wir mehrere Runden laufen. Unsere Muskeln sollten sich nämlich erwärmen. Dann durften wir über die Mattenbahn laufen oder kriechen. Einige waren ziemlich ängstlich. Die Bahn war nämlich ca. drei Meter hoch und ganz schön schmal. Eine Matte ist auch umgefallen. Paul befand sich gerade darauf. Aber Gott sei Dank ist ihm nichts passiert. Er landete nämlich auf seinem weich gepolstertes Hinterteil! Nacheinander durften dann immer sechs von uns schaukeln. Gleichzeitig

konnten jeweils zwei von uns an der Strickleiter klettern. Vorher ermahnte uns Frau Berger noch, uns gut festzuhalten. Es sollte nämlich keiner herunterfallen. Ganz schön spannend war das; aber es ist nichts passiert. Todmüde fielen wir ins Bett (dachte unser Klassenlehrer). Von der ersten Nacht berichtet ein anderer. Der Text dürfte allerdings viel länger werden.

Marie

9 Beurteilt den Bericht von Marie. Was ist das Besondere an seiner sprachlichen Form? Wie wirkt diese auf euch?

10 Überarbeitet den Text. Überlegt, wie ihr ihn vor allem mithilfe von Adverbialsätzen verbessern könnt, sodass er in der Klassenzeitung erscheinen könnte. Achtet auch auf die passenden Konjunktionen.

Das musst du lernen und wissen

Die Adverbialsätze im Überblick

Adverbialsatz	Aussage über	Konjunktion	Beispiel
Temporalsatz	Zeitpunkt, Zeitdauer	als; nachdem; bevor; wenn; während; sobald	Nachdem wir gegessen hatten, gingen wir in die Turnhalle.
Kausalsatz	Ursache, Begründung	weil; da	Weil es so spät war, mussten wir in unsere Häuser gehen.
Konditionalsatz	Bedingung, Voraussetzung	wenn; falls; sofern	Falls der Regen aufhört, machen wir eine Wanderung.
Konsekutivsatz	Folge	sodass; dass; so ..., dass	Er lief so schnell, dass er nicht mehr abbremsen konnte.
Finalsatz	Absicht, Zweck	damit; dass; auf dass	Vor dem Spiel wärmten wir uns auf, damit wir uns nicht verletzten.
Konzessivsatz	Einräumung; ein Grund, der nicht zählt	obgleich; obwohl	Obwohl es regnete, spielten wir draußen.
Modalsatz	Art und Weise	indem; dadurch, dass	Dadurch, dass er fleißig trainierte, wurde er ein guter Spieler.
Adversativsatz	Gegenteil	während; anstatt dass	Tom spielte Badminton, während er eigentlich Küchendienst hatte.
Komparativsatz	Vergleich	als; wie; als ob; als wenn	Carmen sah aus, als ob sie in eine Zitrone gebissen hätte.
Lokalsatz	Ort, Richtung	wo; wohin; woher[1]	Geh vorsichtig dorthin, wo du die Markierung siehst.

[1] Der Lokalsatz ist der einzige Adverbialsatz, der nicht mit einer Konjunktion, sondern mit einem W-Fragewort eingeleitet wird.

11 Schreibe die folgenden Satzgefüge in dein Heft, unterstreiche die Hauptsätze, versieh die Adverbialsätze mit einer Wellenlinie und bestimme sie.

- Bevor wir zum Sorpesee wanderten, trafen sich alle vor dem Hauptgebäude.
- Aysun kam zu spät, weil sie ihren Rucksack nicht finden konnte.
- Das war ihr so peinlich, dass sie rot anlief.
- Alle mussten deshalb etwas schneller gehen, damit das Schiff am Anleger noch zu erreichen war.
- Während sich einige darüber beschwerten, beruhigten andere das Mädchen.
- Obwohl der Klassenlehrer eine Wanderkarte mitgenommen hatte, hätten sie sich fast verlaufen.
- Schließlich erreichten jedoch alle pünktlich den Bootsanleger, nachdem der Lehrer einen Förster nach dem Weg gefragt hatte.
- Er zeigte ihnen die Wegkreuzung, wo sie abbiegen mussten.
- Das Boot wäre nicht ohne die Klasse gefahren, weil die Schüler nämlich die einzigen Passagiere waren.
- Der Kapitän begrüßte die Schülerinnen und Schüler, indem er laut mit dem Schiffshorn hupte.
- Ella erschrak sich so sehr, dass sie beinahe ins Wasser gefallen wäre.
- Sie sah aus, als ob ihr ein Gespenst begegnet wäre.
- Da am Abend alle ziemlich müde waren, nahmen sie für den Rückweg den Linienbus.
- Allerdings wussten sie zunächst nicht, wo sich die Haltestelle befand.
- Sie fanden den Ort, nachdem sie eine Passantin gefragt hatten.
- Anstatt dass sie wie geplant früh ins Bett gingen, machten die Mädchen die ganze Nacht durch.
- Beim Frühstück am nächsten Morgen wären sie fast am Tisch eingeschlafen, weil sie so müde waren.
- Obwohl ihr Lehrer auch nicht gut geschlafen hatte, erschien er äußerst fröhlich im Essraum.

12 Wählt einige Sätze aus Aufgabe 11 aus und weist nach, dass der Gliedsatz/Nebensatz an unterschiedlichen Stellen innerhalb des Satzgefüges stehen kann.

13 **Durchstarten! So könnt ihr weiterarbeiten:**

a Tauscht eure Überarbeitungen von Maries Bericht über das Abenteuerturnen mit dem Tischnachbarn oder der Tischnachbarin aus und bestimmt gegenseitig die Adverbialsätze, die ihr verwendet habt.

b Welche Adverbialsätze aus Aufgabe 11 können in einfache adverbiale Bestimmungen umgewandelt werden, ohne dass die Sätze merkwürdig klingen? Probiert es aus.

c Auf S. 278 findet ihr ein Gedicht von Marianne Kreft mit dem Titel „Sabine“. Welche zwei Arten von Adverbialsätzen sind darin enthalten? Klärt im Partnergespräch, welche Bedeutung die Adverbialsätze in diesem Gedicht haben.

2. „Dass sie das darf, …“ – Subjekt- und Objektsätze

An einem Nachmittag steht „freie Beschäftigung“ auf dem Programm. Lina und Max spielen auf der Wiese Federball. Alexander betätigt sich als aufgeregter Reporter. Seine Reportage soll auch in der Klassenzeitung erscheinen.

Meine sehr verehrten Zuhörerinnen und Zuhörer.

Dass heute eine solche einmalige Stimmung in unserem Stadion ist, haben wir den beiden überragenden Akteuren zu verdanken. Lina Tennisarm und Max Wackelknie. Selbst das Wetter spielt mit. Dass die Sonne scheint, ist eine Seltenheit in dieser kalten Region. Lina wirft den luftig leichten Federball in die Höhe und mit ungeheurer Wucht trifft sie ihn mitten auf den grünen Punkt. Unglaublich ist, dass sie sich so verhält. Schließlich kann sich der Kleine in keiner Weise darüber beschweren, dass man ihn so behandelt …

1 In Alexanders Reportage sind einige Gliedsätze/Nebensätze enthalten. Welche Satzglieder, die du bereits kennst, werden jeweils durch diese Gliedsätze/Nebensätze ersetzt? Stelle entsprechende Fragen.

2 Welche Gliedsätze/Nebensätze mit der Aufgabe eines Subjekts oder Objekts sind in Alexanders Reportage enthalten? Versucht, wie in den Beispielen im Regelkasten, die Gliedsätze/Nebensätze in einfache Satzglieder eines Hauptsatzes umzuformen. Welche Darstellungsform gefällt euch besser? Entscheidet dieses für jeden Satz. Beachtet dabei den Zusammenhang des Textes.

REGEL

Auch Subjekt oder Objekt können manchmal ein Gliedsatz/Nebensatz sein. Man spricht dann von **Subjekt-** oder **Objektsatz**.
Man erfragt Subjekt- und Objektsätze mit den bekannten Fragen „Wer oder was?“ und „Wen oder was?“. Viele Subjekt- und Objektsätze beginnen mit der **Konjunktion *dass***.

Subjektsatz
Beispiele: **Dass du so fleißig bist**, freut mich ganz besonders.

Subjekt
Dein Fleiß freut mich ganz besonders.

Objektsatz
Ich mag es, **dass du so zuverlässig bist**.

Akkusativobjekt
Ich mag **deine Zuverlässigkeit**.

3 Versucht, mithilfe der folgenden Materialien selbst Objektsätze zu formulieren. Ihr könnt dabei von Anliegen ausgehen, die von allgemeinem Interesse sind. Natürlich könnt ihr auch lustige Sätze formulieren, die sich auf das Verhalten von Lehrerinnen und Lehrern auf Klassenfahrten beziehen.

Ich .../Wir ...

> fordern • glauben • für falsch halten • vorschlagen • anregen • verurteilen • erwarten • hoffen ...

Politiker .../Alle Menschen .../Lehrerinnen und Lehrer ...

> sich dafür starkmachen • sich dafür einsetzen • das Ziel verfolgen • durchsetzen • dafür kämpfen • sich dagegen aussprechen, • ...

Beispiele:

Ich wünsche mir, *dass für Kinder in Entwicklungsländern mehr getan wird.*

Lehrerinnen und Lehrer sollten sich dafür einsetzen, *dass jeden Monat eine Klassenfahrt gemacht wird.*

4 Versucht danach, einige Objektsätze in einfache Satzglieder eines Hauptsatzes umzuformen. Dabei müsst ihr manchmal etwas umformulieren.

Beispiele:

Ich wünsche mir *mehr Engagement für Kinder in Entwicklungsländern.*

Lehrerinnen und Lehrer sollten sich *für monatliche Klassenfahrten einsetzen.*

5 **Durchstarten! So könnt ihr weiterarbeiten:**

a Schreibt eine Fortsetzung von Alexanders Reportage. Arbeitet dabei auch mit Subjekt- und Objektsätzen.

b Übertragt die folgenden Sätze in euer Heft. Schreibt darunter, ob es sich jeweils um einen Subjektsatz oder um einen Objektsatz handelt.

- Wusstest du, dass es Schmetterlinge gibt, die wie einige Vogelarten im Herbst nach Afrika fliegen und dabei bis zu 6 000 Kilometer zurücklegen?
- Dass es in der Tierwelt Paare gibt, die ein Leben lang zusammenhalten, ist allgemein bekannt.
- So kann man z. B. beobachten, dass Schwäne und Pinguine sich so gut wie nie trennen.

3. „…, der ein zotteliges Fell hat, …“ – Attributsätze und andere Attributformen

Ella hat im Eingangsbereich der Sportschule einige lustige Karikaturen zu „sportlichen Höchstleistungen“ entdeckt. Eine davon möchte sie für die Klassenzeitung beschreiben und eventuell zu Hause nachzeichnen. Deshalb hat sie sich zu der Abbildung unten Notizen gemacht.

Bildunterschrift:	„Eigentlich sollte ich mich freuen – Drittbester im Brummen – aber trotzdem – –“
Vordergrund:	– dreistufige Siegertreppe mit den Ziffern 1, 2, 3 – winzige Insekten, die auf Platz 1 und 2 stehen – Bär, der ein zotteliges Fell hat und auf Platz 3 steht – der Bär, ein riesengroßes Tier, schaut nach vorn – gebeugte Körperhaltung des Bären, trauriger „Gesichtsausdruck“ – kleine Ohren, spitze Schnauze mit schwarzem Punkt
Hintergrund:	angedeutete Zuschauer ohne Gesichter

„Eigentlich sollte ich mich freuen – Drittbester im Brummen – aber trotzdem – –“

1 Vergleicht Ellas Stichwörter mit der Karikatur. Stimmt ihr mit ihren Kennzeichnungen überein? Was würdet ihr anders beschreiben?

Ihr wisst sicher noch aus dem 6. Schuljahr, dass man Attribute in Satzglieder einbauen und damit Nomen/Substantive genauer kennzeichnen kann. Diese Attributformen habt ihr kennengelernt:

2 Erläutert die Hinweise auf den beiden Tafelklappen anhand der folgenden Beispielsätze.

- Der große Bär mit den kleinen Ohren blickt traurig nach vorn.
- Die Fliege, die den ersten Platz belegt hat, ist sehr klein.

3 Schaut noch einmal Ellas Stichwortzettel an und überprüft, welche Attributformen enthalten sind. Achtet besonders auf die Attribute in Form eines Gliedsatzes/Nebensatzes. Sicher wisst ihr noch, dass es sich um **Attributsätze**, die auch **Relativsätze** genannt werden, handelt. Attributsätze/Relativsätze werden durch ein **Relativpronomen** eingeleitet.

4 Versucht anschließend, eine zusammenhängende Beschreibung der Karikatur, wie sie in der Klassenzeitung erscheinen könnte, anzufertigen.

Über diese „sportliche Höchstleistung" hat sich Max besonders amüsiert.

5 So beschreibt Max ganz kurz seinen Mitschülern die Abbildung:

- In der linken Bildhälfte ist eine Gans zu sehen.
- Die Gans steckt mit dem Kopf in einem Schuh.
- Im rechten oberen Viertel befindet sich eine Denkblase.
- In der Denkblase steht eine Aussage.
- Sie lautet: „Wahrscheinlich guckt wieder kein Schwein."
- Unten rechts sieht man ein Schwein.
- Es schaut zur Gans empor.
- Das Schwein sagt: „Toll."

Versucht, mit Attributen die einzelnen Angaben noch genauer zu gestalten. Achtet auf die Zeichensetzung, wenn ihr mit Relativsätzen/Attributsätzen arbeitet.

REGEL

Attribute können auch die Form eines **Gliedsatzes/Nebensatzes** haben. In diesem Fall spricht man von **Attributsätzen**. Sie werden durch ein **Relativpronomen** eingeleitet und heißen deshalb auch **Relativsätze**.

Beispiel:
Die Gans, **die sich in der linken Bildhälfte befindet**, steckt mit dem Kopf in einem Schuh.

6 Im Folgenden sind immer zwei Hauptsätze abgedruckt. Verbinde sie so zu einem Satzgefüge, dass jeweils ein Hauptsatz als Relativsatz/Attributsatz in den anderen eingefügt wird.

- Das Schwein befindet sich am unteren rechten Bildrand. Es ist auffällig klein.
- Das Schwein denkt „Toll". Es schaut zur Gans hinauf.
- Der Hintergrund ist in der Farbe der Flügel gezeichnet. Er ist schraffiert.
- Die Denkblase ist auffallend groß. Sie gehört zur Gans.
- Die Gans steckt mit ihrem Kopf in einem Schuh. Der Schuh ist etwa so groß wie das Schwein.

7 Im Folgenden findest du Ausdrücke, die jeweils aus einem Nomen/Substantiv und einem Attribut bestehen. Forme die einfachen Attribute wie in dem Beispiel in Relativsätze/Attributsätze um. Markiere dabei das Relativpronomen mit farbigem Stift.

das kleine Schwein • die Gans im Schuh • der Mann mit dem Norwegerpullover • die Schneeflocken im Glas • die außergewöhnlich kleine Fliege • das dreistufige Podest • die angedeuteten Zuschauer • der Bär mit der spitzen Schnauze • die aufgemalten Ziffern • die Karikatur mit dem Bär in der Mitte

Beispiel: das kleine Schwein – das Schwein, **das** klein ist ...

8 Hier hat jemand vor allem mit Relativsätzen/Attributsätzen gearbeitet. Einiges ist ihm jedoch misslungen. Überlegt, wie ihr die einzelnen Sätze entlasten und somit verbessern könnt.

Die Gans, die mit ihrem Kopf im Schuh, der ein Schnürstiefel ist und auf einem kleinen Hügel steht, steckt, streckt ihre Schwimmfüße, die auffällig klein sind und eine ähnlich graue Farbe wie die Flügel haben, von denen nur einer zu sehen ist, in die Luft. Die Sprechblase, die aus dem Schuh, der im Verhältnis zu ihr sehr klein ist, kommt, füllt das rechte obere Viertel der Karikatur aus und ist mit einem Text, der sehr fett gedruckt ist und „Wahrscheinlich guckt wieder kein Schwein" lautet, ausgefüllt ...

9 **Durchstarten! So könnt ihr weiterarbeiten:**

a Verfasst zu der Karikatur mit der Gans und dem Schwein (S. 322) eine vollständige Beschreibung. Überlegt dabei, wie ihr sinnvoll mit Relativsätzen/Attributsätzen arbeiten könnt.

b Beschreibt auch die folgende Karikatur.

4. ... und die Zeichensetzung

1 Schreibe die folgenden Beispielsätze ab, unterstreiche die Hauptsätze und versieh die Gliedsätze/Nebensätze mit einer Wellenlinie. Setze anschließend die fehlenden Kommas. Bestimme außerdem die Art des jeweiligen Gliedsatzes/Nebensatzes.

- Max strengte sich beim Abenteuerturnen so an dass er rot anlief wie eine Tomate.
- Luna die immer die Erste sein will wäre fast von der Mattenbahn gestürzt.
- In der ersten Nacht bekamen einige überhaupt keinen Schlaf weil sie so aufgedreht waren.
- Obwohl der Klassenlehrer der 7c selbst kaum ein Auge zugemacht hatte sah er am Morgen topfit aus weil er fünf Minuten kalt geduscht hatte.
- Nachdem alle ihre Rucksäcke gepackt hatten und sich regenfeste Kleidung angezogen hatten begann die Wanderung zum Sorpesee auf dem sie eine Kanutour machen wollten.
- Dass es ein besonders feuchtes Vergnügen werden würde ahnte zu diesem Zeitpunkt noch niemand obwohl einigen doch etwas mulmig zumute war.
- Alle mussten während der Kanufahrt Schwimmwesten tragen damit nichts passieren konnte.

2 Schreibe die folgenden komplexen Satzgefüge ab und setze die Kommas. Als Hilfe solltest du zuvor den Hauptsatz unterstreichen und die Gliedsätze/Nebensätze mit verschiedenen Farben markieren.

- Weil wir am vorletzten Tag eine Tropfsteinhöhle die sich in der Nähe des Sorpesees befindet besuchen wollten mussten wir sehr früh aufstehen.
- Am Eingang der sich in der Nähe des Busparkplatzes befindet empfing uns eine junge Dame die uns nachdem sie einige allgemeine Informationen zur Höhle gegeben hatte durch das Innere führte.
- Drinnen froren wir da sich in der Höhle die weit verzweigt ist an allen Orten nur eine Temperatur von 7° C messen lässt.
- Der Höhlengang ist so niedrig dass man sich wenn man nicht aufpasst den Kopf stoßen kann.
- Als die Führung zu Ende war kauften sich einige von uns noch Andenken die allerdings ziemlich kitschig waren und dennoch viel Geld kosteten.

REGEL

Zwischen Hauptsatz und Gliedsatz/ Nebensatz steht immer ein **Komma**.
In manchen Fällen besteht ein Satzgefüge auch aus einem Hauptsatz und mehreren Gliedsätzen/Nebensätzen. Werden diese Gliedsätze/Nebensätze durch die Konjunktionen *und* bzw. *oder* verbunden, steht in der Regel kein Komma.

Beispiel:
Weil es schon so spät war und weil wir so hungrig waren, beeilten wir uns.

Handelt es sich um Gliedsätze/Nebensätze, die nicht aufgezählt werden, sondern voneinander abhängig sind, werden auch die einzelnen Gliedsätze/Nebensätze durch Kommas abgetrennt. Man spricht in diesem Fall von einem **komplexen Satzgefüge**.

Beispiel:
Als wir am See, der zu dieser Zeit einen sehr hohen Wasserstand hatte, ankamen, war das Boot bereits da.

3 Im folgenden Bericht fehlen 12 Kommas. Schreibe den Text ab und setze sie ein. Mache dir jeweils im Einzelnen klar, um welche Art von Gliedsatz/Nebensatz es geht.

Ein feuchtes Vergnügen

Am zweiten Tag unserer Klassenfahrt wanderten wir zum Sorpesee der etwa 25 Kilometer von der Sportschule entfernt liegt. Nachdem wir uns einige Male verlaufen hatten kamen wir schließlich nach drei Stunden am See der einen Anleger für Kanus hat an. Insgesamt zehn Schülerinnen und Schüler passten jeweils in ein Kanu. Natürlich trugen alle Schwimmwesten die wir im Bootshaus ausleihen konnten. Außerdem fuhr auf jedem Boot ein Erwachsener mit Bootserfahrung mit.

Die Jungen wollten natürlich ihr eigenes Boot haben. Als sie mitten auf dem See waren wurden sie von einem Surfer geärgert der ziemlich dicht an ihnen vorbeifuhr und sie nassspritzte. Mit lautem Geschrei rutschten alle zu einer Seite hin und mussten im Nu erfahren dass ihr Boot umzukippen drohte. Die Jungen retteten zunächst die Situation indem sie auf die andere Seite rutschten. Doch da passierte es! Das Boot kenterte sodass alle ins Wasser fielen. Dank der Schwimmwesten konnten sie nicht untergehen und ans Ufer schwimmen. Da war es natürlich gut dass es so warm war. Denn die Jungen mussten einige Zeit warten bis sie vom Leiter der Sportschule mit einem Kleinbus abgeholt wurden und sich trockene Sachen anziehen konnten.

REGEL

Anstelle eines Gliedsatzes/Nebensatzes steht manchmal auch ein Infinitiv, zu dem weitere Satzglieder hinzukommen können. Der Fachausdruck dafür ist **Infinitivgruppe**.

Beispiel: Anke bat Paul, dass er ihren Rucksack trage.
Anke bat Paul(,) ihren Rucksack zu tragen.

4 Verändere, wie in dem Beispiel im Regelkasten, die folgenden Satzgefüge. Könnt ihr entscheiden, welche Form euch besser gefällt? Begründet gegebenenfalls eure Ansicht.

- Die Hausordnung verlangt von jedem, dass er die Sportgeräte nach der Benutzung wieder wegräumt.
- Gülben und Ella befürchteten, dass sie den Tischdienst allein machen müssten.
- Sie erwarteten, dass sie von den anderen unterstützt würden.
- Max bot Ella an, dass sie mit ihm tausche.
- Paul hoffte, dass er bei der Verteilung des Tischdienstes vergessen würde.
- Meike bedauerte, dass sie nicht am Abenteuerturnen teilnehmen konnte.
- Jonas bat Janna, dass sie ihm das Bett beziehe.

5 Unterstreiche in den Sätzen, die du in dein Heft geschrieben hast, den Infinitiv mit *zu* und versieh die Satzglieder, die jeweils zum Infinitiv gehören, mit einer Wellenlinie.

REGEL

In einigen Fällen muss eine **Infinitivgruppe durch Kommas** vom Hauptsatz getrennt werden.

1. Im Hauptsatz steht ein **Nomen/Substantiv oder anderes Wort** (*darauf, daran, dazu, es*), auf das sich die Infinitivgruppe bezieht.

   Beispiele:
   Er hatte keine Lust **dazu**, den Tisch abzuräumen.
   Sie hatten die **Absicht**, das Nachbarhaus in der Nacht zu erschrecken.

2. Die Infinitivgruppe wird durch **um (zu), ohne (zu), anstatt (zu), statt (zu), außer (zu), als (zu)** eingeleitet.

   Beispiele:
   Sie trafen sich, **um** die Wanderung zu planen.
   Micha nahm sich, **ohne** an die anderen zu denken, eine Riesenportion vom Nachtisch.
   Für unseren Lehrer gibt es nichts Schöneres, **als** stundenlang zu wandern.

In den anderen Fällen ist es dir überlassen, eine Infinitivgruppe durch Komma abzutrennen oder nicht.

6 Schreibe die folgenden Sätze ab, kreise das hinweisende Wort ein und setze die fehlenden Kommas.

- Die Sportlehrerin forderte die Schülerinnen und Schüler dazu auf sich vor dem Turnen aufzuwärmen.
- Die Schülerinnen und Schüler wünschten es sich sehr die Stunde Abenteuerturnen noch einmal zu wiederholen.
- Der Leiter der Sportschule gab ihnen die Erlaubnis den Tennisplatz zu benutzen.
- Im Verlauf der Klassenfahrt erhielten die Schülerinnen und Schüler die Chance ihr Schwimmabzeichen in Bronze zu machen.
- Im Essraum wartete nicht jeder darauf die Schüsseln angereicht zu bekommen.
- Jedoch verlangte es keiner bedient zu werden.
- Einige mussten allerdings daran erinnert werden sich zurückhaltend und höflich zu verhalten.
- Hannah machte den Vorschlag eine Liste von Benimmregeln aufzustellen.
- Die Idee alles aufzuschreiben fanden die meisten jedoch nicht gut.
- Man einigte sich darauf rücksichtsvoll miteinander umzugehen.
- Daran die Tür zu schließen hatte Eva am Abend nicht gedacht.
- Die Jungen machten sich deshalb einen Spaß daraus als Gespenster in der Nacht zu erscheinen.

7 Wähle sechs Sätze aus und stelle sie so um, dass die Infinitivgruppe in den Satz eingefügt wird und nicht hinten steht. In diesem Fall steht vor und hinter der Infinitivgruppe ein Komma.

8 Ergänze die folgenden Satzanfänge durch jeweils drei sinnvolle Infinitivgruppen. Es sollen also insgesamt 15 Sätze entstehen. Unterstreiche im Heft den Infinitiv mit *zu* und kreise das Einleitungswort ein.

- Für mich gibt es nichts Schlimmeres, (als) ...
- Ich gehe zur Schule, um ...
- Paul liegt in der Sonne, anstatt ...
- Maja besucht ihre Freundin, um ...
- Für meine Eltern gibt es nichts Schöneres, als ...

9 **Durchstarten!** **So könnt ihr weiterarbeiten:**
Schreibt die folgenden Texte mit den entsprechenden Kommas in euer Heft und diktiert sie euch anschließend gegenseitig.

Wie stichst du eine Stricknadel durch einen aufgeblasenen Ballon?

Blase einen Ballon auf und binde ihn zu. Dann klebe ein Stück durchsichtigen Klebestreifen auf die eine Seite und ein anderes Stück auf die Seite gegenüber. Nimm eine Stricknadel und wette mit deinen Freunden dass du mit dieser Nadel den Ballon durchstechen kannst ohne ihn dabei zum Platzen zu bringen.

Stich nun die Nadel durch den Klebestreifen in den Ballon und auf der anderen Seite wieder durch den Klebestreifen hindurch. Der Klebestreifen verhindert dass der Ballon aufreißt und zerplatzt. Denk am Ende daran deinen Wetteinsatz einzufordern.
(4 Kommas)

Wie fängt man Münzen vom Ellenbogen?

Obwohl der Trick schwierig aussieht ist er eigentlich ganz einfach. Strecke deine rechte Hand nach vorne aus. Nun biege den Unterarm zurück. Die Hand liegt jetzt in der Nähe des Ohres. Lege mit der anderen Hand eine Münze auf den ausgestreckten Ellenbogen. Fasse nun mit der rechten Hand blitzschnell nach vorne und versuche die Münze zu ergreifen. Das geht deshalb ziemlich leicht weil die Münze einen Bruchteil einer Sekunde in der Luft schwebt wenn du den Ellenbogen wegziehst und mit der Hand zuschnappst. Bevor die Münze fällt hast du sie schon.

Übe zuerst mit Radiergummis oder anderen weichen Dingen die nichts kaputt machen können falls du sie ungeschickterweise wegschleuderst. Wenn du besser trainiert bist kannst du den Trick auch mit einem Stapel von mehreren Münzen versuchen. Lass dir von deinen Freunden das Geld auf den Ellenbogen stapeln und mach ihnen den Vorschlages behalten zu dürfen wenn du es schnappen kannst ohne dass du die andere Hand benutzt.
(10 verpflichtende Kommas)

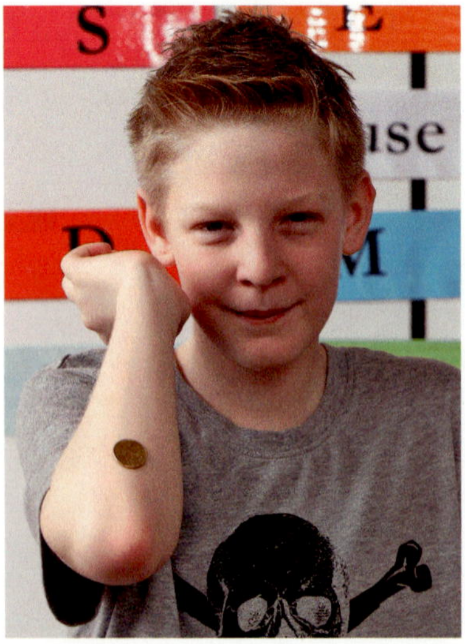

5. Kleine Übungen zur Lernkontrolle

Adverbialsätze

1 Schreibe die folgenden Satzgefüge in dein Heft, unterstreiche die Hauptsätze, versieh die Gliedsätze/Nebensätze mit einer Wellenlinie und setze die Kommas. Benenne anschließend die Adverbialsätze.

- Wenn in einer Glühlampe elektrischer Strom durch den Glühdraht fließt beginnt er zu glühen.
- Traditionelle Glühlampen werden heutzutage durch Energiesparlampen ersetzt weil diese viel langlebiger sind.
- Diese Energiesparlampen haben sich obwohl es zunächst einige Proteste gab inzwischen durchgesetzt.

Subjektsatz oder Objektsatz?

2 Welches Satzgefüge enthält einen Subjektsatz, welches einen Objektsatz? Schreibe die Satzgefüge in dein Heft, setze die Kommas und bestimme die Gliedsätze/Nebensätze.

- Dass Frauen die gleichen Rechte haben wie die Männer wurde in Deutschland 1949 im Grundgesetz festgeschrieben.
- Bereits 50 Jahre früher forderten fortschrittliche Frauen dass man ihnen die gleichen Rechte zugestand.

Relativsätze/Attributsätze

3 Im folgenden Witz sind Relativsätze/Attributsätze enthalten. Schreibe den Text ab, setze die fehlenden Kommas und versieh die Relativsätze/Attributsätze mit einer Wellenlinie.

Max der immer sehr pünktlich zur Schule kommt erscheint erst zur dritten Stunde.
„Warum hast du einen Verband am Handgelenk?", fragt ihn der Lehrer der etwas besorgt schaut.
„Bin vom Baum der vor unserem Haus steht gefallen." – „Hoch?" – „Nein, runter."

Die Zeichensetzung bei Infinitivgruppen

4 Schreibe auf, wann du eine Infinitivgruppe durch Komma vom Hauptsatz abtrennen musst.

Wenn ihr nicht hören „Jenseits der Stille“ als Fenster

Das Kino kann ein Fenster zu einer fremden Welt sein. Im Folgenden lernt ihr mit dem Film „Jenseits der Stille“ die ungewöhnliche Welt von Lara kennen, deren Eltern gehörlos sind. Da Lara als Einzige in ihrer Familie hören und sprechen kann, hat sie eine sehr enge Bindung zu ihrer Familie. Als sie jedoch von ihrer Tante Clarissa eine Klarinette geschenkt bekommt, beginnt sie, die Wunderwelt der Musik zu entdecken. Laras Abschied von ihrem Elternhaus und von der Kindheit nimmt seinen dramatischen Anfang. Der Film führt euch sowohl in die Welt von Gehörlosen als auch in die typischen Probleme Jugendlicher ein, die beginnen, erwachsen zu werden. Darüber hinaus untersucht ihr im folgenden Kapitel, welche Rolle die Filmmusik bzw. der Ton für die Wirkung einzelner Szenen spielt, wie man Standbilder erläutert und wie man Film- bzw. Buchkritiken schreibt. Ebenso übt ihr, wie man das Verhältnis zwischen Filmfiguren darstellt und Sachtexten wichtige Informationen entnimmt. Ausgehend von euren neu erworbenen Kenntnissen könnt ihr dann den Film in einer selbst verfassten Kritik abschließend bewerten, einen Kinoabend gestalten und vieles mehr.

könntet … – Der Spielfilm zu einer fremden Welt

1 Beschreibt das Kinoplakat und die Standbilder aus dem Film „Jenseits der Stille" genau. Welche Erwartungen habt ihr an den Film? Worum könnte es gehen?

2 Welche zusätzlichen Informationen bieten die Texte des Plakats? Gibt es einen Zusammenhang zu den Bildern?

3 Was bedeutet eurer Meinung nach der Filmtitel „Jenseits der Stille"?

1. Eine Welt ohne Geräusche? – Von Hörenden und Nichthörenden

1 Wie wichtig das Gehör für uns Menschen ist, könnt ihr euch mit der folgenden Übung klarmachen. Viel Spaß und gute Ohren!

„Geräusche raten“:

In einem Wettspiel kann ein Teil von euch Geräusche produzieren (z. B. einen Bleistift fallen lassen, einen Reißverschluss zuziehen, ein Papier zerreißen usw.). Der Rest versucht, die Laute mit geschlossenen oder verbundenen Augen zu erraten. Ihr könnt die Schwierigkeit noch erhöhen, indem ihr die Geräusche unter z. T. ungewöhnlichen Bedingungen erzeugt (z. B. unter Wasser, unter einer Decke usw.).

2 Wenn ihr Lust und Zeit habt, könnt ihr noch weitere Übungen machen, um euer Gehör zu schärfen.

„Geräusche-Memory“:

Ein „Geräusche-Memory“ lässt sich sehr leicht mit leeren Dosen herstellen: In jeweils zwei Dosen werden identische Materialien gelegt wie Streichhölzer, Papierschnipsel, Erbsen, Büroklammern, Kugeln aus einer Tintenpatrone usw. Eurer Fantasie sind dabei keine Grenzen gesetzt. Danach werden die Dosen gemischt und das Spiel kann beginnen, indem die Spieler die Paare durch Schütteln und Hören ermitteln.

„Geräusche-Werkstatt“:

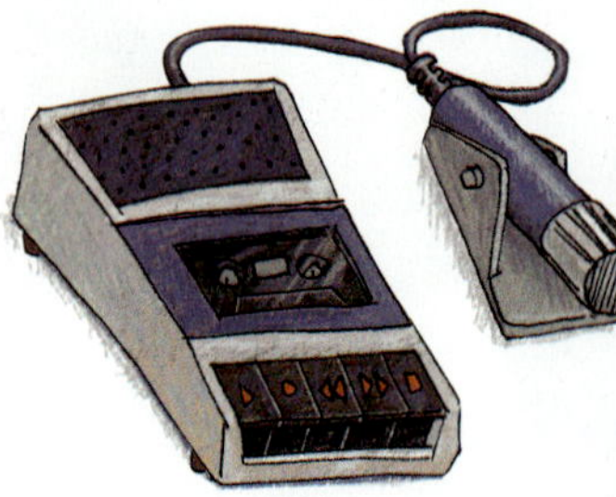

Ihr könnt, ausgerüstet mit einem Rekorder und Mikrofon, drinnen oder draußen auf die „Geräuschepirsch“ gehen, d. h. die unterschiedlichsten Geräusche aus der Umwelt auf Tonband aufnehmen. Beim späteren Abspielen und Anhören sollen eure Mitschülerinnen und Mitschüler erraten, um welche Geräusche es sich handelt und wo sie aufgenommen wurden.

3 Welche Probleme habt ihr bei den Übungen gehabt? Beschreibt eure Erfahrungen.

4 Seht euch jetzt die erste Szene des Films an (Sequenz 1, 0:00:00–0:02:28) und konzentriert euch mit geschlossenen Augen oder abgedecktem Fernsehbildschirm allein auf den Ton. Notiert anschließend alles, was ihr hören konntet, und sammelt eure Beobachtungen in der Klasse.

5 Ordnet die gehörten Geräusche bestimmten Bereichen zu.

6 Versucht, allein vor dem Hintergrund des Gehörten zu beschreiben, was in der Szene zu sehen ist.

7 Schaut euch jetzt die Szene mit abgedrehtem Ton an und stellt Vermutungen an, an welcher Stelle welche der zuvor beobachteten Töne zu hören sind. Begründet eure Meinung.

8 Spielt die Szene erneut – diesmal mit Ton – ab. Welche Tonquellen sind im Bild sichtbar, welche nicht?

9 Der Film handelt von dem hörenden Mädchen Lara und ihren gehörlosen Eltern. Versucht, eine Verbindung zwischen der Eingangsszene und der Thematik des Films herzustellen. Warum hat die Regisseurin eurer Meinung nach den Ton bewusst so gestaltet?

10 Spielt die Szene erneut ab. Stellt dabei den Originalton leise und unterlegt die Szene z. B. mithilfe eines CD-Players mit einer anderen Musik. Verändert sich die Wirkung der Eingangsszene?

Das musst du lernen und wissen

Der Ton als filmsprachliches Gestaltungsmittel

Der Ton kann in einem Film zum einen die Filmhandlung, die jeweiligen Gefühle der Hauptfiguren sowie die Atmosphäre unterstützen, zum anderen aber auch eine eigenständige Bedeutung haben.
Um den Ton möglichst exakt zu beschreiben und herauszufinden, welche Absicht mit ihm verfolgt wird, kann man auf folgende Bereiche achten: Musik (verwendete Instrumente, Tempo, Tonlage, Lautstärke, ...), Geräusche, tontechnische Effekte und gesprochener Text. Darüber hinaus kann man untersuchen, ob die jeweilige Tonquelle im Bild gleichzeitig sichtbar (On-Ton) oder nicht sichtbar (Off-Ton) ist.

2. Zaubersprache Zeichensprache? – Lara als Vermittlerin zwischen der hörenden und der gehörlosen Welt

1 Seht euch nun die folgenden Szenen an (Sequenz 1, 0:02:29 – Sequenz 2, 0:09:24). Was erfahrt ihr über den Alltag der Familie? Berichtet davon.

2 Wie verständigt sich Lara mit ihren Eltern? Wie scheint die Sprache der Gehörlosen zu funktionieren?

In dem folgenden Sachtext könnt ihr noch mehr über Gehörlose und ihre geheimnisvolle Zeichensprache erfahren.

Martina Gödel

Mit den Händen reden

Eigentlich sind Swantje und ihre Freundin Marlene zwei ganz normale Mädchen: Sie gehen nach der Schule in den Park, dann ins Kino, treffen Freunde, hängen am Computer und versenden E-Mails. Nur suchen sie sich immer die Kinofilme mit Untertiteln heraus. Und wenn sie aufgeregt vom letzten Abend erzählen, bleibt es still im Raum, und ihre Hände formen geheimnisvolle Zeichen in der Luft. Denn: Marlene und Swantje sind von Geburt an gehörlos.
Wie Swantje und Marlene ist in Deutschland etwa einer unter 1000 Menschen gehörlos. Einige Kinder werden schon mit einem Hörschaden geboren, die meisten allerdings ertauben erst später: durch Krankheiten, wie Hirnhautentzündung und Röteln, oder durch Unfälle. Aber auch als Erwachsener kann man noch das Gehör verlieren. Marlene gehört zu der kleineren Gruppe von Kindern, deren Eltern ebenfalls gehörlos sind. Die meisten Kinder wachsen in hörenden Familien auf.

Gehörlose Menschen benutzen ihre Hände, den Oberkörper und ihren Gesichtsausdruck, um sich verständlich zu machen. Und statt mit den Ohren „hören" sie mit den Augen. Gebärdensprache heißt ihre Verständigungsart, und sie kann alles vermitteln, was man sonst laut sagt. Neben den Kindern lernen Eltern, Betreuer und Lehrer die unhörbare Sprache. An Universitäten werden sogar extra Dolmetscher ausgebildet, die wichtige Informationen für Gehörlose übersetzen können. So einfach ist das nicht: Kein Spracherfinder hat sich kürzlich hingesetzt und bestimmt: „Diese Gebärde bedeutet Hund!" Seit es Menschen gibt, gibt es welche, die schwerhörig sind oder gar nichts hören können. Ihre Sprache ist entstanden wie unsere hörbare Sprache. Allerdings erschwert dadurch, dass es immer nur wenige Gehörlose an einem Ort gab. Seitdem wuchs die Sprache und hat sich verändert, in jeder Region anders. Deswegen gibt es auch keine internationale Gebärdensprache, sondern einzelne Landessprachen, also Deutsch, Englisch oder Französisch. Sogar Dialekte gibt es: In Bayern „gebärdet" man etwas anders als in Thüringen.
Einige der Gebärden kann man erraten. Sie stehen für einzelne Begriffe oder ganze Ausdrücke. Zum Beispiel, wenn jemand die Nase voll von etwas hat, d. h. nicht mehr weitermachen will, zeigt er mit der flachen Hand, wie voll seine Nase ist. Oder wenn jemand nur „ein bisschen" von etwas haben will, zeigt er mit den Fingern an, wie wenig, so wie ihr es auch tun würdet. Aber nur etwa jede dritte Vokabel ist so einfach zu erraten. Die meisten sind ähnlich verschlüsselt wie die Gebärde für „Wie geht es dir?". Und: Die Sätze der gesprochenen Sprache lassen sich nicht einfach Wort für Wort übersetzen. Gebär-

densprache ist kein „sichtbar gemachtes Deutsch“. Sie folgt ihren eigenen Regeln. Sätze entstehen durch die Verbindung der Handzeichen mit Körperhaltung und Mimik, also dem Gesichtsausdruck. Hörende sprechen lauter oder leiser, schneller oder langsamer, um etwas zu betonen. Genauso machen es Gehörlose: Sie führen ihre Bewegungen schneller oder langsamer aus und unterstreichen mit ihrem Gesichtsausdruck, was sie meinen.

1 Was erfahrt ihr in dem Bericht über gehörlose Menschen und ihre Gebärdensprache? Gliedert den vorliegenden Sachtext und fasst seinen Inhalt stichwortartig zusammen.

2 Kennt ihr ähnliche Zeichensysteme wie die Gebärdensprache der gehörlosen Menschen? Wann und wofür nutzt ihr sie?

Das deutsche Fingeralphabet

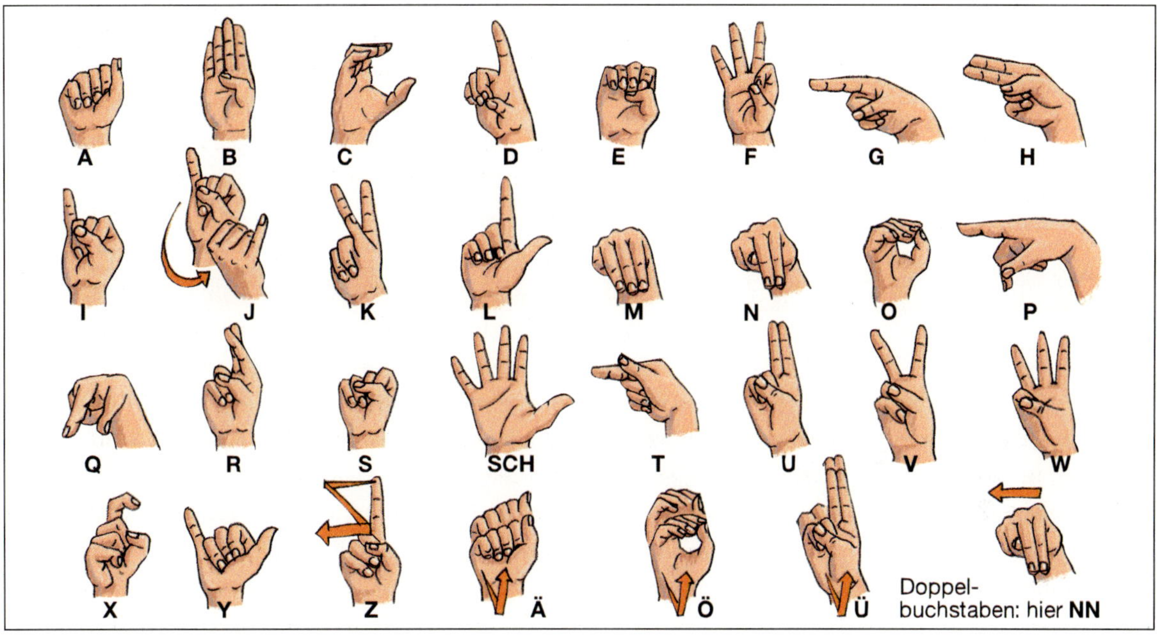

3 Ein Bestandteil der offiziellen deutschen Gebärdensprache ist das oben abgebildete „deutsche Fingeralphabet“. Jedes Handzeichen steht für einen Buchstaben. Versucht, eurem Nachbarn oder eurer Nachbarin euren Namen mithilfe des Fingeralphabets darzustellen.

4 Findet heraus, welches Wort hier gemeint ist.

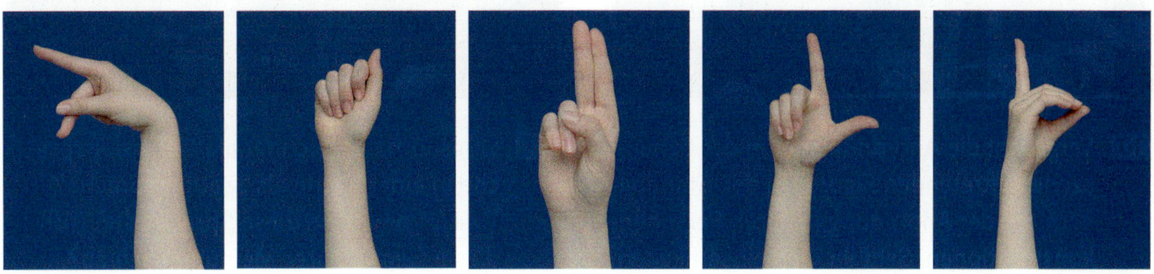

5 Sucht im Internet nach einem Wörterbuch für die deutsche Gebärdensprache. Versucht, mithilfe des elektronischen Lexikons einen beliebigen Satz in Gebärdensprache zu übersetzen und euren Mitschülerinnen und Mitschülern vorzustellen.

6 Was wäre, wenn ihr nicht mehr hören könntet? Sucht euch mit einem Spielpartner eine der folgenden Alltagssituationen aus, in der jeweils ein Gehörloser auf einen Hörenden trifft, und improvisiert eine kurze Szene.

- Ein Gehörloser kauft in einer Bäckerei ein Brot.
- Ein Gehörloser möchte eine Busfahrkarte kaufen.
- Ein Gehörloser sucht in einer Buchhandlung ein besonderes Buch.

Wie habt ihr als Gehörlose versucht, die jeweilige Aufgabe zu lösen?

7 Vor welchen Problemen stehen die gehörlosen Eltern von Lara in ihrem Alltag?

8 Welche Rolle spielt dabei Lara für ihre Eltern? Schildert die Szene in der Bank aus der Sicht von Lara in Form eines Tagebucheintrags.

9 Stellt die Beziehung folgender Figuren als Personenkonstellation grafisch dar:

Lara, Vater, Mutter, Oma, Arbeitskollege des Vaters, Lehrerin, Mitschüler, Bankangestellter.

Der folgende Werkzeugkasten hilft euch dabei.

So gehst du vor

Personenkonstellation darstellen

Die Beziehungen der unterschiedlichen Personen zueinander in einer Geschichte, Fernsehserie oder in einem Film kann man in Form einer Zeichnung übersichtlich darstellen. Ordnet hierfür die Namen auf einem Blatt oder einem Plakat zu Gruppen. Ihr könnt dabei die Nähe der Beziehungen der Figuren zueinander durch einen jeweils geringeren oder einen weiteren Abstand der Namen kennzeichnen. Ferner kann man das Verhältnis zueinander mithilfe von beschrifteten Pfeilen, Bildern, Symbolen oder Ähnlichem darstellen.

10 Vergleicht die Anordnung der in der Bankszene auftretenden Figuren in den Standbildern mit der Anordnung in euren Personenkonstellationen. Seht ihr Gemeinsamkeiten?

11 Laras Oma bezeichnet die Gebärdensprache in einer Szene als „Zaubersprache". Warum nennt sie diese Sprache so? Trifft dieser Begriff eurer Meinung nach zu?

3. Lara entdeckt eine neue Welt – Von den Schwierigkeiten des Erwachsenwerdens

1 Seht euch jetzt die folgenden Szenen an (Sequenz 4, 0:11:33 – 0:16:39) und achtet besonders auf die auftretenden Figuren und ihr Verhältnis zueinander.

2 Kann man von einem harmonischen und gelungenen Weihnachtsfest für Lara und ihre Familie sprechen?

3 Notiert euch die Namen der aufgetretenen Figuren und stellt ihre Beziehung erneut in einem Schaubild dar. Hat sich die Position von Lara im Vergleich zu den vorangegangenen Szenen verändert?

4 Wie reagiert Lara auf das kleine Kammerkonzert ihres Opas und ihrer Tante? Wie reagiert dagegen der Vater auf das Klarinettenspiel seiner Schwester?

5 Wie versucht die Regisseurin, die Gefühle des Vaters bzw. das Verhältnis zwischen Lara, ihrem Vater und ihrer Tante durch die Gestaltung des Bildes noch zu unterstützen? Beschreibt hierfür zunächst das Standbild ganz genau. In welche Gruppen kann man eure Beobachtungen einordnen (Licht, Kameraperspektive, ...)?

6 Gebt die möglichen Gedanken des Vaters in Form eines inneren Monologs wieder.

So gehst du vor

Standbildanalyse

Der Regisseur eines Films ordnet die Bildelemente einer Szene (Figuren, Gegenstände usw.) wie auf einer Theaterbühne an, bevor er anfängt zu drehen. Er dirigiert ganz bewusst, wohin unser Blick fallen soll. Alle wichtigen Bildausschnitte – wie Mitte, oben, unten, Seiten – können für bestimmte Botschaften genutzt werden; z. B. können Objekte, die am oberen Bildrand angeordnet sind, eine Vorstellung von Macht, Autorität oder Ähnlichem wecken.
Bei der Analyse eines Standbildes kann man folgende Punkte beachten:

- **Blickfang:** Was fällt einem zuerst ins Auge? Warum?
- **Kameraeinstellung:** Weit? Totale? Nah? Groß? Detail?
- **Perspektive:** Froschperspektive? Vogelperspektive? Normalsicht?
- **Licht und Schatten:** Ist die Szenenausleuchtung hell, dunkel oder eine Kombination aus beidem? Gibt es größere Schattenflächen?
- **Farbe:** Welche Farbe überwiegt? Tragen die Farben eine bestimmte symbolische Bedeutung?
- **Anordnung der Figuren:** Welchen Teil des Bildes beanspruchen die einzelnen Figuren? Warum ist dieses so? Wie weit sind die Figuren voneinander entfernt?

Einige Zeit später kommt es im Krankenhaus, in dem die Mutter gerade ihr Kind zur Welt bringt, zu einem Gespräch zwischen dem Vater und Lara, in dem der Vater seine Gefühle für die Schwester und ihr Klarinettenspiel zu erklären versucht.

7 Seht euch die Szene (Sequenz 7, 0:27:00–0:29:19) gemeinsam an. Gebt die Ereignisse rund um den Geburtstag des Großvaters mit eigenen Worten wieder.

8 Könnt ihr nun die Reaktion des Vaters auf das Klarinettenspiel seiner Schwester an Weihnachten erklären?

9 Wie versucht die Regisseurin, die Gefühle des Vaters durch die Gestaltung des Bildes zu unterstützen? Beschreibt hierfür das Standbild mithilfe des Werkzeugkastens ganz genau.

10 Schaut euch jetzt die entsprechende Szene noch einmal an und achtet besonders auf den Ton. Beschreibt ihn und stellt Vermutungen an, warum die Regisseurin den Ton gerade so gestaltet hat. Vergleicht die Gestaltung des Tons mit der in der Einstiegsszene.

11 Beurteilt die Reaktion der Familie des Vaters. Wie hättet ihr gehandelt? Stellt eure Lösungsmöglichkeiten in Form eines Stegreifspiels euren Mitschülerinnen und Mitschülern vor.

12 Seht euch die folgende Szene an (Sequenz 13, 0:47:25 – 0:52:30) oder lest den Drehbuchauszug mit verteilten Rollen. Überlegt vorher, mit welchen Gesten ihr die Aussagen des Vaters zum Ausdruck bringen könnt.

Der große Streit – Ein Drehbuchauszug

■ Mit 18 Jahren ist Lara zu einer großen Klarinettenspielerin herangereift und sie überlegt sich, ob sie ihr Hobby zum Beruf machen soll. Ihre Tante Clarissa bestärkt sie darin, an einer Aufnahmeprüfung am Musikkonservatorium (Musikhochschule) teilzunehmen, und lädt Lara in den Sommerferien nach Berlin ein, um gemeinsam zu üben. Lara möchte die Einladung gerne annehmen, hat sich jedoch noch nicht getraut, ihre Entscheidung ihrem Vater mitzuteilen. Bei einem Familienessen in einem Restaurant anlässlich des Geburtstags von Clarissa spricht die Tante von Lara das Thema an. ■

CLARISSA: Den Sommer über wird Lara bei uns wohnen, und ich werde sie auf die Prüfungen vorbereiten, und wenn alles gut läuft, wird sie ab Herbst aufs Konservatorium gehen.

GROSSVATER: Das ist eine gute Idee. Laras Talente sollten gefördert werden. Vielleicht macht sie wenigstens etwas daraus.

LARAS SCHWESTER: Aber Berlin ist ja ewig weit weg. Dann musst du ja richtig da wohnen. Willst du etwa ausziehen?

(*Laras Vater gestikuliert wild in Richtung seiner Tochter*)

CLARISSA: Martin, lass sie in Ruhe. Sie ist eine wunderbare Klarinettistin, ich möchte, dass sie gefördert wird. [...] Sie muss endlich mal raus aus diesem Nest. Hat sich lange genug um euch gekümmert.

ONKEL: Bitte, Clarissa! Jetzt mach mal halblang!

CLARISSA: Wieso denn? Die Schule ist doch genau das Richtige für sie! [...] Martin muss das jetzt endlich einsehen. Lara muss nicht das Leben einer Behinderten leben, nur weil ihre Eltern behindert sind.

VATER: (*in Gebärdensprache*) Sie ist meine Tochter!

(*schüttet Clarissa ein Glas Rotwein ins Gesicht und verlässt erregt das Restaurant*)

GROSSMUTTER: Clarissa, jetzt bist du wirklich zu weit gegangen!

CLARISSA: Ist mir doch egal! Er kippt mir Rotwein ins Gesicht und du verteidigst ihn noch!

(*Lara und Vater auf dem Parkplatz des Restaurants*)

LARA: Ich wollte es euch noch sagen, heute Abend. Clarissa war einfach nur schneller. Es ist doch überhaupt nichts entschieden. Clarissa will mich nur für die Aufnahmeprüfung anmelden. Weiter nichts!

(*Vater in Gebärdensprache wild gestikulierend*)

Lara: Sie bildet sich doch gar nichts ein. Das ist doch Quatsch! Meinst du, Mama und du kommen ohne mich zurecht?

(*Vater antwortet in Gebärdensprache*)

Lara: Wenn es darum nicht geht, um was geht es dann?

Vater (*in Gebärdensprache*): Ich habe ihnen wieder einmal den Abend verdorben. Sie haben sich für mich geschämt, wie immer.

Lara: Und wenn schon. Das ist doch völlig unwichtig!

Vater (*in Gebärdensprache*): Warum gehst du ausgerechnet zu Clarissa? Kannst du dir nicht denken, wie weh mir das tut?

Lara: Aber ich will Musikerin werden, sonst nichts!

Vater (*in Gebärdensprache*): Manchmal wünschte ich, du wärst auch taub, dann wärst du ganz in meiner Welt. (*Vater wendet sich ab*)

1 Warum ist gerade diese Szene besonders wichtig für den Film?

2 Haltet ihr Clarissas Meinung, dass Lara nicht das Leben einer Behinderten führen muss, für richtig? Beurteilt das Verhalten der Tante.

3 Warum wünscht sich der Vater manchmal, dass seine Tochter taub wäre? Was haltet ihr von seiner Reaktion?

4 Warum reagiert der Vater so ablehnend auf den Wunsch von Lara, sich in Berlin auf die Aufnahmeprüfung am Musikkonservatorium vorzubereiten? Was bedeutet die Musik für den Vater?

5 Was bedeutet dagegen die Musik für Lara?

6 Wählt aus dem Drehbuchauszug einen kurzen Ausschnitt aus und entwerft in schriftlicher Form ein passendes Standbild. Ihr könnt euren Entwurf anschließend auch mithilfe einer Fotokamera festhalten.

7 Welcher Ton würde gut zu eurer ausgewählten Szene passen? Beschreibt ihn oder bringt passende Filmmusik, z. B. auf CD, mit in den Unterricht.

4. Daumen rauf oder runter? – Die Rezension eines Buches oder eines Films

Text A:

Jenseits der Stille

„Jenseits der Stille“ schenkt Ihnen eine große Liebe, hinreißende Hauptdarsteller [...] und eine wunderschöne Filmmusik. Lachen Sie mit, weinen Sie mit, und schwärmen Sie mit der gesamten Presse von dem gefühlvollsten Film des Jahres.

Das Mädchen Lara hat als Kind gehörloser Eltern eine schwierige, aber dennoch glückliche Kindheit – bis sie ihre Liebe zur Musik entdeckt, einer Welt, in die ihre Eltern nicht folgen können.

„Jenseits der Stille“ spricht von Gehörlosen, von den Schwierigkeiten des Erwachsenwerdens, von erster Liebe und großem Kummer mit einer Leichtigkeit, die einfach Spaß macht.

„Jenseits der Stille“ ist einer der schönsten Filme des Jahres, eine Liebeserklärung an das Leben an sich.

„Jenseits der Stille“ ist ein Film voller Bilder und Gefühle, die größer als das Leben sind.

(Der Spiegel)

Text B:

Gerhard Heeke

Jenseits der Stille

„Jenseits der Stille“ ist als Film betrachtet eher diesseits der Stille, es ist ein bemerkenswert ruhiger Film. Vor allem nach den ganzen lauten Komödien, die Deutschlands Produzenten in der letzten Zeit so sehr zu bevorzugen scheinen. Aber der Film ist nicht still im Sinne von traurig. Die Geschichte des Mädchens Lara, die bei gehörlosen Eltern aufwächst, ist voller Witz. Zu Spannungen innerhalb der Familie kommt es, als Lara die Musik für sich entdeckt. Vor allem der Vater kommt damit nicht klar. Er befürchtet, Lara an eine Welt zu verlieren, die für ihn immer verschlossen sein wird. Hinzu kommen der Ärger mit der buckligen Verwandtschaft und die vielen Tausend Kleinigkeiten des täglichen Lebens.

Der Film lebt weniger von der doch recht „alltäglichen“ Story als von den Schauspielern. Sowohl Sylvie Testud als jugendliche Lara als auch Howie Seago (der Vater) sind sehr überzeugend. Howie Seago, selbst gehörlos, hat schon bei einigen (Theater-)Produktionen (vorzugsweise im Ausland) mitgewirkt. Das fehlende Element der Sprache macht er durch seine Gebärden(sprache) und – vor allem – seine Mimik wert. Der Mann spricht Bände, selbst wenn er kein Wort sagt. Der Film wird durch eine tolle (klassische) Musik begleitet. Für die Zuschauer, die der Gebärdensprache nicht mächtig sind, wurde eine Reihe von Passagen untertitelt.

Üblicherweise bespreche ich die Filme ja etwas ausführlicher. Aber dies scheint mir hier unpassend zu sein. Die Story könnte aus dem richtigen Leben gegriffen sein und die Schauspieler/Rollen könnten dies ebenfalls. Hier mehr über die Story zu verraten, hieße den Spaß an dem Film wegnehmen. Nehmen Sie sich Zeit für diesen Film. Sie sollten in der Stimmung für ihn sein. Fazit: ein sehr schöner, komischer, anrührender Film. Eher etwas für ruhigere Gemüter.

1 Stimmt ihr mit den Bewertungen des Films überein? Begründet eure Meinung.

2 Bei den Texten handelt es sich um eine Filmbesprechung und einen Werbetext der Produzenten für den Spielfilm. Welcher Text ist welcher?

3 Wie sind die Texte sprachlich gestaltet? Beschreibt die unterschiedlichen Vorgehensweisen der Autoren.

4 Welche allgemeinen Aussagen machen die Texte über den Film?

5 Welche Informationen würdet ihr euch noch wünschen, um euch eine umfassende Meinung zu dem Film bilden zu können?

Die Kritikerin Ute Grundmann beschreibt in dem folgenden Sachtext, wie man eine gute Buchkritik verfasst. Die von ihr aufgestellten Kriterien lassen sich ohne Weiteres auf Filmkritiken übertragen, oder?

Ute Grundmann (geb. 1956)

Was macht eine gute Literaturkritik aus?

Zunächst: Die Kritik soll den Leser zum Lesen einladen. Zum Lesen des Buches, aber auch der Kritik. Also sollte man einen originellen, auf das jeweilige Buch gerichteten Anfang, „Einstieg", finden – das kann ein Detail der Geschichte, der Sprache sein oder etwas, das am Autor interessant ist. [...]

Und: Kritik ist nicht gleichbedeutend mit „negativ", auch wenn das im Deutschen gerne gleichgesetzt wird und dem verbreiteten Image der Kritiker entspricht. Kritik heißt einfach Beurteilung, Bewertung – und die kann eben auch positiv sein. Die Kritik ist auch ein Service für den Leser, also sollte der Inhalt eines Buches so anschaulich wie nötig und so knapp wie möglich wiedergegeben werden, sodass der Leser weiß, worum es geht, aber ihm nicht zu viel verraten wird. Nicht nur bei Krimis sollte das Ende möglichst nicht verraten werden, außer man braucht den Ausgang der Geschichte für seine Argumentation, warum ein Buch aus Sicht des Kritikers gelungen oder missglückt ist. Diese Wiedergabe soll keine langatmige Inhaltsangabe sein, sondern gerafft und in der Sprache des Kritikers das Wichtigste darstellen. Darin kann man schon kritische Anmerkungen einflechten, muss es aber nicht tun: Das ist Geschmackssache.

Dann sollte man sich eingehend damit beschäftigen, was das Besondere an diesem einen Buch ist: an der Geschichte, an ihrer Aufbereitung, an der Sprache des Autors. Hat man es für sich herausgefunden (oder eben festgestellt, dass das Buch nichts Neues bietet), sollte man das so anschaulich wie möglich beschreiben. Dann kann der Leser der Kritik nachvollziehen, warum dem Kritiker bestimmte Dinge aufgefallen sind (positiv oder negativ), und für sich entscheiden, ob für ihn diese Dinge an einem Buch ebenfalls wichtig sind. Man sollte sich die Zeit nehmen, über die Absichten des Autors – die, die er vielleicht selbst nennt (in einem Interview oder Begleittext), oder die, die man selbst zu erkennen glaubt – nachzudenken und zu prüfen, ob sie sich im Buch wiederfinden, ohne plakativ oder mit dem erhobenen Zeigefinger vorgetragen zu werden. [...]

Bevor man zu seinem „Urteil“ kommt, sollte man kurz nachdenken, in welcher Stimmung man das Buch gelesen hat: mit Lust oder unter dem Zwang, darüber schreiben zu müssen, in Ruhe oder unter Stress – das kann sich auf die Wertung auswirken, sollte es aber nicht. Und wenn man sich darüber im Klaren ist, vermeidet man Unlust-Urteile, für die das Buch eigentlich nichts kann.

Klar: Ein Kritiker muss eine Meinung haben. Die Wertung ist die wichtigste, wenn auch nicht die einzige Aufgabe des Kritikers – der Leser der Kritik will ja eine Empfehlung, eine Entscheidungshilfe, ob er sich mit dem Buch befassen sollte oder nicht. Doch „Meinung“ bedeutet kein bloßes „Daumen rauf oder runter“. Man sollte herausfinden, was einem missfällt und warum das so ist – und dies in eigene, anschauliche Worte fassen, ohne in den Ich-Ton zu verfallen. Aber man muss nicht unbedingt zu einem entschiedenen „Ja“ oder „Nein“ über ein Buch kommen. Auch das Abwägen von Für und Wider, das Herausstellen von einzelnen Beispielen, die man für ge- oder misslungen hält, kann eine Kritik sein. Die zeigt dem Leser der Rezension, welche Gedanken der Kritiker sich bei der Lektüre gemacht hat, und der Leser kann überlegen, ob er dem zustimmt oder nicht, ob ihn ein Buch trotz negativer Kritik vielleicht doch interessieren könnte. [...]

Und schließlich soll die Kritik es dem Leser möglich machen, in den nächsten Buchladen zu gehen und das Buch zu kaufen: Also muss man alle notwendigen Angaben – Autor, Titel, Verlag, Jahr, Preis, eventuell Anzahl der Seiten – angeben. Ob diese Angaben am Anfang oder Schluss des Artikels stehen, ist je nach Zeitung verschieden. Eines aber sollte ein Literaturkritiker auf jeden Fall mitbringen: Lust am Lesen und Neugierde auf neue Bücher und fremde Geschichten!

1 Fasst die wichtigsten Kennzeichen einer Rezension in Form eines Lernplakats stichwortartig zusammen.

2 Sind die von der Autorin genannten Kriterien ohne Weiteres auf Filmkritiken übertragbar? Welche Kennzeichen können für einen Film im Gegensatz zum Buch noch eine Rolle spielen? Ergänzt euren Merkzettel entsprechend.

3 Bewertet die Kritik von Gerhard Heeke zu dem Film „Jenseits der Stille“ (S. 341 f.) mithilfe eures Kriterienkatalogs.

4 **Durchstarten! So könnt ihr weiterarbeiten:**

a) Bestimmt habt ihr einen Lieblingsfilm. Erstellt dazu ein Plakat, auf dem ihr die anderen über diesen Film informiert. Natürlich darf eine Filmkritik darauf nicht fehlen.

b) Macht eine Umfrage in eurer Klasse, welche Filme in den letzten drei Monaten von euren Mitschülerinnen und Mitschülern gesehen wurden. Erstellt daraus eine Bestenliste, wie ihr sie bestimmt aus Zeitschriften kennt.

c) Vielleicht könnt ihr euch auch darauf einigen, mit der ganzen Klasse einen Film, der vor allem für Jugendliche gedreht wurde, anzuschauen. Sammelt zunächst im Internet und in Zeitschriften Material zu diesem Film. Vergleicht anschließend eure persönliche Bewertung mit dem gesammelten Material und verfasst eine Filmkritik.

Das musst du lernen und wissen

Filmsprachliche Gestaltungsmittel

Neben den filmsprachlichen Mitteln der **Kameraeinstellung** und der **Perspektive**, die ihr bereits im letzten Jahr kennengelernt habt, haben Filmemacher noch weitere Möglichkeiten, die Wirkung ihrer Bilder zu beeinflussen.

1. Ton

Der Ton kann in einem Film zum einen die Filmhandlung, die jeweiligen Gefühle der Hauptfiguren sowie die Atmosphäre unterstützen, zum anderen aber auch eine eigenständige Bedeutung haben.
Um den Ton möglichst exakt zu beschreiben und herauszufinden, welche Absicht mit ihm verfolgt wird, kann man auf folgende Bereiche achten: Musik (verwendete Instrumente, Tempo, Tonlage, Lautstärke, ...), Geräusche, tontechnische Effekte und gesprochener Text. Darüber hinaus kann man untersuchen, ob die jeweilige Tonquelle im Bild gleichzeitig sichtbar (On-Ton) oder nicht sichtbar (Off-Ton) ist.

2. Standbild

Der Regisseur eines Films ordnet die Bildelemente einer Szene (Figuren, Gegenstände usw.) wie auf einer Theaterbühne an, bevor er anfängt zu drehen. Er dirigiert ganz bewusst, wohin unser Blick fallen soll. Alle wichtigen Bildausschnitte – wie Mitte, oben, unten, Seiten – können für bestimmte Botschaften genutzt werden.
Bei der Beschreibung eines Standbildes könnt ihr darauf achten, was euch zuerst ins Auge fällt (**Blickfang**), welcher Ausschnitt des Geschehens gezeigt wird (**Kameraeinstellung**), welche Position die Kamera zu den aufgenommenen Gegenständen und Personen einnimmt (**Perspektive**), wie die Szene ausgeleuchtet ist (**Licht und Schatten**), welche Farben in dem Bild vorherrschen (**Farbgebung**) und welchen Platz die Personen und Gegenstände in dem Bild einnehmen (**Anordnung der Figuren**).
Die Frage ist dabei immer, welche Wirkung der Regisseur durch seine einzelnen Entscheidungen erreichen will. So kann er z. B. durch die Wahl eines geringeren oder weiteren Abstandes die Beziehung der Filmfiguren zueinander verdeutlichen (**Personenkonstellation**).

Projektideen
zum Thema „Gehörlose“ und zum Film „Jenseits der Stille“

Wenn ihr euch noch weiter mit dem Film und der Thematik Gehörlose beschäftigen möchtet, findet ihr hier noch einige Vorschläge.

Kinoabend

Wenn ihr Lust habt zu erfahren, wie es mit Lara und ihrer Familie weitergeht, könnt ihr einen gemeinsamen Kinoabend in der Schule veranstalten und euch den Film noch einmal in voller Länge ansehen. Wenn ihr eure Eltern dazu einladen wollt, könnt ihr auch kleine Referate über Gehörlose oder Zeichensprache vor der eigentlichen Vorführung des Films halten.

Eine Filmkritik verfassen

Ihr könnt eine eigene Kritik zu dem Film „Jenseits der Stille“ verfassen. Eure Ergebnisse könnt ihr euch gegenseitig vorstellen und die besten Rezensionen als Filmtipp auf eurer Schulhomepage oder in der Schülerzeitung veröffentlichen.

Weitere Filme zum Thema vorstellen

Ihr könnt euch gegenseitig weitere Filme zum Thema „Gehörlose“ vorstellen und kleinere Ausschnitte daraus zeigen. Sehr zu empfehlen sind folgende Filme:

- Gottes vergessene Kinder, USA 1986
- Mr. Holland's Opus, USA 1995

Ein Buch zum Thema vorstellen

Das Buch „Alles Sehen kommt von der Seele“ von Katja Behrens erzählt die Lebensgeschichte von Helen Keller (1880–1968), die seit ihrem zweiten Lebensjahr taubblind war. Helen Keller fand mit der Hilfe ihrer einfühlsamen Lehrerin Anne Sullivan einen Weg aus Dunkelheit und Stille, wurde Buchautorin, trat engagiert an die Öffentlichkeit und machte deutlich, dass man die Welt auch mit anderen Sinnen erleben kann.
Einige von euch könnten das Buch lesen und der Klasse vorstellen.

Üben, wiederholen und mehr …

In diesem Kapitel erhältst du Material, um vor allem Wichtiges aus dem letzten Schuljahr zu wiederholen.
Zunächst kannst du jedoch noch einmal üben, wie man eine Inhaltsangabe zu einer Erzählung schreibt.
Anschließend findest du Material zu Wortarten und Satzgliedern.
Am Schluss kannst du noch einmal ausführlich die Rechtschreibung üben. Wähle die Rechtschreibbereiche aus, die dir noch größere Probleme bereiten. Bei den Übungen solltet ihr immer wieder auch zu zweit oder in Gruppen arbeiten, weil ihr euch dann gegenseitig kontrollieren könnt.

1. Den Inhalt eines Textes wiedergeben

In dem Kapitel „Den Inhalt wiedergeben" (S. 220 ff.) habt ihr bereits gelernt, wie man den Inhalt eines Textes wiedergeben kann. Dieses könnt ihr hier noch einmal üben.

Saki (Hektor Hugh Munro) (1870–1916)

Die offene Tür

„Meine Tante wird gleich kommen, Mr. Nuttel", sagte eine sehr selbstbewusste junge Dame von fünfzehn Jahren. „Bis dahin müssen Sie schon mit mir vorliebnehmen."

Framton Nuttel war bemüht, etwas Passendes zu sagen. Einerseits sollte es der anwesenden Nichte gebührend schmeicheln, andererseits durfte es jedoch die in Aussicht gestellte Tante nicht ungebührlich übergehen. Jedenfalls verstärkten sich seine Zweifel, ob diese förmlichen Besuche bei einer Reihe ihm vollkommen fremder Menschen der nervlichen Ausspannung, die er für dringend notwendig hielt, dienlich sein würden.

„Ich kann dir jetzt schon sagen, wie die Geschichte ausgehen wird", hatte seine Schwester gesagt, als er seine Reise in diese ländliche Abgeschiedenheit vorbereitete. „Du wirst dich dort verkriechen, mit keinem Menschen reden – und schließlich werden deine Nerven durch die Eintönigkeit noch gereizter sein als vorher. Ich gebe dir lieber einige Briefe an die Menschen mit, die ich damals kennenlernte. Soweit ich mich erinnere, waren einige ganz nett." Framton überlegte nun, ob Mrs. Sappleton – jene Dame, der er jetzt einen dieser Empfehlungsbriefe überreichen wollte – zu den Netten gehörte.

„Sind Sie hier mit vielen Leuten bekannt?", fragte die Nichte, denn sie war der Ansicht, dass sie sich lange genug gegenübergesessen hätten, ohne ein Wort zu sagen.

„Mit keiner Menschenseele", sagte Framton. „Meine Schwester wohnte vor vier Jahren im Pfarrhaus und gab mir einige Briefe an ihre Bekannten mit."

Ein hörbares Bedauern schwang in dieser letzten Feststellung mit.

„Dann werden Sie wohl auch kaum etwas über meine arme Tante wissen?", fuhr die selbstbewusste junge Dame beiläufig fort.

„Ich kenne nur ihren Namen und ihre Adresse", gab der Besucher zu. Dabei versuchte er zu ergründen, ob Mrs. Sappleton verheiratet oder verwitwet wäre. Die Atmosphäre dieses Raumes schien irgendwie auf gewisse männliche Gewohnheiten hinzudeuten.

„Die große Tragödie, die meine Tante erlebte, liegt jetzt schon drei Jahre zurück", sagte das Kind.

„Ihre Schwester war wohl zu jener Zeit nicht mehr hier."

„Die Tragödie?", fragte Framton. Er hatte das Gefühl, dass Tragödien eigentlich gar nicht zu diesem ländlichen Ort passten.

„Vielleicht haben Sie sich schon gewundert, dass die Terrassentür selbst an einem Oktobertag noch so weit offen steht", sagte die Nichte und deutete auf die breite Tür, die in den Garten hinausführte. „Ich finde, dass es für diese Jahreszeit noch recht warm ist", sagte Framton. „Oder hat die Tür etwas mit der Tragödie zu tun?"

„Durch diese Tür verließ – heute genau vor drei Jahren – der Mann meiner Tante mit ihren beiden jüngeren Brüdern das Haus, um wie üblich auf die Jagd zu gehen. Sie kehrten nie mehr zurück. Als sie zu der Stelle im Moor gehen wollten, die für die Schnepfenjagd am günstigsten ist, und dabei das Moor überquerten, versanken sie im Sumpf. Vielleicht erinnern Sie sich noch an jenen schrecklich verregneten Sommer; und durch die große Feuchtigkeit gaben einzelne, sonst absolut sichere Stellen im Moor plötzlich unter den Füßen nach, ohne dass man es ihnen ansehen konnte. Ihre Leichen wurden nie gefunden – das war das Schrecklichste." Bei diesen Worten verlor die Stimme des Mädchens ihre Selbstsicherheit und bebte vor Grauen. „Meine arme Tante glaubt immer noch ganz fest, dass sie eines Tages doch zurückkommen werden – die drei Männer und der kleine braune Spaniel, der mit ihnen verschwand – und dass sie dann wie immer durch diese Tür hereinkommen. Deshalb bleibt die Tür – Abend für Abend – weit offen, bis es dunkel ist. Die arme geliebte Tante; wie oft hat sie mir dies alles schon erzählt! Ihr Mann trug einen weißen Regenmantel über dem Arm, und Ronnie, ihr jüngster Bruder, sang noch laut:

Aber Bertie, warum hüpfst du so?

Damit wollte er sie immer ärgern, weil sie einmal gesagt hatte, dass ihr dieses Lied auf die Nerven falle. Wissen Sie: Manchmal – an ruhigen, stillen Abenden wie diesem – überkommt mich das fröstelnde Gefühl, dass die Männer eines Tages doch noch durch die Tür hereinkommen ..."
Ein Schauer schien sie bei den letzten Worten zu überlaufen. Framton war daher erleichtert,

als die Tante in diesem Augenblick geräuschvoll und mit einem Schwall von Entschuldigungen für ihr spätes Erscheinen das Zimmer betrat.
„Vera hat Sie inzwischen gut unterhalten, hoffe ich", sagte sie.
„Es war sehr interessant", sagte Framton.
„Die offene Tür stört Sie hoffentlich nicht", sagte Mrs. Sappleton lebhaft. „Mein Mann und meine Brüder müssen nämlich jeden Augenblick von der Jagd zurückkommen – sie wollten im Moor Schnepfen schießen. Meine armen Teppiche werden wieder schön schmutzig werden. Aber so sind die Männer nun einmal, oder nicht?"
Vergnügt plauderte sie über die Jagd, über die immer seltener werdenden Schnepfen und über die Aussichten für die Entenjagd im Winter. Für Framton war es einfach entsetzlich. Er machte einen verzweifelten, wenn auch nur zum Teil erfolgreichen Versuch, das Gespräch auf ein weniger gespenstisches Thema zu bringen; dabei merkte er jedoch, dass seine Gastgeberin ihm nur einen Bruchteil ihrer Aufmerksamkeit schenkte, während ihre Augen immer wieder an ihm vorüber zur Tür und zu dem dahinter liegenden Rasen wanderten. Es war wirklich ein unglücklicher Zufall, dass sein Besuch mit diesem tragischen Jahrestag zusammenfiel.
„Die Ärzte sind sich darin einig, dass ich restlose Ruhe brauche und jede seelische Aufregung oder körperliche Anstrengung vermeiden muss", verkündete Framton. Auch er litt unter der weit verbreiteten Vorstellung, dass sich ein ihm vollkommen Fremder oder zufälliger Bekannter für die letzten Einzelheiten seiner Leiden und Beschwerden sowie ihre Ursachen und Behandlungsmöglichkeiten interessierte. „In der Frage der Ernährung sind sie allerdings nicht der gleichen Ansicht", fuhr er fort. „Ach!", sagte Mrs. Sappleton in einem Ton, der noch im letzten Augenblick ein Gähnen unterdrückt hatte. Plötzlich strahlte sie jedoch auf und zeigte lebhaftes Interesse – aber nicht für das, was Framton erzählte.
„Da kommen sie!", rief sie. „Gerade rechtzeitig zum Tee; aber aussehen tun sie, als hätten sie bis zu den Ohren im Sumpf gesteckt!"

Framton überlief ein Frösteln. Mit einem Blick, der sein mitfühlendes Verständnis ausdrücken sollte, wandte er sich der Nichte zu. Aber auch das Mädchen starrte mit entsetzten Augen durch die weit offene Tür. Von namenloser Angst gepackt, drehte Framton sich in seinem Sessel um und sah ebenfalls in die gleiche Richtung.
Durch die zwielichtige Dämmerung kamen drei Männer über den Rasen und direkt auf die Tür zu. Jeder der drei hatte eine Flinte unter dem Arm; der eine hatte sich außerdem noch einen weißen Regenmantel umgehängt, und dicht hinter ihnen trottete ein müder brauner Spaniel. Lautlos kamen sie näher – und dann sang eine junge, raue Stimme durch die Dämmerung:

Was ist denn, Bertie, warum hüpfst du so?

Blitzschnell griff Framton nach Stock und Hut; Haustür, Kiesweg und Gartentür waren kaum bemerkte Stationen seines überstürzten Rückzuges. Ein Radfahrer, der gerade die Straße entlangkam, musste sein Gefährt in die Hecke lenken, um dem drohenden Zusammenprall zu entgehen.
„Da wären wir wieder“, sagte der Mann, der den weißen Mantel umgehängt hatte, und kam durch die Tür. „Ein bisschen dreckig zwar, aber das meiste ist schon trocken. Wer ist denn da eben rausgerannt, als wir kamen?“
„Das war ein sehr merkwürdiger Mensch – ein Mr. Nuttel“, sagte Mrs. Sappleton.
„Die ganze Zeit über sprach er nur von seiner Krankheit, und als ihr kamt, rannte er einfach aus dem Zimmer – ohne ein Wort des Abschieds oder der Entschuldigung. Man konnte fast glauben, ihm wäre plötzlich ein Gespenst erschienen.“
„Ich glaube eher, dass es der Spaniel war“, sagte das Mädchen schlicht. „Er erzählte mir nämlich, dass er vor Hunden entsetzliche Angst hätte. Irgendwo in der Nähe des Ganges[1] ist er einmal von einem Rudel verwilderter Hunde auf einen Friedhof gejagt worden; und eine ganze Nacht lang musste er in einem frisch ausgehobenen Grab hocken, während die Bestien knurrend und zähnefletschend über ihm standen und ihr Geifer auf ihn heruntertropfte. Ich kann mir schon vorstellen, dass man dabei die Nerven verliert!“
Die junge Dame hatte das ungewöhnliche Talent, aus einer kurzen Bemerkung einen ganzen Roman zu machen.

---

[1] **Ganges:** Fluss in Indien und Bangladesch (Südasien)

1 Worum geht es in dieser Erzählung? Verschafft euch einen Überblick, indem ihr den Text gliedert. Überlegt, welche Handlungsteile jeweils zu einem Abschnitt zusammengefasst werden können, und formuliert für jeden Abschnitt eine Überschrift, die den Inhalt kurz skizziert.

2 Besonders interessant an dieser Erzählung sind die Verhaltensweisen des Mädchens und des Mannes. Beschreibt stichwortartig die Eigenschaften der beiden. Wie ist in diesem Zusammenhang der Schlusssatz zu verstehen?

3 Welches sind die zentralen Absichten der beiden? Man spricht dabei auch von Handlungsmotiven.

4 Im Folgenden findet ihr mehrere mögliche Einleitungsteile zu einer Inhaltsangabe, die den gesamten Text zusammenfassen soll. Welche Einleitung haltet ihr für zweckmäßig? Begründet eure Meinung. Schreibt gegebenenfalls einen eigenen Einleitungsteil.

A Die Erzählung „Die offene Tür“ handelt von einem sehr nervösen Mann, der von einem intelligenten Mädchen in eine schwierige Lage gebracht wird. Wann und wo das Geschehen spielt, wird nicht gesagt. Geschrieben hat die Erzählung Hektor Hugh Munro. Die Geschichte steht in dem Buch „Mehr Gespenster. Gespenstergeschichten aus England, Schottland und Irland“.

B Die Geschichte „Die offene Tür“ ist eine Gespenstergeschichte. Geschrieben hat sie Hektor Hugh Munro. Darin geht es um einen Mann, der sehr nervös ist. Deshalb möchte er sich bei Bekannten entspannen.

C Die Gespenstererzählung „Die offene Tür“ von Hektor Hugh Munro, der sich Saki nannte, handelt von einem Mann mit Namen Framton Nuttel, der auf dem Land bei Bekannten seiner Schwester Entspannung sucht, von einem Mädchen durch eine erfundene Geschichte jedoch so in Angst und Schrecken versetzt wird, dass er den Ort fluchtartig verlässt.

5 Hier findet ihr nun eine Fortsetzung der Inhaltsangabe zu der Erzählung von Hektor Hugh Munro. Allerdings sind die Teile nicht in der richtigen Reihenfolge abgedruckt und es fehlt die inhaltliche Zusammenfassung des Schlussteils der Erzählung (Z. 179–193). Ordnet die Abschnitte und formuliert einen entsprechenden Schlussteil.

D Als das Mädchen die Geschichte beendet hat, kommt die Tante ins Zimmer, begrüßt Framton Nuttel und erzählt ihm, dass ihr Mann und ihre Brüder in Kürze mit dem Hund von der Jagd zurückkämen. Dieses geschieht tatsächlich, und da einer der Brüder sogar das Lied singt, von dem die Nichte berichtet hat, ist Framton Nuttel so erschrocken, dass er überstürzt das Haus verlässt. Er sieht die drei Männer und den Hund offensichtlich als Gespenster an.

E Sie stellt in sehr anschaulicher und dramatischer Weise dar, dass ihre Tante seit drei Jahren vergeblich auf ihren Mann und dessen zwei Brüder warte, die zur Jagd gegangen und dabei offensichtlich mit ihrem Hund im Moor versunken seien.

F Stattdessen begrüßt ihn die Nichte der Frau, die sehr selbstbewusst ist und sehr gut Geschichten erzählen kann. Zunächst erkundigt sich das Mädchen, ob Framton Nuttel Näheres über ihre Tante wisse. Als er dieses verneint, beginnt das Mädchen eine erfundene Geschichte zu erzählen, mit der sie Framton Nuttel verunsichern will.

G Framton Nuttel besucht auf dem Lande ehemalige Bekannte seiner Schwester, weil er nervlich sehr angespannt ist und sich erholen möchte. Er begibt sich unter anderem zu einer Mrs. Sappleton, die er jedoch zunächst nicht antrifft. Auch ihr Mann und dessen zwei Brüder sind nicht zu Hause, da sie gemeinsam mit einem Hund zur Jagd gegangen sind.

H Mit Ausnahme der Nichte wundern sich alle über diese Reaktion ...

I Dies sei auch der Grund, warum die Tante grundsätzlich die Tür zum Garten bis zur Dunkelheit geöffnet lasse, weil sie in ihrer Verwirrung noch immer daran glaube, dass die drei jeden Moment zurückkämen. Sehr genau beschreibt das Mädchen zudem das Äußere der Männer und die Tatsache, dass einer der Brüder ein bestimmtes Lied gesungen habe, während sie das Haus verlassen hätten.

6 Eine Inhaltsangabe kannst du informativ gestalten, indem du die Gründe für das Verhalten der Personen nennst und den zeitlichen Zusammenhang der Handlungsschritte verdeutlichst. Suche dafür einige Beispiele aus dem Text heraus.

7 Sicher weißt du, dass in einer Inhaltsangabe keine wörtliche Rede verwendet wird. Wichtige Aussagen der Textvorlage werden in der Form der indirekten Rede wiedergegeben. Suche Beispiele aus der Inhaltsangabe und stelle fest, auf welche Teile der Erzählung sie sich beziehen.

Die indirekte Rede, S. 233 ff.

8 Forme die wörtliche Rede in den folgenden Beispielsätzen aus dem Text „Die offene Tür“ jeweils in die indirekte Rede um. Die Redebegleitsätze sind vorgegeben.

- „Ich kenne nur ihren Namen und ihre Adresse“, gab der Besucher zu. (Z. 40 f.)
  Nuttel antwortet, ...
- „Vielleicht haben Sie sich schon gewundert, dass die Terrassentür selbst an einem Oktobertag noch so weit offen steht“, sagte die Nichte [...] (Z. 54 ff.)
  Beiläufig erwähnt das Mädchen, ...
- „Es war sehr interessant“, sagte Framton. (Z. 102)
  Der Mann entgegnet, ...
- „Die Ärzte sind sich darin einig, dass ich restlose Ruhe brauche und jede seelische Aufregung oder körperliche Anstrengung vermeiden muss“, verkündete Framton. (Z. 124 ff.)
  Framton Nuttel weist ausdrücklich darauf hin, ...

9 Die indirekte Rede ist nur eine Möglichkeit, den Inhalt der direkten Rede wiederzugeben. Manchmal kann man diesen Inhalt auch umschreiben, weil die indirekte Rede gelegentlich etwas steif klingt. Vergleicht die folgenden Beispielsätze.

Direkte Rede:
Der Geist sagte zum Kind: „Komm mit zu mir in mein Haus!“

Indirekte Rede:
Der Geist sagte zum Kind, es solle mit in sein Haus kommen.

Umschreibung:
Der Geist forderte das Kind auf, mit in sein Haus zu kommen.

10 Versuche in ähnlicher Weise, folgende direkte, wörtliche Reden jeweils in indirekter Rede oder als Umschreibung wiederzugeben. Manchmal kannst du auch die beiden Möglichkeiten mischen.

- „Mit dir werde ich niemals gehen!“, antwortete das Kind dem Gespenst.
- Der alte Mann sagte: „Das Geheimnis werde ich nicht preisgeben. Niemand kann dieses von mir verlangen.“
- Die Frau beruhigte den Jungen und bot ihm an: „Du kannst den Holzkahn nehmen und zu der Insel hinüberrudern.“
- „Noch vor dem Morgengrauen werde ich zurück sein“, versprach der Junge treuherzig.
- Spottend sagte der Jüngste zu dem Geist: „Du bist ein klappriges, altes Nachtgespenst, welches mir keine Angst einflößen kann.“

11 Stell dir vor, die Erzählung von Saki solle verfilmt werden. Schreibe für ein mögliches Filmplakat eine kurze Inhaltszusammenfassung, die nicht zu viel vorwegnimmt und das Interesse des Lesers oder der Leserin weckt.

2. Wortarten, Satzglieder und mehr …

Wortarten

Wörter lassen sich in Gruppen einteilen, je nach ihren grammatischen Aufgaben. Verb, Nomen bzw. Substantiv, Adjektiv und Adverb (Umstandswort) sind Hauptwortarten der deutschen Sprache. Mithilfe der folgenden Aufgaben kannst du vor allem Formen und Aufgaben von Nomen/Substantiven und Verben wiederholen und vertiefen.

1 Zeichne die Tabelle in dein Heft. Lies den Text darunter genau und trage die entsprechenden Wortarten in die Tabelle ein.

Nomen/ Substantiv	Verb	Adjektiv
Luft …	besteht …	farbloser …

Das Nomen/Substantiv

Ein Experiment mit Luft und Papier

Die Luft unserer Atmosphäre besteht aus einer Mischung farbloser Gase. Vertreten sind hauptsächlich Stickstoff (fast vier Fünftel), Sauerstoff (ein Fünftel) sowie viele weitere Gase, etwa Argon oder Kohlendioxid. Die Luft der Atmosphäre ist nahe am Boden am dichtesten oder am „dicksten“. Wenn wir in die Höhe steigen, wird sie immer dünner.

Das Gewicht der Luft kannst du selbst spüren. Lege ein Lineal so auf den Tisch, dass etwa ein Drittel davon über die Tischkante hinausragt. Breite ein Stück Papier darüber. Schlage kräftig auf das Lineal und versuche, das Papier durch die Luft zu wirbeln. Es wird dir nicht gelingen, denn der Luftdruck ist so stark, dass er das Blatt Papier auf die Tischplatte drückt. Je größer das Papier ist, desto mehr Luft drückt darauf.

REGEL

Das **Nomen bzw. Substantiv** benennt Dinge, Lebewesen oder abstrakte Begriffe. Nomen/Substantiv werden immer großgeschrieben. Es gibt vier grammatische **Fälle (Kasus)**, in denen Nomen/Substantiv im Satz stehen können. Man ermittelt sie mit den Fragen „Wer oder was?“ (**Nominativ**), „Wessen?“ (**Genitiv**), „Wem?“ (**Dativ**) und „Wen oder was?“ (**Akkusativ**).

Übungen zur Großschreibung von Nomen/ Substantiven findet ihr auf S. 363 ff.

2 Indem du die einzelnen Kasusformen eines Nomens/Substantivs bildest, deklinierst du dieses. Lege dazu in deinem Heft eine Tabelle an:

Nominativ	Genitiv	Dativ	Akkusativ
das Experiment …	des Experiments …	dem Experiment …	das Experiment …

Trage nun die Kasusformen dieser Nomen/Substantive ein:

der Luftdruck • das Glas • der Rand • das Wasser • die Luft • das Gas • die Beobachterin

3 Den Kasus eines Nomens/Substantivs kann man häufig an seinem Artikel (Begleiter) erkennen, der im gleichen Fall steht. Man unterscheidet bestimmte (*der, die, das*) und unbestimmte (*ein, eine, ein*) Artikel. Ein Nomen/Substantiv kann, muss aber nicht mit Artikel stehen. Schreibe den folgenden Text in dein Heft und entscheide, ob und – wenn ja – welche Artikel mit welchem Kasus eingesetzt werden müssen.

Das magische Wasserglas

[redacted] Luftdruck ist in allen Richtungen wirksam. Fülle [redacted] Glas bis zum Rand mit [redacted] Wasser, auch [redacted] Rand selbst soll feucht sein. Obenauf legst du [redacted] Stück kräftigen Karton. Dreh [redacted] Glas mit [redacted] Karton um – am besten über [redacted] Spülbecken. Jetzt nimm [redacted] Hand weg ... [redacted] Wasser sollte im Glas bleiben.

Wie es funktioniert:

[redacted] Luft drückt von unten her mit genügend Kraft auf [redacted] Karton, sodass [redacted] Wasser im Glas bleibt. Sobald wir jedoch [redacted] Ecke vom Karton abheben, ist kein luftdichter Abschluss mehr gewährleistet und [redacted] Blasen dringen ein. Dann drückt [redacted] Luft auch von oben und [redacted] Wasser läuft aus.

4 Artikel helfen, das grammatische Geschlecht eines Nomens/Substantivs festzustellen. Man unterscheidet Maskulinum (männlich), Femininum (weiblich) und Neutrum (sächlich). Bestimme das grammatische Geschlecht aller Nomen/Substantive aus dem Text „Das magische Wasserglas“.

Das Verb

REGEL

Das **Verb** gehört zu den „flektierbaren“ Wortarten der deutschen Sprache, d. h., es kann „gebeugt“ (konjugiert) werden. Bei der Konjugation eines Verbs sind u. a. zu berücksichtigen: Person (1., 2., 3.), Numerus (Singular/Plural), Tempus (grammatische Zeit) und Modus (Indikativ/Konjunktiv/Imperativ).

Über den Konjunktiv erfahrt ihr mehr auf S. 236.

1 In dem folgenden Text stehen die Verben nur in ihrer ungebeugten Grundform (Infinitiv). Übernimm den Text in dein Heft und setze anstelle der Grundform die korrekte Personalform (z. B. fühlen – er fühlt) ein.

Frösteln

Die Anpassung an extreme Wetterverhältnisse fallen dem menschlichen Körper schwer. Dein Körper fühlen sich am wohlsten, wenn die Temperatur bei etwa 25° C liegen. Wenn es wärmer oder kälter werden, passen sich dein Körper entsprechend an. Wenn du frösteln, ziehen sich alle deine Muskeln zusammen, dadurch entstehen Hitze, die dich wärmen. Mit anderen Worten: Bewegen dich!

2 Zeichne die Tabelle in dein Heft und trage die in dem Text „Frösteln" verwendeten Verben in ihrer korrekten Personalform ein. Bilde die übrigen Personalformen.

Personalform						**Infinitiv**
Singular			**Plural**			
1. Person	2. Person	3. Person	1. Person	2. Person	3. Person	
ich fühle	du fühlst	er/sie/es fühlt	wir fühlen	ihr fühlt	sie fühlen	fühlen

3 Finde jeweils diejenige Personalform, die grammatisch nicht in die Reihe passt. Begründe deine Entscheidung:

- ich gebe, ich sage, ihr schwitzt, ich pfeife, ich fahre
- wir singen, du spielst, sie schwimmt, er läuft, ich lache, du hustest
- sie feiern, sie musizieren, sie lächeln, sie wandert, sie putzen
- du träumst, ihr schlaft, ihr jubelt, du trödelst, ich lese, ihr lobt
- es funktioniert, er fragt, sie antworten, es bewegt sich, sie liegt

4 Schreibe den folgenden Text in dein Heft und setze die Verben in ihrer korrekten Personalform ein:

können • bringen • faulenzen • helfen • einweichen • auswringen • sich begeben • anziehen • legen • verdunsten • übergehen • verbrauchen

An einigen Stellen musst du auch die Befehlsformen (Imperative) der Verben bilden.

Coole Socken

Die heißen Tage im Hochsommer [redacted] einen ganz schön ins Schwitzen [redacted]. Wenn du gerne draußen [redacted], brauchst du aber auch im prallen Sonnenlicht nicht Gefahr zu laufen, dass dir zu heiß wird. Ein Kniff aus der Trickkiste der Physik [redacted] dir, zumindest die Füße kühl zu halten. [redacted] einen deiner beiden Socken in Wasser [redacted] und [redacted] ihn anschließend leicht [redacted]. Dann [redacted] an ein sonniges Plätzchen, wo du dir beide Strümpfe [redacted]. [redacted] dich so hin, dass die Sonne auf deine Füße scheint.

Der Fuß mit dem nassen Socken wird dir nach einiger Zeit kühler vorkommen als der mit dem trockenen. Der Grund dafür ist die sogenannte Verdunstungskälte. Wenn Wasser (oder jede andere Flüssigkeit) von einer Oberfläche [redacted], [redacted] es vom flüssigen in den gasförmigen Zustand [redacted] – und dieser Vorgang [redacted] Energie. Die wird in Form von Wärme aus der Umgebung abgezogen – also von der Haut an deinem Fuß, weshalb dir dort kalt wird.

5 Die Verbformen des folgenden Textes stehen hauptsächlich im Tempus Präsens (Gegenwartsform), weil sie gegenwärtige Handlungen oder Allgemeingültiges ausdrücken.
Neben dem Präsens unterscheidet man im Deutschen noch folgende Tempora: Präteritum, Perfekt, Plusquamperfekt und Futur.
Ordne die unterstrichenen Verbformen der Tabelle auf S. 355 oben zu und ergänze wie beim Beispiel die übrigen Zeitformen.
Schau auch im Regelkasten auf S. 355 nach.

Präsens	Präteritum	Perfekt	Plusquamperfekt	Futur 1
sie liegt er … …	lag …	hat gelegen …	hatte gelegen …	wird liegen wird ausbrechen

Schwitzen

Eine Möglichkeit, dich aufzuwärmen, ist eine Reise nach Al'Aziziyah in Libyen. In Al'Aziziyah liegt die höchste Temperatur bei 58 °C. Da wird dir erst einmal der Schweiß ausbrechen!

Das Wasser im Schweiß kommt aus dem Blut. Es trägt die Hitze über die Schweißdrüsen aus deinem Körper heraus. Ein Stück Haut von der Größe eines Ein-Euro-Stückes hat etwa 3 000 Schweißdrüsen.

Wie sehr du schwitzt, hängt von deiner Größe und der Temperatur ab. Ein großer Mensch kann bis zu 19 l Schweiß an einem Tag verlieren. Selbst an kühlen Tagen könntest du mit deinem Schweiß ein kleines Glas füllen. Schwitzen ist eine gute Methode, um langsam abzukühlen, außer es ist schwül. An schwülen Tagen ist bereits so viel Feuchtigkeit in der Luft, dass dein Schweiß keinen Platz mehr hat. Anstatt zu verdunsten und dir dadurch Abkühlung zu verschaffen, klebt der Schweiß an deiner Haut, dir ist heiß und du fühlst dich klebrig und missmutig.

6 Stell dir vor, im Jahr 3 000 entdecken Archäologen ein gut erhaltenes Exemplar von „P.A.U.L. D. 7". Wie werden sie den Inhalt dieses Kapitels wohl beschreiben? Blicke in die Zukunft und verfasse einen Text, in dem du die möglichen Entdeckungen der Forscher schilderst. Vergiss nicht, das passende Tempus zu benutzen. Der Anfang ist bereits gemacht:

In etwa 1 000 Jahren werden Archäologen bei ihren Ausgrabungen der Stadt … ein Buch finden, das ihr Interesse erregen wird …

REGEL

Mit den drei verschiedenen **Tempora** der Vergangenheit ergeben sich unterschiedliche Ausdrucksmöglichkeiten, die sich auf das berichtete Geschehen beziehen:

- Das **Präteritum** ist Ausdruck eines in der Vergangenheit abgeschlossenen Geschehens (*Vergangenheitsform*).
  Beispiel: ich rief, ich lief
- Das **Perfekt** ist Ausdruck eines vergangenen Geschehens, das in die Gegenwart hineinreicht (*vollendete Gegenwart*). Es wird gebildet mit einer Personalform von haben oder sein im Präsens und dem Partizip II.
  Beispiel: ich habe gerufen, ich bin gelaufen
- Das **Plusquamperfekt** ist Ausdruck eines Geschehens, das sich noch vor dem eigentlich berichteten Geschehen ereignet hat (*Vorzeitigkeit*). Es wird gebildet aus einer Präteritumform von *haben* oder *sein* und dem Partizip II.
  Beispiel: ich hatte gerufen, ich war gelaufen

Klein, aber „oho“: die Wortarten Konjunktion und Interjektion

Neben den Grundwortarten besitzt das Deutsche noch weitere Wortarten. Zwei, deren Aufgaben spezieller sind, sind Interjektion (Empfindungswort) und Konjunktion (Bindewort).

Die Konjunktion

1 Schau dir den Text „Herzen aus Kresse?“ genau an. Die Konjunktionen sind unterstrichen. Versuche, diese Bindewörter zu Gruppen zusammenzufassen. Welche Unterscheidungsmerkmale findest du?

Herzen aus Kresse? – Kein Kunststück für die Sonne

Manchmal bringt sie uns ganz schön ins Schwitzen. Aber schiene die Sonne nicht, so wäre die Erde eine Eiswüste ohne jedes Leben.
Das Herz aus Kresse ist ein schnell zu demonstrierendes Beispiel für die Kraft der Sonne, denn alles, was für dieses Experiment vonnöten ist, sind neben Kressesamen eine Schale halb voll mit Erde, ein Stück Karton und ein wenig Geduld. Die Samen verteilt ihr gleichmäßig in der Schale. Geduld braucht ihr, weil es – ein helles Plätzchen und stetes Gießen vorausgesetzt – ein paar Tage dauern wird, bis sie keimen. Derweil könnt ihr aus dem Karton schon mal ein Motiv ausschneiden, zum Beispiel ein Herz. Damit deckt ihr dann die Schale zu. Wenn ihr das ganze Ensemble täglich ein Stück dreht, damit es von allen Seiten gleich viel Sonne bekommt, müsste die Kresse nach ein bis zwei Wochen euer Motiv nachgezeichnet haben, da nur die Pflanzen im Licht richtig gewachsen sind.

REGEL

Konjunktionen verbinden Wörter, Wortgruppen und Sätze miteinander. Man unterscheidet:

- **nebenordnende** bzw. **gleichordnende** Konjunktionen: *und, oder, aber, denn, doch, weder – noch, sowohl – als auch, ...*
  Diese können in **Aufzählungen** verwendet werden oder selbstständige Hauptsätze zu **Satzreihen** verbinden.

  Beispiele:
  Nomen/Substantive, Adjektive **und** Verben sind Wortarten der deutschen Sprache.
  Wortarten sind die Bausteine der Sprache **und** Satzglieder sind die Bausteine des Satzes.
  Deutsch war sein Lieblingsfach, **aber** Englisch gefiel Felix auch sehr gut.

- **unterordnende** Konjunktionen: *als, da, damit, wenn, weil, während, bevor, obgleich, dass, nachdem, ...*
  Diese verknüpfen Hauptsätze und Gliedsätze/Nebensätze zu einem **Satzgefüge**.

  Beispiele:
  Jana war nicht vorbereitet, **weil** sie die Hausaufgaben vergessen hatte.
  Obwohl er die Regeln auswendig gelernt hatte, konnte er die Aufgabe nicht lösen.

Über den Gebrauch von Konjunktionen erfahrt ihr mehr im Kapitel „Informiere mich, berichte davon, beschreib es mir ... – Mit Gliedsätzen/Nebensätzen arbeiten“ (S. 312 ff.).

2 Verknüpfe die folgenden Satzpaare mithilfe der unterordnenden Konjunktionen *weil, da, dass, nachdem*. Beachte auch die Veränderung der Wortreihenfolge in den neu entstandenen Satzgefügen.

Die Sonne wird ein weißer Zwerg

- Die Sonne wird nicht ewig scheinen. In fünf Milliarden Jahren soll ihr Brennstoffvorrat verbraucht sein.
- Forscher vermuten: Die Sonne bläht sich kurz zu einem riesigen roten Ball auf.
- Ihre Strahlung wird das 1000 bis 2000-fache von heute betragen. Die Temperaturen erhöhen sich auf der Erde ungefähr auf 1000 Grad.
- Alles Leben verglüht. Die Sonne erlischt völlig und steht als kalter, weißer „Zwerg“ am Himmel.

- Dieses gemeinsame Lernen macht sowohl Felix als auch Janina viel Spaß.
- Wenn einer nicht weiterweiß kann der andere helfen.
- Die beiden sind ein eingespieltes Team doch das war nicht immer so.
- Sie kennen sich zwar seit der fünften Klasse aber sie mochten sich anfangs gar nicht.
- Weder ihre Lehrerin noch ihre Mitschüler können sich ihre Wandlung erklären.
- Wahrscheinlich haben sie eines Tages erkannt dass der andere doch ganz nett ist.

Kommasetzung und Konjunktionen

REGEL

- Die Hauptsätze einer **Satzreihe** werden häufig durch Kommas getrennt, vor *und* bzw. *oder* steht jedoch kein Komma. Auch Sätze mit nebenordnenden Konjunktionen wie *weder – noch, sowohl – als auch* verlangen in der Regel kein Komma, während vor *aber, sondern* (auch in *nicht nur, sondern auch*), *denn* oder *doch* stets ein Komma stehen muss.
- In **Satzgefügen** wird zwischen Hauptsatz und Gliedsatz/Nebensatz **immer** ein Komma gesetzt.

1 Schreibe die folgenden Sätze in dein Heft und setze dabei die fehlenden Kommas:

- Felix und Janina gehen nicht nur auf die gleiche Schule sondern auch in die gleiche Klasse.
- Janinas Lieblingsfach ist Mathe während Felix Französisch bevorzugt.
- Sie treffen sich häufig lernen zusammen und bereiten sich gemeinsam auf ihre Klassenarbeiten vor.

Die Interjektion

1 Übertrage das folgende Gespräch in dein Heft und setze diese Wörter ein:

igitt • Mensch • Hallo • oh • hm • Papperlapapp • o. k. • au ja • ach • ach was

Ein Gespräch

FELIX: [redacted], Janina! Wir haben morgen ja wieder Deutsch. [redacted], hatten wir da nicht eine Hausaufgabe?

JANINA: [redacted], das habe ich ganz vergessen! Worum ging es noch einmal?

FELIX: [redacted], Janina, wie kann man nur so vergesslich sein? Wir wiederholen doch gerade die verschiedenen Wortarten. [redacted], ich glaube, ich muss dir da ein bisschen auf die Sprünge helfen.

JANINA: [redacted]! Das hättest du wohl gerne! Ich schaff das schon allein.

FELIX: [redacted]! Wozu sind Freunde da? Wenn wir gemeinsam die Aufgaben lösen, ist uns doch beiden geholfen.

JANINA: [redacted]! Dafür kann ich dir das nächste Mal in Mathe helfen.

FELIX: [redacted]! Wenn ich nur an die Klassenarbeit denke, [redacted]!

2 Wie wirkt der Text mit den eingesetzten Wörtern auf dich? Welche Funktion haben die Einschübe?

3 Die Jugendsprache kennt noch viel mehr solcher eingestreuten Ausrufe und Gefühlsäußerungen. Welche benutzt ihr im Gespräch?

REGEL

Interjektionen (Empfindungs- oder Ausrufewörter) bezeichnen Einwürfe, die in den Text eingestreut werden. Es handelt sich dabei zumeist um spontane Äußerungen im Gespräch (z. B. des Erstaunens).

Beispiel: „**Ach**, Sie sind es, Frau Direktor!"

Interjektionen werden weder dekliniert (wie Nomen/Substantive) noch konjugiert (wie Verben).
Häufig werden Interjektionen wie ein Satz behandelt oder mit einem Komma vom Satz abgetrennt:

Beispiele: **Hurra**! Wir haben Ferien!
He, wo wollt ihr denn hin?

Satzglieder

Satzglieder sind die Bausteine des Satzes. Ohne einen festen Bauplan könnten wir deutsche Sätze gar nicht verstehen. In den letzten beiden Schuljahren hast du vier Satzglieder kennengelernt: das Prädikat, das Subjekt, das Objekt und die adverbiale Bestimmung. Allerdings ist es gar nicht so einfach, diese Satzglieder von den Wortarten zu unterscheiden. Die folgenden Übungen helfen dir dabei.

Die Umstellprobe

REGEL

Mit der **Umstellprobe** ermittelt man die Bausteine eines Satzes, die sogenannten Satzglieder. Die Teile des Satzes, die bei dieser Umstellung zusammenbleiben, ohne dass der Sinn des Satzes verändert wird, bilden ein Satzglied. Allerdings kann man durch Voran- oder Endstellung ein Satzglied besonders betonen. Außerdem hilft dir die Umstellprobe, einen Text stilistisch ansprechender zu gestalten.

In seinem Buch	beschreibt	der Autor	viele Experimente	.
Viele Experimente	beschreibt	der Autor	in seinem Buch	.

1 Übertrage die folgenden Sätze in dein Heft. Gestalte den Satzbau mithilfe der Umstellprobe abwechslungsreicher.

- Ich besorge mir zuerst die Materialien für das Experiment.
- Ich stelle dann die Apparatur wie beschrieben auf.
- Ich schließe den Schlauch am Wasserhahn an.
- Ich führe ihn in die Flasche ein.
- Ich überprüfe daraufhin noch einmal die Apparatur.
- Ich kann endlich mit dem Experiment beginnen.

2 Lies den folgenden Text und ordne die unterstrichenen Wörter oder Wortgruppen mithilfe einer Tabelle den verschiedenen Arten von Satzgliedern zu. Wenn du unsicher bist, schau in den Regelkästen auf dieser Seite und auf S. 361 nach.

Subjekt	Prädikat	Objekt	adverbiale Bestimmung
...	...	...	...

Wie man einen Regenbogen macht

„Rote oder grüne Gespenster bleiben im Verlies." Was ist damit gemeint? Werden Gespenster nach ihren Farben für die Geisterstunde eingeteilt? Vielleicht, aber es könnte auch von einem Regenbogen die Rede sein.

Die Anfangsbuchstaben des Satzes bilden die Reihenfolge der Farben des Regenbogens: **R**ot, **O**range, **G**elb, **G**rün, **B**lau, **I**ndigo und **V**iolett. Die Farben des Regenbogens erscheinen immer in dieser Reihenfolge.

Die Menschen waren immer schon von Regenbogen fasziniert. Diese glühenden „Himmelsbrücken" erscheinen so unfassbar, dass alle möglichen Geschichten erfunden wurden, um ihren Ursprung zu erklären. Eine der berühmtesten war die Sage vom Goldkessel. Du kannst herausfinden, ob an diesem alten Märchen etwas Wahres ist, indem du in deinem Garten oder Hof einen eigenen Regenbogen machst.

Es ist am besten, wenn du dieses Experiment am Nachmittag machst, wenn die Sonne schon tief am Himmel steht. Du brauchst dazu nur einen Schlauch mit einer Sprühdüse. Stelle dich mit dem Rücken zur Sonne. Halte den Schlauch in Augenhöhe und schicke einen bogenförmigen Wasserstrahl in die Luft. Nach ein paar Versuchen siehst du einen Regenbogen.

Wie entstehen die Farben? Das Sonnenlicht enthält all die Farben, die du in einem Regenbogen siehst. Normalerweise sind sie aber so vermischt, dass du sie nicht einzeln erkennen kannst. Fällt das Sonnenlicht auf einen Regentropfen oder auf den Wasserstrahl, werden die Sonnenstrahlen in ihm gebrochen. Die Farben werden aufgespalten und du kannst jede einzelne sehen.

REGEL

Drei wichtige Satzglieder sind **Prädikat**, **Subjekt** und **Objekt**.

- Das **Prädikat** (die Satzaussage) ist das mit einer Verbform besetzte Satzglied, das den gesamten Satz und die übrigen Satzglieder bestimmt.
- Das **Subjekt** (der Satzgegenstand) gibt an, wer oder was etwas tut oder ist. Es steht im Nominativ und benennt sehr oft den Verursacher einer Handlung. Es wird mit den Fragen „Wer?" bzw. „Was?" ermittelt. Subjekt und Prädikat stimmen in Person (1. bis 3. Person) und Numerus (Singular/Plural) überein.
- Das **Objekt** (die Satzergänzung) nennt die Person oder Sache, auf die sich ein Geschehen auswirkt. Es erscheint als Nomen/Substantiv oder Personalpronomen in den Kasusformen (Fällen) Akkusativ (*Wen oder was?*), Dativ (*Wem?*), Genitiv (*Wessen?*) oder mit einer Präposition.

Beispiele:

Akkusativobjekt: Sonne und Regen verursachen **einen Regenbogen**.
(Frage: Wen oder was verursachen Sonne und Regen? – Einen Regenbogen.)

Dativobjekt: Dem Betrachter zeigt sich der Regenbogen in vollem Farbglanz.
(Frage: Wem zeigt sich der Regenbogen in vollem Farbglanz? – **Dem Betrachter**.)

Genitivobjekt: Das Experiment bedarf **der sorgfältigen Vorbereitung**.
(Frage: Wessen bedarf das Experiment? – **Der sorgfältigen Vorbereitung**.)

Präpositionalobjekt: Das Licht wird in **verschiedene Farben** aufgespalten.
(Frage: Worin wird das Licht aufgespalten? – **In verschiedene Farben**.)

3 Bestimme im folgenden Text die unterstrichenen Objekte.

Archimedes in der Wanne

Dem berühmten griechischen Wissenschaftler Archimedes sollen seine Erkenntnisse über den Auftrieb in der Badewanne gekommen sein: Demnach ist das Gewicht eines schwimmenden Körpers genauso hoch wie das Gewicht der Wassermenge, die dieser dabei verdrängt.
Ein Versuch kann dir dieses „archimedische Prinzip“ veranschaulichen. Es bedarf dazu einer Waage und Wasser. Außerdem benötigst du ein breites Einmachglas und ein Bauklötzchen.
Fülle nun das Glas bis zum Rand mit Wasser und wiege es anschließend. Legst du ein Bauklötzchen hinein, wird Wasser überlaufen und das Klötzchen auf der Oberfläche schwimmen. Wenn du jetzt das Glas zusammen mit dem schwimmenden Bauklötzchen wiegst, wird es dann schwerer oder leichter sein als zuvor?
Das Ergebnis lautet: Das Wasserglas wird genauso viel wiegen wie vorher, denn nach dem Prinzip des Archimedes besaß das Wasser, das der kleine Baustein verdrängt hat, das gleiche Gewicht wie das hinzugefügte Klötzchen. Leichte Schwimmkörper verdrängen also weniger Wasser als schwere – ganz gleich wie groß sie sind. Anders verhält es sich mit Gegenständen, die nicht schwimmen, sondern untergehen (z. B. Gold): Sie verdrängen immer das Volumen an Wasser, das ihrem Rauminhalt entspricht.

Ein Satzglied unter der Lupe: die adverbiale Bestimmung

Die adverbiale Bestimmung (aus lat. *ad*: bei, *verbum*: Wort, Verb) ist ein weiteres wichtiges Satzglied, das dir hilft, dich genauer und anschaulicher auszudrücken.

1 Was weißt du noch über die adverbiale Bestimmung? Trage dein Wissen in Stichworten zusammen.

2 Schreibe die unterstrichenen adverbialen Bestimmungen aus dem folgenden Text heraus und versuche, sie zu bestimmen. Beachte dazu die Hinweise im Regelkasten auf S. 361.

Der Treibhauseffekt

Wenn die Sonne am Tage scheint, erwärmt sich die Luft innerhalb eines Treibhauses rasch. Die Scheiben des Treibhauses lassen das Sonnenlicht und einen Teil der Wärme ungehindert eindringen. Im Innern wird ein Teil der Energie reflektiert und in eine andere Strahlung umgewandelt, die nun nicht mehr so leicht durch die Scheiben entweichen kann. So bleibt die Energie im Treibhaus gefangen und wärmt es auf. Dasselbe kannst du auf einfache Weise mit zwei gleichen Glasgefäßen beweisen. Fülle sie mit kaltem Wasser. Umhülle das eine Gefäß sorgfältig mit einer Plastiktüte, die den Glasscheiben des Treibhauses entspricht. Stelle beide Gefäße für eine Stunde in die Sonne. Dann miss die Temperatur des Wassers in beiden Gefäßen. Welches ist wärmer?
Etwas Entsprechendes geschieht heute mit der Erde. In den vergangen Jahrzehnten wurde sehr viel Holz, Kohle, Erdöl, Erdgas und Benzin verbrannt. Dabei entsteht immer Kohlendioxid. Dieses Gas wird nun in der Atmosphäre immer häufiger und es hat die gleiche Funktion wie die Scheiben eines Treibhauses. Deswegen befürchten die Experten, dass sich die Erde immer stärker aufwärmt, was das ganze Klima auf den Kopf stellen würde.

REGEL

- **Die adverbiale Bestimmung** (das Adverbiale) ist ein **Satzglied**, das die näheren **Umstände** einer Handlung, eines Vorgangs oder eines Zustands wiedergibt. Man unterscheidet u. a. adverbiale Bestimmungen der **Zeit** (Frage: *Wann? Wie lange?*), des **Ortes** (*Wo? Wohin? Woher?*), der **Art und Weise** (*Wie?*), des **Grundes** (*Warum?*) und des **Mittels** (*Womit? Mit welchem Mittel?*).

  Beispiele:
  - Der Treibhauseffekt ist *vor einigen Jahren* zu einem wichtigen Thema geworden. (adverbiale Bestimmung der Zeit – **Temporaladverbiale**)
  - *Im umhüllten Glas* hat sich das Wasser schneller erwärmt. (adverbiale Bestimmung des Ortes – **Lokaladverbiale**)
  - Die Erdatmosphäre erwärmt sich *sehr schnell*. (adverbiale Bestimmung der Art und Weise – **Modaladverbiale**)
  - *Wegen der Erderwärmung* befürchten Experten einen Klimawandel. (adverbiale Bestimmung des Grundes – **Kausaladverbiale**)
  - *Mit zwei Gläsern* kannst du den Treibhauseffekt beweisen. (adverbiale Bestimmung des Mittels – **Instrumentaladverbiale**)

- Adverbiale Bestimmungen können aus **unterschiedlichen Wortarten** gebildet werden (Adjektiv, Adverb oder Präposition + Nomen/Substantiv). In vielen Fällen nehmen sie auch die Form eines **Gliedsatzes/Nebensatzes** an (z. B.: *Weil sich die Erde immer stärker aufwärmt*, befürchten Experten einen Klimawandel). Einen solchen Gliedsatz/Nebensatz nennt man daher auch **Adverbialsatz**.

Über Adverbialsätze erfahrt ihr mehr im Kapitel „Informiere mich, berichte davon, beschreib es mir ... – Mit Gliedsätzen/Nebensätzen arbeiten" (S. 312 ff.).

3 Aus welchen Wortarten werden die unterstrichenen adverbialen Bestimmungen im Text „Der Treibhauseffekt" jeweils gebildet?

Das Attribut, ein Satzgliedteil

1 In der sechsten Klasse hast du das Attribut bereits als Mittel der genauen Beschreibung kennengelernt. Kannst du Beispiele für Attribute nennen?

REGEL

Das **Attribut** ist die **Ergänzung** eines Satzglieds. Weil es nur Teil eines Satzglieds, jedoch selbst kein Satzglied ist, ist ein Attribut zur grammatischen Vollständigkeit eines Satzes nicht notwendig. Zumeist wird das Attribut zur **genaueren Kennzeichnung** eines Nomens/Substantivs verwendet. Man unterscheidet folgende Formen:

- **Adjektivattribut:** die *heiße* Sonne
- **Genitivattribut:** die Atmosphäre *der Erde*
- **präpositionales Attribut:** das Glas *auf dem Tisch*
- **Apposition:** das Experiment, *der Beweis für den Treibhauseffekt*, ...
- **Relativsatz** (Attributsatz): Der Beobachter, *der sehr neugierig war*, wartete gespannt ...

2 Bestimme die unterstrichenen Attribute im folgenden Text.

Experimente mit Strom – Die Zitronenbatterie

Kaum zu glauben: In den kleinen Früchtchen stecken nicht nur Vitamine – ihr könnt mit ihnen auch Strom erzeugen! Dazu müsst ihr nur zwei unterschiedliche Metalle, etwa Kupfer und Eisen, in eine Zitrone stecken. Sie dienen als sogenannte Elektroden, das heißt als Plus- und Minuspol. Verbindet ihr die beiden miteinander, wird im Inneren der sauren Frucht ein chemischer Prozess in Gang gesetzt: Weil Eisenatome ihre Elektronen weniger fest an sich binden als Kupferatome, gibt das Eisen Elektronen an das Kupfer ab. Und dieser Elektronenfluss ist nichts anderes als – Strom.

Das Geheimnis unserer gelben Batterie: Der Zitronensaft mit seiner Säure wirkt als Elektrolyt – so heißen Flüssigkeiten, die Strom leiten können. Die Säure wirkt in unserem Experiment wie ein „Treibstoff"; sobald sie verbraucht ist, fließt in der Frucht nichts mehr ...

Für dieses Experiment benötigt ihr eine Zitrone, einen Eisennagel, eine Büroklammer, zwei kurze Drahtstücke und einen Kopfhörer.

Steckt zunächst in ein Ende der Zitrone den Nagel, in das andere die Büroklammer – das sind eure Elektroden. Befestigt dann jeweils ein Stück Draht an diesen Elektroden. Wenn ihr nun die beiden freien Drahtenden miteinander verbindet, schließt sich der Kreis: Es fließt Strom, richtiger Strom.

Diesen Stromfluss könnt ihr sogar hören. Ihr müsst nur den Kopfhörer aufsetzen und die Drahtenden an jeweils einen Pol des Steckers halten, statt sie miteinander zu verbinden. Dann knistert es laut und vernehmlich im Ohr! Anschließend könnt ihr eure Elektroden auch einmal in andere Obst- oder Gemüsesorten stecken, zum Beispiel Apfelsinen, Trauben oder Kartoffeln, und hören, wo es am besten knackt ...

3 Schreibe alle Adjektivattribute des Textes heraus und forme sie in Relativsätze/Attributsätze um.

Beispiel: die kleinen Früchtchen –
die Früchtchen, die klein sind, ...

Über Relativsätze/Attributsätze erfahrt ihr mehr im Kapitel „Informiere mich, berichte davon, beschreib es mir ... – Mit Gliedsätzen/Nebensätzen arbeiten" (S. 312 ff.)

3. Groß- und Kleinschreibung

Nominalisierungen/Substantivierungen

In der deutschen Sprache werden Satzanfänge und Nomen bzw. Substantive großgeschrieben, Verben, Adjektive und andere Wortarten dagegen kleingeschrieben. Verben, Adjektive und andere Wortarten können jedoch zu Nomen/Substantiven werden und müssen dann entsprechend großgeschrieben werden. Sie werden nominalisiert/substantiviert, man spricht auch von Nominalisierungen bzw. Substantivierungen. Beim Umgang mit den Nominalisierungen/Substantivierungen helfen dir die folgenden Übungen. Wenn du dich in diesem Bereich der Rechtschreibung sehr sicher fühlst, kannst du selbst entscheiden, welche Übungen du zum Wiederholen machen möchtest und auf welche du verzichtest.

1 In den folgenden beiden Texten sind alle Wörter großgeschrieben. Die Satzzeichen sind gesetzt. Schreibe die Texte in der richtigen Schreibweise neu auf und überprüfe, wie sicher du im Umgang mit der Groß- und Kleinschreibung bist. Du kannst zum Abschreiben auch das Textverarbeitungsprogramm deines Computers nutzen.

Nicht alle Buchstaben kann man großschreiben – das **ß** gibt es nur in der Kleinschreibung. Deshalb erscheint es bei Texten, die ausschließlich in Großbuchstaben oder Druckschrift verfasst sind, in Form des **ss**. Achte beim Schreiben darauf.

NÄSSE IST FÜR MÄUSE KAUM ZU ERTRAGEN

WENN EIN MENSCH DUSCHT, TRÄGT ER NACH DEM DUSCHEN IM ALLGEMEINEN RUND EIN HALBES KILOGRAMM MEHR AN GEWICHT MIT SICH, DA DAS WASSER AUF SEINER HAUT UND IN SEINEN HAAREN SITZT. DIESES MEHR AN GEWICHT IST FÜR DEN MENSCHEN SO GERING, DASS EIN SPÜREN DER ZUSÄTZLICHEN MENGE NICHT MÖGLICH IST. FÄLLT EINE MAUS INS WASSER, KANN DIES FÜR DAS KLEINE TIER GEFÄHRLICH WERDEN. NACH DEM KLETTERN AUS DEM WASSER BEFINDET SICH IM FELL DER MAUS EIN HALBES GRAMM WASSER. WÄHREND FÜR UNS EIN HALBES GRAMM SEHR WENIG IST, BEDEUTET ES FÜR DIE MAUS ETWAS LEBENSBEDROHLICHES. DIE MAUS SELBST WIEGT NUR WENIGE GRAMM, SODASS DAS ZUSÄTZLICHE GEWICHT FÜR SIE EINE ENORME BELASTUNG DARSTELLT. ETWAS VERGLEICHBARES FÜR UNS MENSCHEN WÄRE EINE WANDERUNG MIT EINEM 50 BIS 70 KILOGRAMM SCHWEREN RUCKSACK.

ETWAS VERRÄTERISCHES – DIE KÖRPERSPRACHE

NICHT NUR IN SITUATIONEN, IN DENEN MAN AUFGEREGT IST, WEISS MAN OFT NICHT, WAS MAN MIT SEINEN HÄNDEN ANSTELLEN SOLL. DAS LÖSEN DIESES PROBLEMS BESTEHT FÜR MÄNNER ZUM BEISPIEL DARIN, IHRE HÄNDE IN DIE HOSENTASCHEN ZU STECKEN. WENN MAN DARAUF ACHTET, KANN MAN ÄHNLICHES AUCH AUF DEM SCHULHOF ODER AN DER BUSHALTESTELLE BEOBACHTEN. FÜR FRAUEN BESTEHT DAS LÖSEN DIESES PROBLEMS IM FESTHALTEN IHRER TASCHE. WÄHREND MÄNNER IM ALLGEMEINEN IHRE HÄNDE HINTER DEM RÜCKEN VERSCHRÄNKEN ODER DIESE AUF DEN RÜCKEN LEGEN, IST DIES FÜR FRAUEN EHER

KEINE ALTERNATIVE. BEIDE GESCHLECHTER HABEN JEDOCH EINE GEMEINSAME KÖRPERHALTUNG: DAS VERSCHRÄNKEN DER ARME VOR DER BRUST. DURCH DIESES POSITIONIEREN DER ARME VERDEUTLICHT MAN MACHT. DAS VERSCHRÄNKEN DER ARME VOR DER BRUST WÄHREND EINES GESPRÄCHS KANN BEDEUTEN, DASS MAN MIT DEM, WAS DER ANDERE SAGT, NICHT EINVERSTANDEN IST.

2 In den vorangegangenen Texten werden einige Wörter großgeschrieben und als Nomen/Substantiv verwendet, obwohl sie ursprünglich keine Nomen/Substantive waren. Finde sie heraus und bestimme, zu welcher Wortart sie gehörten. Woran kannst du erkennen, dass es sich um Nomen/Substantive handelt?

REGEL

Wörter, die ursprünglich keine Nomen/Substantive waren, werden großgeschrieben, wenn sie im Satz als Nomen/Substantive verwendet werden. Vor Verben, Adjektiven oder anderen Wortarten, die als Nomen/Substantiv verwendet werden, steht häufig ein Begleiter: ein Artikel (*das Grüne*), eine Präposition mit eingeschlossenem Artikel (*im Folgenden*) oder eine Mengenangabe wie *alles, viel, etwas, nichts, wenig, manches* (*nichts Neues*). Fehlt der Begleiter, kann man ihn ersetzen. ((*Das*) *Joggen* ist gesund).

3 Bilde mithilfe der folgenden Wörter je zwei Sätze, wobei du jedes Wort einmal in seiner ursprünglichen und einmal in seiner nominalisierten/substantivierten Form verwenden sollst.

essen • lustig • besonders • klettern • zeichnen • hell • tanzen • lästig • lesen • allgemein • folgen

Beispiel:
Katharina will heute kein Müsli essen. – Das Essen ist im Unterricht nicht erlaubt.

4 Schreibe den folgenden Text ab und setze den jeweils richtigen Buchstaben ein. Entscheide zunächst, ob das betreffende Wort in seiner ursprünglichen oder in der nominalisierten/substantivierten Form verwendet werden muss. Kennzeichne die Begleiter der Nominalisierungen/Substantivierungen durch Unterstreichen.

Womit vertreiben sich Delfine die Langeweile?

Delfine sind im ■llgemeinen äußerst ■pielfreudig. Die Meeressäuger, die in sogenannten Schulen ■chwimmen, ■ertreiben sich die Zeit durch das ■rfinden immer neuer Spiele. Die ■esonders ■erspielten Tümmler, eine kleinere Delfinart, kann man hin und wieder dabei ■eobachten, wie sie ihre ■erbrauchte Atemluft, die sie aus dem Atemloch oben auf dem Kopf ■usstoßen, zu Ringen ■erwirbeln. Die Delfine ■auchen durch diese Ringe und ■rzeugen sogar mehrere davon, die sie mit ■reiselnden Bewegungen ihrer Schwanzflosse durch das Wasser reiben. Dieser ■ngeborene Spieltrieb der Delfine macht sie für den Menschen ■esonders ■ttraktiv, sodass sie ■eider in großen Mengen in Aquazoos eingesperrt und für Vorführungen trainiert und eingesetzt werden. Das ■ute ist, dass das ■ägliche und ■ehrstündige ■rainieren dem Bedürfnis der Delfine zu ■pielen entgegenkommt. Das ■chwerwiegende und ■roblematische ist jedoch, dass die Tiere in der Regel in sehr ■leinen und nicht ■rtgerechten Becken leben müssen, in denen nicht nur der Freiraum zum ■chwimmen, ■pringen und ■auchen fehlt, sondern auch zu wenige Artgenossen zum ■ertreiben der Zeit da sind.

Zeitangaben

Die Groß- oder Kleinschreibung von Zeitangaben kann schon verwirrend sein. Warum schreibe ich „abends“ klein und „am Abend“ groß? Auf den folgenden Seiten wird die richtige Schreibweise der Zeitangaben noch einmal wiederholt.

1 Suche aus dem folgenden Text die Zeitangaben heraus und sortiere sie nach Groß- und Kleinschreibung. Welche Regelmäßigkeiten kannst du erkennen?

Die Klassenfahrt

Die Klasse 7b fährt am Montag auf ihre schon seit Langem geplante Klassenfahrt. Alle Schüler müssen an diesem Tag morgens schon sehr früh an der Schule sein, da der Bus dort um 6.30 Uhr abfährt. Sie werden ungefähr vier Stunden unterwegs sein und vormittags an der Jugendherberge ankommen. Sie freuen sich schon darauf. Für den ersten Abend haben sie eine Party geplant. Der einzige Wermutstropfen ist, dass sie nur bis 22.00 Uhr feiern dürfen, da abends um diese Zeit die Nachtruhe der Jugendherberge beginnt. Andererseits ist diese Vorgabe auch recht praktisch, da sie jeden Morgen spätestens um 7.00 Uhr aufstehen müssen, um rechtzeitig um 7.30 Uhr beim Frühstück zu erscheinen. Für die weiteren Tage sind Ausflüge geplant, wobei die Schüler zwei Nachmittage zur freien Verfügung haben und selbst etwas unternehmen können. Um 18.00 Uhr müssen sie zum gemeinsamen Abendessen zurück sein. Für Freitagnachmittag ist die Rückfahrt geplant, sodass sie am frühen Abend von ihren Eltern abgeholt werden können.

Zeitangaben – großgeschrieben	Zeitangaben – kleingeschrieben
…	…

REGEL

- **Zeitangaben**, die aus einem **Nomen/Substantiv** bestehen, und **Tageszeiten**, die im Zusammenhang mit Adverbien wie *heute, gestern, morgen* benutzt werden, schreibt man groß (z. B. Freitag, gestern Abend, des Abends, am Montagmorgen).
- **Zeitangaben** in Form eines **Adverbs** – häufig erkennbar am **s** am Wortende – schreibt man klein (z. B. montags, abends, gestern).
- Bei zusammengesetzten Zeitangaben entscheidet das Grundwort, das hinten steht, über die Wortart (z. B. Freitag<u>morgen</u>, monta<u>gabends</u>).

2 Schreibe die folgenden Sätze in dein Heft und setze die fehlenden Buchstaben ein. Bilde anschließend fünf weitere Sätze.

- Am kommenden ■amstag hat das Schwimmbad geschlossen.
- Im Sommer öffnet das Freibad ■orgens immer um 6.00 Uhr.
- Jona geht ■reitagabends zum Judo-Training.
- Mein Vater liest jeden ■orgen die Zeitung.
- Hamster sind oft ■achts aktiv und ■orgens müde.
- Merle hat heute ■orgen verschlafen und ist deshalb zu spät in die Schule gekommen.
- In der Fußgängerzone wurde am vergangenen ■onntag eingebrochen. Seitdem kontrolliert die Polizei ■bends und ■achts die Eingänge und Fenster aller Geschäfte.

Mehrteilige Eigennamen, Orts- und Herkunftsbezeichnungen

Wer feiert die Vogelhochzeit?

In Deutschland leben heute ungefähr 60 000 Sorben. Den Namen dieses Volkes verwechselt man häufig mit dem der Serben. Beides sind slawische Völker, die Serben leben auf dem Balkan, die Sorben haben ihre Heimat im Freistaat Sachsen und in Brandenburg, beispielsweise im Spreewald südlich von Berlin. Das kleinste slawische Volk besiedelte vor über 1400 Jahren das Land zwischen Oder und Elbe. Obwohl sich die Sorben immer mehr mit den Deutschen vermischen und es dadurch zu einer zunehmenden Verringerung dieses Volkes kommt, ist es ihnen über viele Jahrhunderte gelungen, ihre eigene Kultur und Sprache, das Sorbische, zu bewahren. Ein alter sorbischer Brauch ist die sogenannte Vogelhochzeit, die am 25. Januar gefeiert wird. Dieser Tag ist ein besonderer für die Kinder und ähnelt dem Nikolaustag. Die Kinder stellen kleine Teller und Schüsseln mit Futter für die Vögel vor die Fenster und als Belohnung dafür, dass sie die Vögel füttern, bekommen sie einen kleinen Kuchen in Form einer Elster. In einigen Kindertagesstätten wird die Vogelhochzeit mit der Elster als Braut und dem Raben als Bräutigam gefeiert. Das Brautpaar ist festlich gekleidet, meist mit der niedersorbischen Festtagstracht, die anderen Kinder sind als Vögel verkleidet.

Vogelhochzeit (Zeichnung von Martin Nowak-Neumann, Sorbisches Museum, Bautzen)

1 Der Text über die Vogelhochzeit beinhaltet eine Reihe von Namen und Ortsbezeichnungen.
Schreibe sie heraus und sortiere sie nach Groß- und Kleinschreibung. Welche Regelmäßigkeiten kannst du erkennen?

Namen/ Ortsbezeichnungen großgeschrieben	Namen/ Ortsbezeichnungen kleingeschrieben
Deutschland …	slawische Völker …

REGEL

Bei der Schreibweise von Eigennamen und bei der Schreibweise von Ortsbezeichnungen auf **-er** musst du Folgendes beachten:

- **Eigennamen** sind Bezeichnungen für bestimmte einzelne Gegebenheiten wie Personen, Orte, Vereine usw., die es nur einmal gibt.
  Beispiele: Deutscher Fußballbund, der Atlantische Ozean
  In Eigennamen, die aus mehreren Teilen bestehen, schreibt man das erste Wort und alle weiteren Bestandteile, mit Ausnahme von Artikeln, Präpositionen und Konjunktionen, groß. Das gilt zum Beispiel für mehrteilige Personennamen, für Bauwerke, Straßen und Plätze, Organisationen, Zeitungen und Ähnliches.
  Beispiele: Annette von Droste-Hülshoff, Erstes Deutsches Fernsehen
- **Wörter** auf **-er**, die von Ortsbezeichnungen abgeleitet sind, werden immer großgeschrieben.
  Beispiele: das Brandenburger Tor, der Frankfurter Flughafen, das Paderborner Brot

2 Sortiere die folgenden Eigennamen in verschiedene Kategorien. Erstelle dazu eine Tabelle. Ergänze anschließend jede Spalte um fünf weitere Eigennamen.

Johann Wolfgang von Goethe • Unter den Linden • Brandenburger Tor • Frankfurter Rundschau • Kölner Dom • Erstes Deutsches Fernsehen • Westdeutscher Rundfunk • Karl der Große • Kahler Asten • Deutscher Fußballbund • Chinesische Mauer • Süddeutsche Zeitung • Nord-Ostsee-Kanal • Erich Kästner • Deutsches Museum (München) • Teutoburger Wald • Friedrich von Schiller • Deutscher Schwimmverband

Personen	Bauwerke	...

Scharfes Essen

Wer scharfes Essen liebt, der sollte ein indisches Restaurant besuchen und sich ein Gericht mit rotem Chili, der aus gemahlenen roten Paprikaschoten besteht, bestellen. Doch man hüte sich vor zu viel von dem feingemahlenen roten Pulver. Die Paprikaschoten enthalten den Stoff Capsaicin, der auf der Zunge das Signal für sehr große Hitze auslöst. Dieses Signal wird an das Gehirn als Signal für Verbrennen weitergeleitet. Die Inder bezeichnen scharfe Speisen deshalb auch als „hot“, also „heiß“. Auch wenn man nach dem Verzehr eines mit rotem Chili gewürzten Essens den Wunsch verspürt, die Mengen an Wasser zu trinken, die der Indische Ozean fasst, wird einem das Wasser gar nichts nützen, denn das Brennen, und damit der Schmerz, bleiben noch eine ganze Weile erhalten.

3 Suche aus dem Text über scharfes Essen alle Herkunfts- oder Ortsbezeichnungen heraus. Was stellst du hinsichtlich der Groß- und Kleinschreibung fest?

4 Schreibe aus dem folgenden Text über den Wolpertinger die Orts- und Herkunftsbezeichnungen heraus. Welche Regelmäßigkeiten kannst du erkennen?

Wer ist der Wolpertinger?

Der Wolpertinger ist der Yeti Bayerns: ein seltsames Wesen, dem man nur um Mitternacht begegnen kann und der ein wertvolles Fell besitzt. Wenn man ihn fangen will, braucht man einen Sack und Kerzenschein. Bisher ist dies jedoch noch nicht gelungen. Das hat der bayerischen Sage jedoch noch nicht geschadet. Im Gegenteil: Viele Touristen interessieren sich für das mystische bayerische Wesen mit dem nahezu unaussprechlichen Namen, besuchen das Wolpertinger Museum am Tegernsee oder kaufen sich einen ausgestopften Wolpertinger als Andenken, der ein bisschen aussieht wie eine Mischung aus Hase und Eichhörnchen mit Reißzähnen oder Hörnern. Man hat ihn auch schon mit Entenfüßen und Flügeln gesehen. Ein derartiges Souvenir ist nicht nur bei japanischen oder amerikanischen Touristen beliebt, man hat auch schon deutsche Urlauber mit einem solchen Wesen gesehen.

REGEL

- **Adjektive**, die fester Bestandteil eines **Eigennamens** sind, werden im Sinne der dir bereits bekannten Regel großgeschrieben.

  Beispiel: der Indische Ozean

- **Orts- und Herkunftsbezeichnungen auf -isch** werden kleingeschrieben, wenn sie nicht fester Bestandteil eines Eigennamens sind.

  Beispiel: ein indisches Restaurant

5 Übertrage die folgenden Sätze in dein Heft und setze die fehlenden Buchstaben ein. Achte bei jedem Ausdruck darauf, ob es sich um einen Eigennamen handelt, der großgeschrieben wird, oder nicht.

- Das ■ünchner Oktoberfest ist für viele Besucher und Touristen eine besondere Attraktion.
- Franka mag gerne ■panisches Essen.
- Sushi ist eine ■apanische Spezialität.
- Die ■hinesische Mauer ist ein sehr beeindruckendes Bauwerk.
- Die ■ecklenburgische Seenplatte ist ein beliebtes Urlaubsziel.
- Mein Vater hat in seiner Schulzeit einige ■chiller'sche Gedichte auswendig gelernt und kann sie noch heute aufsagen.
- Der ■ölner Karneval ist sehr bekannt und lockt viele Besucher an.
- Auch im Winter kann man ■olländische Gurken, Tomaten oder Paprika kaufen.
- Kaiserschmarren ist eine ■sterreichische Spezialität.
- Der ■rankfurter Flughafen zählt zu den größten der Welt.
- Viele Menschen träumen von einem Urlaub auf einer ■aribischen Insel.
- Die ■panische Treppe ist eines der vielen berühmten Denkmäler Roms.
- Eine Besichtigung des ■amburger Hafens mit einem Boot lohnt sich.
- Das ■eutsche Museum in München wird von vielen Schulklassen besucht.
- Trotz der großen Hitze sind ■riechische und ■panische Inseln auch im Sommer beliebte Reiseziele.

6 Schreibe den folgenden Text in dein Heft und setze die fehlenden Buchstaben ein. Achte auch hier darauf, ob es sich um einen Eigennamen handelt, der großgeschrieben wird, oder nicht.

Reisen

Fast alle Menschen verreisen gerne. Viele träumen von einem Urlaub in fernen, ■xotischen Ländern. Sie fliegen auf ■aribische Inseln oder in die ■üdsee. Aber auch ■panische Inseln, wie ■allorca oder ■eneriffa, oder ■riechische Inseln, wie ■reta oder ■hodos, sind sehr beliebt und auch in wenigen Flugstunden zu erreichen. Viele Menschen lieben warmes Urlaubswetter und warmes Meerwasser. Andere dagegen mögen das raue Seeklima und fahren mit dem Schiff auf eine ■ordseeinsel, wie ■orderney oder ■ylt. Aber auch die ■stsee bietet vielfältige Erholungsmöglichkeiten. Andere Erholungs- und Urlaubsgebiete ■eutschlands liegen zum Beispiel im Süden, wie der ■ayerische Wald, der ■chwarzwald oder der ■odensee, oder im Osten, wie die ■ecklenburgische Seenplatte oder der ■hüringer Wald usw. Überall auf der Welt gibt es Reiseziele und damit Möglichkeiten, die Welt kennenzulernen und sich zu erholen. Jeder sollte das Ziel und das Fortbewegungsmittel wählen, das ihm gefällt.

4. Zusammen- und Getrenntschreibung

Julia befindet sich mit ihrer Klasse in einer Sportschule des Landessportbundes. Von dort schreibt sie ihrer Freundin einen Brief.

Hachen, den ...

Hi Caro,

hier in der Sportschule ist es supertoll. Du wirst es nicht glauben, aber Marie, Anna und ich haben schon drei nette Jungen getroffen. Gestern stand „Freie Beschäftigung" auf unserem Programm und wir wollten nur ein wenig spazieren gehen; um fünf sollten wir zurück sein. Da kamen dann plötzlich drei Jungen, die Inliner fuhren. Haben uns ganz nett angeredet. Sie wollten wissen, woher wir kommen, wie lange wir noch hier sind usw. Morgen wollen sie uns in der Sportschule besuchen kommen, wenn wir mit dem Abendessen fertig sind. Mal sehen, was wird. Heute haben wir eine unendlich lange Wanderung zum Sorpesee gemacht. Zwischendurch habe ich mich ins Gras fallen lassen und wollte nur noch liegen bleiben. Aber du kennst ja unseren Klassenlehrer. Der würde noch nicht einmal stehen bleiben, wenn im Wald plötzlich eine rote Ampel auftaucht. Naja, ansonsten ist er echt prima. Wir können wirklich mit ihm zufrieden sein und er mit uns auch.
Wir beide sollten mal überlegen, ob wir nicht in den Ferien ein paar Tage hier verbringen. Nein, nicht wegen der Jungs! Auf dem Sorpesee kann man prima Boot fahren. Unsere Räder nehmen wir auch mit. Hier kann man nämlich gut Fahrrad fahren. Und im Winter kann man sogar Ski laufen. Also, darüber müssen wir unbedingt reden, wenn ich wieder da bin.
So, jetzt fällt mir nichts mehr ein.
Ach ja, Klassenfahrten sollten nie vorbei sein; aber auf dich freue ich mich natürlich ganz besonders.

Deine Jule

1 Über welche Erlebnisse berichtet Julia in ihrem Brief? Fasst kurz den Inhalt zusammen.

2 In diesem Übungskapitel geht es um die Getrennt- und Zusammenschreibung. Sucht für folgende Regeln, die man sich leicht merken kann, einige Beispiele in Julias Brief.

REGEL

- Verbindungen mit dem Hilfsverb *sein* schreibt man in allen Formen immer getrennt.
  Beispiele: fertig sein, da sein, hier gewesen, ...

- Verbindungen aus einem Nomen/Substantiv und einem Verb werden in der Regel getrennt geschrieben.
  Beispiele: Rad fahren, Eis essen, ...

  Achtung, Ausnahme!
  Einige Verbindungen aus einem ursprünglichen Nomen/Substantiv und einem Verb werden klein- und zusammengeschrieben, weil das Nomen/Substantiv seine eigentliche Bedeutung verloren hat.
  Dazu gehören zum Beispiel: kopfstehen, leidtun, standhalten, eislaufen, teilnehmen, seilspringen.

- Treffen zwei Verben aufeinander, schreibt man ebenfalls in der Regel getrennt.
  Beispiele: schwimmen lernen, (auf der Bank) sitzen bleiben, reden lassen, ...

  Achtung, Ausnahme!
  Verbindungen mit den Verben *lassen* und *bleiben* kannst du auch zusammenschreiben, wenn eine ganz neue Bedeutung entsteht.
  Beispiel: (in der Schule) sitzenbleiben/sitzen bleiben.
  Die Verbindung *kennenlernen/kennen lernen* kannst du ebenfalls zusammen- oder getrennt schreiben.

Verbindungen mit dem Hilfsverb *sein*

1 Verbinde jeweils eines der folgenden Wörter mit dem Hilfsverb sein und schreibe Sätze auf, die sich auf eine Klassenfahrt beziehen.

fertig • da • pleite • zurück • zusammen • zufrieden • hinüber • los • zumute • vorbei

Beispiel: Eine Klassenfahrt sollte niemals vorbei sein.

Verbindungen aus Nomen/Substantiv und Verb

1 Verbinde ein Wort aus der linken Gruppe mit einem aus der rechten und schreibe den Ausdruck auf.

Fahrrad	Tennis
Fußball	Pizza
Ski	Zug
Skateboard	
Motorrad	
Feuer	
Schlange	

fahren, fangen, laufen, essen, stehen, spielen

2 Schreibe einen kleinen Werbetext, in dem du mit den sportlichen Aktivitäten wirbst, die man in der Sportschule und ihrer Umgebung machen kann. Verwende dabei die Ausdrücke aus der Aufgabe zuvor. Beachte dabei auch folgende Regel: Werden Verbindungen aus einem Nomen/Substantiv und Verb zu einem Nomen/Substantiv schreibt man sie groß und zusammen.

Beispiel: Das Skifahren ist meine Lieblingssportart. Aber Lukas will natürlich immer Fußball spielen.

Verbindungen aus zwei Verben

1 Verbinde jeweils zwei der folgenden Verben, sodass ein sinnvoller Ausdruck entsteht. Achte auch auf die Ausnahmen, die im Regelkasten auf S. 370 vermerkt sind. Verwende anschließend diesen Ausdruck für einen ernst gemeinten oder lustigen Wunsch, wie er von Schülern und Schülerinnen auf einer Klassenfahrt geäußert werden könnte. Schau zuvor in den folgenden Regelkasten.

kennen • bleiben • gehen • lassen • fallen • sitzen • spazieren • liegen • stecken • stehen • lernen

Beispiel: sitzen bleiben
Ich möchte für immer sitzen bleiben, auf dieser Bank.

2 Schreibt die folgenden Satzpaare in der richtigen Form in euer Heft.

- Am liebsten wäre ich immer auf der Bank SITZENGEBLIEBEN.
  Während einer Zugfahrt ist das SITZENBLEIBEN nicht unbedingt notwendig.
- Das Schönste an einer Klassenfahrt ist das KENNENLERNEN von Schülerinnen und Schülern aus anderen Gruppen.
  Während der letzten Klassenfahrt habe ich viele Schülerinnen und Schüler aus anderen Gruppen KENNENGELERNT.
- Viele wollen morgens gern sehr lange im Bett LIEGENBLEIBEN.
  Wegen der Frühstückszeiten ist das LIEGENBLEIBEN am Morgen leider nicht möglich.
- Wenn man mit dem Boot im Ufersumpf STECKENBLEIBT, benötigt man Hilfe.
  Vor dem STECKENBLEIBEN haben viele Autofahrer im Winter Angst.

REGEL

Treffen **zwei Verben** aufeinander, schreibt man in der Regel getrennt (siehe die Ausnahmen im Regelkasten, S. 370). Wird dieser Ausdruck jedoch zu einem Nomen/Substantiv, schreibt man auch hier zusammen und groß.

Beispiel: Heute Nachmittag werden wir mit dem Hund **spazieren gehen**.
Das Spazierengehen mit dem Hund macht mir besonders viel Spaß.

Verbindungen aus ursprünglichen Präpositionen und Adverbien und einem Verb

REGEL

Verben können **mit ursprünglichen Präpositionen und Adverbien** und anderen Wortarten Zusammensetzungen bilden.

Beispiel: aus + reiten: ausreiten, ausgeritten
rückwärts + laufen: rückwärtslaufen, rückwärtsgelaufen
auseinander + reißen: auseinanderreißen, auseinandergerissen

In diesem Fall liegt die Betonung meistens auf dem **ersten** Wortbestandteil.

1 Bilde aus den Wörtern in der linken Spalte Zusammensetzungen mit den Verben in der rechten Spalte. Verwende die Zusammensetzungen jeweils für einen Satz. Achte darauf, dass der erste Bestandteil jeweils betont ist. Tauscht eure Beispielsätze aus und kontrolliert sie gegenseitig.

Präpositionen, Adverb, ...	Verb
abhanden-, abwärts-, an-, auf-, auseinander-, davon-, dazu-, dazwischen-, empor-, fort-, heraus-, herein-, hinaus-, hindurch-, hinein-, hinterher-, hinüber-, rückwärts-, umher-, vor-, voraus-, zurück-, zusammen-, zurecht-, zuvor-	kommen, gehen, fahren, reißen, legen, stehen, schlagen, laufen, werfen, nehmen, rennen, eilen, holen, schlagen, schreiten

Diktate zum Üben

1 Beherrscht ihr nun dieses Rechtschreibproblem? Überprüft es, indem ihr euch gegenseitig die folgenden Texte diktiert.

Vorbereitungen

Eine Klassenfahrt muss peinlich genau vorbereitet werden, damit alles richtig gut klappt und die Schülerinnen und Schüler zufrieden sind, wenn sie zurück sind. Günstig scheinende Verkehrsverbindungen müssen erkundet werden, ein Programm muss erstellt werden und der ganze Briefverkehr muss erledigt werden. In die meisten Vorbereitungen können die Schülerinnen und Schüler einbezogen werden, damit die Lehrer entlastet werden.

Gutes Benehmen

Der Ruf der Deutschen im Ausland ist nicht immer gut. Das gilt zum Beispiel für einige Mittelmeerinseln, die regelmäßig von großen Touristenscharen bevölkert werden. Eigentlich ist es selbstverständlich, auf die kulturellen Eigenarten des Urlaubslandes Rücksicht zu nehmen. Aber offensichtlich gab es auch früher schon damit Probleme. Von dem deutschen Dichter Kurt Tucholsky (1890–1935) stammt angeblich folgender Ausspruch:

„Als deutscher Tourist im Ausland steht man vor der Frage, ob man sich anständig benehmen muss oder ob schon deutsche Touristen da gewesen sind.“

Campingurlaub

Wenn du im Urlaub viele Menschen kennenlernen (kennen lernen) möchtest, musst du in die Jugendherberge oder auf einen Campingplatz fahren. Menschen, die diese Art des Urlaubs bevorzugen, gelten als besonders aufgeschlossen. Wenn du jedoch den ganzen Tag im Zelt liegen bleibst oder im Zimmer hockst, hast du natürlich keine Chance, Kontakte zu knüpfen.

Kein Beinbruch

Natürlich ist es nicht gerade erfreulich, wenn jemand am Ende eines Schuljahres sitzenbleibt (sitzen bleibt). Wenn eine Nachprüfung gemacht werden muss, beeinflusst das häufig die Urlaubsplanung beträchtlich. Es gibt jedoch überhaupt keinen Grund, den Kopf hängen zu lassen. Die Wiederholung eines Schuljahres sagt nichts über den weiteren schulischen oder beruflichen Erfolg des Betroffenen aus. Dafür gibt es zahlreiche Beispiele.

5. s-Laute

Auf den folgenden Seiten geht es um einen besonderen Bereich der Rechtschreibung, die s-Laute. Mit der Schreibweise der s-Laute hast du dich schon in den letzten Schuljahren beschäftigt. Deshalb sind die Übungen nun etwas schwieriger. Setze dich zunächst mit den beiden folgenden Texten auseinander. Wenn du feststellst, dass du im Umgang mit den s-Lauten noch nicht sicher bist, findest du auf den folgenden Seiten Wiederholungen von Regeln und Übungen, die dir helfen.

1 Schreibe die folgenden beiden Texte ab und setze die passenden s-Laute ein oder diktiert euch die Texte gegenseitig. Begründe anschließend die Schreibweise einiger s-Laute.

Schrumpfende Gebirge

Berge sind gar nicht so unveränderlich, wie man immer annimmt. Bei Fro■t gefriert z. B. da■ Wa■er in den Ritzen des Gesteins, dehnt sich dabei au■ und sprengt so Teile davon ab. Die Brocken rutschen anschlie■end ins Tal. Auch durch ■onne und Regen kommt es zu Verwitterungen des Gesteins. Wenn sich Lawinen lö■en, rei■en sie Boden- und Geröllma■en mit sich. De■halb kann eine Bergspitze alle zehn Jahre ungefähr einen Millimeter an Höhe verlieren. Ein Menschenleben i■t viel zu kurz, um deutliche Abtragungen oder ■ogar Einebnungen von Bergen zu beobachten. Geologen wi■en jedoch, da■ ehemalige Hochgebirge heute vollständig abgetragen sind. Demgegenüber wach■en jedoch auch einige Berge, z. B. einige Vulkane bi■ zu mehreren Metern pro Jahr und die Alpen ca. einen Zentimeter.

Bei■t man ■ich an altem Brot die Zähne au■?

Altes Brot ist be■er all sein Ruf. Wir glauben, da■ altbackenes Brot trocken i■t, doch da■ stimmt so nicht. Wenn Brot altert, geht zunächst kaum Wa■er verloren. Da■ Brot enthält den gleichen Wa■eranteil wie am Tag zuvor, aber da■ Wa■er verteilt sich anders. Die Stärkemoleküle verlieren da■ angelagerte Wa■er und kristalli■ieren, soda■ die Brotkrume fe■ter wird.

Da■ frei gewordene Wa■er verbindet sich ■ehr fe■t mit den Zellulosefa■ern, was auch wieder dazu führt, da■ sich da■ Brot härter anfühlt. Altbackenes Brot wird jedoch durch erneutes Backen wieder weich, da die Stärkemoleküle wieder Wa■er aufnehmen und erneut quellen. Trotz dieser Erkenntni■ schmeckt frisch gebackenes Brot natürlich am be■ten.

Zum Weiterarbeiten

Vitamin C für die Gesundheit der Inuit

Wie findet man Vitamin C am Nordpol? Obwohl dort weder Obst noch Gemüse wachsen, litten die Inuit auch früher, als diese frischen Lebensmittel noch nicht problemlos an jeden Ort der Welt transportiert werden konnten, nicht an Vitamin-C-Mangel. Sie lebten nur von Fisch und Fleisch, beides wurde teilweise roh gegessen. Daher erhielten sie die abwertende indianische Bezeichnung „Rohfleischesser" (= Eskimo). Da in rohem Fleisch eine ausreichend hohe Menge an Vitamin C enthalten ist, erkrankten die Inuit nicht an Skorbut. An dieser durch Vitamin-C-Mangel bedingten Krankheit litten früher vor allem Seeleute. Dies führte dazu, dass Wunden schlecht heilten, das Zahnfleisch anschwoll, die Zähne ausfielen und die Erkrankten immer schwächer wurden und schließlich starben. Auch wenn heute nicht mehr so viele Menschen an Skorbut erkranken, kann ein Mangel an Vitamin C dazu führen, dass man sich leichter erkältet. Aus diesem Grund sollte man ruhig ab und zu eine Zitrone essen. Sauer macht lustig!

1 Ein s-Laut kann gesummt oder gezischt gesprochen werden. Man spricht auch von einem stimmhaften und einem stimmlosen s-Laut. Lies den Text so, dass man in den entsprechenden Wörtern den stimmhaften s-Laut heraushört.

2 Wie wird der stimmhafte s-Laut immer geschrieben? Welche Möglichkeiten gibt es, den stimmlosen s-Laut zu schreiben? Suche Beispiele aus dem Text heraus, schreibe sie in einer Tabelle auf und markiere den s-Laut farbig.

stimmhaft gesprochener s-Laut	stimmlos gesprochener s-Laut

REGEL

- Für den **stimmhaften s-Laut** gibt es nur eine Schreibweise. Er wird immer **mit einfachem s** geschrieben (Na**s**e, Ro**s**e, le**s**en). Vor einem Konsonanten oder am Wortende wird der stimmhafte s-Laut manchmal zu einem gezischten. Wenn du dir beim Schreiben unsicher bist, verlängere das Wort und du hörst sofort, wie der s-Laut geschrieben wird (Mau**s** – Mäu**s**e; er ra**s**t – ra**s**en).
- Für den **stimmlosen s-Laut** gibt es drei Schreibweisen: mit **s**, mit **ss** und mit **ß**.
  Nach **langem, betontem Vokal** oder **Diphthong** (Doppellaut) wird der stimmlose s-Laut mit **ß** geschrieben (flei**ß**ig, Gru**ß**, Mu**ß**e).
  Nach **kurzem, betontem Vokal** wird er oft mit **ss** geschrieben (mü**ss**en, Pa**ss**, Ku**ss**).

3 Suche zu den folgenden Wörtern Wortverwandte, in denen du einen stimmhaften s-Laut hörst.

der Preis – die Preise
der Bremsklotz – ___
sie verreist – ___
der Eisbecher – ___
das Losverfahren – ___
sie brausten – ___

4 Bilde zu den folgenden Infinitiven jeweils die 1. Person Singular Präteritum. Achte auf den s- Laut.

losen • sausen • rasen • speisen • fräsen

5 Wähle aus der folgenden Liste fünf Wörter aus und schreibe dazu möglichst viele Wortverwandte auf.

Floß • heiß • Spaß • Strauß • Kloß • Gruß • Fleiß • weiß • Soße • Fuß • Geißel

Beispiel:
Fuß: Füße, fußkalt, Fußball, Fußbad, Fußboden, Füßchen, Fußabstreifer, Fußbremse

6 Bei den folgenden Wörtern, die alle ein **ss** enthalten, sind einige Buchstaben durcheinandergeraten. Schreibe die Wörter in der richtigen Schreibweise auf und sortiere sie alphabetisch.

ERTASERS • CHÄSLIRSG • SÜKNES • GESBIS • ÄNSES • SLÜGISF • SNESERF • PESVASREN

7 Übertrage die folgende Tabelle in dein Heft und schreibe die angegebenen Verbformen in die passenden Spalten. Ergänze anschließend die fehlenden Verbformen. Erkläre die unterschiedliche Schreibweise der s-Laute.

beißen sprießen sie gießt
er maß er zerreißt er schoss

Infinitiv	3. Person Singular Präsens	3. Person Singular Präteritum
beißen	sie beißt	sie biss

8 Schreibt die folgenden Sätze in euer Heft, tragt die fehlenden Buchstaben ein und diktiert euch die Sätze anschließend.

- Ein Sprichwort besagt: Hunde, die bellen, bei___en nicht. – Hat dich jedoch einmal ein bellender Hund gebi___en, wei___t du es in Zukunft besser: Nicht alle Sprichwörter sagen die Wahrheit!
- Könnte ich heute schon wi___en, was ich morgen wei___, wäre ich heute so klug wie noch nie.
- Der Schwall aus der Gie___kanne machte aus dem Spaziergänger einen bego___enen Pudel.
- Mit dem richtigen Ma___ zu me___en, ist eine Kunst, die nur wenige beherrschen.
- Nach dem äußerst heftigen Regengu___ flie___t dort ein Flu___, wo zuvor niemals einer flo___.
- Der Mittelstürmer schie___t dieses Mal den Elfmeter nicht, weil er ihn beim letzten Mal verscho___en hat.

9 In diesem Buchstabenquadrat sind waagerecht und senkrecht viele Wörter mit einem s-Laut versteckt. Darunter befinden sich auch einige Fremdwörter, die du bestimmt kennst. Übertrage alle Wörter in dein Heft und achte auf die Schreibweise des s-Lautes.

O	F	L	O	S	S	E	K	B	O	G	G
K	A	R	Ü	S	S	E	L	O	Ö	L	A
P	X	R	X	D	W	R	A	S	Ü	O	S
Ü	P	A	T	Z	T	A	S	S	E	S	S
F	A	S	S	E	N	X	S	L	T	S	E
I	S	S	H	H	R	W	O	J	W	E	Z
M	S	E	N	J	K	P	J	B	D	W	X
U	E	T	E	R	R	A	S	S	E	K	R
T	N	R	U	U	O	T	Y	X	Y	Ö	D
G	W	Q	Y	B	M	E	S	S	E	D	S
I	N	T	E	R	E	S	S	E	N	E	S
D	E	L	I	K	A	T	E	S	S	E	C

10 Einige Wörter, die einen s-Laut enthalten, musst du dir einprägen, da man sich die Schreibweise nicht oder nur sehr selten durch eine Regel erklären kann. Merke dir, dass die Silbe **-nis** am Ende eines Namens immer mit einfachem **s** geschrieben wird. Bilde aus den folgenden Verben Namen, die mit dieser Silbe enden, schreibe sie in dein Heft und markiere die Endsilbe farbig.

sparen – Ersparnis
begraben – __
kennen – __
erlauben – __
erleben – __
sich ereignen – __
ergeben – __

11 Schreibe zu den gefundenen Namen auch die Pluralformen auf. Wie wird der s-Laut nun geschrieben?

12 Auch die folgenden Wörter bereiten manchmal Schwierigkeiten beim Schreiben. Präge dir ihre Schreibweise ein. Das Zeichnen der Wortumrisse kann dir dabei helfen.

Bus • fast • bis • bereits • meistens • Hast • fest • Kaktus • Atlas • Zirkus

13 Schreibe den folgenden Text ab und setze die passenden s-Laute ein oder lass ihn dir diktieren.

Die Erde krei__t um die __onne

Die Erde krei__t um die __onne, obwohl sich beide gegen__eitig anziehen. Warum beide nicht ineinanderstürzen, kannst du selbst ausprobieren: Du befestigst an einer Schnur ein Gewicht: Da__ ist die Erde, du __elb__t bist die __onne. Du wirfst nun die Erde in die Luft und lä__t sie über deinem Kopf krei__en. Die Schnur wirkt dabei genauso wie die Anziehungskraft der __onne: Sie zwingt die Erde in eine Umlaufbahn. Würde sich die Erde nicht bewegen, würde sie dir direkt auf den Kopf fallen. Da die Erde um die __onne krei__t, pa__iert die__ nicht. Würde die Anziehungskraft der __onne jedoch nur für einen kurzen Moment au__etzen, würde die Erde wegfliegen und sich immer weiter von der __onne entfernen. Probiere es selbst au__ und la__e die Schnur lo__.

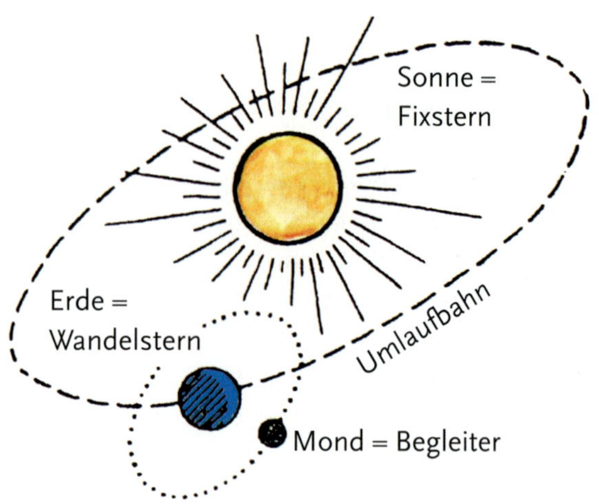

6. Lang gesprochene Vokale

Warum haben kaltblütige Tiere wie Schlangen kein Fell?

Kriechtiere wie Schlangen oder Eidechsen sind kaltblütige Tiere. Weil ihre Körpertemperatur mit der Außentemperatur wechselt, nennt man sie auch wechselwarme Tiere. Bei Hitze ist eine Schlange nicht kalt, sondern warm. Bei Kälte kühlt sie aus und wird starr. Alle Lebensvorgänge in ihrem Körper laufen bei niedrigen Temperaturen langsamer ab, bei Frost müssen Schlangen sterben. Aus diesem Grund können sie in extrem kalten Gegenden nicht existieren. Zur Gruppe der wechselwarmen Tiere gehören nicht nur Reptilien, sondern alle Tiere außer den Vögeln und den Säugetieren, also auch Insekten, Fische und Weichtiere. Keines dieser Tiere hat Haare bzw. ein Fell oder ein wärmendes Federkleid, das sie vor dem Auskühlen schützen könnte. Mit der Zeit würde bei kaltem Wetter auch eine Schlange trotz Fell oder Federn auskühlen, weil ihr die „innere" Heizung der Säugetiere fehlt. Umgekehrt hätte sie Schwierigkeiten, sich in der Sonne wieder aufzuwärmen, denn ihre Isolierschicht funktioniert wie eine Thermoskanne in beide Richtungen: Sie hält das Innere eine Zeit lang warm oder auch kalt und garantiert somit eine gleichbleibende Temperatur.

1 Der Text über die kaltblütigen Tiere enthält eine Reihe von Wörtern mit einem lang ausgesprochenen Vokal, der unterschiedlich geschrieben wird. Ordne diese Wörter in Gruppen. Übernimm dazu die Tabelle in dein Heft und vervollständige sie wie in dem Beispiel. Markiere die gedehnten Vokale.

einfacher langer Vokal ohne Dehnungszeichen	h nach langem Vokal (Dehnungs-h)	verdoppelter Vokal	ie
kaltblütige	auskühlen	Haare	Kriechtiere

REGEL

Lang gesprochene Vokale können auf unterschiedliche Weise geschrieben werden: mit einfachem Vokal ohne Dehnungszeichen, mit dem Buchstaben **h** als Dehnungszeichen oder mit doppeltem Vokal.
Es gibt im Deutschen keine Regeln, die die Fragen eindeutig beantworten, ob man z. B. ein lang ausgesprochenes **a** mit **h** schreibt, wie in *Hahn*, oder ohne **h**, wie in *Kran*. Deshalb muss man sich die Schreibweise der Wörter mit lang gesprochenen Vokalen einprägen und sie immer wieder üben.

Wörter mit lang gesprochenem Vokal ohne Dehnungszeichen

1 Vor allem in Fremdwörtern und Wörtern, die einer anderen Sprache entlehnt sind, schreibt man den lang ausgesprochenen i-Laut mit einfachem **i**. Sortiere die Buchstaben der verwürfelten Wörter und schreibe diese anschließend richtig in dein Heft.

KIMLA • NOKI • ZENNIB • KNEIN-CHAN • BINUR

2 Bei den Wörtern *wieder* und *wider* muss man die Bedeutung unterscheiden: wieder (im Sinne von „noch einmal“): wiederholen, wiedergeben; wider (im Sinne von „gegen“): widersprechen, widerspiegeln. Bilde mit beiden Bedeutungen jeweils unterschiedliche zusammengesetzte Verben und Substantive. Unterstreiche. dabei *wieder* und *wider*.

3 Schreibe die folgenden Wörter untereinander in dein Heft. Sortiere sie alphabetisch und zeichne ihre Umrisse.

nämlich • Tod • Wal • Planet • Kran • dämlich • schwer • Qual • quer • Flur • säen • Quotient • Schal • trüb

Der Buchstabe *h* als Dehnungszeichen

1 Der Buchstabe **h** dient bei vielen lang ausgesprochenen Vokalen als Dehnungszeichen. Du weißt bestimmt noch aus den letzten Klassen, dass ein **Dehnungs-h** oft vor **l, m, n, r** steht. Die folgenden Bilder geben dir fünf Beispiele für Wörter mit einem Dehnungs-h an. Schreibe sie in dein Heft und ergänze die Liste um 15 weitere. Markiere jeweils das Dehnungs-h.

2 Bilde zu den folgenden Infinitiven jeweils die 1. Person Singular Präsens und die 1. Person Singular Präteritum. Übernimm die angegebene Tabelle und trage deine Ergebnisse ein. Kannst du eine Ausnahme herausfinden?

drehen • stehen • ruhen • nähen • flehen • sehen • fliehen • nehmen

Infinitiv	**1. Person Singular Präsens**	**1. Person Singular Präteritum**
nehmen	ich nehme	ich nahm

3 Bei den Personal- und Possessivpronomen *ihr, ihrer, ihrem, ihren, ihm, ihn* wird der lang ausgesprochene i-Laut mit **ih** geschrieben. Verbessere die Sätze, indem du Nomen/Substantive durch ein passendes Pronomen ersetzt.

- Mehmet ist gestürzt. Seine Freunde helfen Mehmet, nach Hause zu kommen.
- Katharina steckt Katharinas Bücher in Katharinas Rucksack.
- Jan freut sich über die Einladung zu Tills Geburtstagsfeier und kauft Till eine neue CD, die er Till schenken will.

Wörter mit doppeltem Vokal (aa, ee, oo)

Die Vokalverdopplung ist ein weiteres Längenzeichen. Auch hier gibt es keine festen Regeln für die Verwendung des doppelten Vokals, sodass du dir die Schreibweise der Wörter gut einprägen musst. Die folgenden Übungen können dich dabei unterstützen.

1 Schreibe die gesuchten Wörter in dein Heft. Sie enthalten alle einen verdoppelten Vokal.

- Eine besonders schöne und wertvolle Blume: ___
- Plural von Kaktus: ___
- Wenn man Kartoffeln zerstampft und mit Milch und Muskatnuss würzt, nennt man das ___.
- Eine Straße, die von Bäumen gesäumt wird: ___.
- Fromme Moslems beten täglich in einer ___
- Wenn er vierblättrig ist, soll er Glück bringen: ___
- Künstler, die von Land zu Land oder Stadt zu Stadt reisen, um zu ihrem Publikum zu kommen, gehen auf eine ___.
- Es wächst auf schattigen Waldböden und wird auch als Metapher für Geld verwendet: ___
- Viele Menschen brauchen dieses braune Getränk vor allem morgens, um wach zu werden: ___

2 Worin besteht der Unterschied zwischen *paar* und *Paar*? Vervollständige die folgenden Sätze, indem du *paar* und *Paar* einsetzt, und schreibe sie in dein Heft. Finde drei weitere Beispielsätze.

- Im Theater wird es leise, denn in ein ___ Minuten beginnt die Vorstellung.
- Im Schlussverkauf fand ich zwei ___ Schuhe, die mir gut gefielen.
- Im Tanzkurs fanden sich die ___ schnell zusammen.
- Auf dem Flohmarkt fand Melina ein ___ schöne Ohrringe.

Wörter mit ie

Für die Wörter mit lang gesprochenem i-Laut kann man sich merken, dass die meisten mit **ie** geschrieben werden. Über die Schreibweise mit einfachem **i** oder **ih** hast du zuvor bereits einiges erfahren.

1 Schreibe die gesuchten Wörter auf.

- Wenn es sehr kalt ist, muss man oft ___.
- Wichtiges Körperorgan, das für die Reinigung des Blutes verantwortlich ist: ___
- Insekt, das vor allem im Sommer auftaucht: ___
- Fortbewegung in der Luft: ___
- Darauf bewegen sich Züge oder Straßenbahnen: ___
- Eis gibt es im Hörnchen, im Becher oder am ___.
- Ein starkes Gefühl: ___

2 Bilde zu den folgenden Infinitiven die Formen des Präteritums im Singular. Was fällt dir auf?

> schreien • rufen • laufen • schlafen • raten • schreiben • fallen

Beispiel:
fallen: ich fiel, du fielst, er/sie/es fiel

Texte zum Üben

1 Diese Übungen könnt ihr allein machen (ihr schreibt die Texte in euer Heft) oder zu zweit (ihr diktiert sie euch gegenseitig).

Korallenriffe – Farbenfr■e Parad■se unter Wasser

Weil die Korallenriffe des tropischen M■res ein so artenreicher Lebensraum sind, nennt man sie auch „Regenwälder der M■re“. Ein Korallenriff best■t aus den Kalkabscheidungen unz■liger kleiner Korallenpolypen. Es wächst st■ndig nach und beherbergt unter anderem S■sterne, S■anemonen und leuchtend bunte tr■pische Fische. Für den Menschen sind s■ nicht nur faszin■rend anzus■en, sondern auch s■r nützlich, d■ s■ d■ Küsten zum Beispiel vor Sturmfl■ten schützen können. Leider sind d■ Korallenriffe durch Kl■maveränderungen, die auch zu einer Erw■rmung des M■rwassers f■ren, gef■rdet.

Verändert sich der Salzgehalt des M■rwassers?

Man könnte glauben, dass sich der Salzgehalt des M■rwassers durch die einfl■ßenden Flüsse verdünnt. Man hat zwar festgestellt, dass die Salzkonzentration des M■rwassers in der N■e von gr■ßen Flussmündungen n■driger ist, man muss jedoch auch bedenken, woher das Wasser der Flüsse stammt. M■rwasser verdunstet, steigt als Dampf auf, wird in Form einer Wolke über das Festland getr■ben und fällt dort als Niederschl■g w■der zu B■den. Das Wasser sickert in das Grundwasser, tritt in Quellen w■der aus der ■rde und fl■ßt schl■ßlich w■der in Richtung M■r. Das Salz verdunstet dabei jedoch nicht, es bleibt die ganze Zeit über im M■r. Da ungef■r so v■l Wasser ins M■r fl■ßt, w■ w■der verdunstet, kann man davon ausg■en, dass der Salzgehalt der M■re konstant bleibt.

Wann verl■ren Vögel ihre Federn?

Vögel tauschen ihr F■derkleid mindestens einmal jährlich komplett aus. Man nennt das die Mauser. Die neue Feder sch■bt nach, die alte fällt aus. Manche Vögel kommen sogar zweimal j■rlich in die Mauser. Bei ihnen s■t das Sommerkleid anders aus als das Wintergef■der. Meistens gesch■t der Federwechsel nach und nach, sodass die Vögel immer noch genug Schwungfedern zum Fl■gen haben. Manche Arten, wie Gänse und Enten, verl■ren ihre Schwungfedern auf einmal. Sie können eine Zeit lang nicht fl■gen und müssen sich im Sumpfdickicht verstecken, bis sie w■der fliegen können.

7. Kurz gesprochene Vokale

Auf den folgenden Seiten geht es um einen eigenen Bereich der Rechtschreibung, die Schreibweise von Wörtern mit einem kurz gesprochenen Vokal. Auch dieses Thema ist dir aus den letzten Schuljahren bekannt. Mithilfe der Übungen kannst du überprüfen, wie sicher du in der Schreibweise der Wörter mit kurzem Vokal bist.

Was ist eine Glo■e?

Man erwartet von Zeitungen vor a■em, da■ sie Nachrichten und Informationen in Wort und Bild über Ereignisse aus nah und fern liefern. Es gibt aber kaum eine Zeitung, die nur die na■ten Tatsachen zusa■enträgt und keine weiterführenden Texte ergä■zt. Zu den Aufgaben der Journalisten gehört es auch, da■ sie zu den wichtigen Nachrichten Ste■ung nehmen, indem sie den Lesern die Ereigni■e erläutern und auch ihre Meinung dazu äußern. Dies geschieht in den sogena■ten Meinungsartikeln, zu denen auch der Ko■entar gehört, der sich hauptsächlich mit den politischen Themen beschäftigt. Eine besondere Form des Ko■entars ist die Glo■e. Die Glo■e setzt sich mit den scheinbar unwichtigen Themen und Ereigni■en am Rande auseinander und rü■t dadurch das Nebensächliche ins kritische Licht. Bei der Glo■e ist die Sprache zentral. Während die Sprache der Nachricht sachlich und die des Ko■entars wertend ist, ka■ die der Glo■e lo■er, wi■ig oder auch spö■isch sein. Saloppe Ausdru■sformen und Umgangssprache dürfen ebenfa■s verwendet werden.

Der Kugelschreiber – Eine Alternative zum Fü■er

Mit Tinte schrieb man schon vor vielen Hundert Jahren. Zunächst benu■te man zum Schreiben Gänsefedern, später Stahlfedern und schließlich den Fü■federhalter. Ab ca. 1860 versuchten Erfinder i■er wieder, Alternativen zum Schreiben mit einer Feder zu finden, da das Schreiben mit dieser oft mit Tintenkle■sen verbunden war. Erfolg ha■en dabei zwei ungarische Brüder mit Namen Biro, die einen Stift mit einer Kugel an der Spitze entwi■elten, die sich beim Schreiben i■er weiterdreht und von i■en mit einer zähflü■igen Tinte bene■t wird. Leider ko■ten die ungarischen Bruder ihren Erfolg kaum feiern, weil ein amerikanischer Industrie■er ihre Patentrechte umging und sich so den Erfolg und den Gewi■ sicherte. Ein bi■chen unsterblich sind die beiden Brüder aber de■och, de■ in einigen Ländern heißt der Kugelschreiber „Biro“.

1 Schreibt die beiden Texte ab und setzt die passenden Laute ein oder diktiert euch die Texte gegenseitig.

Zum Weiterarbeiten

Aufgaben des Blutes

Blut versorgt alle durchbluteten Körperteile mit den lebenswichtigen Stoffen. Es befördert den in der Lunge aufgenommenen Sauerstoff und die im Verdauungstrakt erzeugten Nährstoffe dorthin, wo sie gebraucht werden. Blut transportiert auch Hormone an ihren Bestimmungsort. Außerdem sorgt der Blutkreislauf dafür, dass Abfallprodukte ausgeschieden werden können. Er schafft Kohlendioxid zur Lunge, wo dieses Gas abgegeben und wo frischer Sauerstoff aufgenommen wird. Und er befördert die Abfallstoffe der Zellen zu den Ausscheidungsorganen. Schließlich sorgt das Blut auch dafür, dass unser Körper ziemlich gleichmäßig warm bleibt. Wenn wir kalte Füße haben, dann deshalb, weil sie nicht genügend durchblutet werden. Blutkörperchen sind Blutzellen mit ganz besonderen Aufgaben und Fähigkeiten. Die Blutkörperchen entstehen im Knochenmark ständig neu. Sie haben die Aufgabe, Sauerstoff zu den verschiedenen Körperzellen zu befördern. Die weißen Blutkörperchen bekämpfen Krankheitserreger, die in den Körper durch Infektionen oder Verletzungen wie Kratzer oder Schnitte eingedrungen sind. Wenn die weißen Blutkörperchen selbst krank werden, dann hat der Mensch keine Abwehrkräfte und damit keinen Schutz mehr und stirbt oft an Krankheiten, wie zum Beispiel einer Grippe, die bei einem normalen Abwehrsystem völlig harmlos wären.

Rote und weiße Blutkörperchen (Vergrößerung unter dem Elektronenmikroskop)

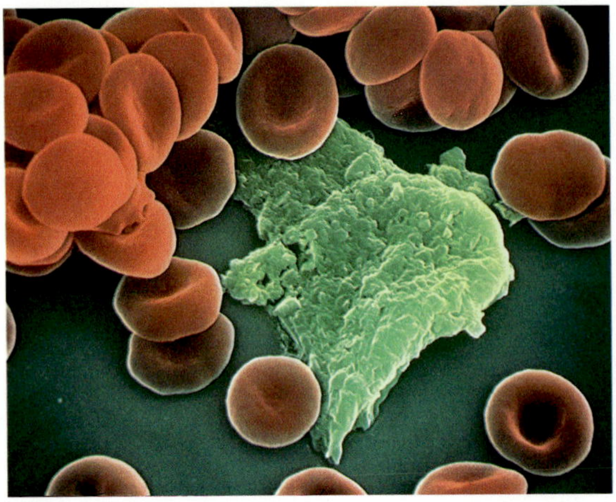

1 In dem Text über die Aufgaben des Blutes sind Wörter mit kurz gesprochenen und Wörter mit lang gesprochenen Vokalen in den betonten Silben enthalten. Übertrage die folgende Tabelle in dein Heft und ordne möglichst viele Wörter, mindestens aber zehn pro Spalte, aus dem Text ein. Markiere anschließend den kurz oder den lang gesprochenen Vokal. Wenn du dir nicht sicher bist, sprich die Wörter laut.

Wörter mit kurz gesprochenem Vokal	Wörter mit lang gesprochenem Vokal
Stoffen alle ...	Blut transportiert ...

2 Sieh dir die linke Spalte der Tabelle an und stelle heraus, welche Schreibmöglichkeiten es für einen Konsonanten nach einem kurz gesprochenen Vokal gibt.

REGEL

Nach **kurzen, betonten Vokalen** (Selbstlaute) und **Umlauten** (a, ö, ü) schreibt man häufig entweder **zwei gleiche** oder **zwei verschiedene Konsonanten** (Mitlaute).

Beispiel: der Wa**ll**, der Wa**ld**

Doppelter Konsonant nach kurzem, betontem Vokal

1 Schreibe aus der linken Spalte deiner Tabelle (s. S. 382) alle Wörter, die nach einem kurzen, betonten Vokal mit doppeltem Konsonanten geschrieben werden, in alphabetischer Reihenfolge in dein Heft.

2 Sprich die Wörter anschließend laut und deutlich aus. Wie viele Konsonanten hörst du und wie viele werden geschrieben?

REGEL

Wenn du nach einem kurz gesprochenen Vokal **nur einen Konsonanten** hörst, wird dieser meist verdoppelt.

Beispiel: kna**ll**en, die Ro**ll**e

3 Schreibe die gesuchten Wörter auf und bilde anschließend zu jedem Wort ein Reimwort.

- Gegenstand, mit dem man seine Haare in Ordnung bringen kann: [redacted]
- Fortbewegungsmittel für kleine, aber auch große Kinder: [redacted]
- Benötigt man zum Stricken: [redacted]
- Damit spielen kleine Mädchen gerne: [redacted]
- Darin kann man Gemüse, Eier oder Fleisch gut anbraten: [redacted]

4 Was geschieht mit dem doppelt geschriebenen Konsonanten in einem Verb, wenn dieses seine Form verändert? Schreibe zu den folgenden Infinitiven jeweils die 3. Person Singular Präsens und Präteritum auf. Orientiere dich an der folgenden Tabelle.

rennen • stellen • kämmen • bellen • summen • wippen • lallen • krallen • anschnallen

Infinitiv	3. Person Singular Präsens	3. Person Singular Präteritum
rennen	er rennt	er rannte

Die Laute *k* und *z* nach kurz gesprochenem Vokal

1 Lege eine Tabelle an und schreibe alle Wörter mit ck und tz nach kurzem Vokal aus dem Text über die Aufgaben des Blutes auf S. 382 heraus.

ck	tz
…	Verletzung

2 Trage auch die folgenden Wörter in die Tabelle ein.

Mücke • Katze • Hitze • Sack • kratzen • backen • spucken • Tatze • ritzen • verdutzt

3 Vergleiche die Wörter aus der Tabelle mit den Wörtern, die du zuvor auf dieser Seite geübt hast. Wo liegen die Unterschiede in der Schreibweise?

REGEL

Die Laute **k** und **z** werden in der deutschen Sprache nicht verdoppelt. Nach einem kurzen Vokal schreibt man fast immer **ck** und **tz**.

Beispiel: der Bä**ck**er, die Hi**tz**e

4 Suche zu den folgenden Verben möglichst viele Wörter aus der gleichen Wortfamilie.

putzen • schützen • kratzen • schmecken • hacken • packen

Beispiel:
putzen: Putzmittel, Putzschwamm, Putzfimmel, ...

Die Laute *k* und *z* nach *l, m, n, r*

1 Sieh dir die folgenden Wörter genau an und stelle die Gemeinsamkeiten heraus.

winken • Lenker • Bank • Park • denken • Tank • Scherz • Walzer • Herz • stolz • kurz • tanzen

Du kennst den folgenden Merkvers bestimmt noch aus der Grundschule oder den letzten Schuljahren:

REGEL

Nach **l, m, n, r**, das merke ja, steht nie **tz** und nie **ck**.

Beispiel: das Hol**z**, der Dan**k**

2 Suche aus dem folgenden Text möglichst viele Wörter heraus, auf die diese Regel zutrifft.

Kräfte der Natur gegen Krankheiten

Auch früher gab es Ärzte, doch wenn jemand krank war, holte man häufig heilkundige Frauen, die sich mit den Kräften von Kräutern und Früchten ganz genau auskannten. Sie versuchten z. B. auch Warzen zu behandeln, indem sie sie besprachen. Heute gilt die Naturheilkunde als schonendes Behandlungsverfahren und wird auch von vielen Ärzten angeboten, die sich neben der traditionellen Medizin in diesem Bereich weitergebildet haben.

Verschiedene Konsonanten nach kurzem, betontem Vokal

1 Sprich die folgenden Wörter laut und deutlich aus. Wie viele Konsonanten hörst du nach dem kurzen Vokal?

Tulpe • hinten • Lampe • Felsen

2 Suche für diese Regel einige Beispiele aus dem Text über die Naturheilkunde (s. o.) und über das Blut (S. 382) heraus.

REGEL

Wenn man nach einem kurzen, betonten Vokal **zwei oder mehrere verschiedene Konsonanten** hört, wird häufig keiner verdoppelt.

Beispiel: das Bi**ld**, ru**nd**

Texte zum Üben

1 Diese Übungen könnt ihr allein durchführen (ihr schreibt die Texte in euer Heft) oder zu zweit (ihr diktiert sie euch gegenseitig).

Kochen im Schne■kochtopf

Ein Schne■kochtopf arbeitet schne■er und e■ektiver als ein gewöhnlicher Kochtopf, da er mit einem fest verschließbaren De■el ausgesta■et ist, der beim Kochen einen höheren Dru■ entstehen lä■t. Normalerweise kocht Wa■er bei einer Temperatur von ca. 100° C, im Schne■kochtopf kocht es dagegen erst bei ca. 130° C. Diese zusätzlichen 30° C bewirken, da■ da■ E■en in ungefähr einem Dri■el der Zeit gar wird. Zudem werden die Vitamine durch die kürzere Garzeit schonender behandelt und bleiben erhalten. Damit einem der Topf bei zu starkem Dru■ nicht um die Ohren fliegt, hat jeder Dampfkochtopf ein Ventil, durch da■ er überschü■igen Dampf nach außen abgeben ka■.

Wie entsteht eine Versteinerung?

We■ der Körper eines toten Tieres Wind und We■er ausgese■t ist, zerfä■t er sehr schne■, er verwest. We■ er aber von Schla■ luftdicht eingeschlo■en ist, da■ ka■ es pa■ieren, da■ er im Verlauf von vielen Tausend Jahren versteinert. Stü■ für Stü■ wird das, was einmal Knochen oder auch Gräten waren, durch Steinmaterial und Mineralien ersetzt. So entsteht ein sogena■tes Fo■il. Die meisten Fo■ilien sta■en von Lebewesen, die im oder am Wa■er gelebt haben. Dort he■schen nämlich ganz besonders gute Bedingungen für das Entstehen von Versteinerungen. Wir wi■en heute, da■ die Welt einige Milliarden Jahre alt ist. Dies haben Wi■enschaftler unter anderem durch Fo■ilien von Bakterien belegt, die vor rund dreieinhalb Mi■iarden Jahren gelebt haben mü■en. Aus Fo■ilien lä■t sich auch ablesen, wie sich eine Lebensform aus einer anderen entwi■elt hat. Wi■enschaftler kö■en heute zudem anhand von Fo■ilien ziemlich genau besti■en, vor wie viel Mi■ionen Jahren ein Tier gelebt hat, und sie kö■en zum Teil sogar abschä■en, wie alt die Tiere werden ko■ten, wie schwer oder schne■ sie waren und ob sie sich a■ein oder in Herden bewegten.

Anhang

Kleine Übungen zur Lernkontrolle – Lösungen

Wenn das Vertraute fremd wird – Fantastisches (S. 18–45)

Seite 44, Aufgabe 1

Merkmale fantastischer Literatur erarbeiten

Aus Krabat scheint sofort alle Müdigkeit verschwunden. Er setzt sich, lauscht dem Rufen, greift sofort nach seinen Kleidern und zieht sich an. Wie beim ersten Mal, als Krabat mit den anderen Jungen am Dreikönigstag unterwegs gewesen ist, wird er von der Stimme des Meisters magisch angezogen. Er wird unruhig, gibt sich einen Ruck und läuft der Stimme entgegen. Vor der schwarzen Kammer angekommen hat er alle Müdigkeit verloren, seine Benommenheit ist gewichen, das Herzklopfen hat aufgehört.

Seite 44, Aufgabe 2

Der Einbruch der magischen Welt beginnt mit der Verwandlung der Müllerburschen in Raben. Sie streichen mit Flügelschlagen und Krächzen an Krabat vorbei und sind als Müllerburschen nicht mehr sichtbar. Auch Krabat selbst verwandelt sich, nachdem ihm der Meister die Hand auf die Schulter gelegt hat, allmählich in einen Raben. Auf Befehl des Meisters breitet er die Schwingen aus und fliegt zu den anderen Gesellen auf die Stange.

Seite 44, Aufgabe 3

Der Erzähler schreibt aus der Sicht Krabats und lässt den Leser an dessen Gefühlen teilhaben. Das wird besonders in den Zeilen 34–37 deutlich, als Krabat allmählich die Verwandlung zum Raben vollzieht. Auch die wörtliche Rede verstärkt die unheimliche Atmosphäre.

Seite 44, Aufgabe 4

So könnte Krabat seine Aufnahme in die Schwarze Schule erzählen:
„Ich hatte einen schweren Arbeitstag hinter mir und lag völlig erschöpft auf meiner Pritsche, um zu schlafen. Plötzlich glaubte ich meinen Namen zu hören. Ich setzte mich auf und lauschte und tatsächlich – da rief jemand meinen Namen: Krabat! So schnell ich konnte zog ich mich an und öffnete die Bodentür. Von unten drang Licht herauf und ich hörte fremde Stimmen und Geräusche. Sollte ich wirklich hinuntergehen? Was erwartete mich dort? Ich zögerte, doch der Drang zu erfahren, was dort los war, ließ mir keine Ruhe. Am Ende des Ganges standen die Gesellen, der Meister saß hinter einem Tisch und hatte das in Leder gebundene Buch vor sich. Ich sah auch wieder den schrecklichen Totenkopf mit der Kerze darauf. Als der Meister mir befahl, näherzutreten, war meine Müdigkeit verschwunden. Plötzlich befahl er den Gesellen, auf die Stange zu fliegen. Ich traute meinen Augen nicht: Mit lautem Krächzen und Flügelschlagen flogen sie tatsächlich an mir vorbei auf die Stange. Und dann wandte sich der Meister mir zu. Während er mit mir sprach, legte er seine Hand auf meine Schulter und ein Schauder durchrieselte mich. Vor lauter Angst war ich zu keiner Bewegung fähig. Auch als ich spürte, dass ich immer kleiner und kleiner wurde, wagte ich nicht zu fliehen. Mir wuchsen Rabenfedern, Schnabel und Krallen. Dann befahl mir der Meister, zu den anderen zu fliegen. Trotz meiner wahnsinnigen Angst befolgte ich einfach seine Anweisung und flatterte auf die Stange, an der ich mich, zitternd vor Erschöpfung, festkrallte.

Seite 45, Aufgabe 1

Eigene fantastische Texte verfassen

Fantastisch an Borrel del Casos Bild ist, dass der auf ihm dargestellte Junge die Zweidimensionalität (Flächigkeit) des Bildes zu verlassen scheint. Die Augen weit aufgerissen umklammert er mit beiden Händen den goldenen Bilderrahmen. Entschlossen setzt er einen Fuß auf den Rahmen, um den engen Raum zu verlassen und in die Welt außerhalb des Bildes zu treten.

Seite 45, Aufgabe 2

Freie Aufgabe

Freie Aufgabe
Auch hier solltest du spannend und lebendig erzählen, indem du wörtliche Rede, Fragesätze, treffende Verben, anschauliche Adjektive und Vergleiche einsetzt.

Seite 45, Aufgabe 3

Wünsche, Träume und Gefühle suchen Worte – Gedichte (S. 46–69)

Gedichte beschreiben und untersuchen
Die häufigsten Reimschemata sind: Paarreim (aabb), Kreuzreim (abab) und umarmender Reim (abba).

Seite 68, Aufgabe 1

Mögliche Lösung
Ein unreiner Reim liegt vor, wenn zwei Wörter nur annähernd gleich klingen. Sie klingen zwar ähnlich, besitzen aber im Gegensatz zu den Reimwörtern *Maus/Haus* Unterschiede in der Aussprache. Beispiele für unreine Reime sind z. B.: *Blick/zurück, Freude/Beute* oder *Osterhase/Schokolade.*

Seite 68, Aufgabe 2

a) Personifikation, b) Lautmalerei, c) Anapher, d) Vergleich, e) Alliteration, f) Metapher

Seite 68, Aufgabe 3

Mögliche Lösung
In dem Gedicht „Am offenen Fenster bei Hagelwetter" von Georg Britting aus dem Jahre 1935 geht es inhaltlich darum, dass das lyrische Ich erlebt, wie Hagelkörner durch das offene Fenster auf seinen Tisch prasseln und innerhalb kürzester Zeit aufgrund der nach dem Hagelschauer durch das Fenster scheinenden Sonne schmilzen.

Seite 69, Aufgabe 4

Zur Form des Gedichts müssten folgende Angaben gemacht werden:
- drei Strophen mit je vier kurzen Versen
- kein regelmäßiges Metrum
- Reimschema: Kreuzreim in Strophe 1 und 2/Strophe 3: Vers 2 und 4 = unreiner Reim + Vers 1 und 3 kein Reim
- Deutung der Veränderung des Reimschemas in Strophe 3: z. B. Unregelmäßigkeit des Reimschemas verdeutlicht den Verlust des Anblicks des schönen Hagelkorns

Seite 69, Aufgabe 5

Folgende Punkte sollten bei der Wiedergabe des Inhalts deutlich werden:
Strophe 1:
- Das lyrische Ich sitzt bei geöffnetem Fenster während eines Hagelschauers am Tisch.
- Die Hagelkörner prasseln auf den Tisch.
- Die Hagelkörner nimmt das lyrische Ich als sehr schön wahr.
- …

Strophe 2
- Das lyrische Ich will nach einem Hagelkorn greifen.
- Das Hagelkorn schmilzt aber vorher.
- …

Strophe 3
- Das lyrische Ich sieht nur noch einen Wasserfleck auf seinem Tisch.
- Es sieht zu, wie die Sonne diesen Wassertropfen verdunsten lässt.
- …

Seite 69, Aufgabe 6

- **Himmlisches Eis** = Metapher, die vor allem zeigt, dass Hagelkörner etwas besonders Schönes sind.
- **wie ein Fisch** = Vergleich, der zeigt, dass die Hagelkörner sich nur schwer fassen lassen, glitschig wie ein Fisch im Wasser.

Seite 69, Aufgabe 7

- **wie Gold** = Vergleich, der die Schönheit des Naturgeschehens noch einmal verdeutlicht. Das geschmolzene Hagelkorn ist als Wassertropfen immer noch wie blitzendes Gold.
- **Sonne/Sog ihn zurück** = Personifikation, die verdeutlicht, dass am Ende nichts von dem Hagelkorn auf dem Tisch übrig bleibt bzw. dass es verdunstet.

Seite 69, Aufgabe 8 und 9

Freie Aufgabe: Hier ist es vor allem wichtig, dass du deine Meinungen nachvollziehbar begründest.

In Bildern sprechen – Metaphorischer Sprachgebrauch (S. 70–79)

Seite 78, Aufgabe 1

1–e; 2–a; 3–h; 4–i; 5–g; 6–d; 7–b; 8–f; 9–c

Seite 79, Aufgabe 2

1–b; 2–c; 3–a; 4–b

Von Hexen und Heilerinnen – Menschen und ihre Geschichte(n) verstehen (S. 80–99)

Seite 99, Aufgabe 1

- In Zeiten von Krankheiten, Pest, Missernten, Naturkatastrophen oder Kriegen waren die Menschen besonders anfällig für den Hexenglauben. (Richtig)
- Männer waren keine Opfer dieses Aberglaubens. (Falsch)
- Nach neuesten Schätzungen wurden bis weit in das 17. Jahrhundert hinein 60 000 Menschen als Hexer oder Hexen hingerichtet. (Richtig)
- In einem Prozess hatte eine als Hexe beschuldigte Frau die Möglichkeit, ihre Unschuld zu beweisen. (Falsch)
- Das häufigste Urteil in einem Hexenprozess war eine lebenslängliche Gefängnisstrafe. (Falsch)
- Die sogenannte weiße Magie beruhte auf der Vorstellung, dass Gott bei der Schöpfung den Dingen der Natur Kräfte gegeben habe. (Richtig)

Seite 99, Aufgabe 2

Besonders gefährdete Frauen

Besonders gefährdet waren solche Frauen, die sich mit der Heilkunde auskannten und z. B. Kräuter einsetzten, um kranken Menschen zu helfen. Es waren nämlich schon vor mehreren Hundert Jahren Kräuter mit einer heilenden Wirkung bekannt. Nicht immer konnte dem Kranken jedoch geholfen werden.

Diese kräuterkundigen Frauen waren oft auch Hebammen, die bei der Geburt halfen. Auf diese Weise sammelten sie ein reichhaltiges Wissen über den menschlichen Körper und waren – wie heute die Ärzte und Ärztinnen – hoch angesehen. Waren sie jedoch bei einer schweren Krankheit machtlos oder starb ein Kind bei der Geburt, was häufig vorkam, machte man sie dafür verantwortlich und unterstellte ihnen, dem Kranken oder dem Neugeborenen Böses angetan zu haben.

Seite 99, Aufgabe 3

a–3; b–1; c–2; d–4

Historische Abenteuerromane von Rainer M. Schröder – „Das blinde Fenster zum Gestern aufstoßen“ (S. 100–129)

Einen Erzähltext untersuchen
Mögliche Lösung

Seite 129, Aufgabe 1

Abschnitt Zeilen von … bis …	Überschrift	Stichworte zum Inhalt und zur Handlung
Z. 1–6	Harte Farmarbeit	• Abby muss hart auf der Farm der Chandlers arbeiten. • Es geht ihr aber besser als im Gefängnis. • Sie arbeitet genauso hart wie die Männer.
Z. 7–14	Das Grabensystem	• Starke Regenfälle haben im Winter Schäden angerichtet. • Jonathan Chandler beschließt, ein Grabensystem anzulegen.
Z. 15–28	Andrew will Abby in die Knie zwingen	• Beginn der Arbeiten am Grabensystem • Andrew sorgt dafür, dass nur Abby und er dort arbeiten. • Andrew will zeigen, dass Abby nicht wie ein Mann auf der Farm arbeiten und mit ihm mithalten kann. • Sie arbeiten fast ununterbrochen von morgens bis zum Nachmittag.
Z. 29–34	Abby gibt fast auf	• Kurz nach dem Mittag will Abby aufgeben. • Sie ist kraftlos, hat Schmerzen von der Arbeit und kann den Spaten kaum noch anheben. • Es ist ihr auch egal, was Andrew von ihr denkt.
Z. 35–43	Abby macht weiter	• Abby fängt Andrews Blick auf, als sie gerade aufgeben will. • Sein Spott und Triumph machen sie wütend. • Der Zorn gibt ihr die Kraft weiterzuarbeiten und den „toten Punkt zu überwinden“.

Seite 129, Aufgabe 2

a) Abby arbeitet auf der Farm der Familie Chandler.
b) Sie arbeitet mit den anderen Arbeitern und dem Sohn des Farmers, Andrew Chandler, zusammen. Bei dem Anlegen des Grabensystems arbeitet sie alleine mit Andrew.
c) Das Grabensystem soll angelegt werden, weil schwere Regenfälle große Schäden auf den Feldern angelegt haben. Es soll verhindern, dass weiter durch den Regen viel von dem Mutterboden abgetragen wird. Im Sommer soll es dann zur Bewässerung dienen.
d) Abby arbeitet wie Andrew fast ohne Pause durch. Zudem drängt Andrew dazu, dass beide immer härter graben, da er den Entwässerungskanal vor den nächsten sich ankündigenden Regenfällen fertig haben will.
e) Abby will Andrew nicht den Triumph lassen, dass sie nicht mit ihm bzw. wie ein Mann mithalten kann.

Seite 129, Aufgabe 3

Mögliche Lösung
Abby Lynn ist die Hauptfigur in dem Roman „Abby Lynn – Verbannt ans Ende der Welt“. Sie ist als Sträfling nach Australien gekommen. Dort wurde sie dem Farmer Jonathan Chandler als Arbeitskraft zugeteilt.

Sie arbeitet genauso hart wie die anderen Männer auf der Farm. Andrew, der Sohn des Farmers, stört sich aber daran. Er will unbedingt beweisen, dass er stärker als Abby ist. Als ein Grabensystem angelegt werden soll, sorgt er dafür, dass nur er und Abby an dem Ausgraben eines Entwässerungskanals arbeiten. Fast ohne Unterbrechung arbeiten die beiden hart und ausdauernd. Wobei allerdings Andrew das Ziel verfolgt, Abby zu dem „Eingeständnis zu zwingen, dass sie doch nicht wie ein Mann mithalten konnte." (Z. 16–17).
Deshalb arbeitet er immer schneller und verbissener und zwingt Abby so, sich fast völlig zu verausgaben. Trotz ihrer Willenskraft und Beständigkeit, die sie die ganze Zeit vorher auszeichnet, kommt „kurz nach dem Mittag" (Z. 29) der Zeitpunkt, an dem Abby alles zu viel wird. Sie möchte am liebsten nur noch weinen, da sie völlig kraftlos ist und einfach nicht mehr weitergraben kann. Da spürt sie, wie Andrew ihren Zusammenbruch triumphierend und spöttisch erwartet. Dies verletzt sie in ihrem Stolz und macht sie zornig und wütend. Nur noch von dem Willen angetrieben, es Andrew zu beweisen, findet sie die Kraft, diesen „toten Punkt zu überwinden" (Z. 43) und weiterzuarbeiten.
Zusammenfassend lässt sich also sagen, dass der Romanauszug zeigt, wie willensstark und stolz Abby ist und dass sie sich durch nichts unterkriegen lässt. Andrew wollte sie kleinmachen, jetzt wird er aber Respekt vor Abby haben.
Ich finde, dass ...

Seite 129, Aufgabe 4 Das Geschehen wird trotz der Er-Form aus der Sicht Abbys erzählt. Der Leser erfährt, was Abby fühlt und denkt. Dies bewirkt, dass er mit Abby mitleidet und z. B. hofft, dass Andrew nicht gewinnt und Abby nicht aufgibt.

Der Untergang der Nibelungen: Gier – Verrat – Rache (S. 150–175)

Seite 174, Aufgabe 1
Xanten: Siegfried
Worms: Kriemhild, Hagen, Gunther, Giselher, Gernot
Island: Brünhild
Gran: Etzel

Seite 174, Aufgabe 2 Er hat in dem Blut des von ihm getöteten Drachen gebadet und hat so einen Schutzpanzer um seinen Körper. Allerdings ist durch ein herabfallendes Lindenblatt eine Stelle an seinem Rücken verwundbar.

Seite 174, Aufgabe 3
a) Siegfried wirbt um Kriemhild. Um Brünhild wirbt König Gunther.
b) Siegfried hilft Gunther mittels seiner Tarnkappe, Brünhild zu besiegen. Daraufhin willigt Brünhild in die Hochzeit mit Gunther ein.
c) Hagen von Tronje ist ein treuer Vasall von König Gunther und führt den Mord an Siegfried aus.
d) Kriemhild ist eifersüchtig auf Brünhild, weil sie sich als die eigentliche Königin fühlt. Denn es war Siegfried, ihr Mann, der Brünhild besiegt hat und somit der stärkste Mann ist.
e) Kriemhild tötet Hagen, weil er ihr nicht verraten will, wo er den Schatz versenkt hat.

Seite 174, Aufgabe 4 Die Strophe beschreibt die Ausführung des Mordes an Siegfried durch Hagen. Während Siegfried aus der Quelle trinkt, schießt ihm Hagen seinen Speer durch die gekennzeichnete Stelle, an der Siegfried verwundbar ist.

Seite 174, Aufgabe 5 Kriemhild hat Brünhild, die Frau König Gunthers beleidigt, indem sie sich als die wahre Königin dargestellt hat. Gunther muss befürchten, dass herauskommt, dass ihm Siegfried geholfen hat, Brünhild zu besiegen. Deshalb lässt er Siegfried durch Hagen umbringen.

Seite 174, Aufgabe 6 Kriemhild lädt die Burgunden zu sich an den Hof in Gran. Dort provoziert sie einen Streit zwischen den Hunnen und den Burgunden, bei dem nur Hagen und Gunther überleben.

Kriemhild hat Etzel, den König der Hunnen, nicht aus Liebe geheiratet, sondern sie sieht in seiner Macht eine Möglichkeit, sich an Hagen und ihren Brüdern für den Mord an Siegfried zu rächen. Sogar den Tod ihres Sohns nimmt sie für ihre Rachgier in Kauf. Sie weiß, dass Hagen ihn beim Festmahl töten wird, wenn er von dem Überfall der Hunnen auf die Burgunder erfährt. Mit Ortwins Tod wird zugleich Etzel zum äußersten Kampf gegen die Burgunder getrieben. **Seite 174, Aufgabe 7**

Der Nibelungendichter beklagt den Tod der vielen Menschen. Er sieht darin das „Elend", so könnte man vielleicht „nôt" übersetzen, derjenigen, die über den Schatz, also über materiellen Reichtum verfügen. Offensichtlich ist er der Meinung, dass der unermessliche Reichtum nur Neid und Gier und in der Folge davon Verrat, Totschlag und Rache auslöst. **Seite 174, Aufgabe 8**

Kriemhild zeigt Hagen Gunthers Kopf. **Seite 175, Aufgabe 9**

Die Übersetzung der Strophe findet sich auf S. 169. **Seite 175, Aufgabe 10**

Länder, Völker, Abenteuer – Menschen begegnen einer fremden Kultur (S. 176–189)

Richtig sind die Antworten a) und b). **Seite 189, Aufgabe 2**

Richtig ist die Antwort a). **Seite 189, Aufgabe 3**

Bänkelsänger, Moritaten und Balladen (S. 190–219)

An Aussage a) ist richtig, dass der Mörder des Jungen sein eigener Onkel ist. In der Ballade ist aber nicht er die Hauptperson, sondern eben der Onkel, der König von Milesint, der für seine Machtgier bestraft wird. **Seite 218, Aufgabe 1**
An b) ist richtig, dass König Milesint vor Schreck stirbt, allerdings nicht, weil er irgendwelche Gespenster sieht, sondern weil er eine Wahnvorstellung hat, in der ihm sein Neffe, den er umgebracht hat, erscheint.
An c) ist richtig, dass der König seinen Neffen getötet hat, um selbst König zu werden. Das ist aber nicht der wesentliche Inhalt. Sondern es geht darum, dass dem König, weil er vermutlich ein schlechtes Gewissen hat, der getötete Neffe in einer Wahnvorstellung erscheint und der König daraufhin stirbt.

Strophe 1: Der König war machtgierig, er wollte die Krone tragen. **Seite 219, Aufgabe 2**
Strophe 2: Der König möchte noch einmal die Krone sehen, weil er so gierig nach der Macht und dem Reichtum ist.
Strophe 3: In einer Wahnvorstellung sieht der König einen Totenzug, der eine Krone trägt.
Strophe 4: Ein Kind mit einer frischen Wunde überreicht dem König die Krone.
Strophe 5: Der König stirbt. Er hat damit die Krone wieder verloren.

Der König ist skrupellos und machtgierig. Er bringt den Sohn seines Bruders um, um König zu werden, also die Macht über das Land zu erhalten. Und er liebt den Reichtum, der mit dem Königsamt verbunden ist. Er wird aber auch von einem schlechten Gewissen gequält, denn in einer Wahnvorstellung sieht er einen toten Jungen, wie er ihm die Krone überreicht. **Seite 219, Aufgabe 3**

Seite 219, Aufgabe 4

„Totenspiel": Man kann sich vorstellen, wie eine Reihe vermummter Gestalten hintereinander den Raum betritt. Es ist wie ein Tanz.
„geisterschwül". Die Wahnvorstellung löst große Angst beim König aus, weil er Geister, nämlich den Totenzug sieht. Dies führt dazu, dass ihm heiß wird.

Seite 219, Aufgabe 5

In der zweiten Strophe heißt es, dass der König „irr" sich umsieht, „wie trunken" (vgl. V. 10 und 11). Das deutet auf die Wahnvorstellung hin. Das lyrische Ich schreibt aber nicht: „Dem König erschien in seinen Gedanken ein Totenspiel", sondern es schreibt, als ob es sich um eine Tatsache handelt: „Da kommt ein seltsam Totenspiel" (V. 15).

Seite 219, Aufgabe 6

Traurig ist die Krönung, weil sie mit einem Mord beginnt und mit dem Tod des Königs endet.

Seite 219, Aufgabe 7

Das lyrische Ich will dem Leser vor Augen führen, dass die Gier nach Macht und Reichtum den Menschen schlecht handeln lässt, der Mensch aber nach diesem schlechten Handeln nicht mehr zur Ruhe kommt. Es warnt den Leser also vor der Gier nach Macht und Reichtum.

Seite 219, Aufgabe 8

Mögliche Lösung
Die Ballade „Die traurige Krönung" von Eduard Mörike aus dem Jahr 1882 handelt von dem König Milesint, der an seinem schlechten Gewissen stirbt, weil er seinen Neffen ermordet hat, um selbst König zu werden.

Seite 219, Aufgabe 9

Freie Aufgabe

Den Inhalt wiedergeben (S. 220–243)

Seite 243, Aufgabe 1

Die Überschrift will verdeutlichen, dass es für äußere Schönheit keine feste Norm gibt. Womit man selbst unzufrieden ist, kann anderen durchaus gefallen. Außerdem ist äußere Schönheit nicht das Entscheidende, es kommt auf die Persönlichkeit an.
Irina ist so mürrisch, weil sie

- ihre Nase zu groß findet.
- sich über Pickel in ihrem Gesicht ärgert.
- den Besuch ihres Onkels fürchtet, der sie immer hochhebt und abküsst.

Seite 243, Aufgabe 2

Der Schüler hat gleich gegen mehrere Merkmale einer guten Inhaltsangabe verstoßen:

- Es fehlt eine Einleitung, in der Autor, Titel, Textart und ein Hinweis auf die Thematik gegeben werden.
- Im Anfangssatz wird das falsche Tempus benutzt.
- Der Ausdruck „zu allem Überfluss" ist eine Wertung und verletzt das Gebot der Sachlichkeit.
- Die wörtliche Rede wird nicht durch die indirekte Rede ersetzt.

Der überarbeitete Anfang und die Fortsetzung der Inhaltsangabe könnten so lauten:
Die Kurzgeschichte „Nasen kann man so und so sehen" von Ingrid Kötter erzählt von einem 14-jährigen Mädchen, das mit seinem Äußeren unzufrieden ist. Irina kann sich nicht entscheiden, zur Klassenfete zu gehen, weil sie ihre Nase zu groß findet. Als Irinas in Kanada lebender Onkel zu Besuch kommt und ihr Zimmer betreten will, will sie sich einschließen. Doch ihr Onkel kommt einfach herein und sagt, sie sei eine richtig hübsche Dame geworden. Als Irina erwidert, das sei Blödsinn, ihre Nase sei viel zu groß, sagt ihr Onkel, Nasen könne man so und so sehen, das komme wohl auf den Betrachter an.

Seite 243, Aufgabe 3

In Beispiel a) handelt es sich um einen „dass-Satz", bei dem der Indikativ gebraucht werden darf.
In Beispiel b) wird die indirekte Rede durch den Konjunktiv deutlich gemacht.
In Beispiel c) wird eine Umschreibung gewählt.

a) Onkel Thomas meint, dass man Nasen so und so sehen kann, dass das wohl auf den Betrachter ankommt.
b) Onkel Thomas meint, man könne Nasen so und so sehen, das komme wohl auf den Betrachter an.
c) Onkel Thomas weist Irina auf die unterschiedliche Sichtweise bei der Beurteilung von Nasen hin.

Seite 243, Aufgabe 4

Richtig zu schreiben kann man lernen (S. 244 – 257)

Wörter mit ks-Laut

Seite 257, Aufgabe 1

B	C	A	C	H	S	E	H	O	W
K	F	N	P	W	M	X	E	B	E
K	L	G	R	I	L	C	N	L	C
E	I	S	A	Ö	Ö	T	G	I	H
K	E	T	X	I	W	E	S	N	S
S	G	Ü	I	D	A	X	T	K	E
G	S	F	S	T	C	T	S	S	L
H	T	T	S	N	H	C	D	N	K
E	X	T	R	A	S	H	T	D	S
T	R	I	N	K	S	T	U	E	B

das oder dass?

Seite 257, Aufgabe 2

- Ich habe ein Buch gelesen, **das** über versunkene Städte berichtet.
- **Das** Buch informiert über Städte, die vor langer Zeit einmal existiert haben.
- Viele Menschen glauben, **dass** es die sagenhafte Stadt Atlantis wirklich einmal gegeben hat.
- **Das** ist aber bislang nicht durch Ausgrabungen belegt worden.
- Wahrscheinlich ist, **dass** es sich bei den Erzählungen über diese Stadt um einen Mythos handelt.

Fehler entdecken

Seite 257, Aufgabe 3

Niemand kann sagen, ob es Atlantis wirklich gegeben hat. Schon vor mehr als 2 000 Jahren hat das **Rätselraten** begonnen. So gab es schon viele **Versuche**, die Überreste der verschwundenen **Stadt** zu finden. Bislang konnte es aber nicht bewiesen werden, **dass** es die Insel gegeben hat. Aber umgekehrt hat auch niemand beweisen können, **dass** Atlantis nicht existiert hat. Deshalb regt dieser vermeintliche Ort immer wieder die **Fantasie** der Menschen an.

Experimente beschreiben, mal so, mal so – Aktiv und Passiv (S. 258 – 269)

Seite 268, Aufgabe 1

	Aktiv	**Passiv**
Präsens	Marie baut einen Drachen.	Der Drachen wird (von Marie) gebaut.
Präteritum	Marie baute einen Drachen.	Der Drachen wurde (von Marie) gebaut.
Perfekt	Marie hat einen Drachen gebaut.	Der Drachen ist (von Marie) gebaut worden.
Plusquamperfekt	Marie hatte einen Drachen gebaut.	Der Drachen war (von Marie) gebaut worden.
Futur I	Marie wird einen Drachen bauen.	Der Drachen wird von Marie gebaut werden.

Seite 268, Aufgabe 2

- Bei der Umformung vom Aktiv ins Passiv wird das Akkusativobjekt des Aktivsatzes zum **Subjekt** des Passivsatzes.
- Bei der Umformung vom **Passiv** ins Aktiv wird das **Subjekt** des Passivsatzes zum Akkusativobjekt des **Aktivsatzes**.

Seite 268, Aufgabe 3

- Wasser und Honig werden in einen kleinen Topf gegeben. (1)
- Die Hausfassade wurde von einem Künstler neu gestaltet. (2)
- Der Dieb ist endlich von der Polizei gefasst worden. (2)
- Zuvor war die Bank mehrere Male überfallen worden. (1)

Seite 268, Aufgabe 4

Nichts für Falschspieler

Wusstest du, dass in Münzautomaten sogenannte Münzprüfer eingebaut wurden, die Metallplättchen, fremde Währungen oder Knöpfe erkennen und aussortieren? Mithilfe eines Magnets wird zunächst geprüft, ob der eingeworfene Gegenstand die richtige Metallmischung (Legierung) hat. Anschließend wird die eingeworfene Münze auf Gewicht und Größe überprüft. Erst wenn alles stimmt, wird das Gerät, in das die Münze geworfen wurde, aktiv.

Seite 269, Aufgabe 5

Begründung: Durch die schnelle Abfolge der beiden Bilder durch das Drehen vermischen sich diese im Gehirn des Betrachters, sodass der Eindruck entsteht, der Vogel befinde sich im Käfig.

Darüber möchte ich gern sprechen: Mut machen – beschwichtigen – argumentieren (S. 270–287)

Trösten und Mut machen

Seite 287, Aufgabe 1

- Lukas: „Ich bin gleich zurück, ich hole nur den Verbandskasten."
  Lukas verhält sich richtig, weil er aktiv wird und sich um die Verletzung kümmern will.
- Nico: „Nun hör mal auf zu heulen. Ein Indianer kennt keinen Schmerz!"
  Nico spielt das Ereignis herunter. Das ist nicht hilfreich.
- Jannis: „Trink erst einmal auf den Schreck einen Schluck Mineralwasser. Das hilft."
  Jannis versucht von der Verletzung abzulenken. Auch das kann hilfreich sein.
- Jonas: „Leonas, das tut ganz schön weh. Vor zwei Wochen habe ich das Gleiche erlebt."
  Jonas spricht von eigenen Erfahrungen, auch das hilft häufig.
- Leo: „Wenn wir nicht bald weiterspielen, wird es dunkel."
  Leo nimmt die Verletzung nicht ernst und denkt nur an sich. Das ist nicht hilfreich.

Seite 287, Aufgabe 2

- „Das ist wirklich gemein. Wir fragen erst einmal den Bademeister. Vielleicht kann der uns weiterhelfen."
- „Ich habe mein Handy dabei und rufe deine Eltern an. Bestimmt kann einer kommen und uns weiterhelfen."
- „Am besten rufen wir die Polizei an, die weiß doch, was man in so einer Situation macht."
- „Dein Fahrrad ist doch registriert. Vielleicht wird es ja gefunden."
- „Komm, ich lade dich erst einmal zu einem Eis ein."

Beschwichtigen

Seite 287, Aufgabe 3

- den Nachbarn aufsuchen und sich entschuldigen
- eine Wiedergutmachung versprechen
- ein Geschenk vorbeibringen
- ...

Argumentieren

- Man sollte nicht seine ganze Freizeit vor dem Computer zubringen, weil man ansonsten vereinsamt. Es gibt Untersuchungen, dass Kinder oder Jugendliche viele Freunde verloren haben, weil sie nur noch vor dem PC sitzen. Ich selbst habe die Erfahrung gemacht, ... **Seite 287, Aufgabe 4**
- Lesen ist ein tolles Hobby, weil man auf diese Weise Dinge „erleben“ kann, die es in Wirklichkeit gar nicht gibt oder die es nicht mehr gibt. Wer zum Beispiel die Odysseus-Sage liest, erfährt ...
- Kinder in unserem Alter sollten die Erlaubnis erhalten, in den Ferien mit ihren Freunden eine mehrtägige Radtour zu unternehmen, weil man auf diese Weise lernt, selbstständig zu werden und verantwortlich zu handeln. Schließlich muss man die Route selbst planen, ...
- Schülerinnen und Schüler sollten selbst darüber entscheiden dürfen, welche Bücher im Deutschunterricht gelesen werden, weil sie dann viel motivierter sind und besser mitarbeiten. An der Schule meiner Schwester ...

Wir sprechen und spielen Theater – Theater erleben, gestern und heute (S. 288–311)

Die Geschichte des Theaters **Seite 311, Aufgabe 1**

- Vor ca. 2500 Jahren
- In Griechenland
- In London
- Die Bühne sieht aus wie ein Zimmer, bei dem die vordere Wand weggelassen bzw. durch den Vorhang ersetzt wurde. Der Zuschauer schaut in dieses „Zimmer“ hinein.
- Premiere

Theaterberufe **Seite 311, Aufgabe 2**

- Sie hilft während der Aufführung den Schauspielern und Schauspielerinnen, wenn diese den Text vergessen haben.
- Prospekte
- Schnürboden
- Beleuchter/Beleuchterin
- Regisseur/Regisseurin
- Maskenbildner/Maskenbildnerin
- Inspizient/Inspizientin

Theater spielen **Seite 311, Aufgabe 3**

In einem Regiebuch, wie du es kennengelernt hast, werden die Rollen genannt, ihnen wird der Text zugeordnet und es sind Hinweise dazu enthalten, wie gesprochen und gespielt werden soll.

Man unterscheidet Situationskomik, Charakter- oder Figurenkomik und Sprachkomik. **Seite 311, Aufgabe 4**

Hierbei handelt es sich um Situationskomik. **Seite 311, Aufgabe 5**

Informiere mich, berichte davon, beschreib es mir … – Mit Gliedsätzen/Nebensätzen arbeiten (S. 312–329)

Adverbialsätze

Seite 329, Aufgabe 1

- Wenn in einer Glühlampe elektrischer Strom durch den Glühdraht fließt, beginnt er zu glühen. (Konditionalsatz, Temporalsatz)
- Traditionelle Glühlampen werden heutzutage durch Energiesparlampen ersetzt, weil diese viel langlebiger sind. (Kausalsatz)
- Diese Energiesparlampen haben sich, obwohl es zunächst einige Proteste gab, inzwischen durchgesetzt. (Konzessivsatz)

Subjektsatz oder Objektsatz

Seite 329, Aufgabe 2

- Dass Frauen die gleichen Rechte haben wie die Männer, wurde in Deutschland 1949 im Grundgesetz festgeschrieben. (Subjektsatz)
- Bereits 50 Jahre früher forderten fortschrittliche Frauen, dass man ihnen die gleichen Rechte zugestand. (Objektsatz)

Relativsätze/Attributsätze

Seite 329, Aufgabe 3

Max, der immer sehr pünktlich zur Schule kommt, erscheint erst zur dritten Stunde.
„Warum hast du einen Verband am Handgelenk?“, fragt ihn der Lehrer, der etwas besorgt schaut.
„Bin vom Baum, der vor unserem Haus steht, gefallen.“ – „Hoch?“ – „Nein, runter.“

Die Zeichensetzung bei Infinitivgruppen

Seite 329, Aufgabe 4

Eine Infinitivgruppe musst du abtrennen,

- wenn im Hauptsatz ein Nomen/Substantiv oder ein anderes Wort (*daran, dazu, darauf, es* ...) steht, das auf die Infinitivgruppe hinweist,
- wenn die Infinitivgruppe durch *um (zu), ohne (zu), anstatt (zu), statt (zu), außer (zu), als (zu)* eingeleitet wird.

Originalfassungen der Gedichte

Ivan Goll

Ich möchte diese Birke sein

Ich möchte diese Birke sein
Die du so liebst:
Hundert Arme hätt ich um dich zu schützen
Hundert grüne und sanfte Hände
Um dich zu streicheln!
Ich hätte die besten Vögel der Welt
Um dich bei Tagesanbruch zu wecken
Und am Abend zu trösten
In den Stunden des Sommers könnt ich dich
Unter Blumenblättern aus Sonne verschütten
In meinen Schatten hüllte ich zur Nacht
Deine ängstlichen Träume
Ich wollte ich wär diese Birke
Zu deren Fuß sie dein Grab höhlen werden
Und die mit ihren Wurzeln
Dich noch umklammern wird

(Seite 53)

Hermann Hesse (1877–1962)

Blauer Schmetterling

Flügelt ein kleiner blauer
Falter vom Wind geweht,
Ein perlmutterner Schauer,
Glitzert, flimmert, vergeht.
So mit Augenblicksblinken,
So im Vorüberwehn
Sah ich das Glück mir winken,
Glitzern, flimmern, vergehn.

(Seite 67)

Textartenverzeichnis

Stichwortverzeichnis

Textquellenverzeichnis

Abby Lynn – Verbannt ans Ende der Welt. 118
Aus: www.waspo.de (März 2001)

Aphorismen (von Marie Curie) 138
http://www.aphorismen.de/suche?f_autor=977_Marie+Curie

Archimedes in der Wanne. 360
Nach: Gerald Bosch: 1000 spannende Experimente, Loewe, Bindlach 2000, S. 40f.

Aufgaben des Blutes. 382
Aus: Nikolaus Lenz: Das Buch der tausend Fragen und Antworten, Loewe Verlag GmbH, Bindlach 1991

Bänkelsang und Moritat. 193
Originalbeitrag

Beißt man sich an altem Brot die Zähne aus? 373
Nach: Brockhaus-Kalender für Kinder, Brockhaus Verlag, Leipzig 2004/2005

Birken, Herbert: Achmed, der Narr. **225**
Aus: Geschichten finden für Theatergruppen, Verlag Grafenstein, München 1987

Bote, Herrmann: Till Eulenspiegel. Die 60. Historie. **227**
Aus: Ein kurzweiliges Buch von Till Eulenspiegel aus dem Lande Braunschweig. In die Sprache unserer Zeit übertragen und mit Anmerkungen versehen von S. H. Sichtermann, Insel Verlag, Frankfurt/M. 1978

Brasse, Helmut: Wolfgang Amadeus Mozart – Kinderstar und Musikgenie. **132**
Aus: http://www.planet-wissen.de/kultur_medien/musik/mozart/

Brecht, Bertolt: Der Ingwertopf. **307**
Aus: Ders.: Gesammelte Werke, Bd. 7, Suhrkamp Verlag, Frankfurt/M. 1967

Brecht, Bertolt: Der Rauch. **67**
Aus: Die Gedichte von Bertolt Brecht in einem Band, Suhrkamp Verlag, Frankfurt/M. 1981

Britting, Georg: Am offenen Fenster bei Hagelwetter. **68**
Aus: Gesamtausgabe in Einzelbänden, Bd. 2, List Verlag, München 1989–1996

Britting, Georg: Fröhlicher Regen. **58**
Aus: Ders.: Gedichte 1919–1939, Paul List-Verlag, München 1957

Butscheid, Corinna und D'hein, Caroline: Verbannt ans Ende der Welt, Buchkritik „Abby Lynn" meistert das Schicksal bravourös. **118**
Aus: Generalanzeiger vom 2.4.2003

Catlin, George: Zu Gast bei einem Indianerhäuptling.* **180**
Aus: Ders.: Die Indianer Nordamerikas, Bd. 1, Gustav Kiepenheuer Verlag, Leipzig/Weimar 1979, S. 105ff.

Coole Socken. 354
Nach: Gerald Bosch: 1000 spannende Experimente, Loewe, Bindlach 2000, S. 36f.

Das magische Wasserglas. 353
Nach: Steve Parker: Experimente, Tricks und Tipps. Wetter, Südwest Verlag, München 1991, S. 5

Das Nibelungenlied – Die Handlung. 152
Originalbeitrag

Das Nibelungenlied (Originalstrophen und Übersetzung in Auszügen). 152
Aus: Walter Hansen: Wo Siegfried starb und Kriemhild liebte, Deutscher Taschenbuch Verlag, München 2004

Der Kugelschreiber – Eine Alternative zum Füller. 381
Nach: Brockhaus-Kalender für Kinder, Brockhaus Verlag, Leipzig 2004/2005

Der Treibhauseffekt. 360
Nach: Steve Parker: Experimente, Tricks und Tipps. Wetter, Südwest Verlag, München 1991, S. 38

Die Entdeckung und Besiedlung Australiens. 117
Originalbeitrag

Die Erde kreist um die Sonne. 376
Nach: Brockhaus-Kalender für Kinder, Brockhaus Verlag, Leipzig 2004/2005

Die Sonne wird ein weißer Zwerg. 357
Aus: www.geo.de (GEOlino 02/1998)

Die Zeit der Hexenverfolgungen und Religionskriege. 109
Originalbeitrag

Drehbuchauszug zu „Jenseits der Stille". 339
(übertragen von Martin Pohl)

Droste-Hülshoff, Annette: Der Knabe im Moor. **204**
Aus: Otfried Preußler/Heinrich Pleticha: Das große Balladenbuch, Thienemann Verlag, Stuttgart/Wien 2000, S. 258

Eichendorff, Joseph von: Mondnacht. **64**
Aus: Ders.: Werke und Schriften in vier Bänden, hg. von Gerhart Baumann, Bd. 1, Cotta'sche Buchhandlung, Stuttgart o. J.

Ein Experiment mit Luft und Papier.* 352
Nach: Steve Parker: Experimente, Tricks und Tipps. Wetter, Südwest Verlag, München 1991, S. 4

Ende, Michael: Momo beherrscht eine seltsame Kunst. **252**
Aus: Ders.: Momo, K. Thienemanns Verlag, Stuttgart 1973 (Auszug)

Etwas Verräterisches – Die Körpersprache. 363
Nach: Brockhaus-Kalender für Kinder, Brockhaus Verlag, Leipzig 2004/2005

Experimente mit Strom – Die Zitronenbatterie. 362
Aus: www.geo.de (GEOlino 01/2000)

Fontane, Theodor: Die Brück' am Tay. **195**
Aus: Otfried Preußler/Heinrich Pleticha: Das große Balladenbuch, Thienemann Verlag, Stuttgart/Wien 2000, S. 216

Fontane, Theodor: John Maynard. **198**
Aus: Otfried Preußler/Heinrich Pleticha: Das große Balladenbuch, Thienemann Verlag, Stuttgart/Wien 2000, S. 225

Frösteln.* 353
Nach: Sonja Hartl (Hg.): Experimente Experimente! Arena Verlag, Würzburg 1993, S. 66

Wann verlieren Vögel ihre Federn? 380
Aus: Nikolaus Lenz: Das megadicke Buch der cleveren Antworten, Loewe Verlag, Bindlach 2005, S. 228 f.
Warum haben kaltblütige Tiere wie Schlangen kein Fell? 377
Aus: Nikolaus Lenz: 1000 Wunder der Tierwelt, Loewe Verlag GmbH, Bindlach 1996
Was ist eine Glosse? 381
Nach: dtv junior Literatur-Lexikon, hg. von Heinrich Pleticha, 9. Aufl., © 1986 Cornelsen Verlag, Berlin, und Deutscher Taschenbuch Verlag, München
Wenn ich ein Vöglein wär. 48
Aus: Ursula Remmers/Ursula Warmbold (Hg.): Ich und Du und große Leute. Gedichte für Kinder, Reclam Verlag, Stuttgart 2004, S. 36
Wie entsteht eine Versteinerung? 385
Nach: TREFF-Schülerbuch 1993, Velber Verlag, Seelze 1992
Wie fängt man Münzen vom Ellenbogen? 328
Aus: Leo Neumann: 1000 tolle Tricks und Rätsel, Arena Verlag, Würzburg 2001, S. 69 f.
Wie man einen Regenbogen macht. 359
Nach: Sonja Hartl (Hg.): Experimente Experimente! Arena Verlag, Würzburg 1993, S. 71 f.
Wie stichst du eine Stricknadel durch einen aufgeblasenen Ballon? 328
Aus: Leo Neumann: 1000 tolle Tricks und Rätsel, Arena Verlag, Würzburg 2001, S. 69
Womit vertreiben sich Delfine die Langeweile? 364
Nach: Brockhaus-Kalender für Kinder, Brockhaus Verlag, Leipzig 2004/2005
Wörterbuchauszug („possierlich – Prärie"). 246
Wahrig, Schüler-Rechtschreibung, 2012 wissenmedia in der inmedia ONE] GmbH, S. 273
Wörterbuchauszug („Phantombild" – „Pianist"). 245
Schülerduden – Rechtschreibung und Wortkunde, Bibliographisches Institut, Mannheim 2010, S. 311

Bei den mit einem * gekennzeichneten Titeln handelt es sich nicht um Originalüberschriften.

Bildquellenverzeichnis

© akg/Horst von Harbou-Stiftung: S. 172; © akg-images: S. 5 u., S. 35, S. 38 (beide), S. 47 l., S. 64, S. 85 (beide), S. 90 (beide), S. 94 (beide), S. 99 (1, 2, 4), S. 110, S. 130 r., S. 134 o., S. 136 o. + m., S. 139 o. l., S. 141, S. 152, S. 190 m., S. 191 l., S. 195, S. 206, S. 210, S. 211, S. 221, S. 227, S. 296; © akg-images/Marion Kalter: S. 134 u. l.; © akg-images/North Wind Picture Archives: S. 179; © Arena Verlag, Würzburg: S. 6, S. 98 o., S. 100/101 (7 Abbildungen), S. 105, S. 119, S. 149 o. r., S. 158; © argus/Kage: S. 382; © Avenue Images/Index Stock/Cardozo, Yvette: S. 374; Karlsruhe, Badische Landesbibliothek, Cod. Don. 63, fol. 1r (Foto: Beate Ehlig und Kathrin Ullrich): S. 153; Katja Behrens: Alles Sehen kommt von der Seele, Beltz & Gelberg 2010: S. 345; Simone van der Vlugt: Nina und das Amulett aus den Flammen, C. Bertelsmann Verlag, München 2001 (3-570-21041-3): S. 82; aus: Schülerduden – Rechtschreibung und Wortkunde, Bibliographisches Institut, Mannheim 2010, S. 311: S. 245; © Bildagentur Huber: S. 62; Bildarchiv Preußischer Kulturbesitz, Berlin, Foto: Ruth Schacht: S. 175; Bildarchiv Preußischer Kulturbesitz, Berlin: S. 10, S. 109, S. 190 r., S. 194, S. 200, S. 204, S. 212, S. 291 l.; © blickwinkel/T. Seitz: S. 58 u.; © blickwinkel/H. Schmidbauer: S. 240; © bpk: S. 99 (3), S. 214; © bpk/Staatliche Kunstsammlungen Dresden/Jürgen Karpinski: S. 4, S. 61; © bridgemanart.com: S. 65, S. 139 u. l.; Rainer M. Schröder. Abby Lynn 3. Verraten und verfolgt. © 2012, cbj Verlag, in der Verlagsgruppe Random House GmbH, München: S. 101 m. u., S. 117 m.; Rainer M. Schröder. Abby Lynn 1. Verbannt ans Ende der Welt. © 2012, cbj Verlag, in der Verlagsgruppe Random House GmbH, München: S. 111; Rainer M. Schröder. Abby Lynn 2. Verschollen in der Wildnis. © 2012, cbj Verlag, in der Verlagsgruppe Random House GmbH, München: S. 117 o.; Rainer M. Schröder. Abby Lynn 4. Verborgen im Niemandsland. © 2012, cbj Verlag, in der Verlagsgruppe Random House GmbH, München: S. 117 u.; Sandra Maischberger. Die musst du kennen. Menschen machen Geschichte. © 2010, cbj Verlag, in der Verlagsgruppe Random House GmbH, München: S. 149 o. l.; Knut Krüger. Die musst du kennen – Die besten Fußballspiele(r) aller Zeiten. © 2010, cbj Verlag, in der Verlagsgruppe Random House GmbH, München: S. 149 u. r.; Cinetext: S. 231, S. 252; © ClassicStock/akg-images: S. 86; © CWP Film/Walter Wehner: S. 330, S. 331 (alle), S. 336 (beide), S. 337, S. 338, S. 339; © Salvador Dalí, Fundacio Gala-Salvador Dalí/VG Bild-Kunst, Bonn 2013: S. 26, S. 47 r.; © ddp images/Ronald Wittek: S. 150 r.; © Design Pics/images.de: S. 66; aus: Leif Esper Andersen, Hexenfieber, Deutscher Taschenbuch Verlag, München 2013: S. 98 u. r.; aus: Harald Parigger, Die

Hexe von Zeil, Deutscher Taschenbuch Verlag, München 2002: S. 98 u. l.; Walter Hansen: Wo Siegfried starb und Kriemhild liebte, Deutscher Taschenbuch Verlag, München 2004: S. 155, S. 165 (Walter Hansen); aus: Henning Mankell, Die Reise ans Ende der Welt, Deutscher Taschenbuch Verlag, München 2002: S. 229 u.; aus: Andreas Schlüter, Achtung, Zeitfalle!, Deutscher Taschenbuch Verlag, München 2000: S. 229 o.; aus: Myron Levoy, Ein Schatten wie ein Leopard, Deutscher Taschenbuch Verlag, München 1992: S. 230; dpa-Bildarchiv: S. 67 r.; dpa – Maechler: S. 28; F1 ONLINE/PBY/PBY: S. 53; aus: Josef Quadflieg, Sie bewegten die Welt, FISCHER Sauerländer Verlag, Frankfurt a. M. 2000: S. 149 u. l.; © Friedrich-von-Spee-Gesamtschule, Paderborn: S. 288 u.; Oliver Gerhard: S. 186 (beide); aus: Theodor Kohlmann (Hg.): Traurige Schicksale der Liebe. Moritatentafeln. Dortmund: Harenberg 1982, S. 2: S. 190 l.; © Institut für Kulturaustausch, Tübingen 2013: S. 139 o. r.; © INTERFOTO/Leimer: S. 56; © INTERFOTO/Friedrich: S. 137 o.; © Kinder-Akademie Fulda www.kaf.de: S. 289 o.; © Kobal Collection/images.de: S. 22, S. 29; © Markus H. Lindner, Frankfurt am Main: S. 177 o.; aus: Ulrich Prinz/Albrecht Scheytt (Hg,), Musik um uns 3, Metzler/Schroedel, Hannover 1995, S. 72: S. 41; Quelle: NAXOS-Hörbuch NHB 50022-1, Cover: S. 191 r.; © Michael Neyses: S. 106; Nibelungen-Festspiele Worms, Foto: Rudolf Uhrig: S. 162; © OKAPIA/Reinhard Dirscherl: S. 380; © picture-alliance/akg-images: S. 7, S. 131 o. l., S. 139 o. 2. v. l. + u. l.; © picture-alliance/dpa: S. 40, S. 67 l., S. 136 u., S. 202, S. 310; © picture-alliance/dpa-Fotoreport/Tim Brakemeier: S. 131 u.; © picture-alliance/Erwin Elsner: S. 54; © picture-alliance/Mary Evans Picture Library: S. 288 o.; © picture-alliance/maxppp: S. 142; © picture-alliance/ZB: S. 134 u. r., S. 139 o. 2. v. r.; © plainpicture/Image Source: S. 71 u.; © Polaris/laif: S. 130 l., S. 146; © Private Collection/Peter Newark Western Americana/The Bridgeman Art Library: S. 176 o., S. 182; Harry Prüfert: S. 192/193 (alle); Foto: Radio Bremen; Mit freundlicher Genehmigung von Radio Bremen: S. 305; Judith Kerr: Als Hitler das rosa Kaninchen stahl. Als Taschenbuch 58003 erschienen 1997. Erstmals in den Ravensburger Taschenbüchern erschienen 1980. Die Originalausgabe erschien bei William Collins, Sons & Co. Ltd., London, unter dem Titel „When Hitler Stole Pink Rabbit" © 1971 Judith Kerr. Die deutsche Erstausgabe erschien 1973 in der Ravensburger Jungen Reihe im Otto Maier Verlag Ravensburg. © 1987 für die deutsche Textfassung Ravensburger Buchverlag Otto Maier GmbH: S. 275; © Schapowalow/Huber: S. 290; © Schapowalow/Waldkirch: S. 191 m.; aus: Mark Strand: Über Gemälde von Edvard Hopper, Schirmer/Mosel, München 2004: S. 46 o.; © Rudy Schmid-Vellenzer: S. 14, S. 289 u.; © Rainer M. Schröder: S. 100 l., S. 123/124 (alle); aus: Seiwert: Die Mitte von Nirgendwo Foto: Vorbereitung für den Trommeltanz der Dene-Indianer © 1995 Schweizer Verlagshaus/Oesch Verlag, Zürich: S. 9, S. 184; Siebengebirgsmuseum/Heimatverein Siebengebirge e. V., Königswinter: S. 164; Besitz: Sorbisches Museum, Bautzen: S. 27, S. 366; Staatsbibliothek Bamberg Msc.Bibl.59,fol.3r (Foto: Gerald Raab): S. 8, S. 157, S. 171; Stadtarchiv Worms: S. 150 l., S. 151 o. + r., S. 163; Stadtarchiv Worms – Leihgabe Familiennachlass Karl Schmoll, gen. Eisenwerth: S. 170; © Succession H. Matisse/VG Bild-Kunst, Bonn 2013: S. 46 u. r.; © Tetzlaff/Helga Lade: S. 50; The collection of the State of Oregon Capitol Building: S. 176 u.; © The Munch Museum/The Munch Ellingsen Group/VG Bild-Kunst, Bonn 2013: S. 46 u. l.; Theaterwissenschaftliche Sammlung, Universität zu Köln: S. 291 r.; Illustration von Herbert Holzing aus: Otfried Preußler „Krabat" © by Thienemann Verlag (Thienemann Verlag GmbH), Stuttgart/Wien. www.thienemann.de: S. 18/19; © ullstein bild: S. 58 o., S. 131 o. r.; © ullstein bild – Granger Collection: S. 132; © ullstein bild – Harbou/Deutsche Kinemathek: S. 166; © ullstein bild – Lebrecht Music & Arts: S. 30; © ullstein bild – NMSI/Science Museum/National Railway Museum: S. 197; © ullstein bild –united archives: s. 137 u.; © Underwood Archives/Getty Images: S. 177 u.; Verlagsarchiv Schöningh/Fotostudio Henke, Salzkotten: S. 11, S. 13, S. 15, S. 16, S. 74, S. 102, S. 104, S. 220, S. 233, S. 235 (beide), S. 258, S. 259, S. 270, S. 271 (beide), S. 272, S. 274, S. 280, S. 282, S. 298, S. 301, S. 303, S. 312, S. 328, S. 346 (alle); Verlagsarchiv Schöningh/Reinhild Kassing: S. 242, S. 269; Verlagsarchiv Schöningh/Fotos: Gerhard Sander: S. 304 (alle); Verlagsarchiv Schöningh/Ingvild Scheele-Kolesch: S. 322 o.; Verlagsarchiv Schöningh/Günter Schlottmann: S. 72, S. 335 u. (alle); Verlagsarchiv Schöningh, Veronika Wypior: S. 39, S. 256; © F. K. Waechter: S. 313, S. 321, S. 322 u., S. 324; Illustrations © 1986 Patrick Benson. From THE BARON RIDES OUT by Adrian Mitchell, illustrated by Patrick Benson. Reproduced by permission of Walker Books Ltd, London SE11 5HJ. www.walker.co.uk: S. 241; Wikipedia: S. 45; aus: Wahrig Schüler-Rechtschreibung, 2012, wissenmedia in der inmedia ONE] GmbH, S. 273: S. 246; Isabel Stadnick, Wanna Waki. Mein Leben bei den Lakota, Wörterseh Verlag, 2009: S. 177 r.; weitere: Verlagsarchiv Schöningh

Sollte trotz aller Bemühungen um korrekte Urheberangaben ein Irrtum unterlaufen sein, bitten wir darum, sich mit dem Verlag in Verbindung zu setzen, damit wir eventuell notwendige Korrekturen vornehmen können.